Das große Zentangle®-Buch

Mitwirkende: 56 CZT und Zentangle friends aus aller Welt

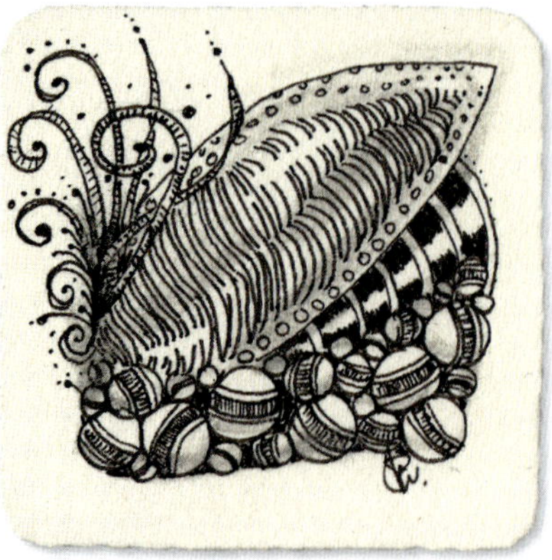

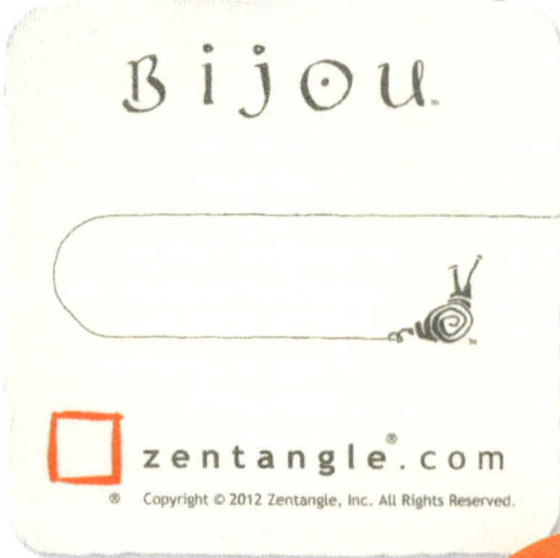

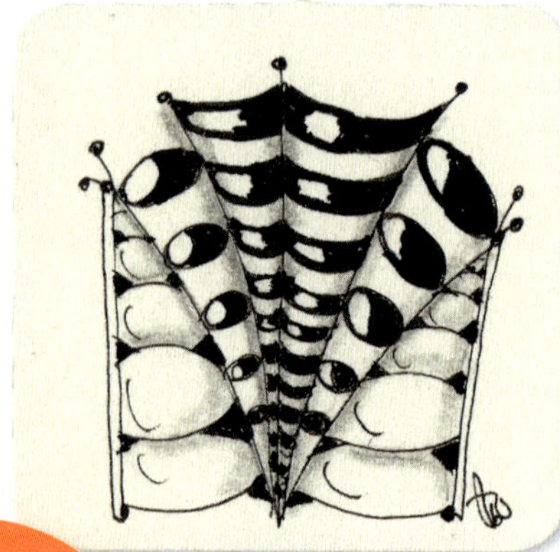

Im Buch ebenso enthalten: Tiles im kleinen Bijou-Format (5 cm x 5 cm).

Zentangle®

Die Zentangle® Methode ist eine einfache und entspannende Art, schöne Bilder zu kreieren, indem man strukturierte Muster zeichnet.

Die Methode wurde von Rick Roberts und Maria Thomas erfunden.

„Zentangle" ist eine geschützte Marke von Zentangle®, Inc.

Erfahren Sie mehr auf: www.zentangle.com

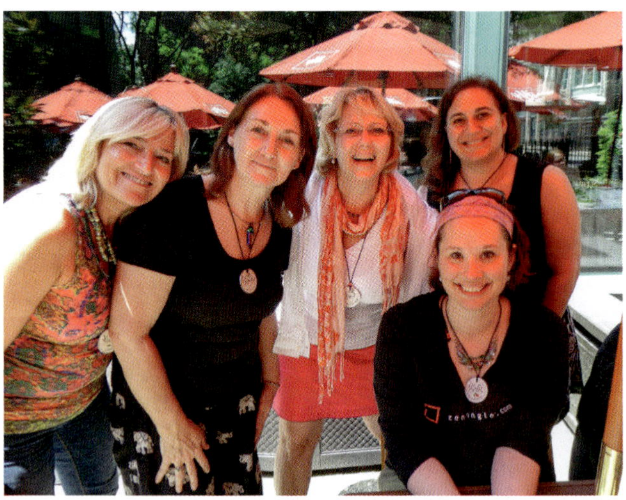

CZT-Seminar, USA/RI

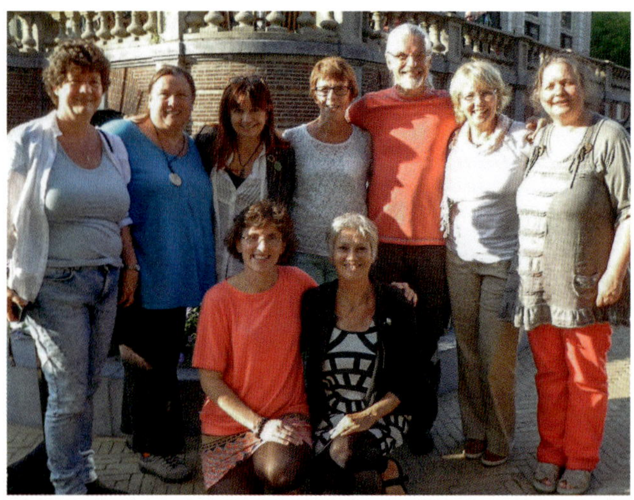

CZT-Treffen mit Rick und Maria in Amsterdam

Inhaltsverzeichnis

Vorwort zur neuen Auflage

Wow, in der Zwischenzeit ist viel passiert:
Dieses großartige Buch ist mittlerweile als Bestseller weltweit bekannt und es ist zu einem Standard-Nachschlagewerk geworden, das es bereits in 7 Übersetzungen gibt, inkl. englisch, spanisch und japanisch.

Mit der stolzen 10ten Auflage gibt es neben dem Hardcover auch viele kleine Aktualisierungen, so sind aus der bekannten 7-5 Schritte-Methode inzwischen 8 Schritte geworden (S. 10), Papierformate dazugekommen (S. 8), neue Produkte (S. 130 oder 131) sowie weitere Techniken (S. 137).

Und was ist bei mir los?

Dieses erste Buch war der Auslöser für große Schritte in der Zentangle-Welt: Auf vielen großen und kleinen Bühnen stelle ich Zentangle vor, werde europaweit und in USA für Workshops und Kunst-Ausstellungen gebucht. Für den kreativen Ausflug in die Welt des Stempelns gab es den Innovationspreis „Creative Impulse Award“, 1. Platz, Kreatives Tool für StampCover ©.

Vielen Dank für die vielen Unterstützer, Mitspieler und die immer größer werdende Zentangle-Community.

Und so begann es

Was ist es für ein Geschenk, knietief in einem Pool von so vielen so schönen Tangles (Zentangle-Mustern) zu stehen und zu wissen, dass Künstler aus aller Welt ihre 101 Lieblings-Tangles für dieses Projekt eingesandt haben. Meisterhaft!

Zentangle soll entspannen, Sie zur Ruhe kommen lassen und aktiv fokussieren. Unter diesem Leitsatz haben wir das Buch achtsam für Sie aufgebaut. Das große Zentangle-Buch beinhaltet 101 verschiedene Tangles, dargestellt in jeweils 3–6 Schritten, über 50 Variationen und über 200 Kombinationsmöglichkeiten verschiedener Muster – alle einzeln handgezeichnet auf knapp 1000 Kärtchen.

Über 50 zertifizierte Zentangle-Trainer (Certified Zentangle Teacher – CZT®) und Zentangle-Freunde waren daran beteiligt, haben ihre Lieblingsmuster ausgewählt und eifrig Schritt-für-Schritt-Anleitungen für Sie gezeichnet und auf Kärtchen getangelt. Ebenso engagiert verfassten sie persönliche Text-Beiträge zu den Tangles.

Neben weltweiten herzlichen Kontakten sind auf diese Weise viele wunderschöne Tangle-Interpretationen entstanden. Darüber bin ich sehr froh und allen Mitwirkenden zutiefst dankbar. Dieses Buch ist ein wahrer Schatz voller Inspirationen.

Ich wünsche Ihnen viel Freude in der Welt der Tangles und dem Zen.

Beate Winkler

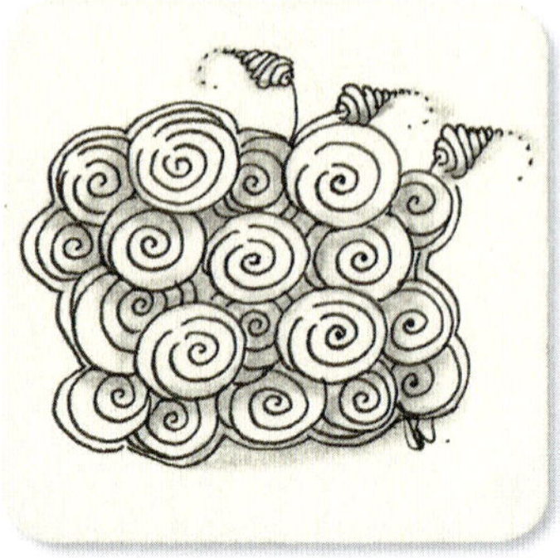

Printemps, Zinger

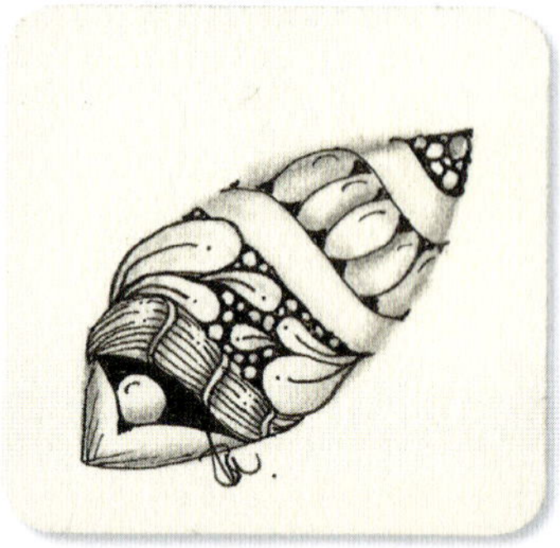

Purk, Fescu, Zander

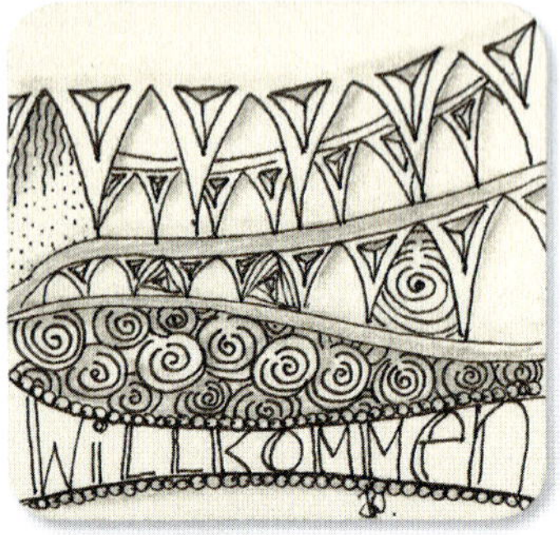

Tropicana, Printemps

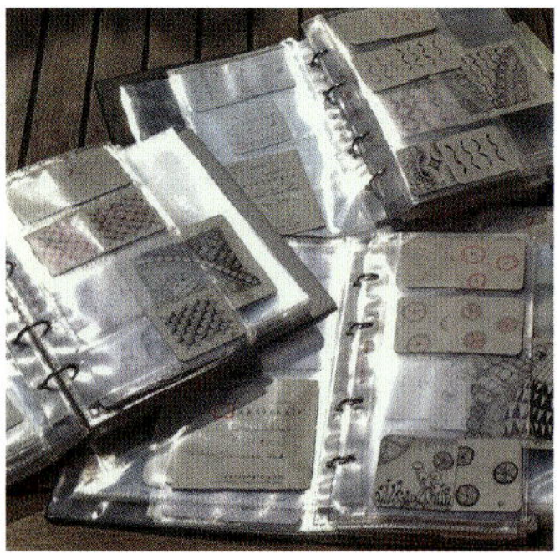

Wie organisiert man so viele Tiles?

Herzlich willkommen!

Zentangle ist eine meditative Zeichenmethode

Lassen Sie sich begeistern. Gönnen Sie sich eine Mini-Auszeit und schenken Sie sich etwas Neues, das Ihnen sofort gut tut.

» Zentangle entspannt, es beruhigt und macht Spaß.

Zentangle ist kinderleicht für jeden, der einen Stift halten kann.

Zentangle geht immer und überall: Sie brauchen nur Stift und Papier. «

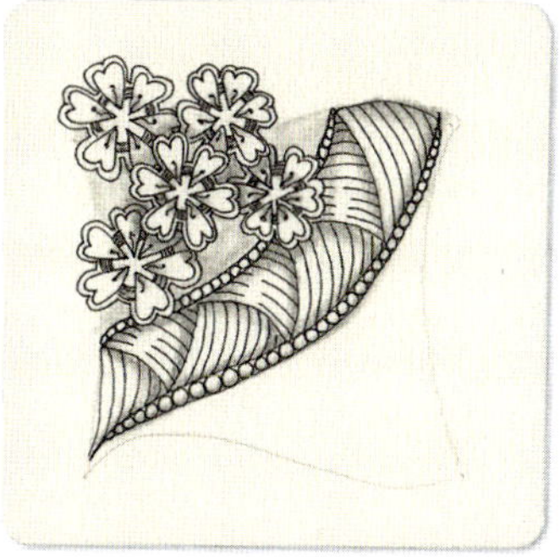

Shattuck, Herzlbee

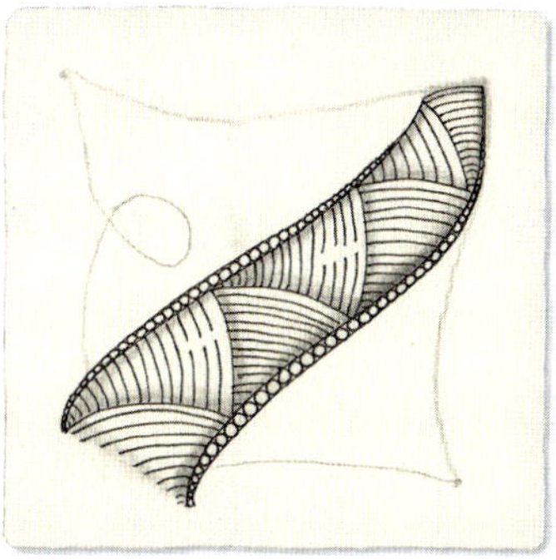

Shattuck

Zentangle ist für Kinder und Erwachsene gleichermaßen geeignet.

Mit wenig Materialien entstehen innerhalb kurzer Zeit wunderschöne Muster und kleine Kunstwerke.

In all meinen Kursen sind die Teilnehmer erst verhalten, trauen sich manchmal fast nicht an den Workshop-Tisch. Aber wenn Sie sich auch nur 15 Minuten Zeit nehmen, haben Sie die Gelegenheit, kurz in die Zentangle-Welt einzutauchen.

Erleben Sie das Phänomen der Einfachheit, Eleganz und der schönen Ergebnisse. Bislang stehen meiner Erfahrung nach alle Personen deutlich entspannter und als echte Fans dann irgendwann vom Tisch auf und gehen lächelnd in die Welt hinaus.

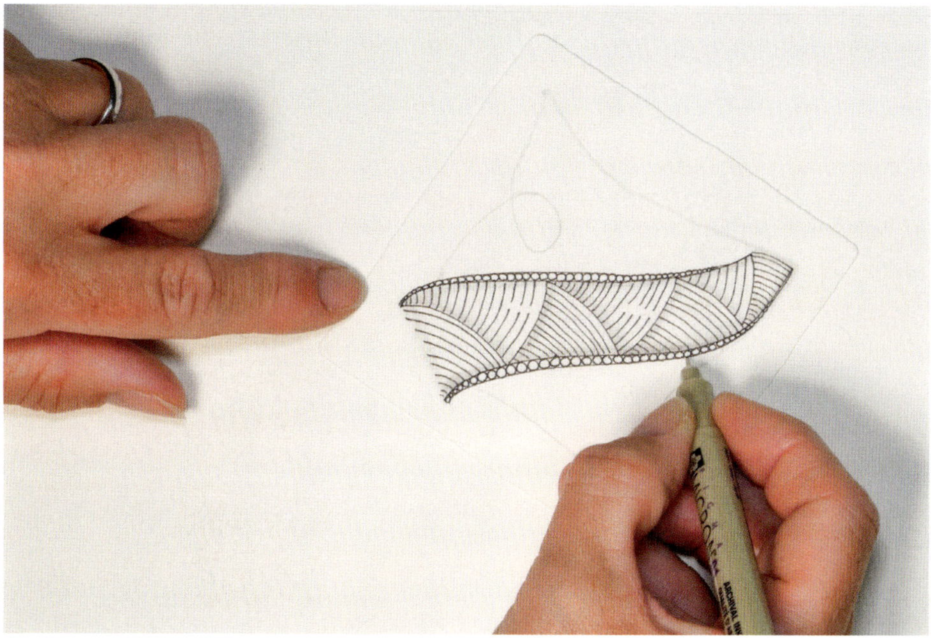

Was ist Zentangle?

Zentangle wurde von Maria Thomas und Rick Roberts erfunden. Maria ist der kreative (Grafik-Design und Kalligrafie) und Rick der meditative Part (er hat 17 Jahre seines Lebens als buddhistischer Mönch verbracht). Zusammen haben sie 2005 in den USA Zentangle entwickelt und seitdem das Trendthema in die ganze Welt getragen.

Um die Zentangle-Philosophie und Qualität zu gewährleisten, gibt es inzwischen eine Ausbildung zum Zentangle-Trainer (Certified Zentangle Teacher – CZT®), zu der sich Teilnehmer aus der ganzen Welt einfinden. So wie auch ich – die begeistert sagt „Proud to be a CZT".
Alle Details dazu finden Sie unter www.zentangle.com.

Damit wir hier im deutschsprachigen Raum die Zentangle-Methode gut verstehen, bedarf es in der Übersetzung natürlich einiger Erklärungen zur Sprache und Mentalität.

Zum Beispiel die Kernaussage von Zentangle:

> „Anything is possible – one stroke at a time"®.

Oft zitiert und so wahr. Ich liebe diesen Satz, auch wenn die Übersetzung weniger perlt als das Original: „Alles ist möglich – ein Strich nach dem anderen."

So unterschiedliche Ergebnisse wie Handschriften.

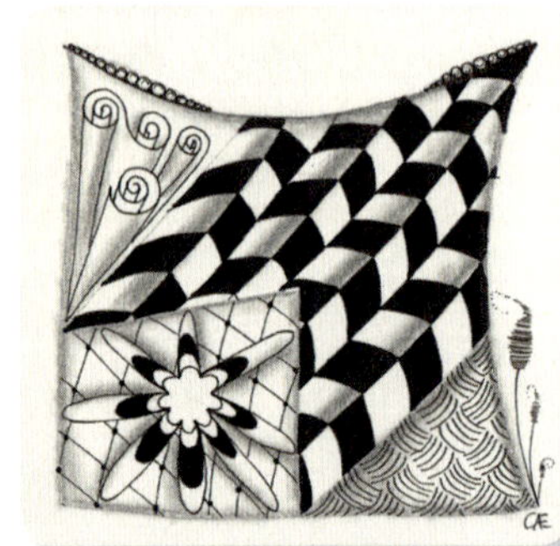

Catrin-Anja Eichinger, D

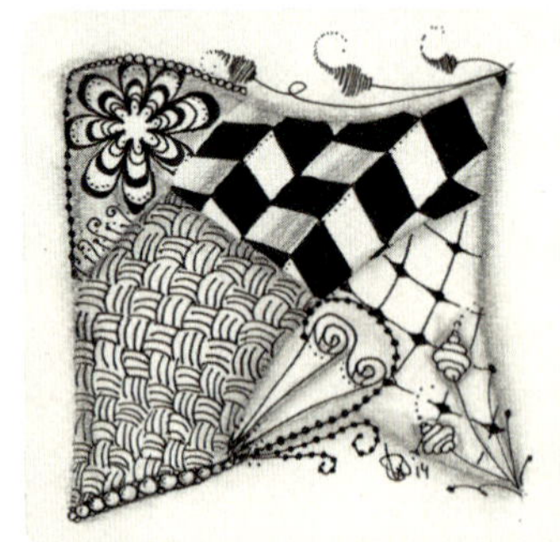

Kombination aus Keeko, Zenplosion Folds, Florz, Zinger. Beate Winkler

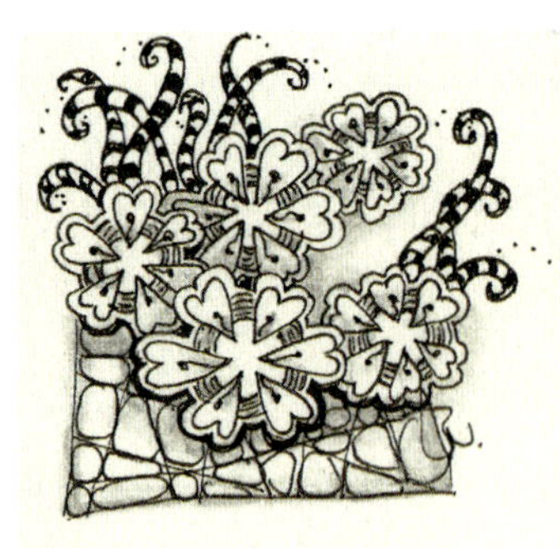

'Nzeppel, Herzlbee. Beate Winkler

Zentangle: Was tue ich?

„Ich tangle" – das heißt: „Ich zeichne ein Muster auf ein Kärtchen", im Original: „I tangle a tangle on a tile".

Das Verwirrende ist, dass das Wort „tangle" sowohl als Verb als auch als Substantiv gebraucht wird, womit selbst die Englisch sprechende Bevölkerung ihre liebe Mühe hat. Da es anerkannte Zentangle-Fachbegriffe sind, werden diese hier im Buch natürlich immer wieder genannt. Zur Erklärung:

- to tangle = zeichnen oder tanglen
- a tangle = Muster oder Tangle
- Tile = Kärtchen
  (korrekte Übersetzung wäre „Kachel", klingt aber zu kühl und seelenlos, oder?)

Die genauen Erklärungen aller Fachbegriffe finden Sie auf Seite 128.

Um die andere Verwirrung aufzulösen: Zentangle selbst ist kein Verb, sondern bezeichnet den Firmennamen und die Marke.

Ich sage also nicht: „Ich zentangle", sondern eher „Ich mag Zentangle" oder „Ich mache Zentangle-Kunst". Und es passt immer: „Ich tangle".

(Anmerkung der Redaktion: Der besseren Lesbarkeit halber haben wir „tanglen" in der englischen Schreibweise belassen und anstelle der englisch korrekten Schreibweise „getangled" lieber die eingedeutschte Version „getangelt" gewählt.)

Ihnen fehlt die Zeit?

- Sie sind ungeduldig?
- Sie möchten Stress abbauen, einmal der Hektik entfliehen?
- Sie wollen kreativen Spaß?

Dann ist Zentangle genau das Richtige für Sie!

Was bedeutet Zentangle?

Zentangle ist eine Wortschöpfung aus „Zen"-Meditation und „tangle" (verwoben) und verbindet Kreativität mit Meditation. Es werden Strich für Strich einfache Linien wiederholt zu Papier gebracht. Zentangle ist eine leicht zu erlernende Methode. Sie besteht aus strukturierten Mustern. Sie können mit jeder Linie etwas mehr in die Welt der Muster abtauchen. Aus den Mustern (tangles oder auch patterns genannt) werden in kurzer Zeit erstaunlich dreidimensionale, grafische, kunstvoll-schöne Tiles (Kärtchen). Ungeplant, abstrakt, Schwarz auf Weiß. Niemand weiß vorher, wie das Kärtchen wohl aussehen mag. Jedes Mal entsteht etwas Neues, Eigenes – und es ist immer richtig. Wie entlastend!

Warum ist Zentangle weltweit ein so großer Trend?

Es beruhigt, entspannt und macht einfach Spaß. Jeder kann es in kurzer Zeit lernen, mit wenig Materialeinsatz. Wir bekommen mehr Selbstbewusstsein und sind stolz auf die kleinen Werke. Es geht um das Tun, sich den Moment zu gönnen, den Alltag mit den vielen Gedanken und Sorgen auszublenden, die Seele mit der Achtsamkeit des meditativen Zeichnens zu beschäftigen, gestärkt wieder aufzutauchen und weiterzugehen. Und ganz nebenbei entsteht ein wunderschönes Werk.

Erleben Sie die Freude, sich endlich wieder künstlerisch auszudrücken.

Diese Erfahrung ist besonders schön für die, die vorher betont haben, sie könnten gar nicht zeichnen.

» Jedes Kind ist ein Künstler.
Das Problem ist, wie man ein Künstler bleibt, wenn man erwachsen wird. «

Pablo Picasso

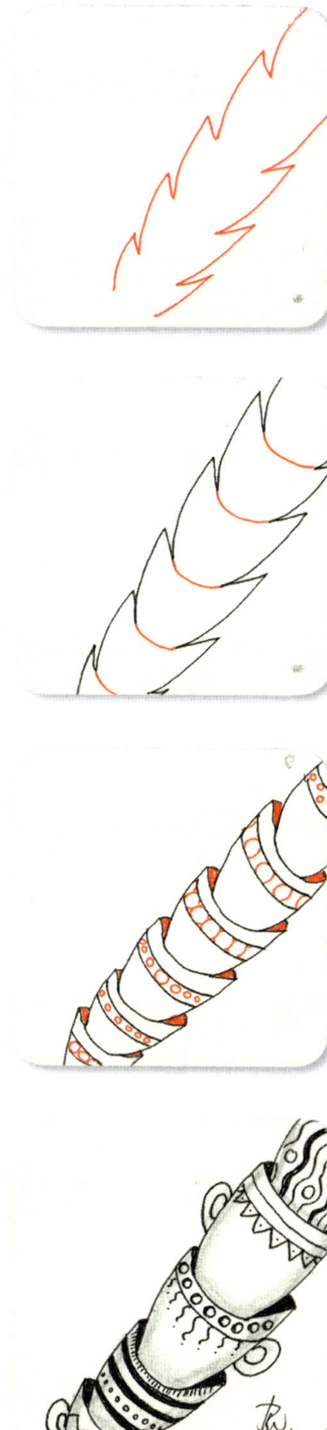

Potterbee

Welches Material brauche ich?

Theoretisch könnten Sie selbst mit Kuli und Schmierpapier jederzeit und überall anfangen.

Es funktioniert. Das Ergebnis ist dann eher ein „Doodle“. Es entsteht nebenbei, unbewusst, so wie damals, als das Telefon noch ein Kabel hatte und jedes Stück Papier in der Nähe bekritzelt wurde.

Besser geht es natürlich, wenn Sie sich der Zentangle-Philosophie entsprechend, das wenige Material gleich von der besten Qualität zurechtlegen. Rick und Maria haben vieles ausprobiert und sich bewusst für diese Ausstattung entschieden: Das sollten auch wir uns wert sein.

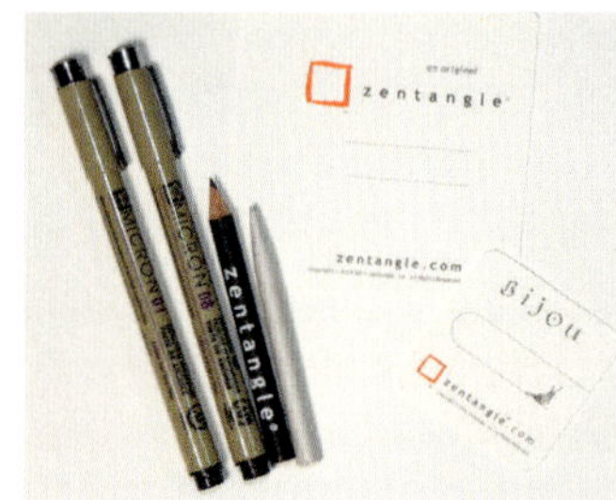

Zum Tanglen wird ein Fineliner mit einer Spitze von 0,1 mm verwendet.

Zum Ausfüllen eignet sich ein Stift mit einer Spitze von 0,5 mm. Zentangle Inc. empfiehlt die hochwertigen japanischen Stifte Sakura Pigma Micron Pen® 01 (0,25 mm) und 08 (0,5 mm). Zu Recht, denn sie sind tief schwarz, trocknen schnell, sind pigmentiert, also wasserfest, lichtecht und, ehrlich gesagt, auch nicht teurer als andere gute Fineliner. Sie können diese bei den CZTs beziehen.

Zentangle Inc. hat auch Bleistifte auf den Markt gebracht. Handlich klein, samtig weich, satt schwarz. Meist genügt nur ein Strich, der sich gut in das Papier arbeiten lässt. Ein normaler Anspitzer wird später natürlich auch gebraucht.

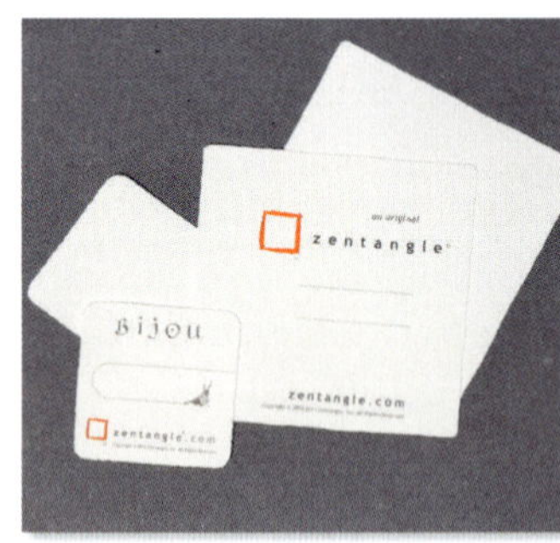

Ein Papierwischer ist hilfreich, wenn die Finger zu schwarz vom Verwischen der Bleistiftstriche werden. Aus Pappe gerollt, eignet er sich gut zum professionellen Schattieren. Radiergummi ist verpönt, mit einigen netten Begründungen der beiden Zentangle-Erfinder. Dennoch gestehe ich, dass, wenn mich ein Border (Rahmen) oder Dot (Punkt) in der Komposition stört, ich ihn zum Schluss etwas schuldbewusst wegradiere.

Ein Tile ist ein Papier-Kärtchen aus dem italienischen Papier Tiepolo von Fabriano, (100 % Baumwolle, Bütten, mit abgerundeten Ecken, auf der Rückseite das Zentangle-Logo). Die Größe ist so gewählt, dass man ein Tangle in kurzer Zeit zeichnen und es gut transportieren kann, um wirklich bei jeder Gelegenheit zu tanglen. Die Größe wird meist in Inch (“) angegeben. Mehrere Tiles können zu einem Mosaik arrangiert werden.

- Tile-Format 3,5“ (8,9 cm x 8,9 cm), das klassische Tile
- Bijou-Format 2“ (5,1 cm x 5,1 cm)
- Zendala-Format 4,5“ (11,5 cm), rundes Tile
- Opus-Format 10,5“ (27 cm x 27 cm), ein sehr großes Tile
- 3Z = Dreiecks-Format (8,7 cm Kantenlänge) für Mosaik-Spiele

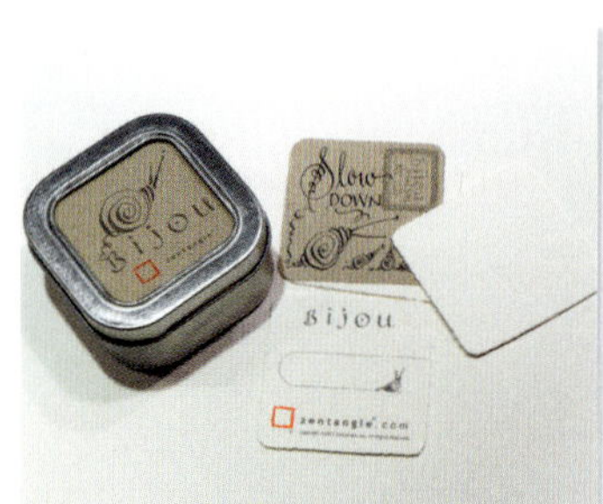

Für das Sammlerherz: Bijou-Tiles gibt es in einer süßen Dose, mit liebevoller Erklärung und je 3 von insgesamt 24 Sammlerkärtchen. Da kauft man schon mal schnell 2–3 Dosen dazu.

Mehr Material geht natürlich immer. „The elegance of reduction“, mahnt Rick an dieser Stelle gern. Im Kapitel „Ausblick“ wird auf die Zentangle-Materialvielfalt eingegangen (Seite 130).

» Wahre Größe zeigt sich darin, auch im Kleinen groß zu sein. «
Charles Simmons

Das Material im Überblick

Das ist das Schönste an Zentangle: eigentlich braucht man herzlich wenig Material! Zu Anfang reichen drei Sachen:

- schwarzer Fineliner: je feiner, desto besser
- Bleistift: weich, mindestens 2B
- ein Stück Papier: ca. 9 cm x 9 cm

Für Ungeduldige, die lieber sofort loslegen: Stift greifen, hier tanglen, freuen. Wenn Sie mögen hier: An dieser Stelle.

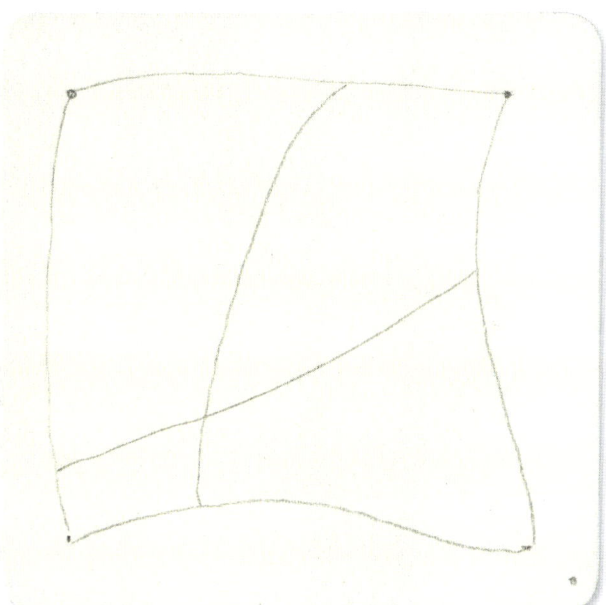

Wenn Ihnen das Tanglen Spaß macht, können Sie das Original-Material einzeln oder auch gleich das Zentangle-Kit bestellen. In einer schönen Box befinden sich alle Materialien mit einer kleinen Anleitung, einer DVD und dem berühmten Zentangle-Würfel, der 20 Seiten hat, zum zufälligen Auswürfeln der Muster.

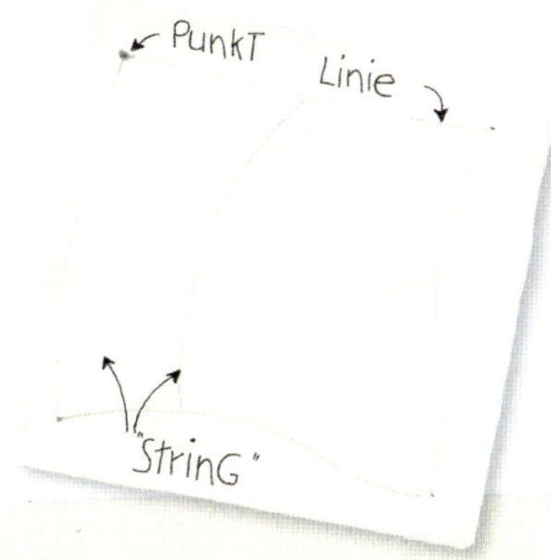

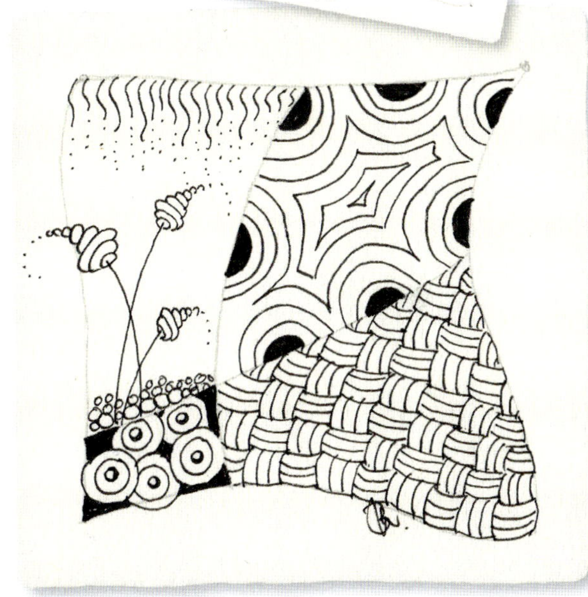

So sieht meine Version aus. Und Ihre?
Kombination aus Keeko, Crescent Moon, Zinger, Msst, Printemps.

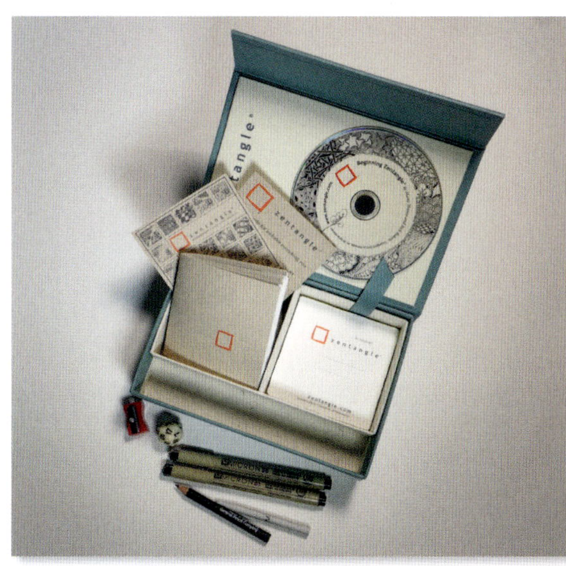

Wie fange ich an?

Zentangle ist eine sehr persönliche Angelegenheit und die Gestaltung ist so individuell wie unsere Handschrift. Daher möchte ich Sie auf unsere gemeinsame Reise in die Welt von Zentangle herzlich einladen und mit **Du** ansprechen. Mein Name ist Beate. Und wenn Du willst, legen wir jetzt los.

1

2

1. Bewusst sein

Herzlichen Glückwunsch, Du gönnst Dir eine kleine Auszeit für ein Tile. Vielleicht hast Du es sogar geschafft, Dir ein wenig Platz frei zu räumen, sodass keine Ablenkungen locken. Schalte Dein Telefon aus oder stelle es leise.

Atme einmal tief durch, blende Deine Umgebung aus. Widme Deine Aufmerksamkeit ausschließlich dem Kärtchen. Nimm es in die Hand und fühle das schöne Papier, aus dem das Tile geschöpft ist.

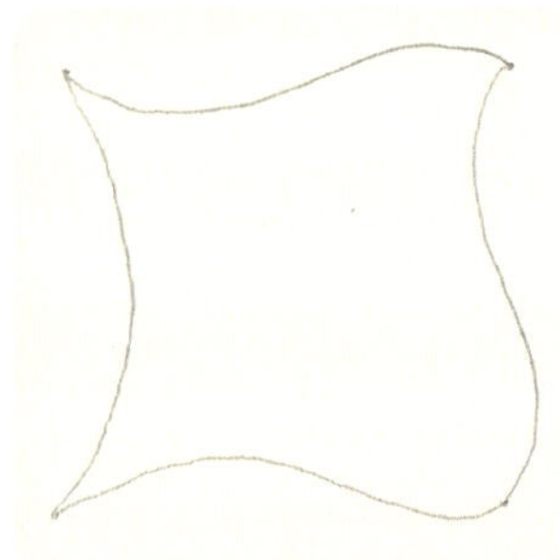

3

2. Anfangen: Punkt – Punkt

Setze mit dem Bleistift in jede Ecke des Tiles einen kleinen Punkt, schon ist das Kärtchen belebt und die Angst vor dem weißen Blatt Papier genommen (2).

3. Verbinden: Strich – Strich

Ziehe mit dem Bleistift je einen Strich von Punkt zu Punkt, sodass die Striche einen Rahmen (Border) ergeben, so wie es Dir gefällt: geschwungen oder gerade, mit kleinen Loops (Schlaufen) oder etwas zackig (3).

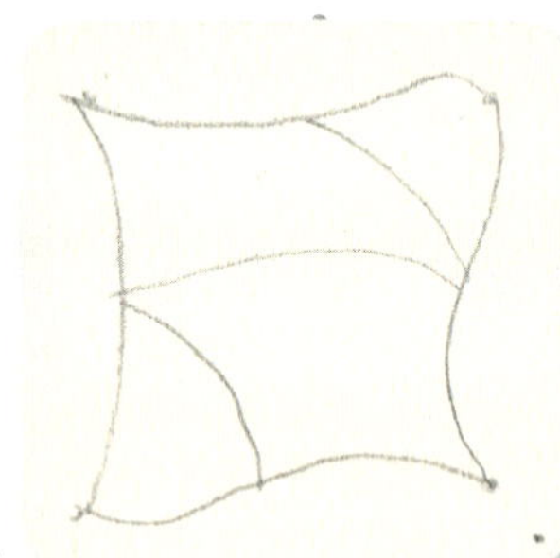

4a

4. Einteilen: Linienspiel

Ziehe mit dem Bleistift eine lockere Linie oder Schlaufe (String), z. B. ein „Z" oder ein kleines „l". Damit haben wir Sektionen für verschiedene Muster geschaffen. Der String ist der magische Part, in dem die Kreativität fließen und sich ohne Angst vor Versagen ausdehnen kann (4a, 4b oder 4c).

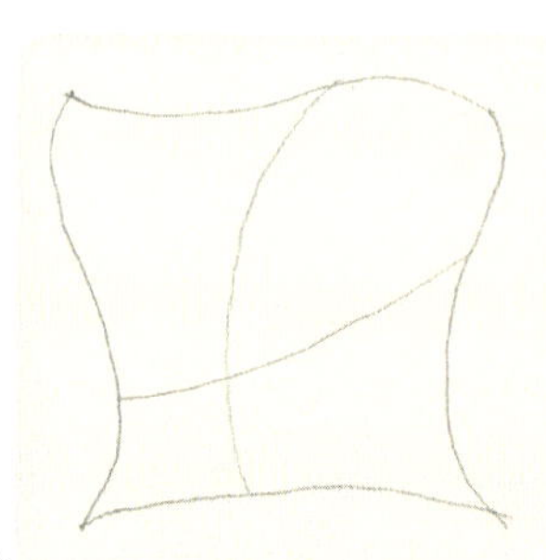

4b

» Zeit, die wir uns nehmen, ist Zeit, die uns etwas gibt. «
Ernst Ferstl

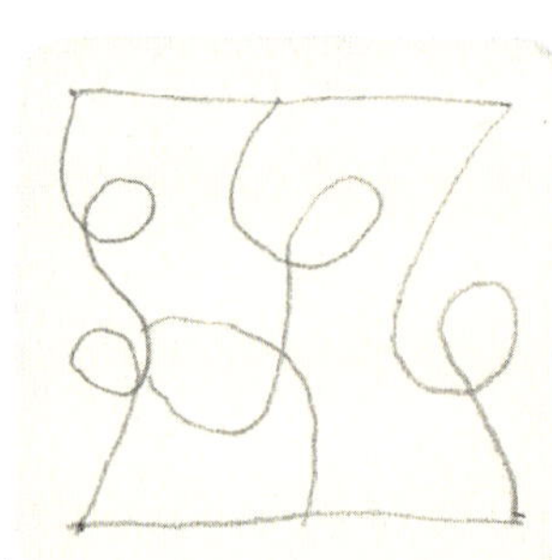

4c

„Genial einfach und einfach genial".

5. Tanglen

Nimm jetzt den Fineliner zur Hand. Welches Muster gefällt Dir? Welcher Bereich bietet sich dafür an? Fange einfach an: Setze bewusst und ganz konzentriert einen Strich nach dem anderen (5a). Die Eleganz liegt in der Wiederholung. Genieße die Leichtigkeit und Ruhe, die einkehren. Es ist ganz einfach, Strich für Strich, Schritt für Schritt. Das Beruhigende an Zentangle ist, dass man vorher nie weiß, wie das fertige Tile aussieht.

Ist der erste Bereich gefüllt, wähle den zweiten, z. B. hell neben dunkel, gerastert neben frei fliegend, detailliert neben großflächig (5b). Lasse ruhig einmal einen Bereich frei oder falle mutig aus dem Rahmen. Genau so entstehen die kleinen Kunstwerke. Wenn Du das Gefühl hast, „Ja, das ist für mich stimmig", dann soll es so sein (5c). Außer Du möchtest noch dein Tangle schattieren.

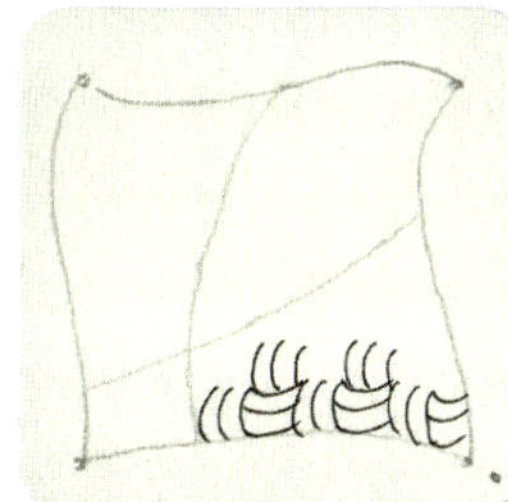
5a

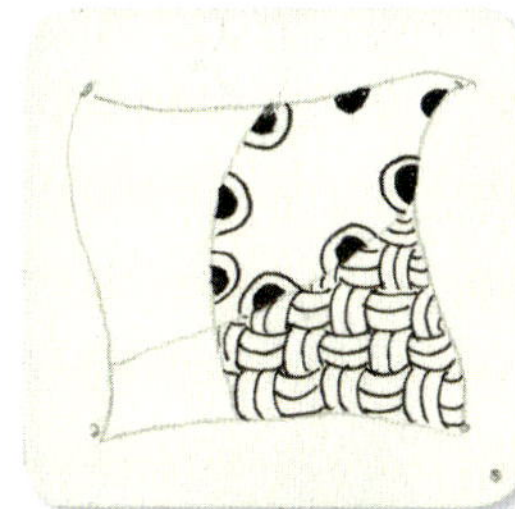
5b

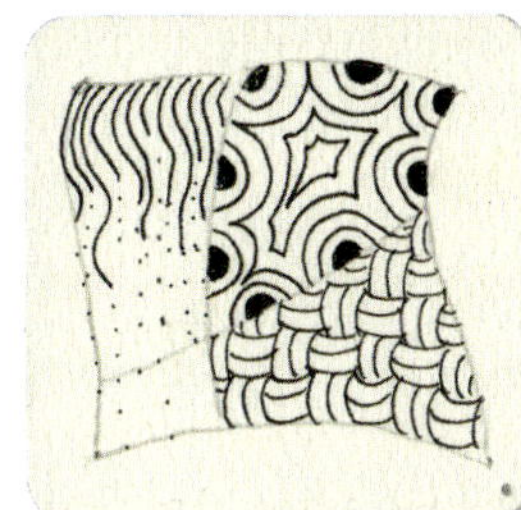
5c

6. Schattieren (es geht anfangs auch ohne)

Ein Bleistift-Schatten gibt Deinen Tangles einen erstaunlichen 3D-Effekt. Einzelne Passagen springen richtig hervor, andere weichen in die Tiefe zurück.

- Beginne, indem Du die ersten Bleistiftstriche vom Rahmen und dem String mit dem Finger oder Papierwischer verreibst. Dafür brauchen wir noch nicht einmal nachdenken (6).
- „Was liegt unter etwas anderem?" Diese Frage kann man recht schnell beantworten. Schattiere die kleinen Stellen und Übergänge.
- „Was ist zu platt, hell oder leer?" Wenn Du dazu noch etwas findest, setze an einem Muster-Rand leichte Bleistiftstriche und verwische sie mit kleinen kreisenden Bewegungen.
- „Fehlt noch etwas?" Dann lege noch an einem Fleck oder Muster etwas Schatten. Und: Wenn es nicht gleich passt, einfach wegradieren oder vorher eine Kopie machen.

Wenn alles harmonisch aussieht, dann ist das Tile wirklich fertig. Herzlichen Glückwunsch!

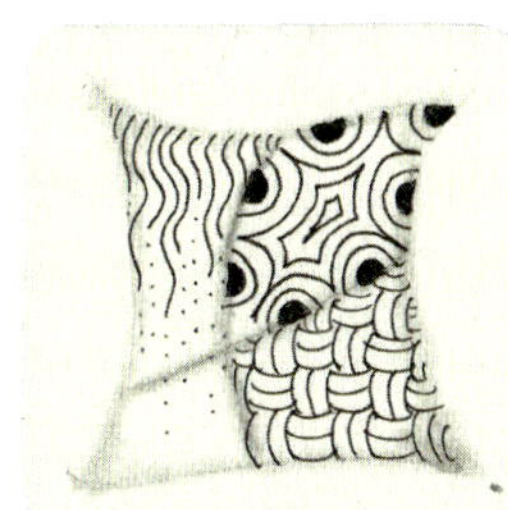
6

7. Signieren und Personalisieren

Unterschreibe das Kärtchen vorne mit Deinem Kürzel und auf der Rückseite vermerke Deinen Namen, das Datum und vielleicht den Ort/Anlass und die Tangle-Namen.

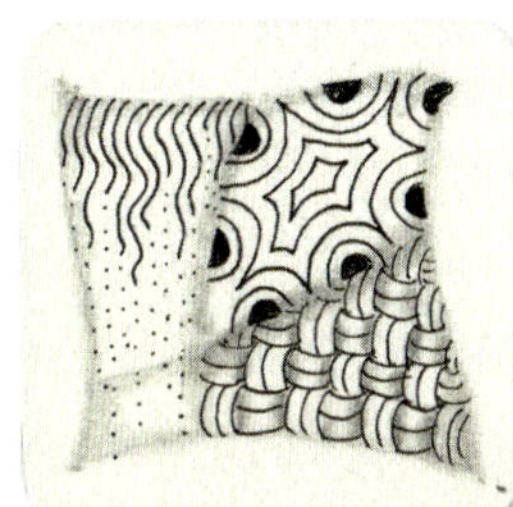
7

8. Abschluss: Betrachten und Wertschätzen

Halte das Tile eine Armlänge von Dir entfernt, freue Dich über das aus Dir heraus Erschaffene und danke Dir für die Zeit, die Du Dir dafür genommen hast.

„Überraschend einfach, überraschend entspannend und überraschend gut."

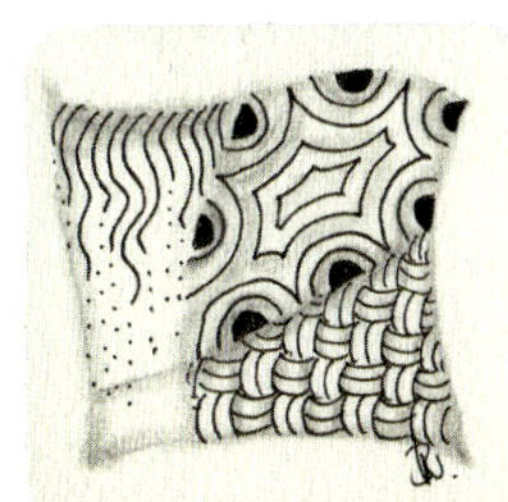
8

Vorhang auf!

101 meisterhafte Tangles stellen sich vor

Die Tangles werden in drei Kategorien präsentiert:

- Einfach: Tolle Tangles für den Einstieg, jedes Muster-Pärchen ergibt ein schönes Tile.
- Super: Tangles von A-Z zum Staunen, Stöbern und Austoben.
- Genial: Tangles der Meisterklasse. Diese solltest Du in Ruhe und einzeln ausprobieren, sie sind sehr effektvoll.

Pro Seite ist je ein handgezeichnetes Tangle mit weltweit gültigem Namen und Nennung des jeweiligen Designers zu sehen. Hier findest Du:

- Stepout: Schritt-für-Schritt-Anleitung, 3 – 6 in rot gezeichnete Schritte
- Final: Fertiges Tangle mit Schatten
- Variationen: Tiles mit interessanten Interpretationen im Bijou-Format
- Kombinationen: Tiles mit anderen Mustern, die meist namentlich aufgeführt sind

Einige Tangles findet Ihr zum Vergleich im letzten Stepout bewusst auch extra ohne Schatten.

Die Stepouts und Kombinationen sind mit Variationen angereichert. Dieses kreative Stretching und Ausprobieren hat viel Spaß gemacht. Also wandelt ruhig ein Muster auch mal mutig ab. Gerade wenn Ihr ein schönes Muster schon eine Weile getangelt habt (was ich ja sonst auch liebe: gedankenfrei einfach nur nachzeichnen), lohnt sich der Ausflug.

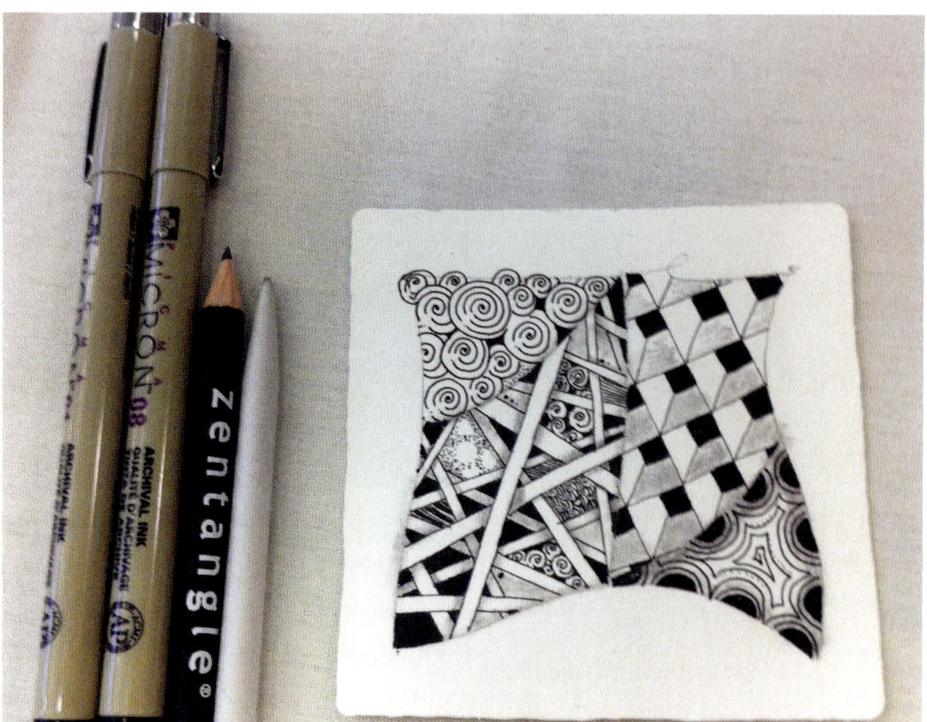

Zentangle ist wie unsere Handschrift und es ist schön zu sehen, dass jeder etwas anderes daraus macht. Die einen zeichnen groß, die anderen klein, manche vollverschlungen und andere übersichtlich-klar. Es gibt kein Falsch, denn alles ist richtig, wenn es Dir gefällt. Und wenn wir einmal denken „Oje, das Muster hab ich ja völlig falsch gemacht“, dann schau noch einmal genau hin, es kann sein, dass gerade eine Variante oder ein neues Muster erschaffen wurde.

Sucht Ihr ein bestimmtes Muster?

- Monotangles z. B.: Tripoli, Munchin, Winkbee, Goldilocks, Verdigogh

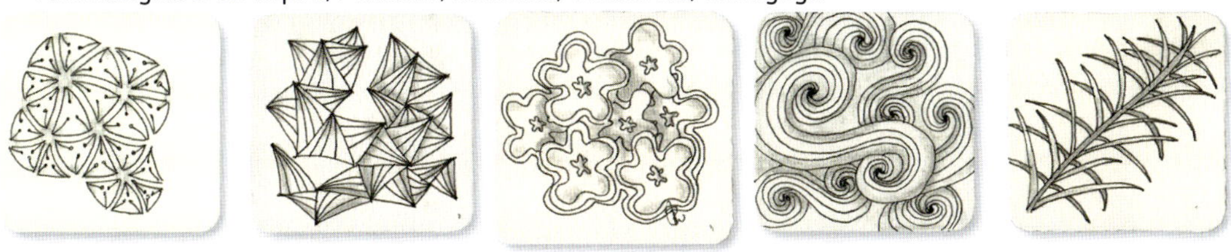

- Auffüller z. B.: Quipple, Onamato, Florz , Msst (oberer Rand), Fescu (unterer Rand)

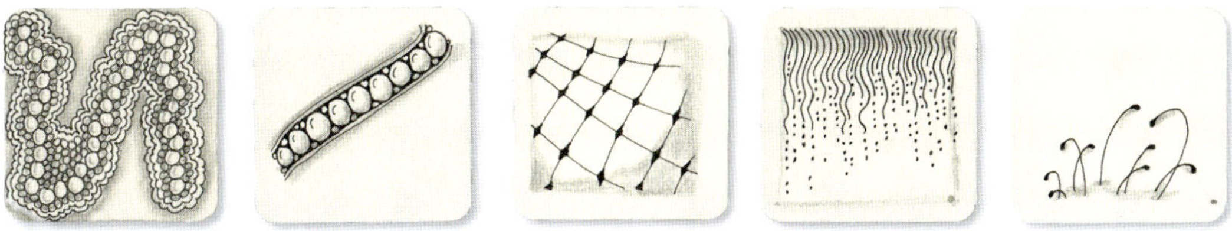

- Vollflächige Tangles z. B.: Keeko, Knightsbridge, 'Nzeppel, Cubine, Huggins-W2-Kombination

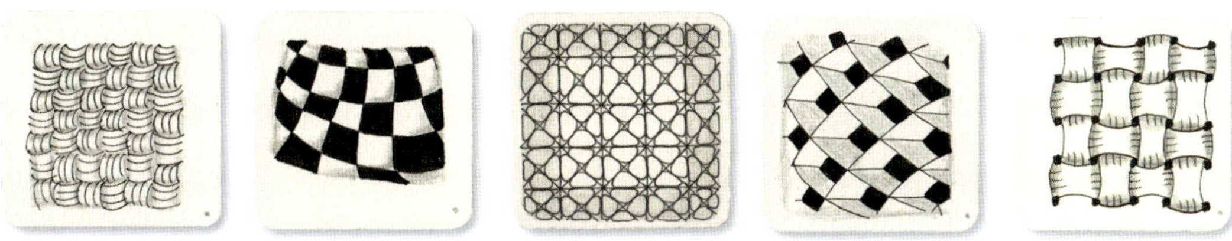

- Als Mittelpunkt (als Erstes tanglen) z. B.: Aquafleur, Tropicana, Quib

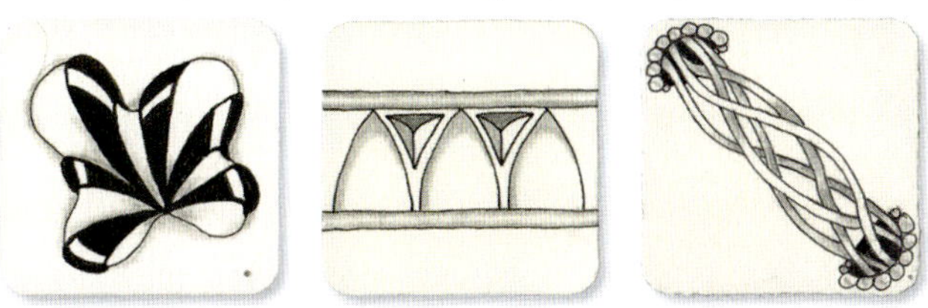

Wenn Euch ein getangeltes Muster noch nicht gefällt, weil es zu lose oder flatterhaft ist, probiert mal die Umrandung „Aura“ aus, indem Ihr eine dünne Linie um das Muster oder die Kombination zeichnet. Es erzeugt Verbundenheit und gibt Halt wie bei „Winkbee“.

Wie bei vielen Sachen gilt: Üben hilft. Selbst erfahrene CZTs widmen sich immer mal wieder intensiv einem Tangle. Schaut Euch gern die Doppelseite Mooka (Seite 120) an. Dr. Lesley Roberts, CZT, beschreibt ihren Kampf und ihre Reise hin zu Mooka. Sie hat wirklich mehrere Wochen lang das Muster immer wieder geübt und ausprobiert, die Entwicklung kann man gut erkennen.

Gönnt Euch also die Zeit und die Muße zum Experimentieren. Ich setze mich an ein neues Muster und erlaube mir bewusst zunächst eine „Studie“. Wenn Dir ein Muster gefällt, findest Du auch sicher Deinen eigenen Weg dorthin.

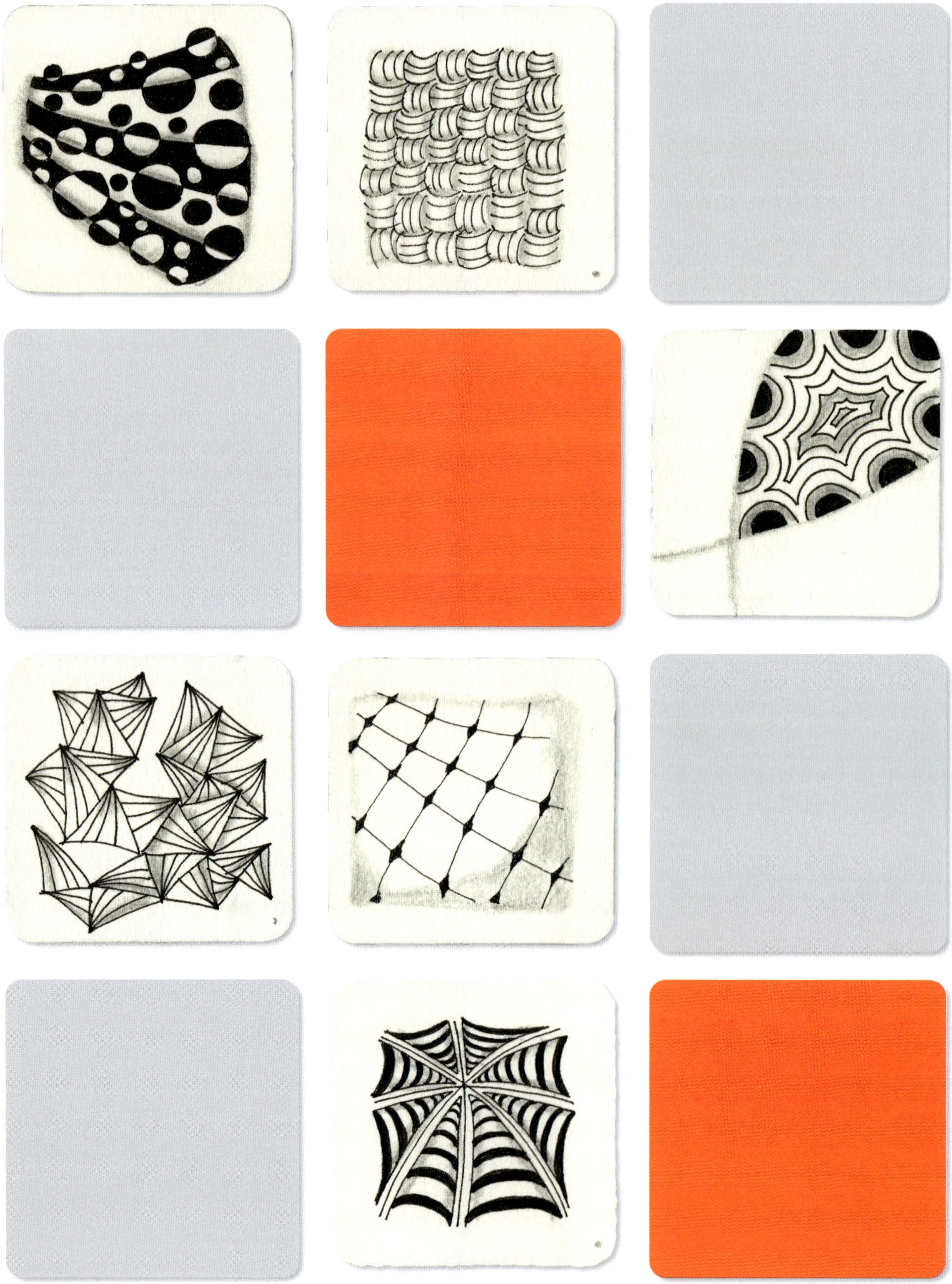

Tolle Tangles für den Einstieg

Hier findet Ihr leicht zu erlernende Tangles, gegliedert in Muster-Pärchen: Ein solches Pärchen auf einer Doppelseite ergibt ein schönes Tile, dadurch wird auch das Kombinieren ganz einfach!

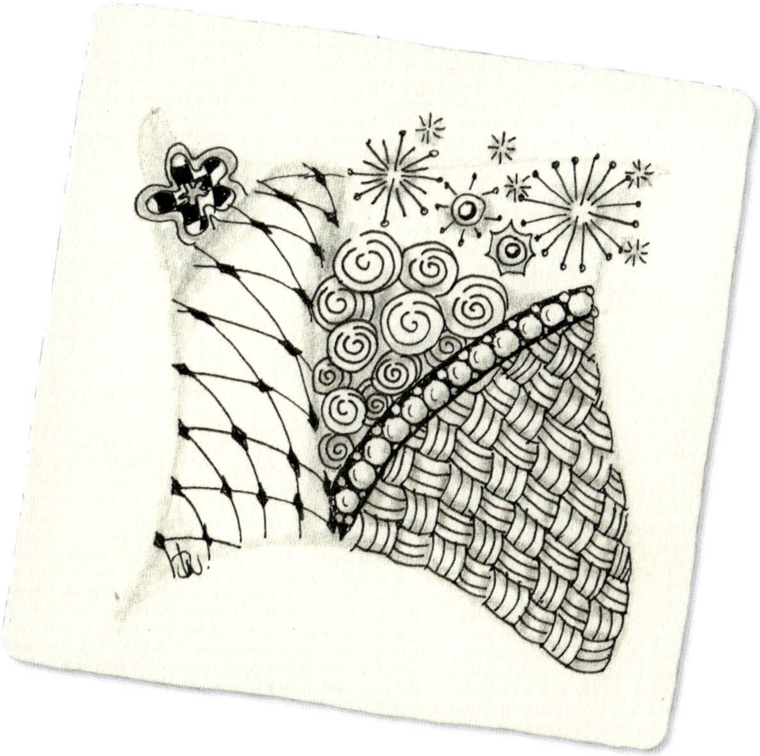

1 Muster

Zinger

Designer: Maria Thomas, Zentangle HQ, USA/MA

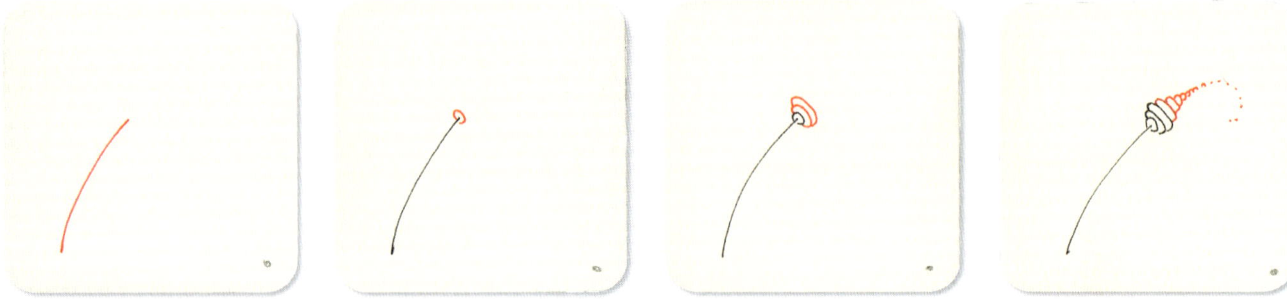

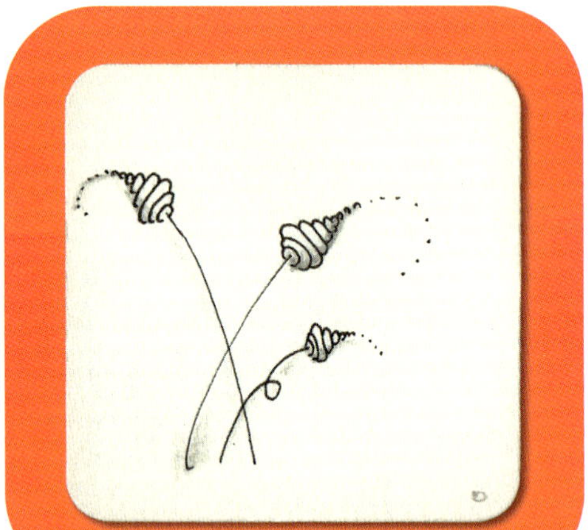

Beate Winkler, CZT, D

Zinger setze ich wirklich immer und überall ein. Selbst auf meinen Visitenkarten oder Briefumschlägen kommt eben noch ein Zinger dazu. Ich glaube fast, es ist das schnellste aller Tangles und hat eine tolle Wirkung. (Beate)

Variationen: Zinger hat viele Gesichter. So unterschiedlich können die Variationen aussehen.

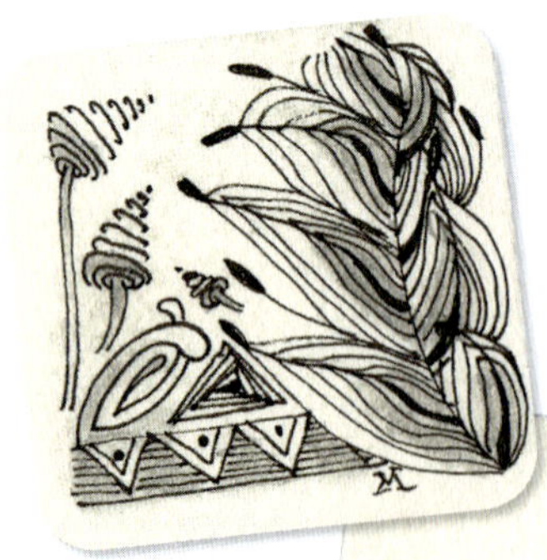

Marty Vredenburg, CZT, USA/MI

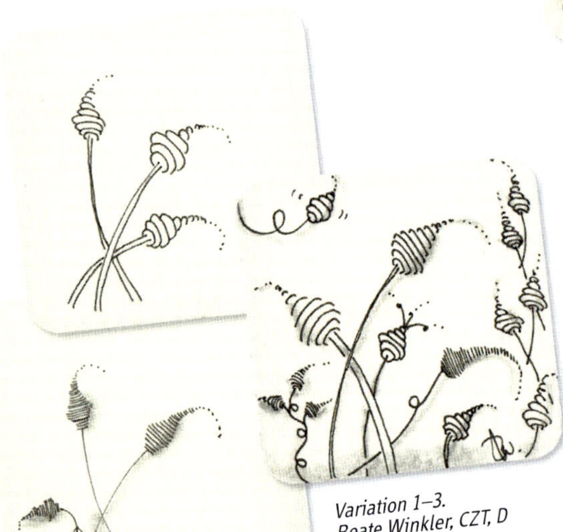

Variation 1–3. Beate Winkler, CZT, D

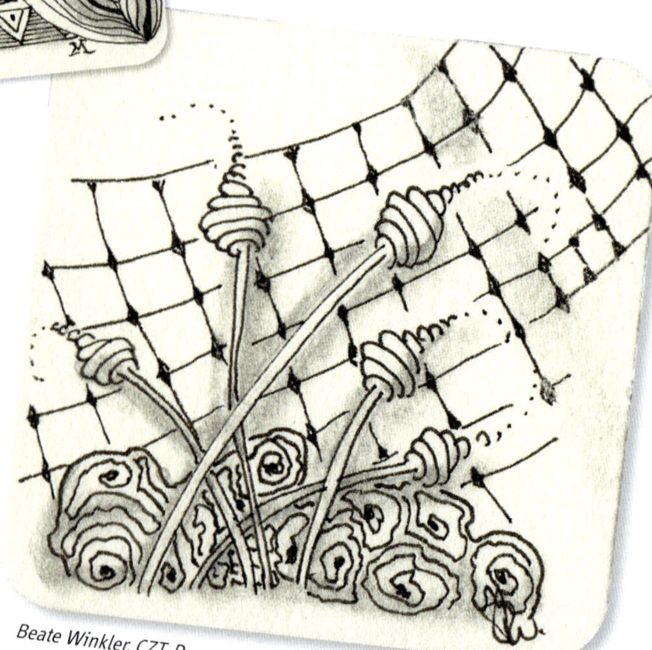

Beate Winkler, CZT, D

2 Muster Strircles

Designer: Molly Hollibaugh, Zentangle HQ, USA/MA

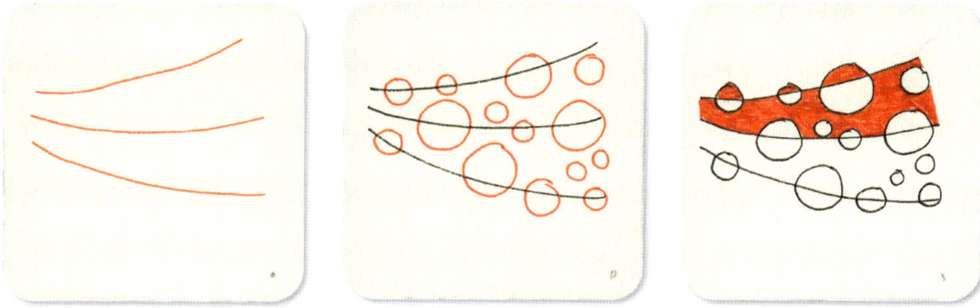

Strircles ist einfach und bringt durch das viele Schwarz schnell Tiefe. (Beate)

Kombination aus Zinger und Strircles.
Beate Winkler, CZT, D

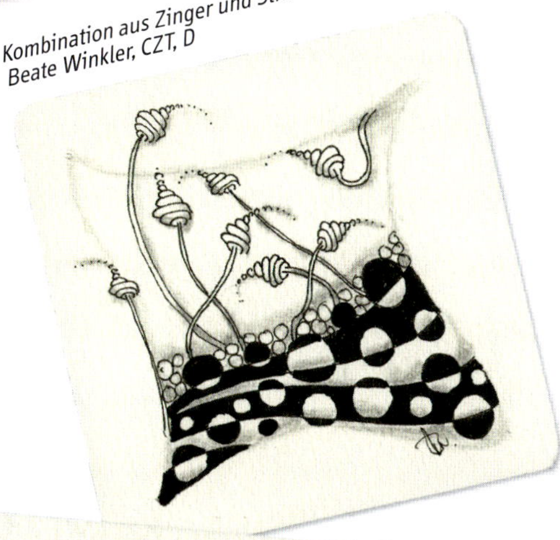

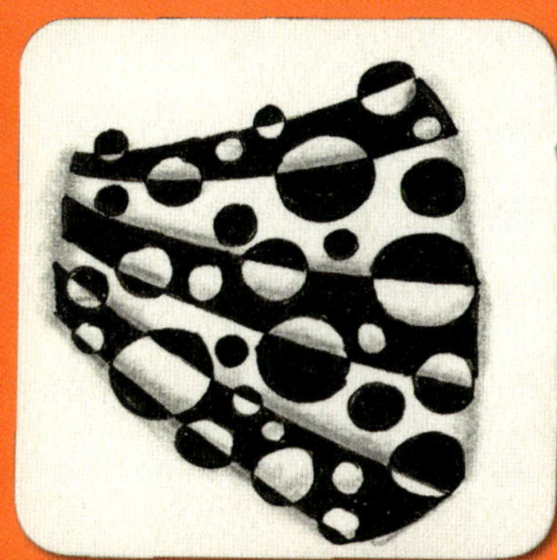

Beate Winkler, CZT, D

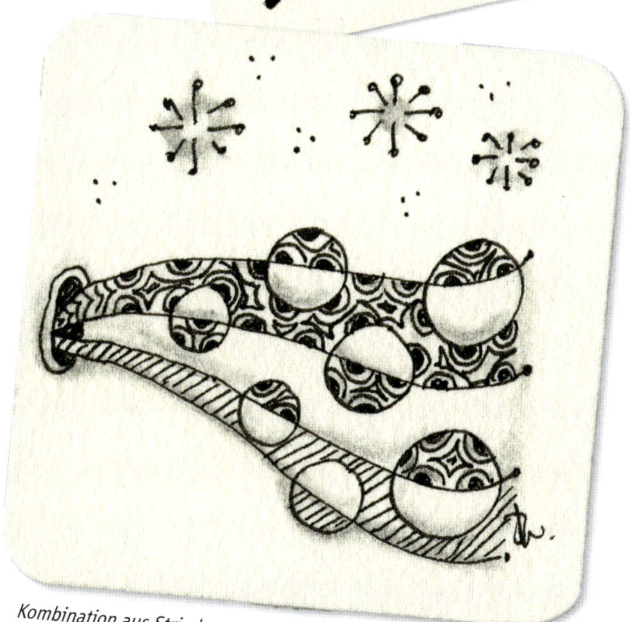

Kombination aus Strircles, Ahh, Crescent Moon. Beate Winkler, CZT, D

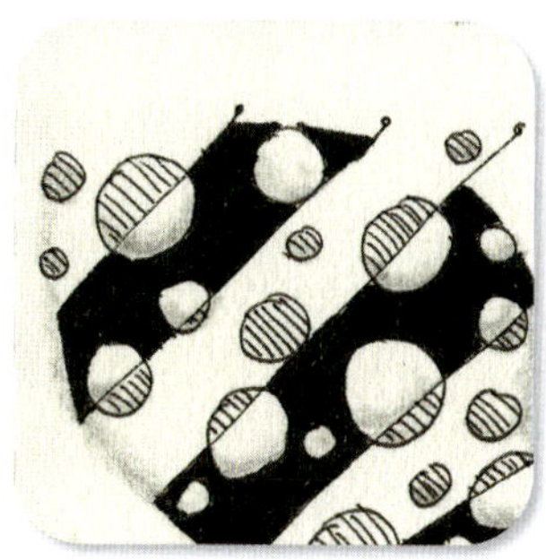

Variation: Beate Winkler, CZT, D

3 Muster Ahh

Designer: Rick Roberts & Maria Thomas, Zentangle HQ, USA/MA

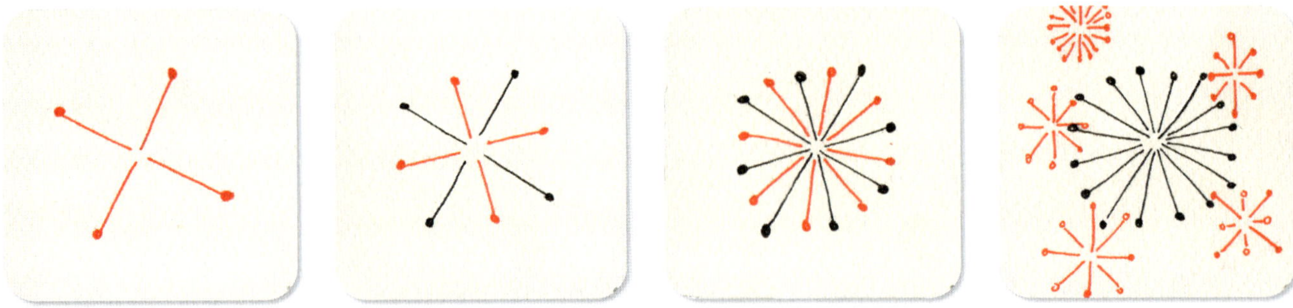

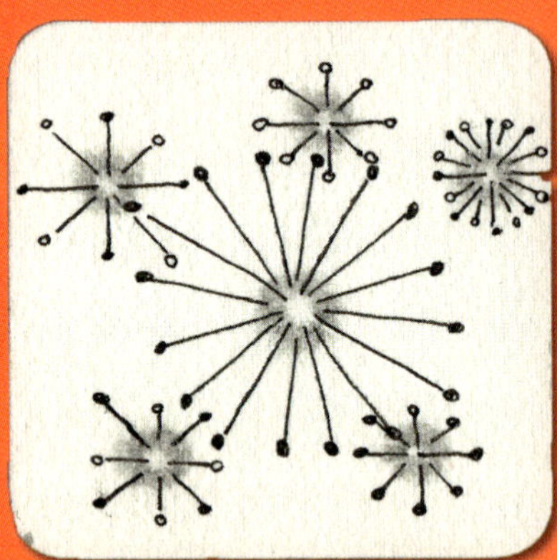

Stella Peters-Hessels, CZT, NL

Dieses Tangle Ahh ist mein Lieblingsmuster, denn es ist kinderleicht zu zeichnen – und die Kinder lieben es genauso wie ich. (Stella)

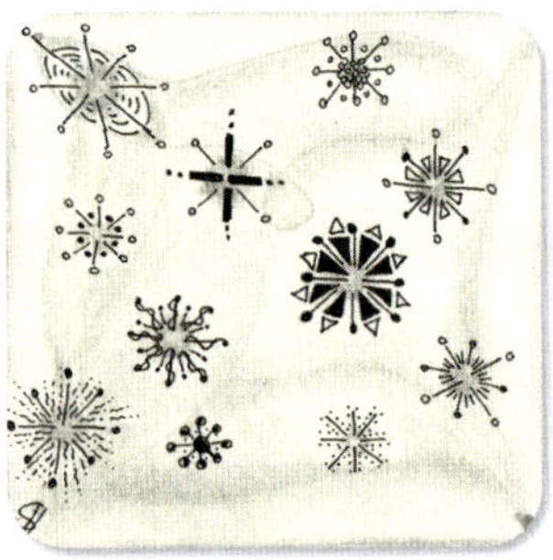

Variation:
Stella Peters-Hessels, CZT, NL

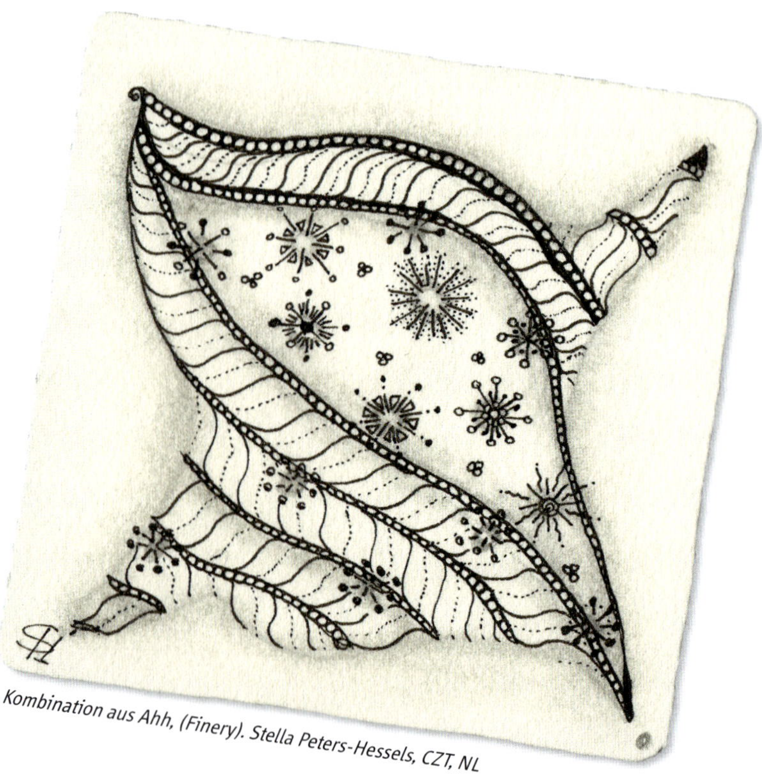

Kombination aus Ahh, (Finery). Stella Peters-Hessels, CZT, NL

Keeko

Designer: Rick Roberts & Maria Thomas, Zentangle HQ, USA/MA

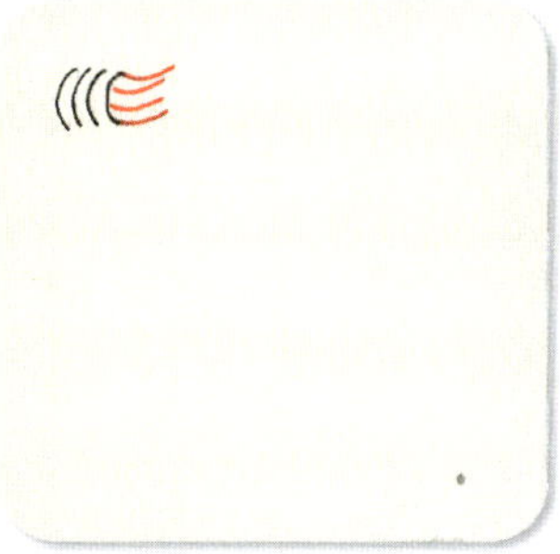

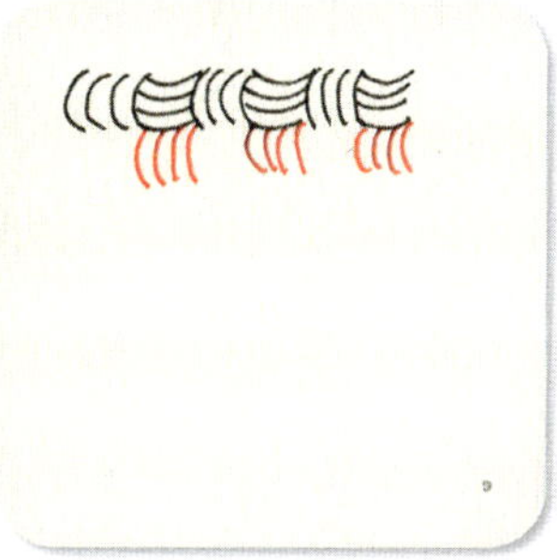

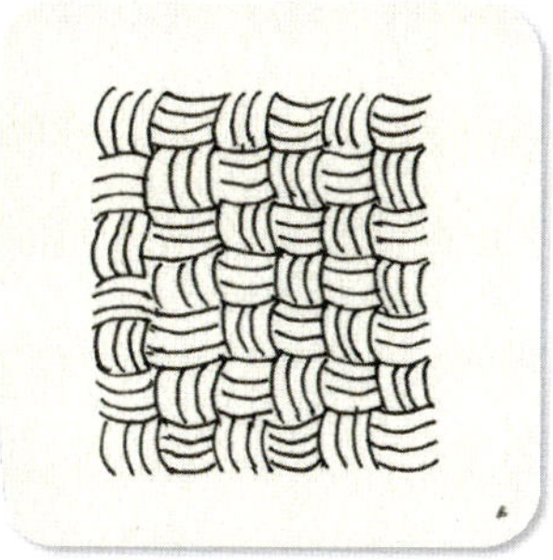

Keeko ist so herrlich einfach und universell einsetzbar. Es ist eins der ersten Muster, das ich kennen- und lieben gelernt habe. (Beate)

Tipp: Drehe das Kärtchen immer so, dass Du gut sehen und bequem Striche zeichnen kannst.

Beate Winkler, CZT, D

Kombination aus Crescent Moon, Keeko, Zinger, (Kings Crown), Widgets, Onamato, Cubine. Beate Winkler, CZT, D

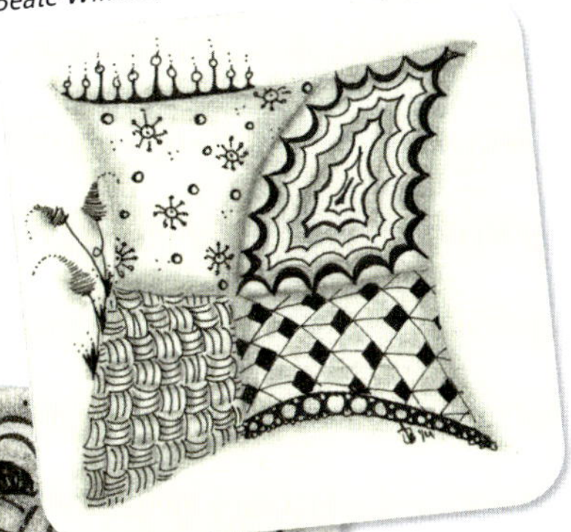

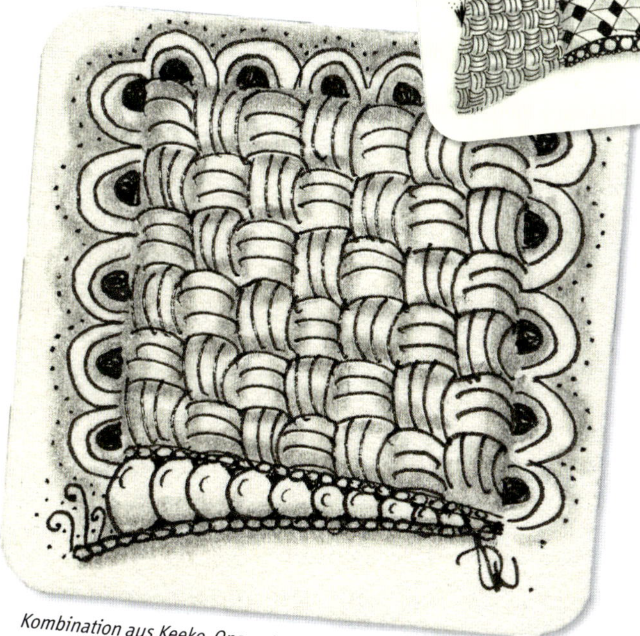

Kombination aus Keeko, Onamato, Crescent Moon. Beate Winkler, CZT, D

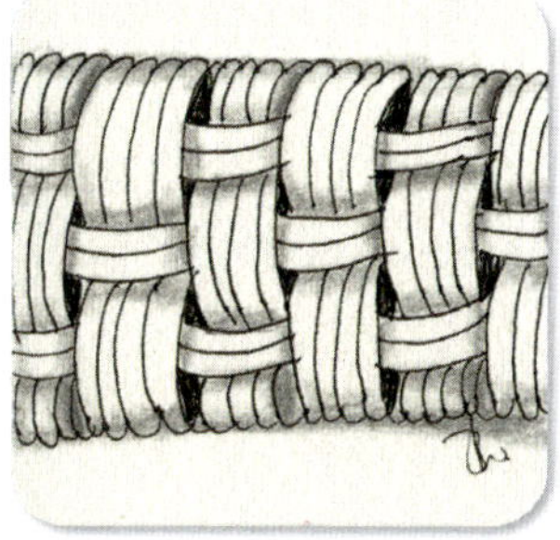

Variation: Beate Winkler, CZT, D

5 Muster Crescent Moon

Designer: Maria Thomas, Zentangle HQ, USA/MA

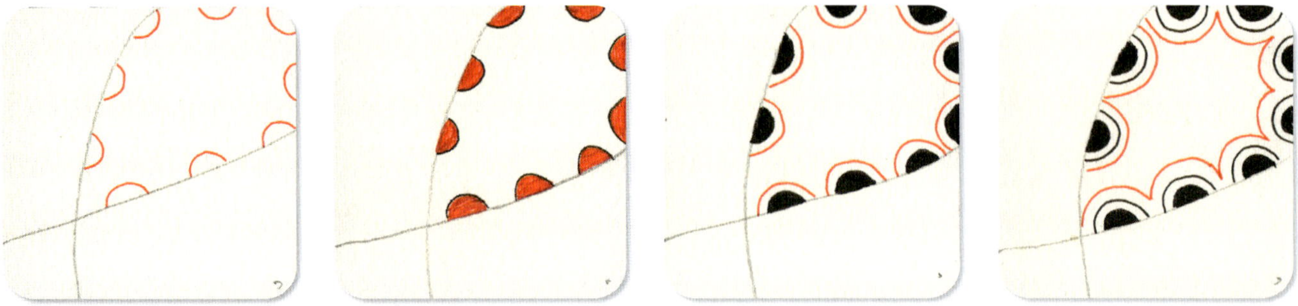

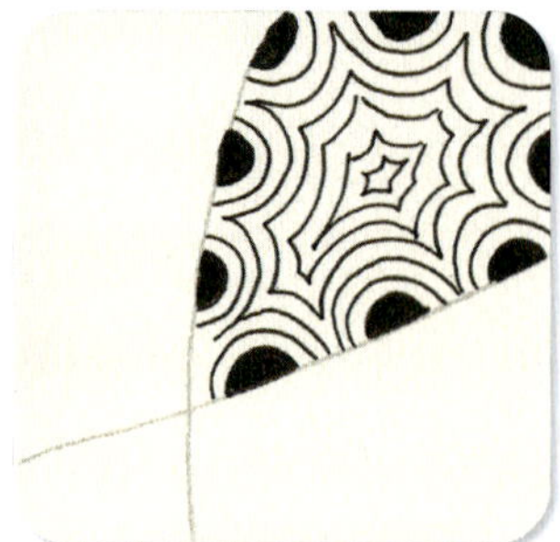

Ich mag Crescent Moon, weil es immer und überall passt, interessant und einfach zu erlernen ist. Zudem gibt es unendlich viele Variationen. (Tina)

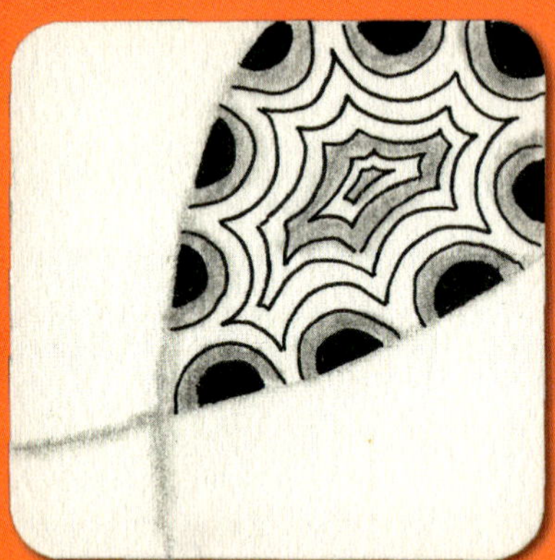

Beate Winkler, CZT, D

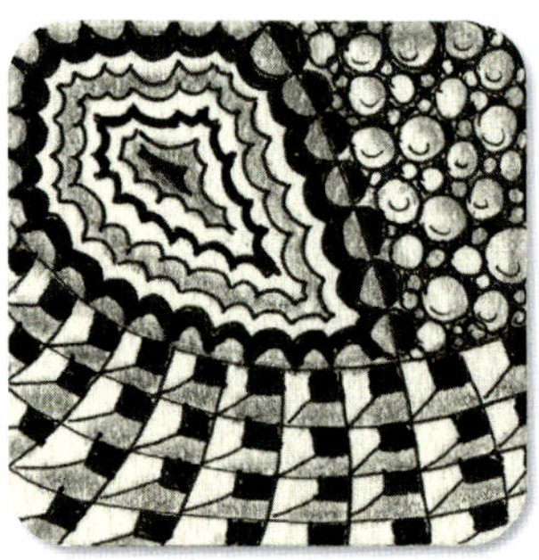

Kombination aus Crescent Moon, Cubine, (Tipple). Beate Winkler, CZT, D

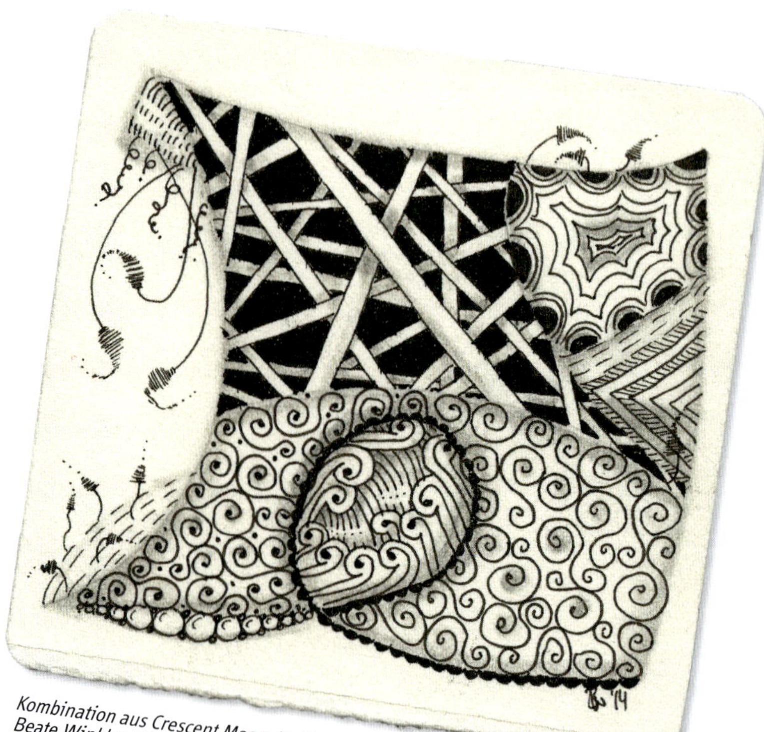

Kombination aus Crescent Moon, Hollibaugh, Zinger, (Static, Scoodle, Floo). Beate Winkler, CZT, D

6 Muster

Onamato

Designer: Maria Thomas, Zentangle HQ, USA/MA

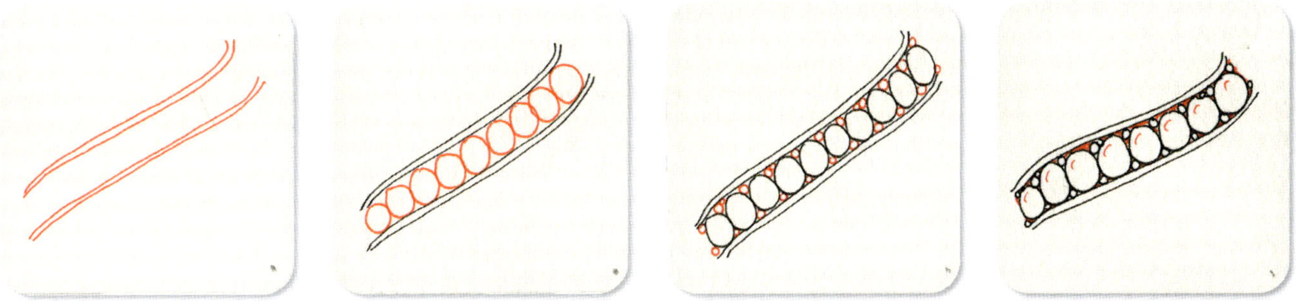

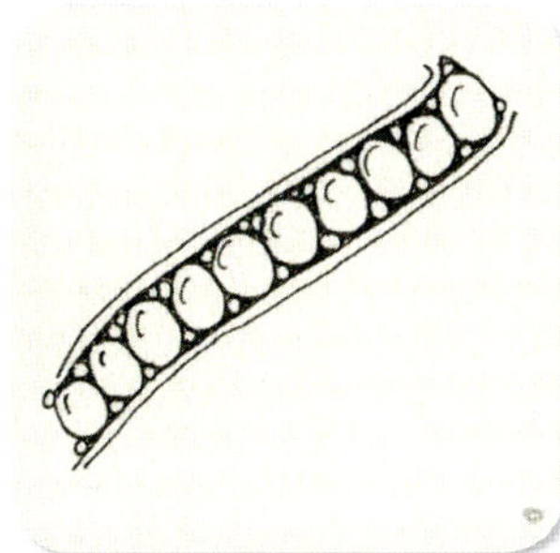

Oh, Onamato: Mein absolutes Lieblingsmuster! Kugeln über Kugeln lassen jedes Tile erstrahlen. Herrlich einfach und in meiner Variante mit dem kleinen Lichtreflex (schwarzer Strich) kullern sie einem förmlich entgegen. (Beate)

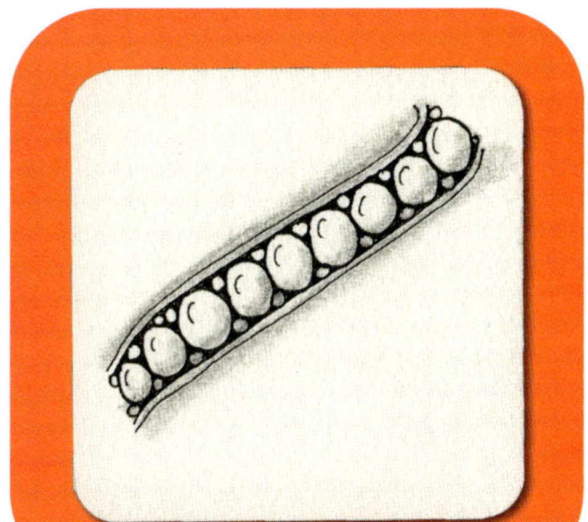

Beate Winkler, CZT, D

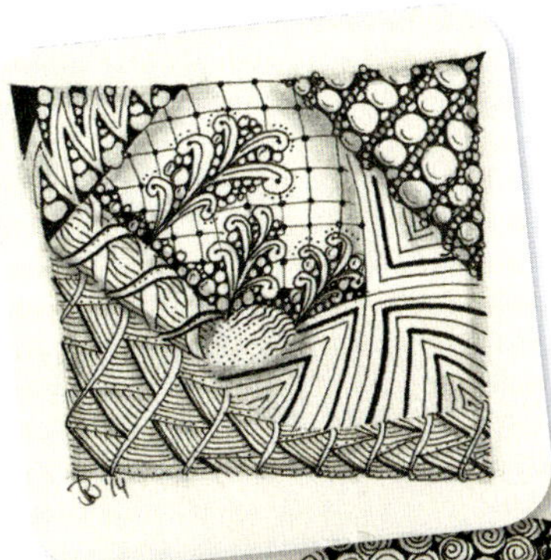

Kombination aus Onamato, Opus, Zander, Florz, Shattuck, Msst, (Chartz). Beate Winkler, CZT, D.

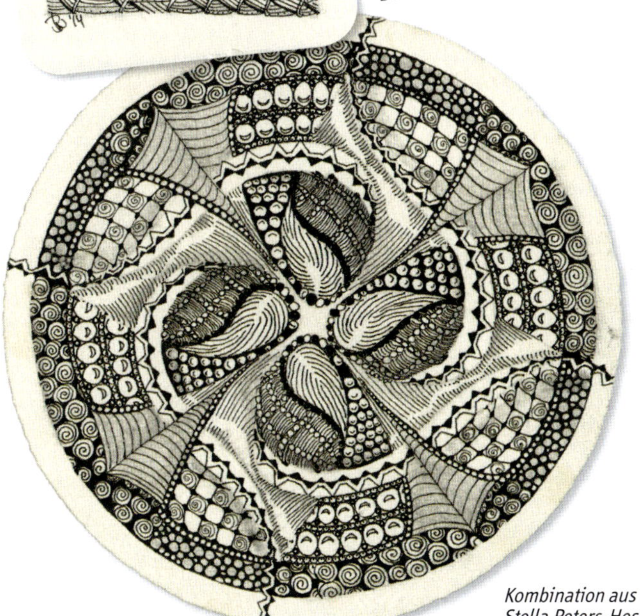

Kombination aus Onamato (Rain), Printemps, (Pearl's). Stella Peters-Hessels, CZT, NL

Ob nun als Border oder Füller – Onamato passt immer und sieht beeindruckend aus. (Beate)

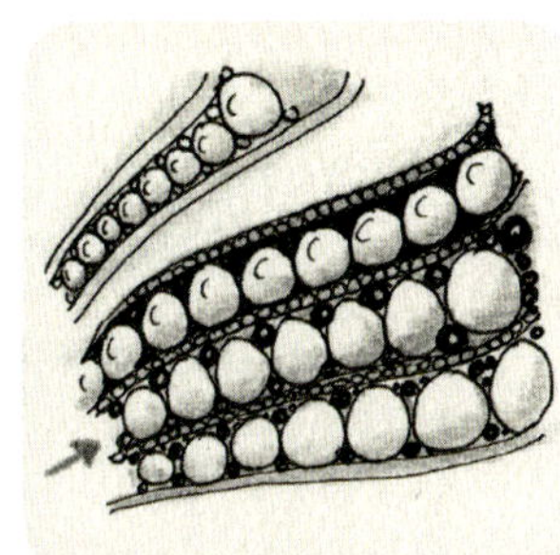

Variation: Beate Winkler, CZT, D

Der Pfeil weist auf das Original-Tangle Onamato hin. Mir gefällt die obere Ausführung aber besser, deswegen habe ich diese für das Stepout gewählt. (Beate)

7 Muster Knightsbridge

Designer: Rick Roberts & Maria Thomas, Zentangle HQ, USA/MA

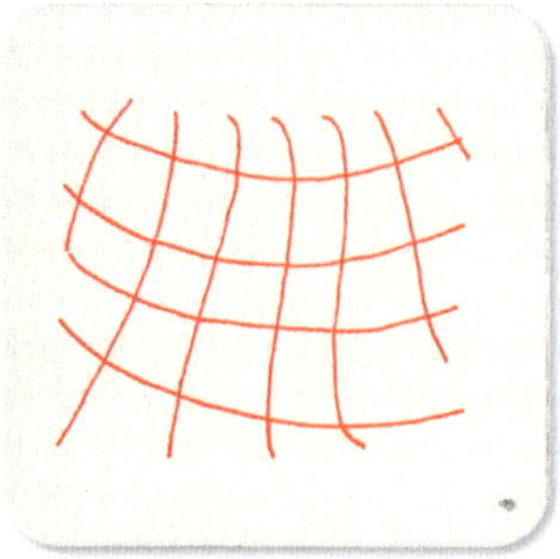

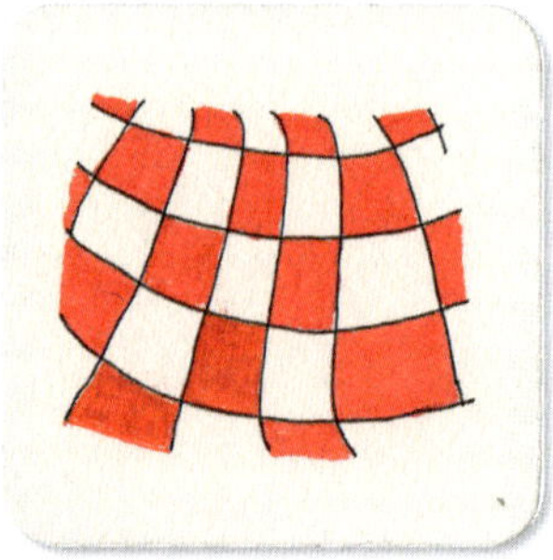

Ich mag Knightsbridge, weil sein Name mich neugierig machte. Ich könnte mir das Muster gut auf der Siegesfahne in einem mittelalterlichen Krieg vorstellen. Zudem ist es auf der Formel-1-Rennflagge vertreten. Es ist ein Basis-Muster, das viele andere Tangles beeinflusst hat. (Stephen)

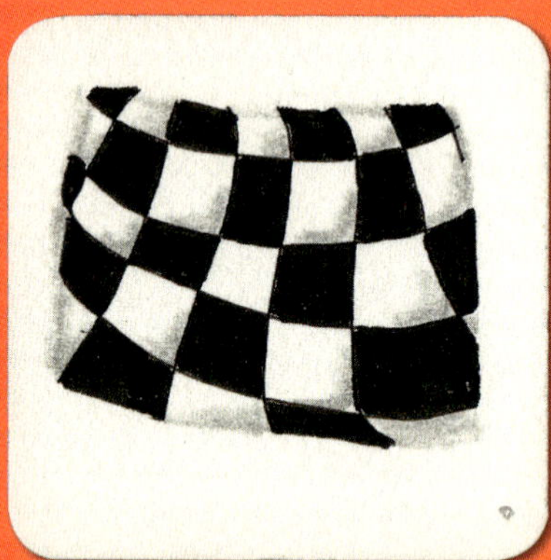

Beate Winkler, CZT, D

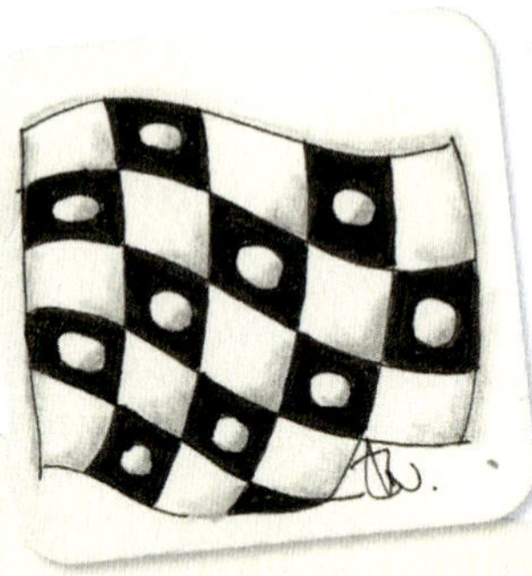

Variation: Beate Winkler, CZT, D

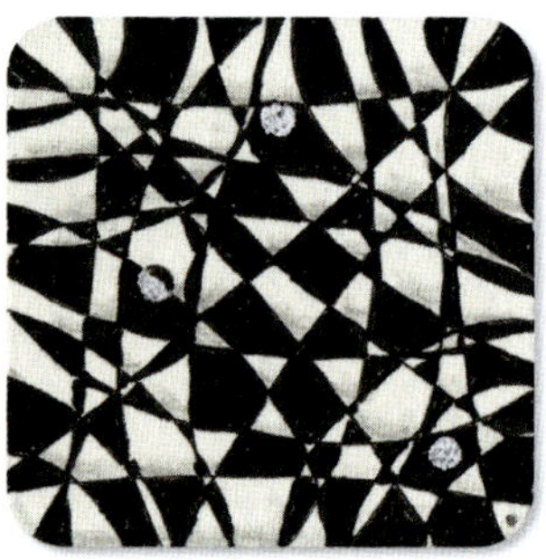

Variation: Beate Winkler, CZT, D

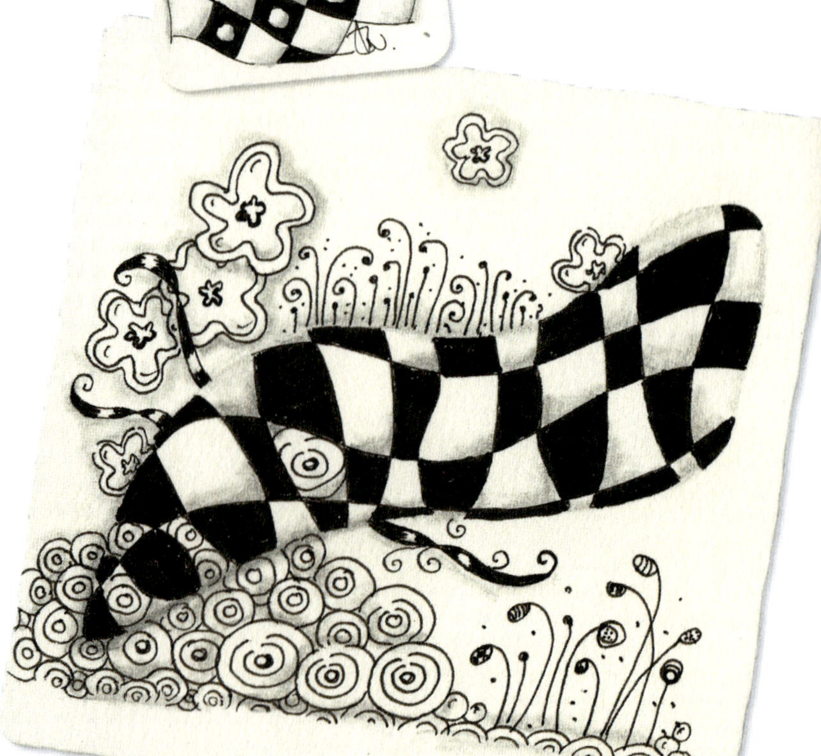

Kombination aus Knightsbridge, Winkbee, Fescu, Printemps. Beate Winkler, CZT, D

8 Muster

Winkbee

Designer: Beate Winkler, CZT, D

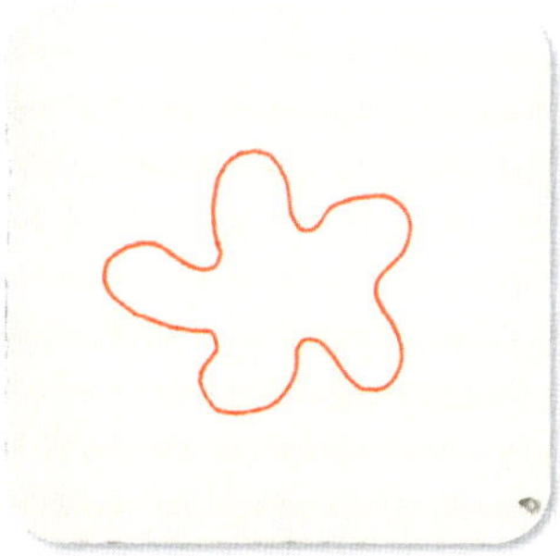
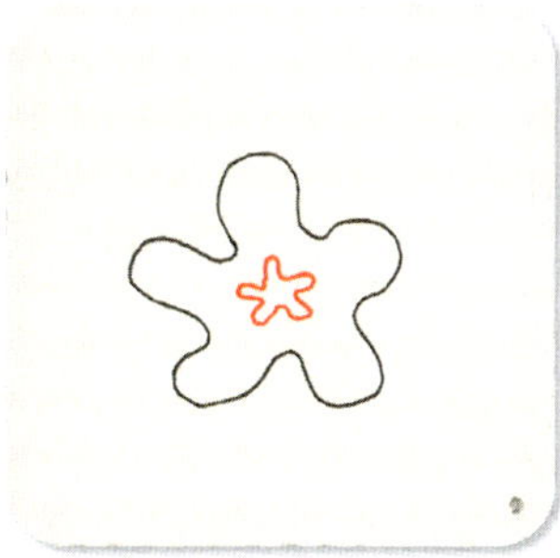
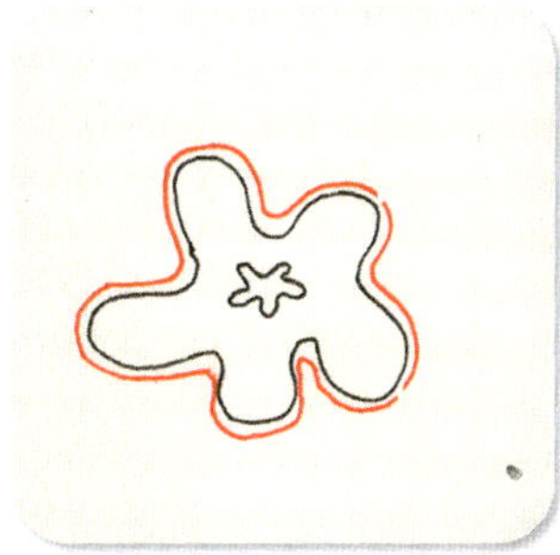
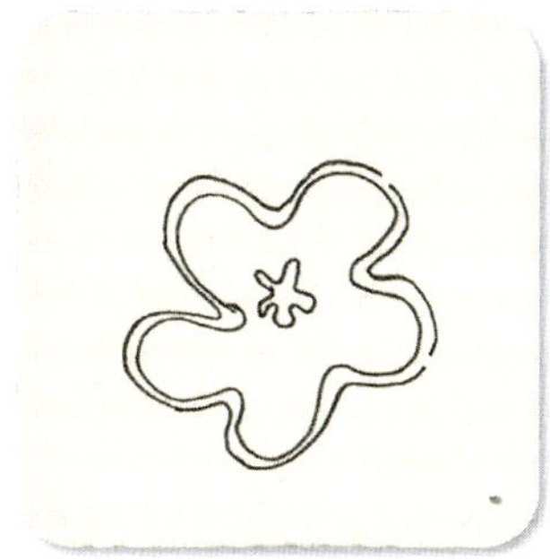
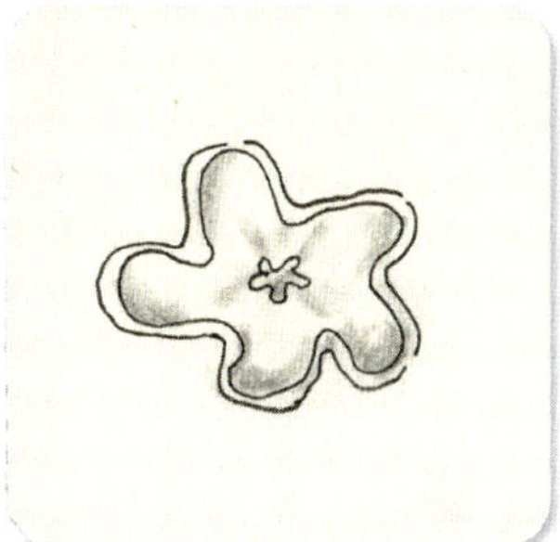

Dieses Muster ist so herrlich einfach. Fünf Schwünge und schon ist man fertig. Es sieht immer anders aus – und immer gut. Es füllt schnell eine Fläche oder gleich ein ganzes Tile als Monotangle. Und als i-Tüpfelchen kann man noch gut mit Schatten spielen. (Beate)

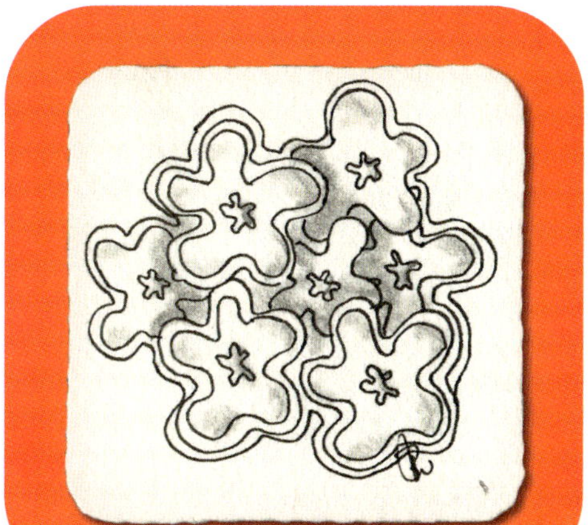

Beate Winkler, CZT, D

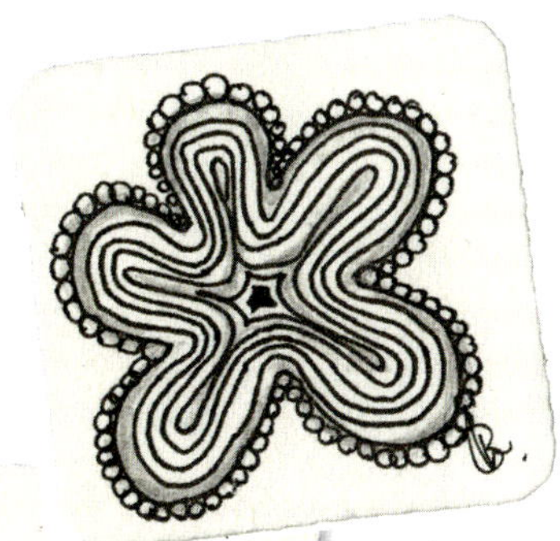

Variation: Beate Winkler, CZT, D

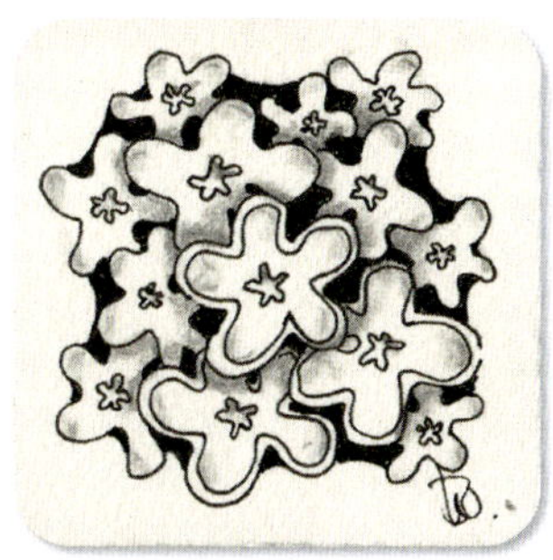

Variation: Beate Winkler, CZT, D

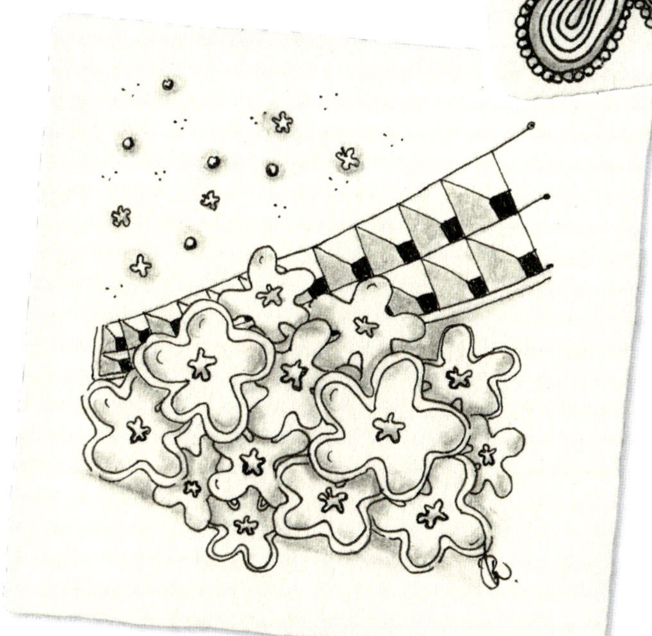

Kombination aus Winkbee, Cubine. Beate Winkler, CZT, D

Winkbee mag Aura. Also einfach eine Linie um die Figur zeichnen. Diese auch mal unterbrechen, das nennt man „Sparkle" (glänzen). Aura funktioniert auch gut, wenn die Linie um die ganze Gruppe gezogen wird. (Beate)

9 Muster Luv-A

Designer: Sharon Caforio, CZT, USA/IL

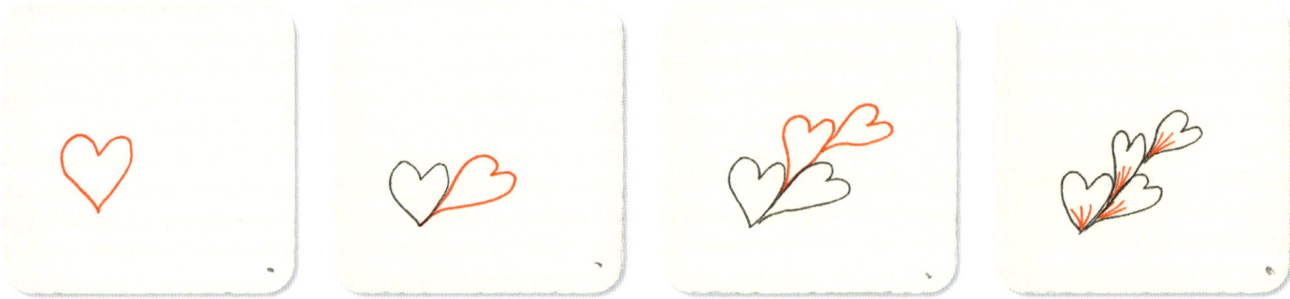

Hannah Geddes, CZT, UK

Ich liebe Luv-A, weil es eine so wunderschön fließende Herzform hat. Es kann im Großformat als Mittelpunkt eingesetzt werden oder in kleiner Form zur Verzierung des Tiles. (Hannah)

Kombination aus Luv-A, Zander, (Diva Dance, Chainging). Hannah Geddes, CZT, UK

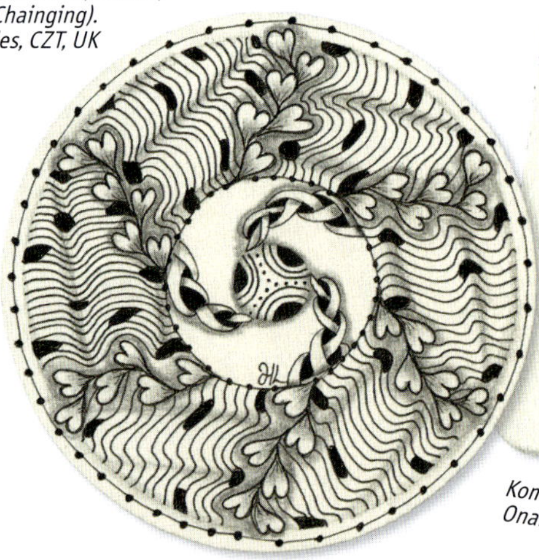

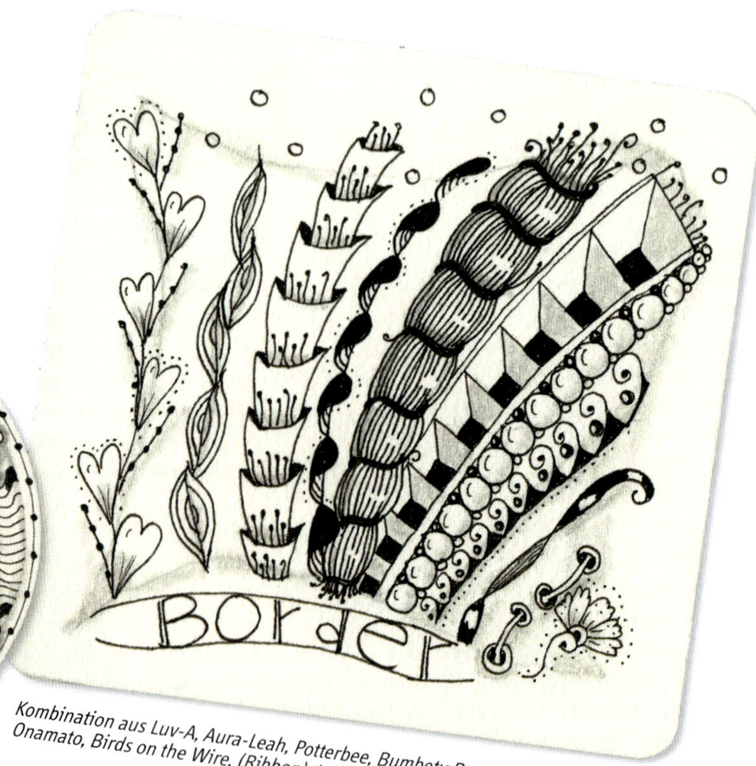

Kombination aus Luv-A, Aura-Leah, Potterbee, Bumbety Bump, Zander, Cubine, Onamato, Birds on the Wire, (Ribbon), Laced, Henna Drum. Beate Winkler, CZT, D

10 Muster

Cubine

Designer: Maria Thomas, Zentangle HQ, USA/MA

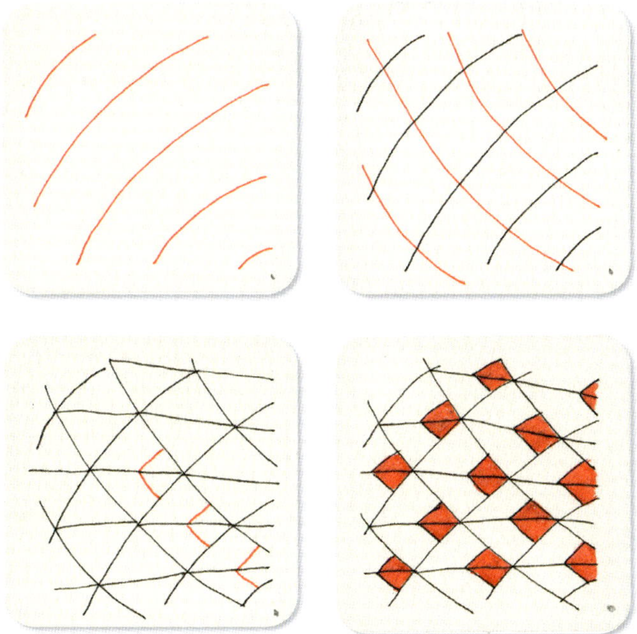

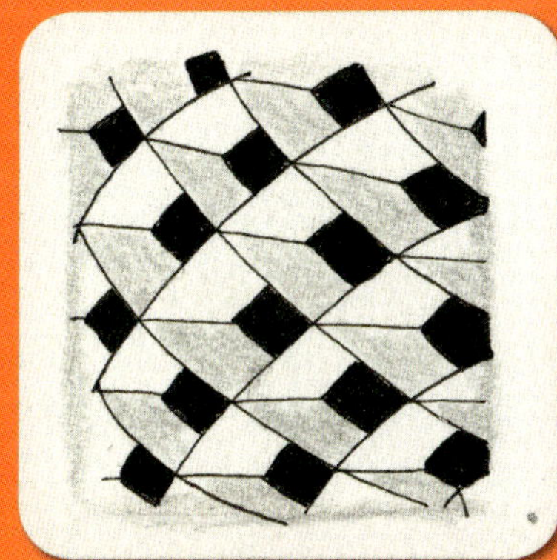

Beate Winkler, CZT, D

Cubine war wirklich das allererste Muster, das ich fasziniert ausprobiert habe. Wunderbar einfach (so, wie ich es liebe) und sehr wirkungsvoll. Es funktioniert auf kleiner Fläche und auf großem Raum und erzeugt schnell eine grandiose Tiefe. Auch heute noch setze ich es gerne ein. Gerade, wenn ich mal einen schwarzen Fleck brauche und das strenge Raster gut passt. (Beate)

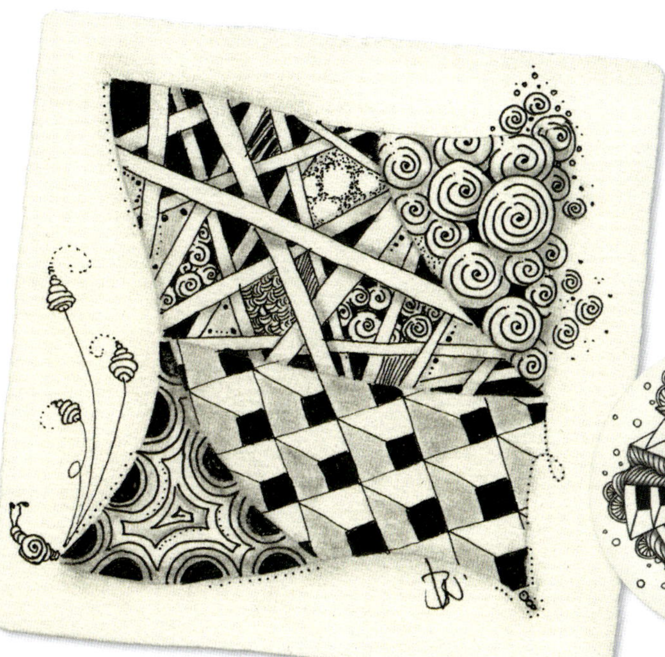

Kombination aus Cubine, Crescent Moon, Zinger, Hollibaugh, Printemps. Beate Winkler, CZT, D

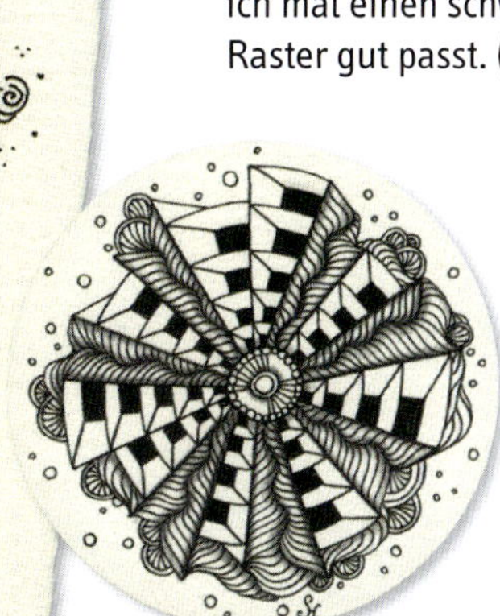

Cubine, (Meer). Sandy Hunter, CZT, USA/TX.

Die Querstriche jeweils einzeln diagonal in den Quadraten (Step 3, von Eckpunkt zu Eckpunkt) zeichnen, anstelle eines langen Strichs über alle. Sonst geht es schnell schief. Die Innenkästen an der jeweiligen Außenkante und Mittellinie ausrichten.

11 Muster

M‘Spire

Designer: Katie Crommett, CZT, USA/MA

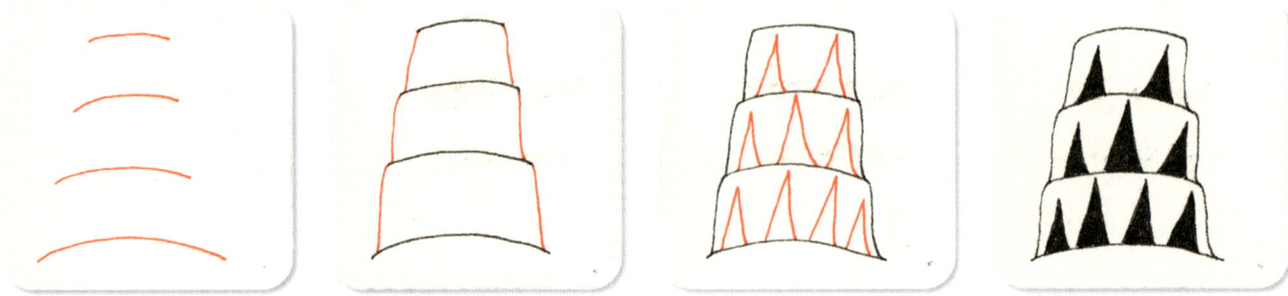

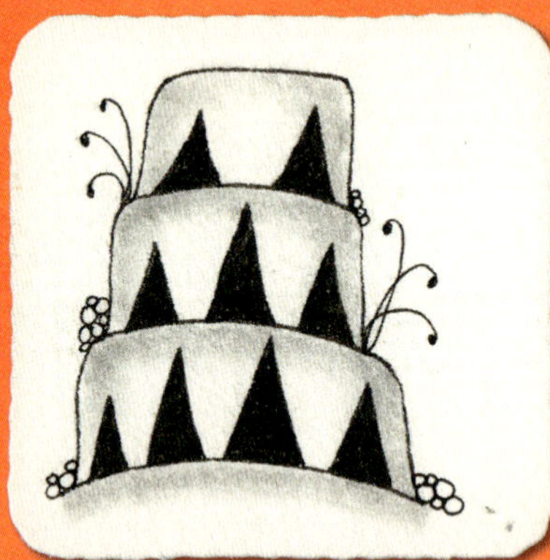

Katie Crommett, CZT, USA/MA

M‘Spire ist mein erstes selbst designtes Tangle. Bei einer Reise nach New York City wurde ich durch das Design des Chrysler Buildings dazu inspiriert. Ich mag es, wie das Muster gleichzeitig eckig und weich ist. (Katie)

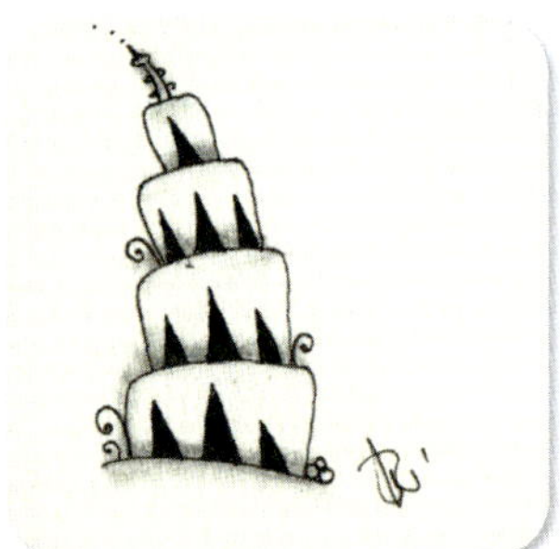

Variation: Beate Winkler, CZT, D

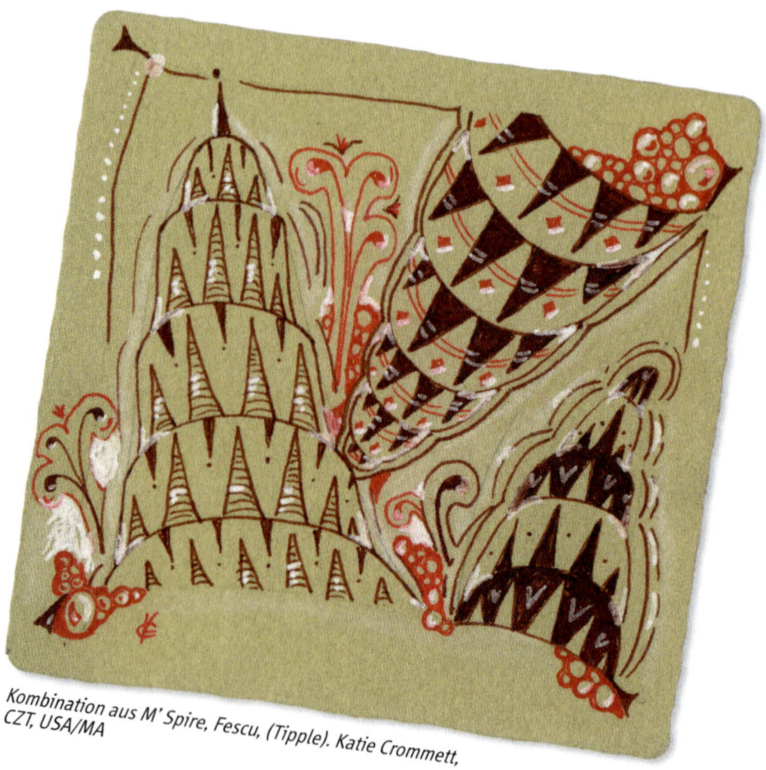

Kombination aus M' Spire, Fescu, (Tipple). Katie Crommett, CZT, USA/MA

12 Muster

Widgets

Designer: Kate Ahrens, CZT, USA/MN

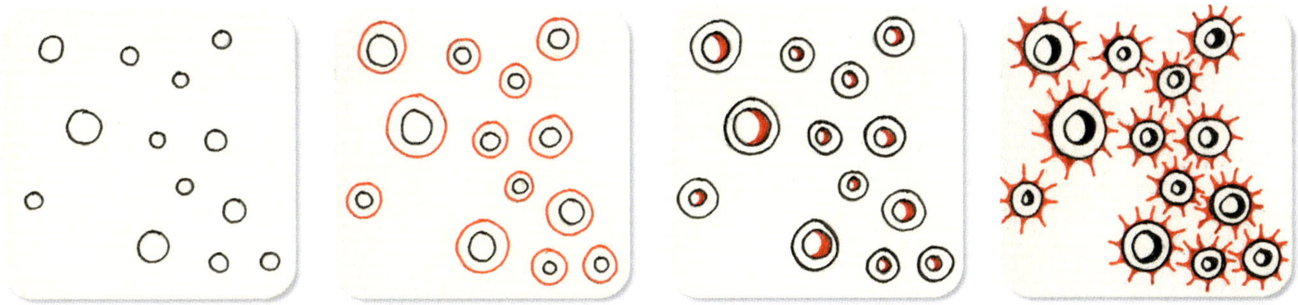

„Kreativität ist ansteckend. Verbreite sie.“ (Albert Einstein)

Ich benutze Widgets gern, weil es ein lustiges und einfaches Muster ist, um jede Art von Fläche zu füllen. Es ist auch hilfreich, um ein wenig Glitzer in das Kunstwerk zu bringen. (Kate)

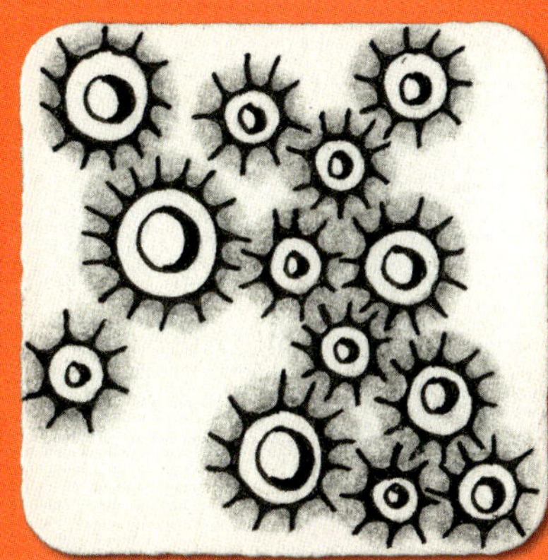

Kate Ahrens, CZT, USA/MN

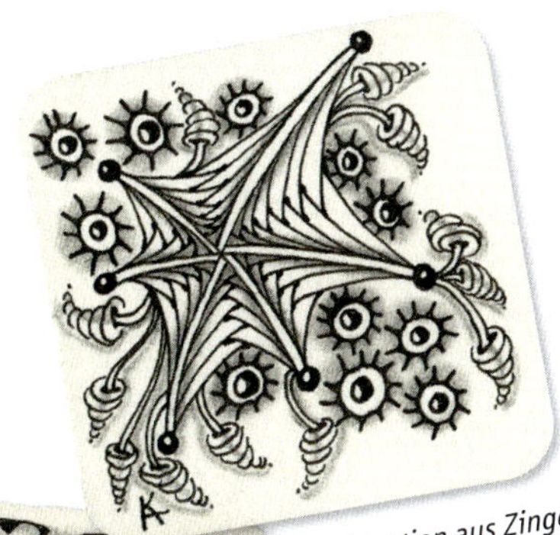

Kombination aus Zinger, Widgets, (Betweed). Kate Ahrens, CZT, USA/MA

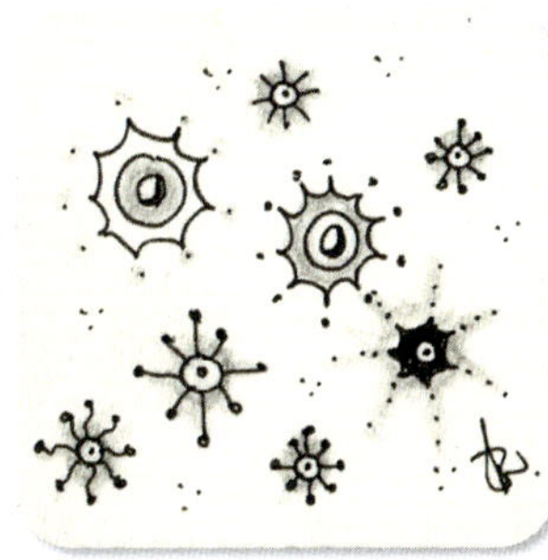

Variation: Beate Winkler, CZT, D

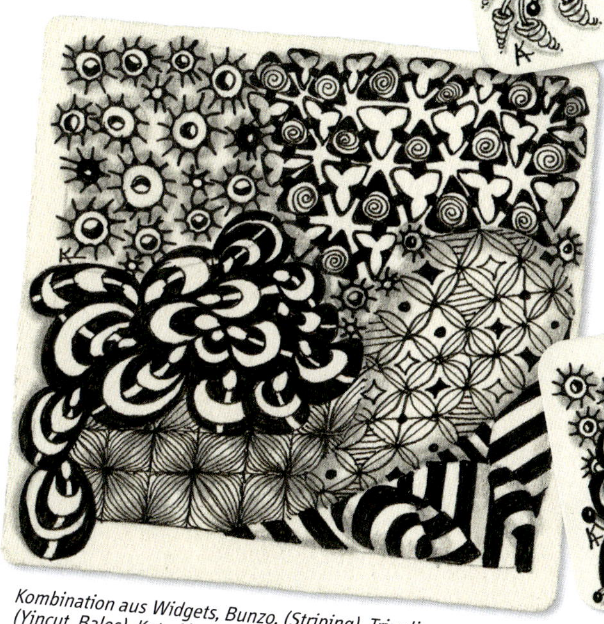

Kombination aus Widgets, Bunzo, (Striping), Tripoli, (Yincut, Bales). Kate Ahrens, CZT, USA/MN

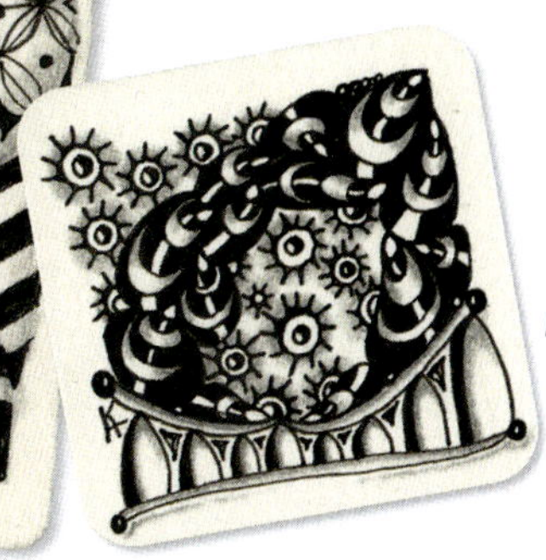

Kombination aus Widgets, Tropicana, Bunzo. Kate Ahrens, CZT, USA/MN

13 Muster

Quipple

Designer: Rick Roberts & Maria Thomas, Zentangle HQ, USA/MA

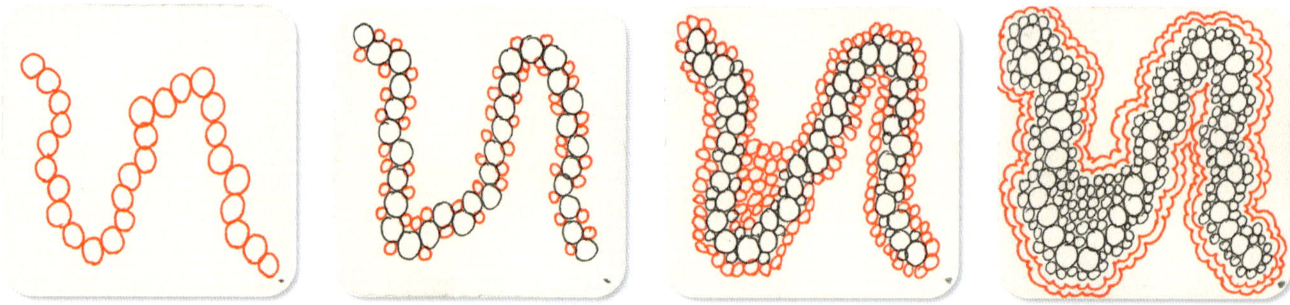

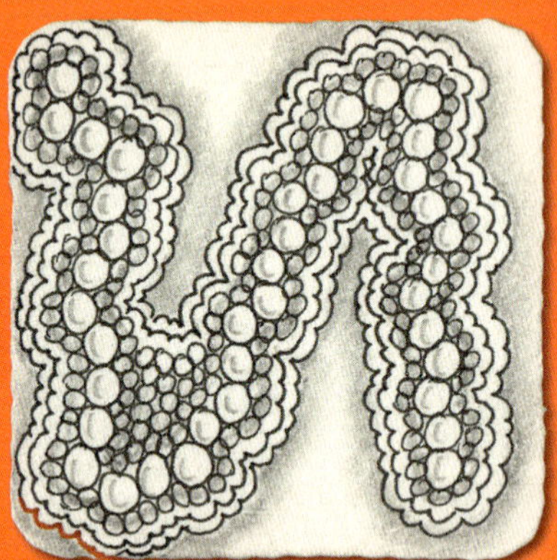

Hannah Geddes, CZT, UK

Quipple ist so einfach und wirkungsvoll. Es kann als Border, rund, eckig oder schwungvoll dargestellt werden. In jedem Fall erweckt es das Kärtchen zum Leben. (Hannah)

Quipple ist für mich eine Geduldsarbeit (wobei Geduld mir meist fehlt). Deswegen bewundere ich die Ergebnisse umso mehr! Danke Hannah und Tina.

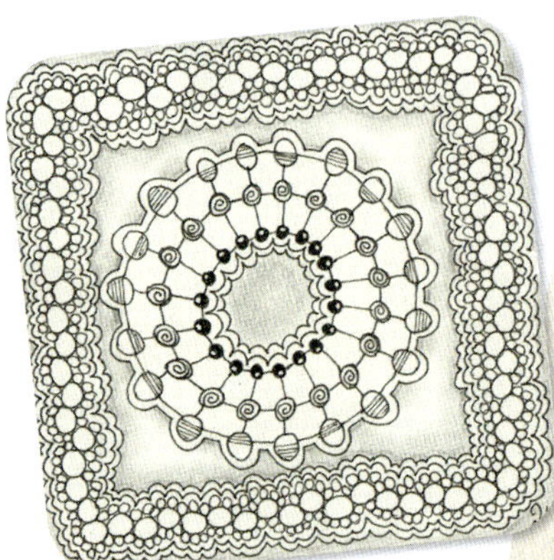

Hannah Geddes, CZT, UK

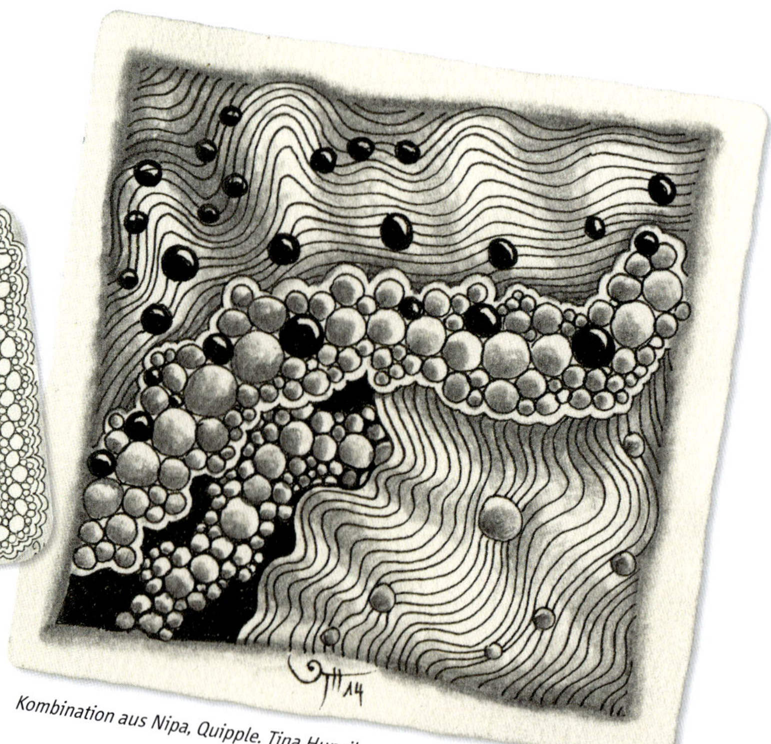

Kombination aus Nipa, Quipple. Tina Hunziker, CZT, CH

14 Muster

Munchin

Designer: Molly Hollibaugh, Zentangle HQ, USA/MA

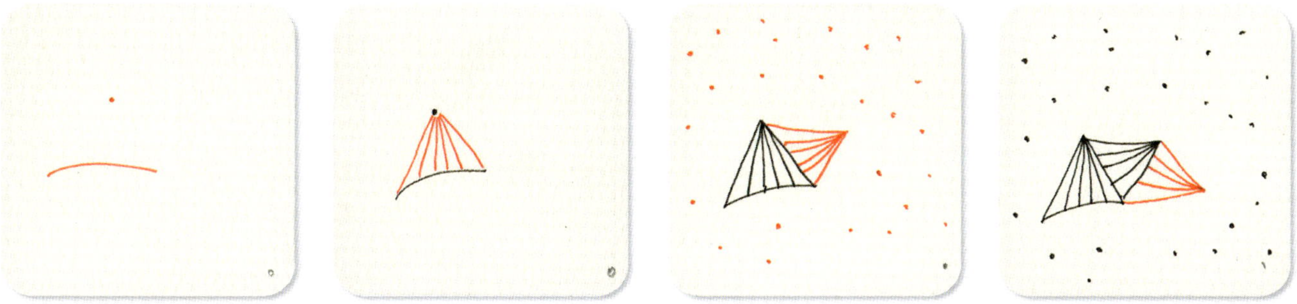

Tipp: Das Muster verwende ich mal so und mal so: Entweder vorher die Punkte setzen wie im Stepout oder mal ohne Punkte Dreieck für Dreieck andocken.

Bei Munchin möchte man gar nicht mehr aufhören, immer noch ein Dreieck dazuzutanglen. Einfach und schön – entspannend. Besonders gut als Monotangle zu gestalten. (Beate)

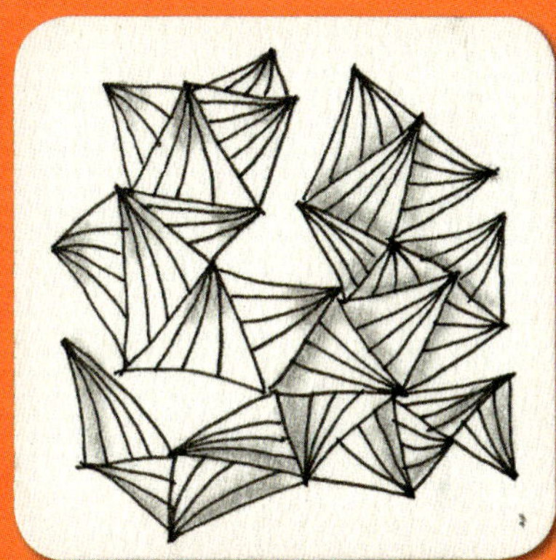

Beate Winkler, CZT, D

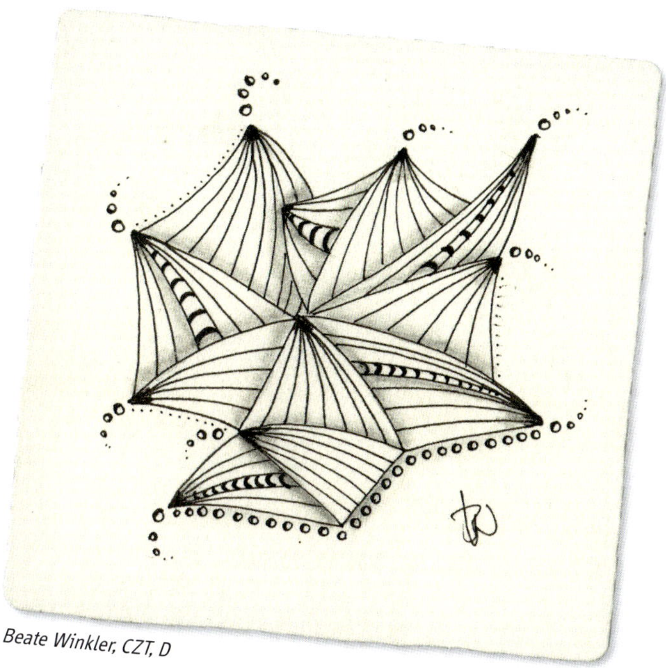

Beate Winkler, CZT, D

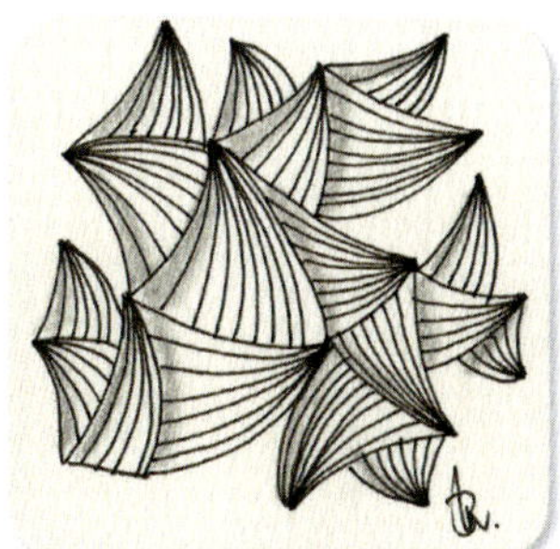

Variation: Beate Winkler, CZT, D

15 Muster Gryst

Designer: Frances Banks, CZT, USA/PA

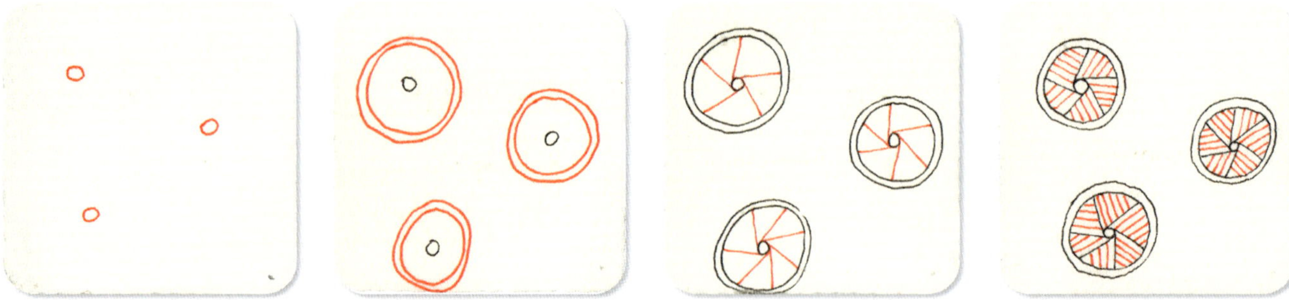

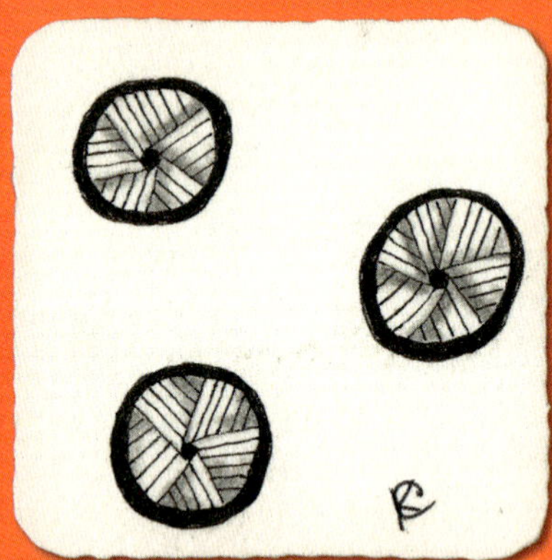

Katie Crommett, CZT, USA, MA

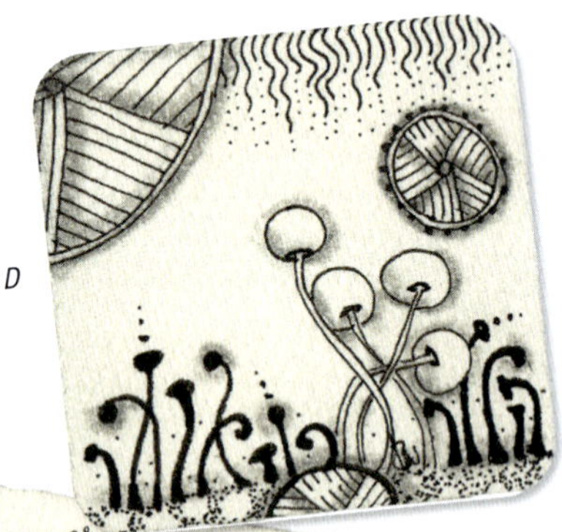

Kombination aus Gryst, Msst, Fescu, (Poke, Root). Beate Winkler, CZT, D

Dieses Muster ist vielfältig einsetzbar. Es kann sowohl zum Füllen benutzt, als auch selbst mit anderen Mustern befüllt werden. Ich liebe diese Form und die Dimension, die durch das Schattieren hervorgerufen wird. (Katie)

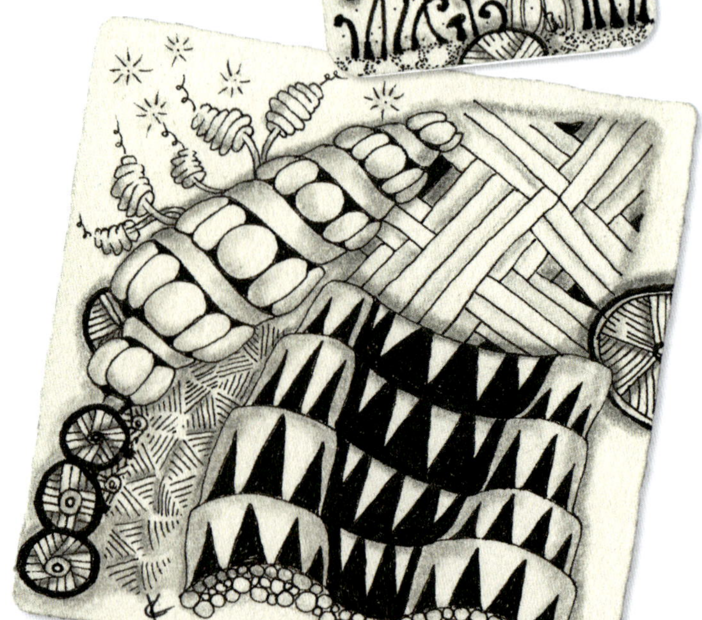

Kombination aus Gryst, M'Spire, Purk, (Swarm, Tipple, Hurry). Katie Crommett, CZT, USA/MA

16 Muster

Msst

Designer: Rick Roberts & Maria Thomas, Zentangle HQ, USA/MA

Ich mag dieses Muster, weil es einfach ist und man durch die vielen Möglichkeiten richtig Spaß haben kann. (Stella)

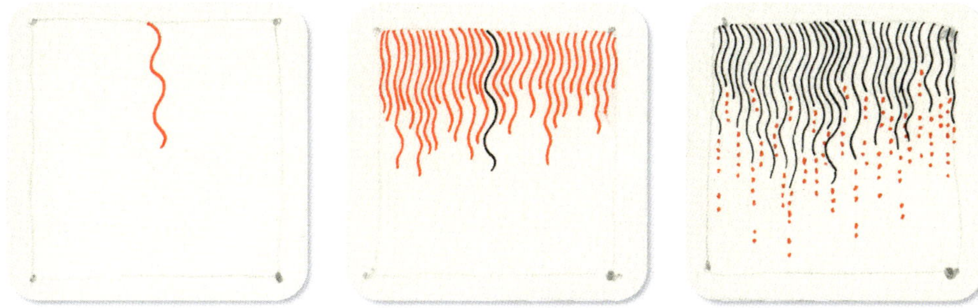

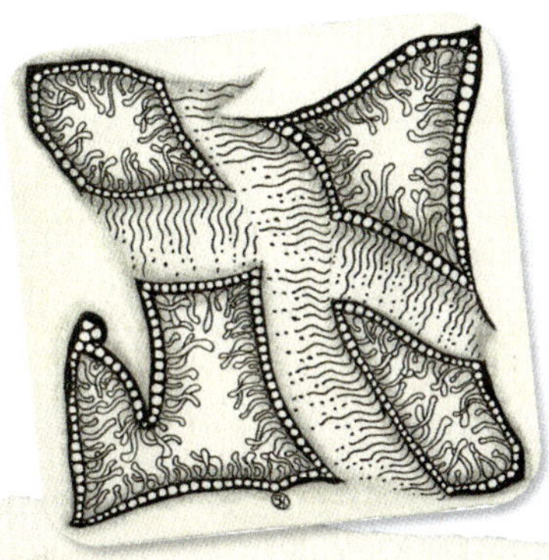

Stella Peters-Hessels, CZT, NL. Mal mit einem ganz anderen String.

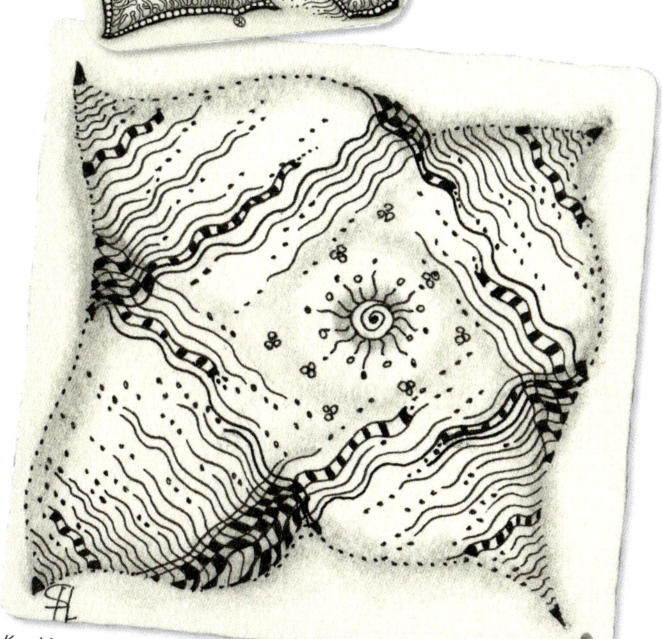

Kombination aus Msst, Ahh. Stella Peters-Hessels, CZT, NL

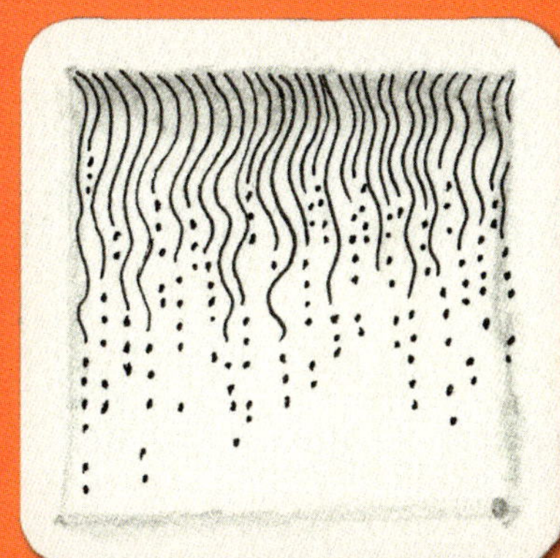

Stella Peters-Hessels, CZT, NL

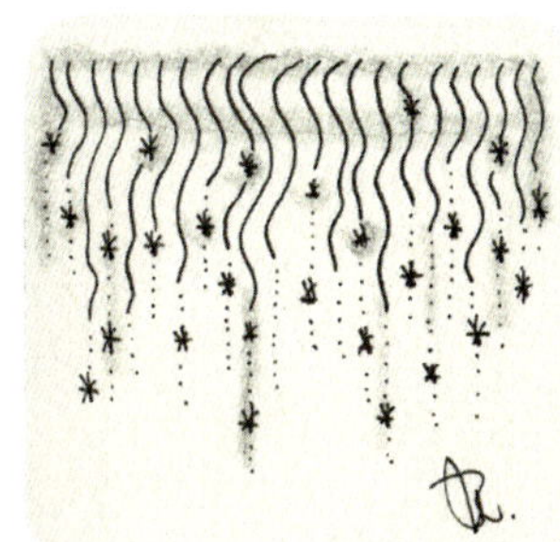

Variation: Beate Winkler, CZT, D

Variante: Msst eignet sich wunderbar zum Auffüllen des oberen Rands und erinnert mich an Sterntaler. Gesagt, getan: So sieht dann meine Variation aus. (Beate)

17 Muster Florz

Designer: Rick Roberts & Maria Thomas, Zentangle® HQ, USA/MA

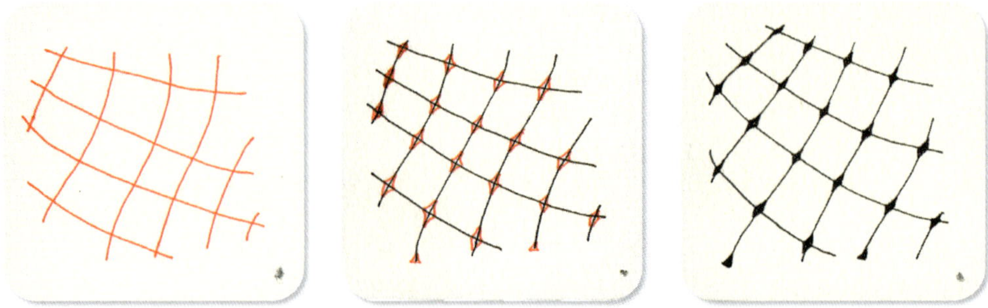

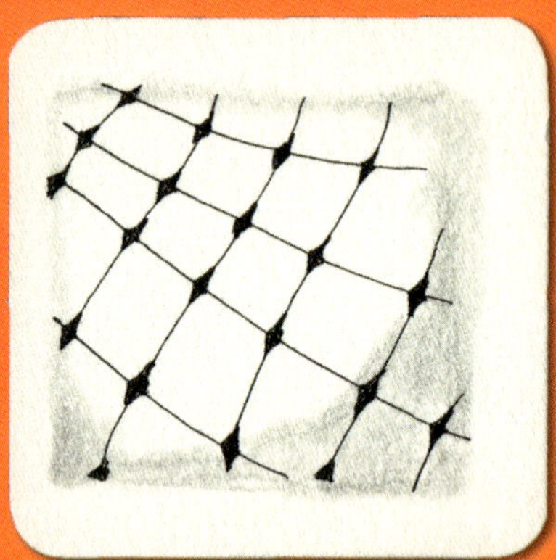

Beate Winkler, CZT, D

Dieses Muster mag ich, weil es viel hermacht. Man kann es als wundervollen Hintergrund benutzen und es deckt große Flächen gut ab. (Deborah)

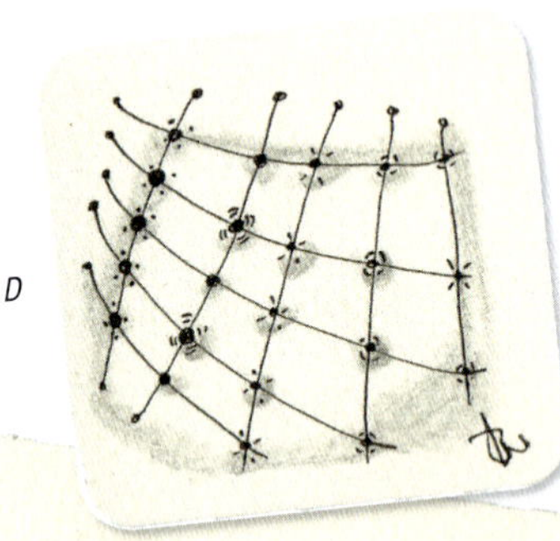

Variation:
Beate Winkler, CZT, D

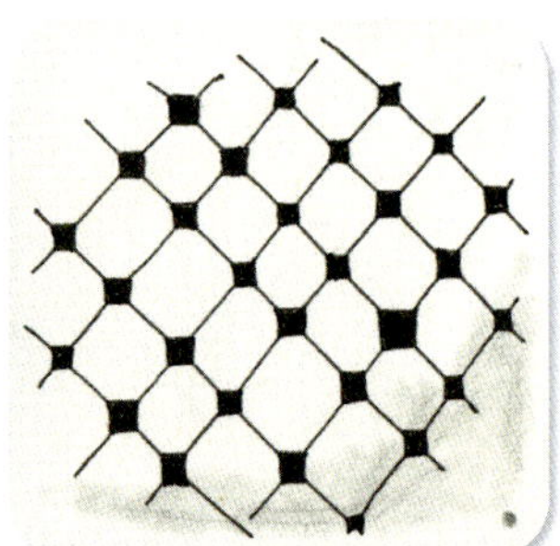

Variation:
Deborah Pacé, CZT, USA/CA

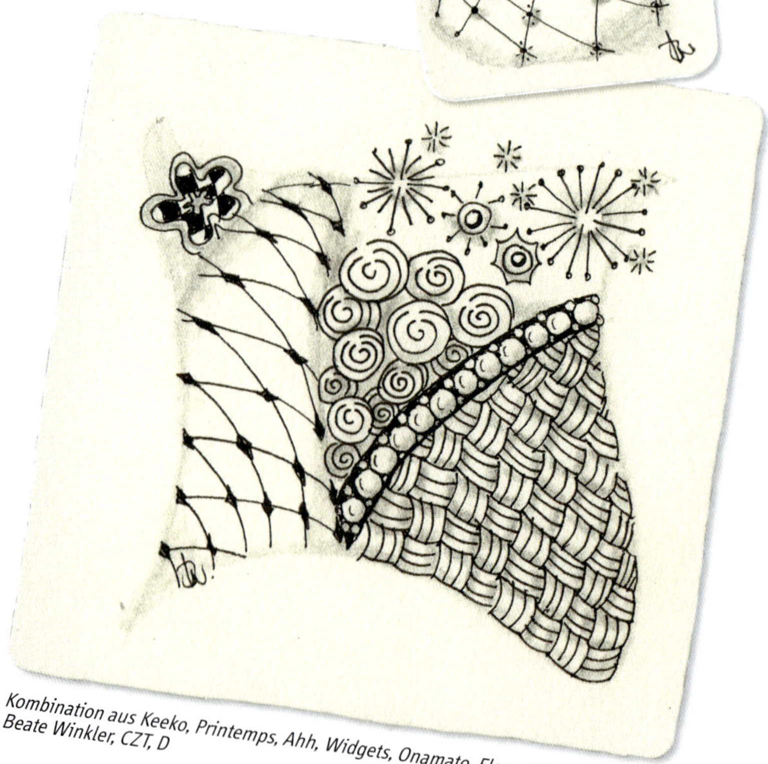

Kombination aus Keeko, Printemps, Ahh, Widgets, Onamato, Florz, Winkbee.
Beate Winkler, CZT, D

18
Muster

Aura-Leah

Designer: Carla Du Preez, ZAF/Pretoria

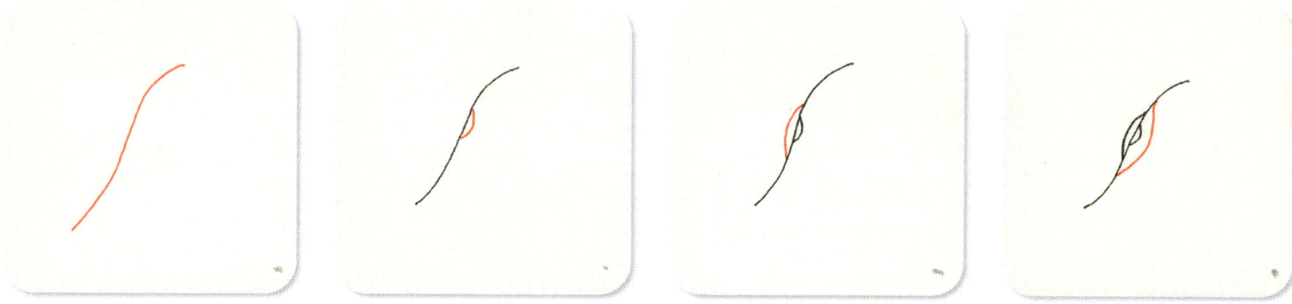

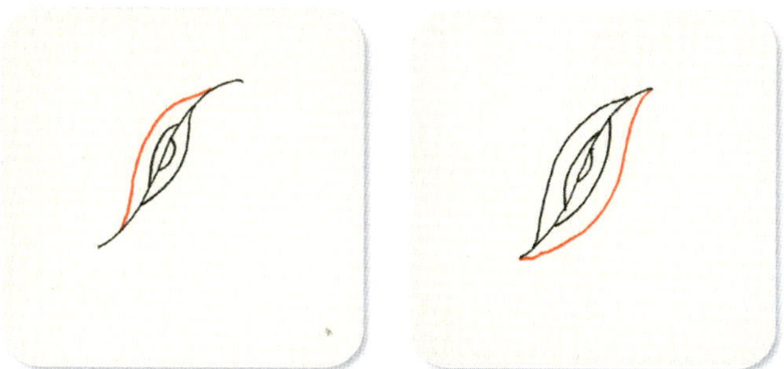

Leicht und beeindruckend dreidimensional. Sowohl als Verzierung als auch als Centerpiece (im Zentrum) gut einsetzbar. (Beate)

Beate Winkler, CZT, D

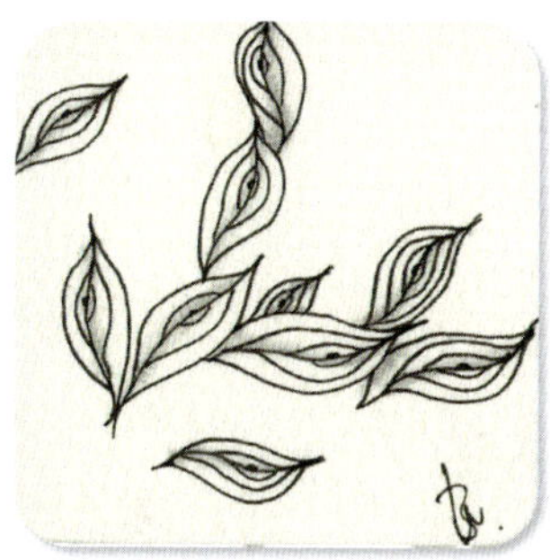

Variation: Beate Winkler, CZT, D

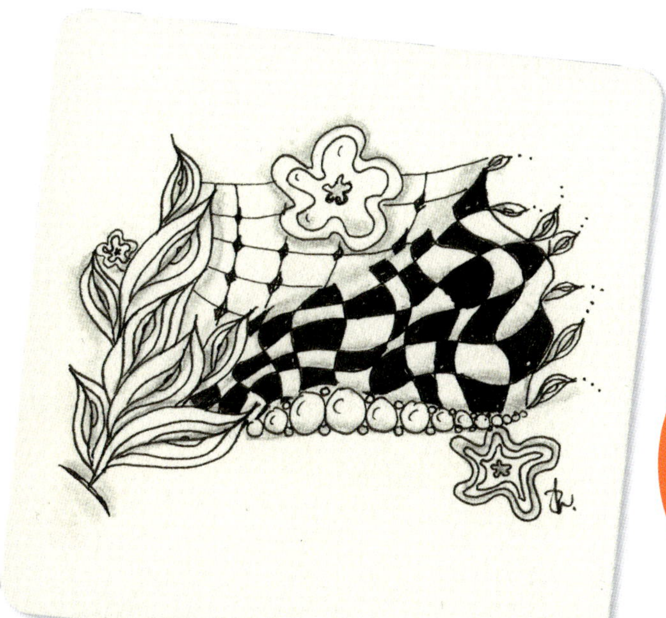

Kombination aus Florz, Aura-Leah, Knightsbridge, Onamato, Winkbee.
Beate Winkler, CZT, D

Laut Rick ist bewiesen, dass man besser zuhört, wenn man tangelt. Er hat uns ermuntert, es auch während des Seminars zu tun, was ich sehr angenehm fand. (Beate)

19 Muster

Fescu

Designer: Rick Roberts & Maria Thomas, Zentangle HQ, USA/MA

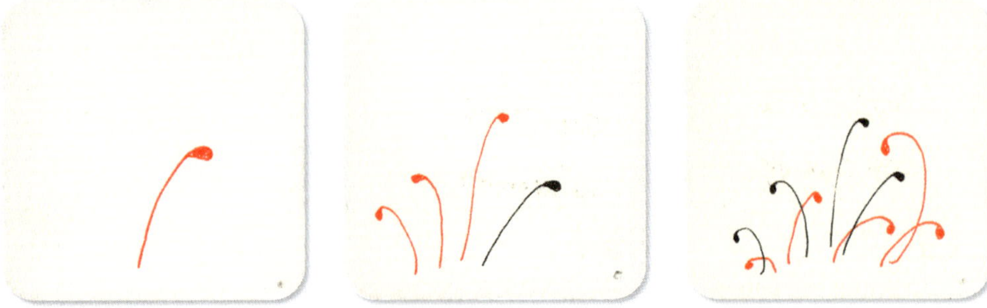

Meine Tiles und Bilder tendieren dazu, sehr voll und detailreich zu sein. Fescu ist eine exzellente Möglichkeit, das Aussehen des Tiles aufzulockern. (Katie)

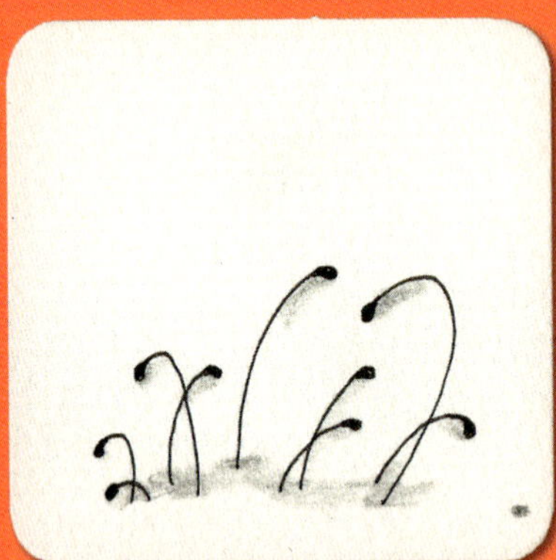

Katie Crommett, CZT, USA/MA

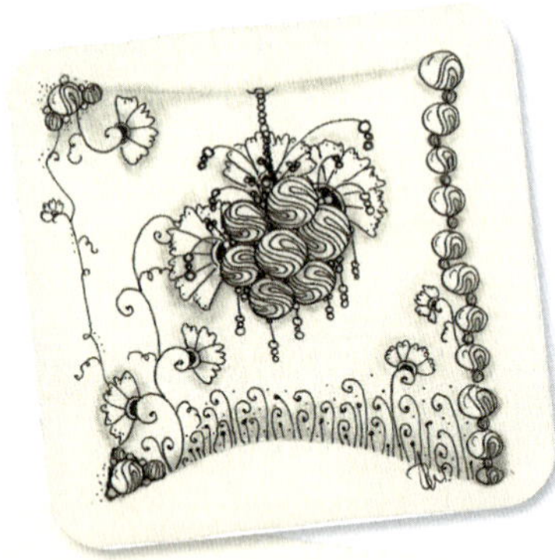

Kombination aus Fescu, Henna Drum, Cruffle. Beate Winkler, CZT, D

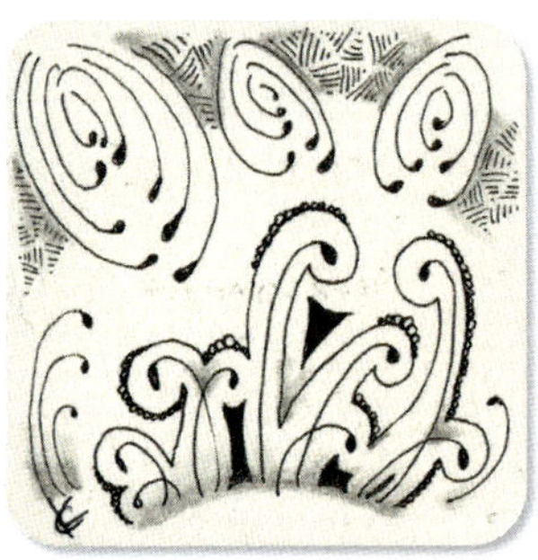

Variation: Katie Crommett, CZT, USA/MA

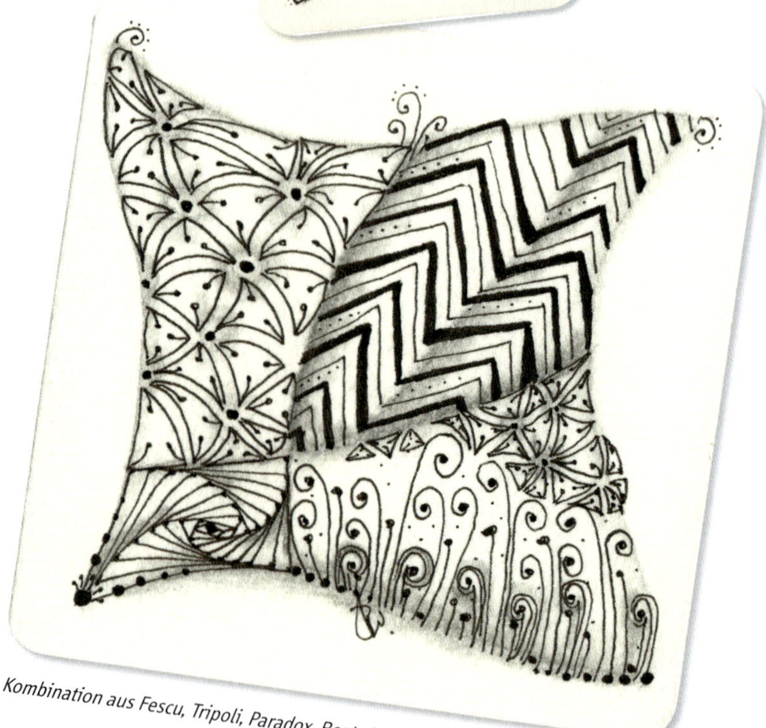

Kombination aus Fescu, Tripoli, Paradox. Beate Winkler, CZT, D

Fracas

Designer: Rick Roberts & Maria Thomas, Zentangle HQ, USA/MA

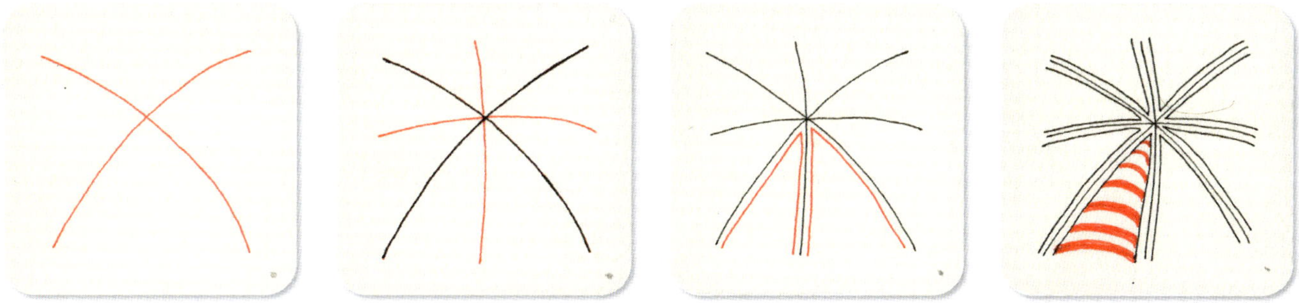

Ich liebe Fracas, weil es einem fast entgegenspringt. Es fällt auf jedem Tile auf, wirkt sehr dreidimensional und ist schön einfach zu tanglen. Probiert mal aus, das „V“ wegzulassen: ein Spinnennetz entsteht. Auch Anfänger mögen dieses Tangle sehr gern. (Beate)

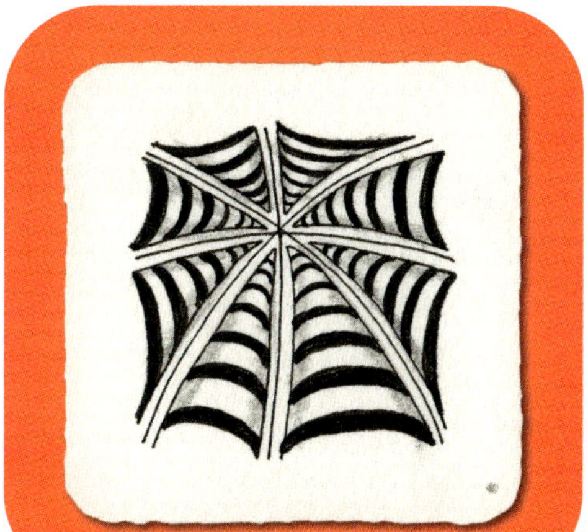

Beate Winkler, CZT, D

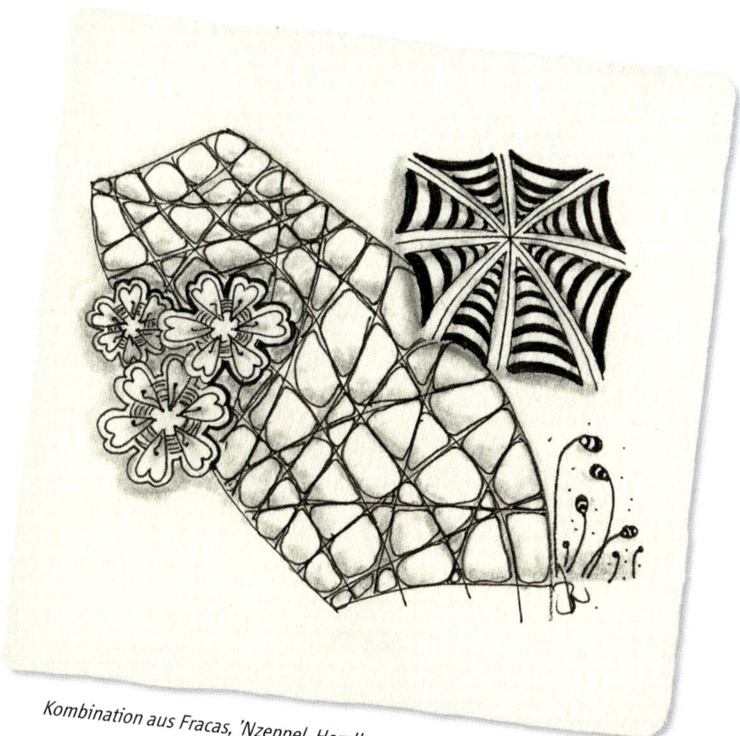

Kombination aus Fracas, 'Nzeppel, Herzlbee, Fescu. Beate Winkler, CZT, D

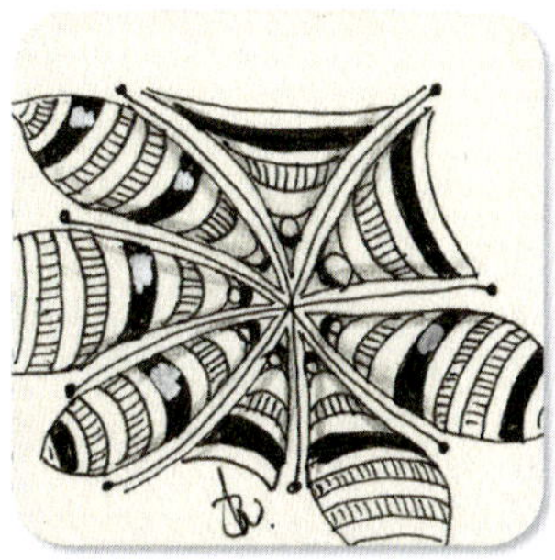

Wenn man sich mal „vermalt“, entstehen neue Variationen. Beate Winkler, CZT, D

21 Muster

Flux

Designer: Rick Roberts & Maria Thomas, Zentangle HQ, USA/MA

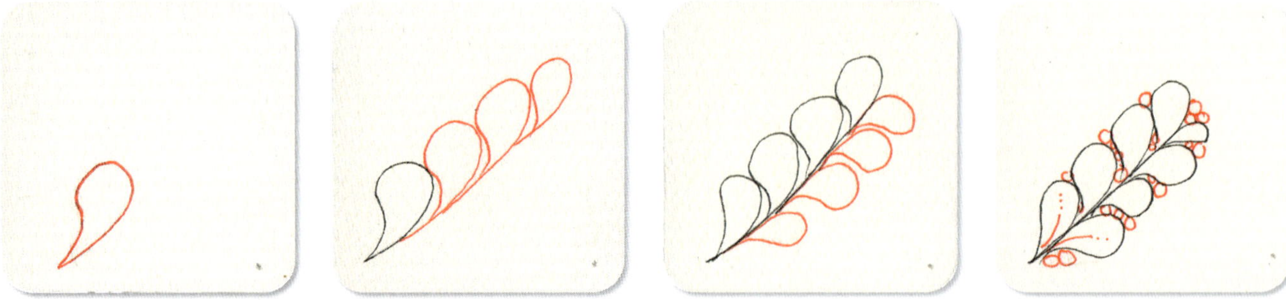

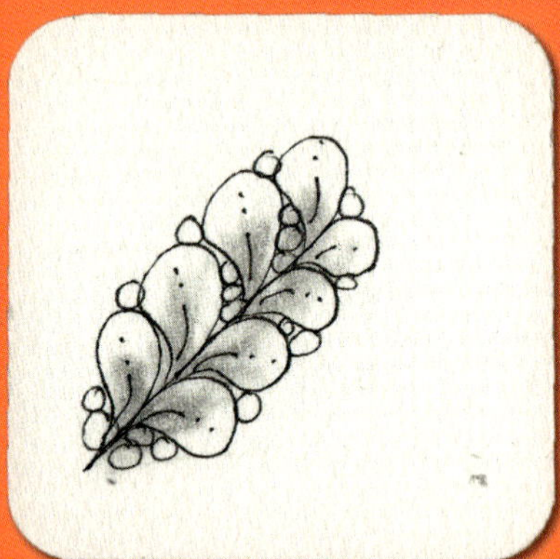

Jane Marbaix, CZT, UK

Flux ergibt zusammen mit Cruffle immer eine schöne Kombination. (Jane)

Kombination aus Flux, Cruffle. Jane Marbaix, CZT, UK

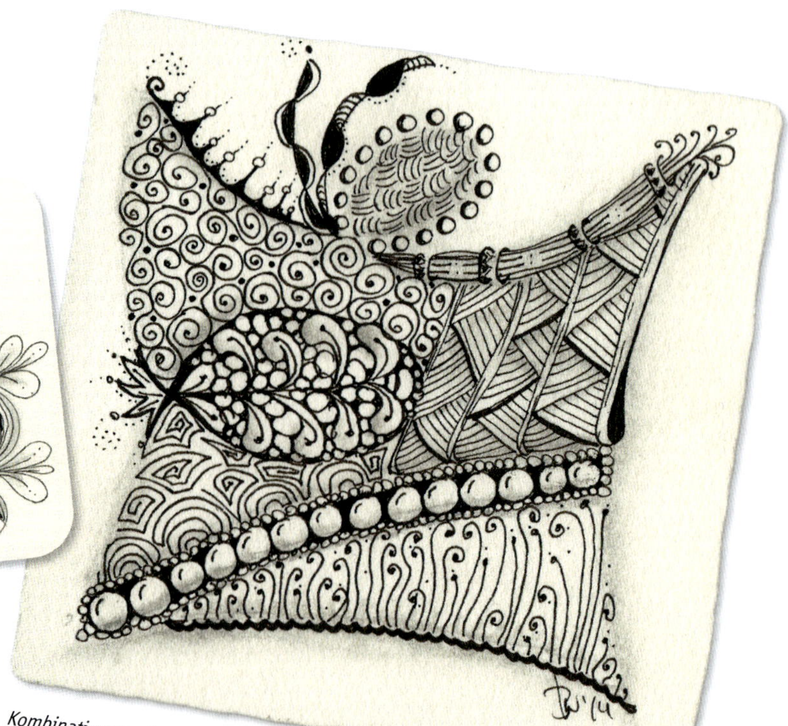

Kombination aus Fescu, Flux, Onamato, Keeko, Shattuck, (Küle, Scoodle). Beate Winkler, CZT, D

22 Muster Cruffle

Designer: Sandy Hunter, CZT, USA/TX

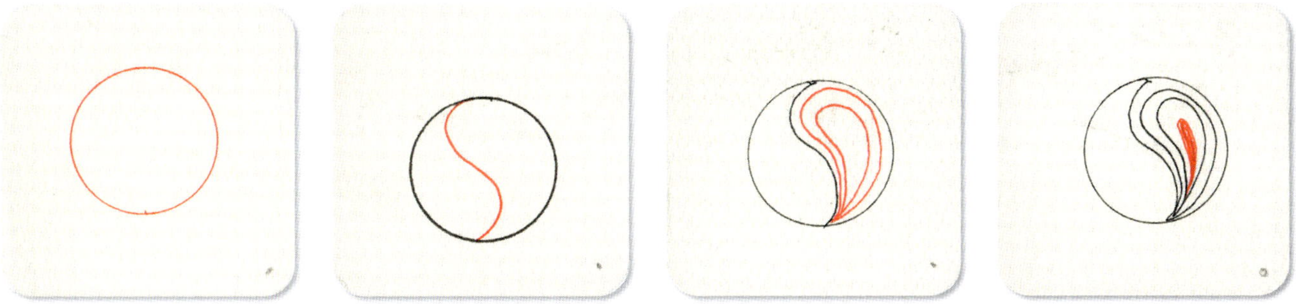

Dieses Muster macht Spaß und ist einfach zu zeichnen. Es kann vielseitig verwendet werden und sieht auch dann noch gut aus, wenn es nicht perfekt rund geworden ist. (Sandy)

Sandy Hunter, CZT, USA/TX

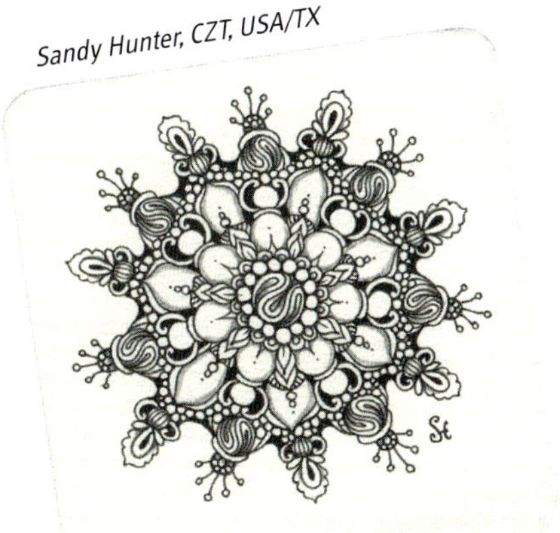

Ich mag das Muster Cruffle wegen seiner Einfachheit – es kann freihändig (oder mit Kreisschablone) gezeichnet werden und wenn man Flux hinzufügt, entsteht ein sehr schönes Ergebnis. (Jane)

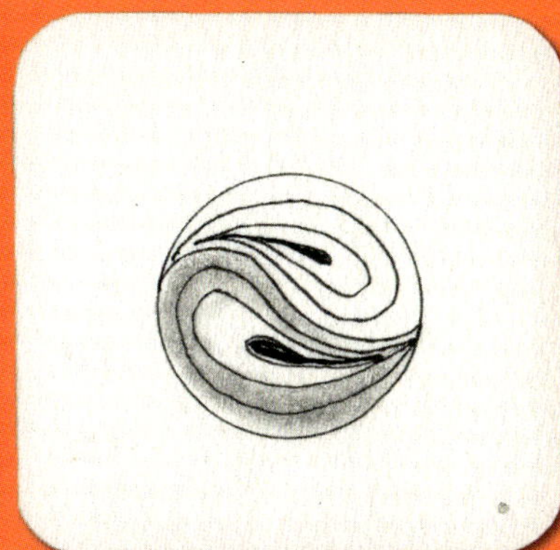

Jane Marbaix, CZT, UK

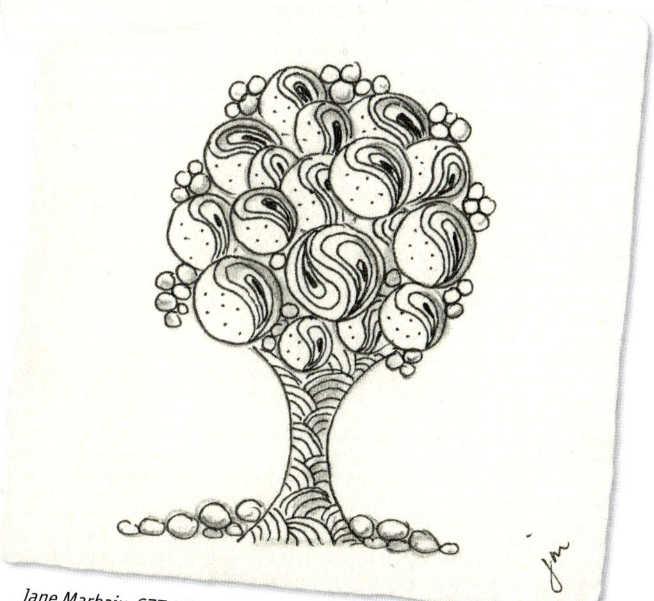

Jane Marbaix, CZT, UK

Variationen:
Sandy Hunter, CZT, USA/TX

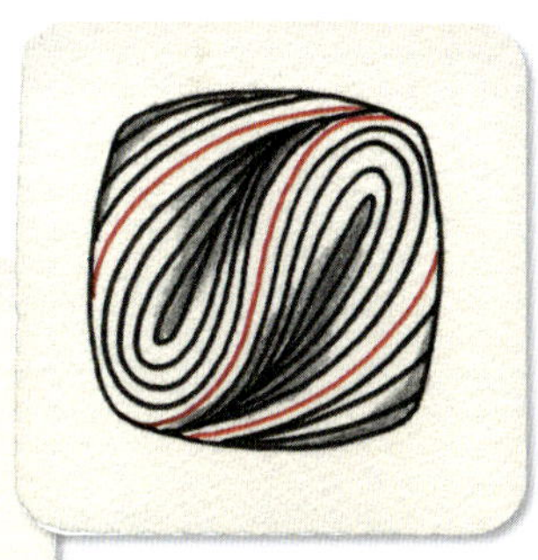

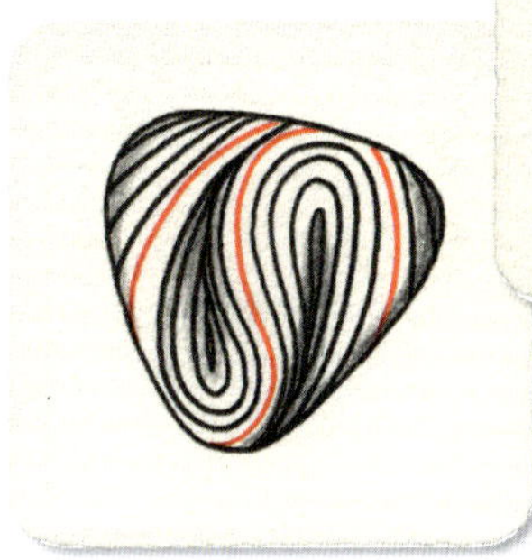

23 Muster Printemps

Designer: Maria Thomas, Zentangle HQ, USA/MA

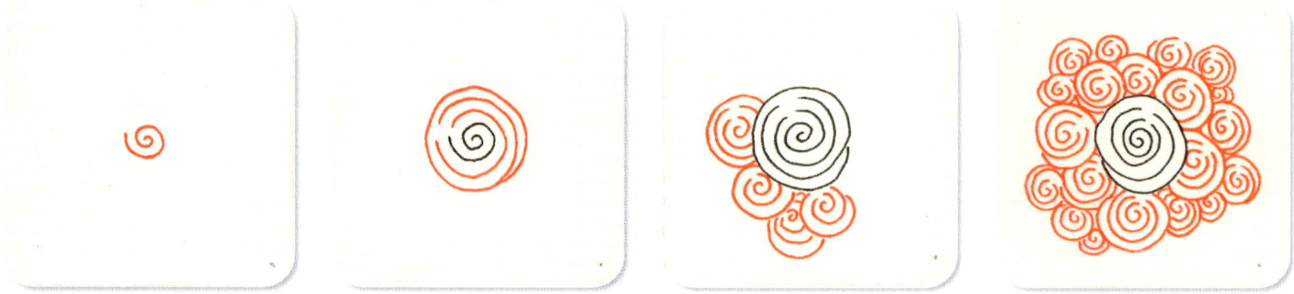

Hanny Waldburger, CZT, CH

Ich liebe dieses Muster, weil ich es so rund wie möglich in jedem Design zeichne. Ich versuche es in unterschiedlichen Größen zu zeichnen und Seite an Seite. Ich kann spüren, wie sich mein Geist beruhigt, wenn ich es zeichne. Zudem ist das Muster auch interessant, wenn es schattiert wird und dreidimensionale Formen annimmt. (Stephen)

Kombination aus Printemps, Winkbee, Crescent Moon, Laced, Knightsbridge. Beate Winkler, CZT, D

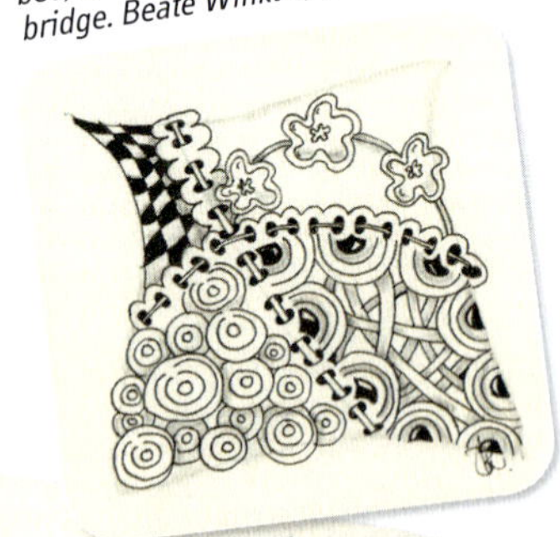

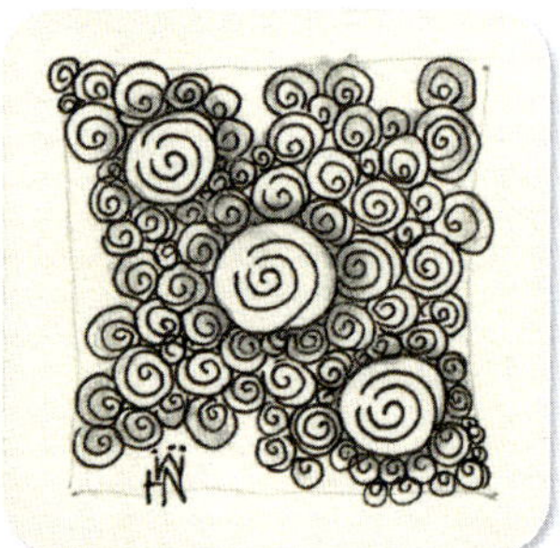

Variation: Hanny Waldburger, CZT, CH

Printemps ist eines meiner Lieblings-Tangles, weil es überall Platz findet, weil es Licht, Bewegung und Dynamik bringt und weil ich mich beim Zeichnen dabei einfach wohl fühle. (Hanny)

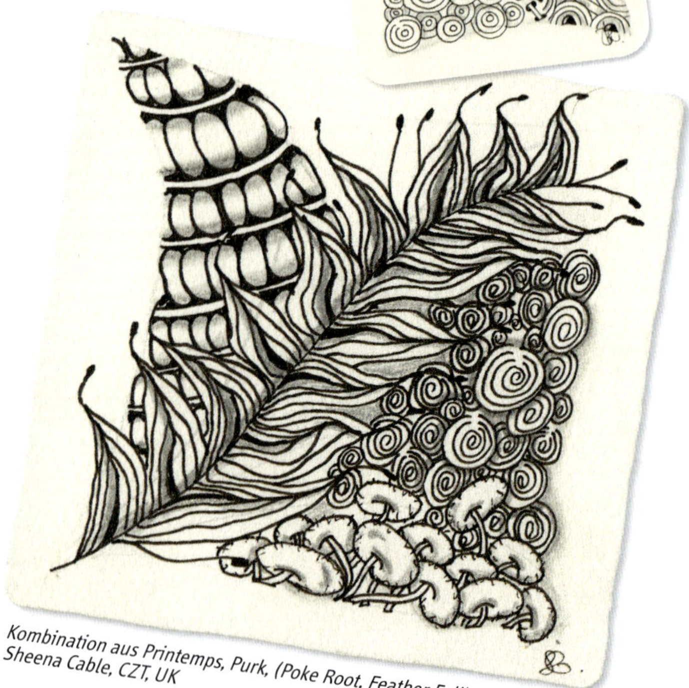

Kombination aus Printemps, Purk, (Poke Root, Feather Fall). Sheena Cable, CZT, UK

Purrlyz Variante Printemps

Designer: Hanny Waldburger, CZT, CH

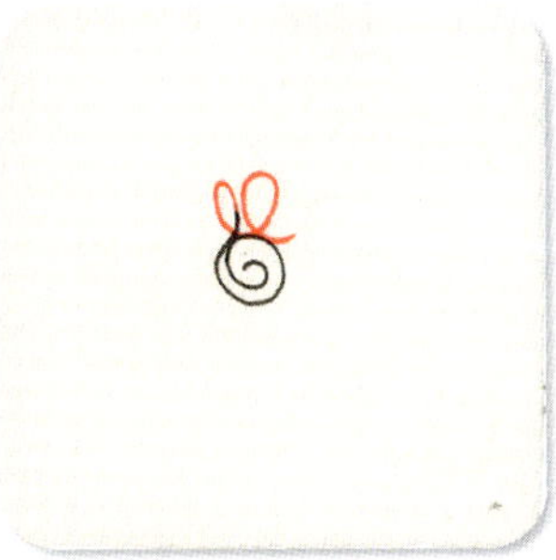

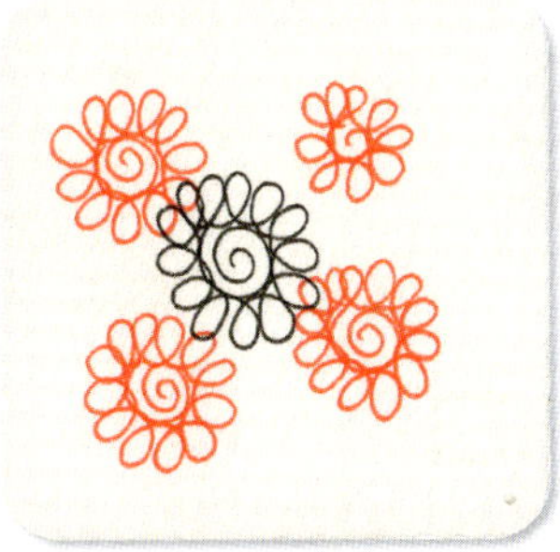

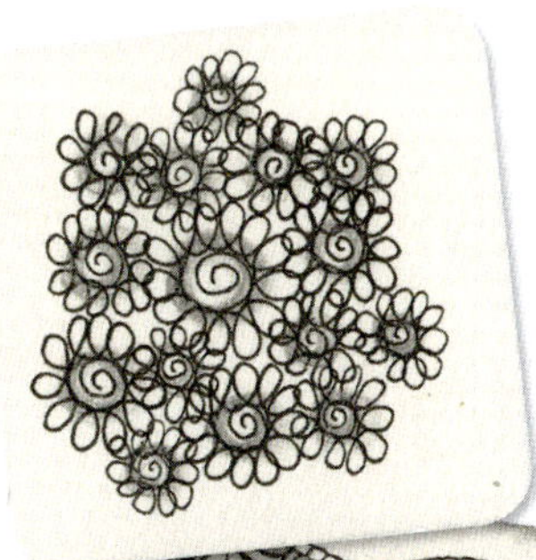

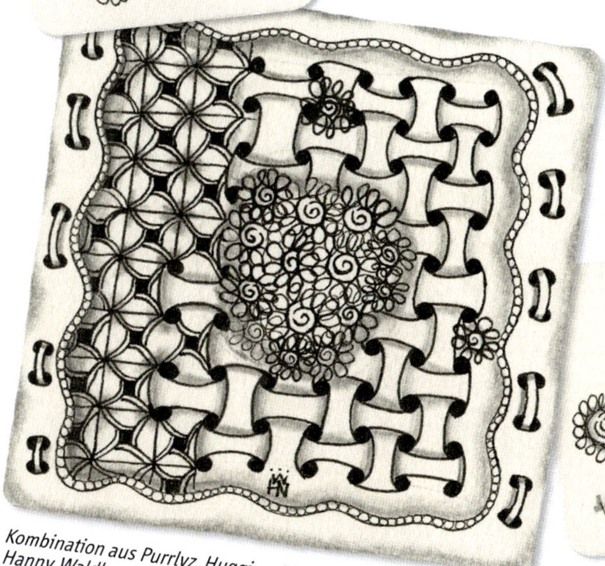

Kombination aus Purrlyz, Huggins, Fiore, Laced. Hanny Waldburger CZT, CH

Variation: Hanny Waldburger, CZT, CH

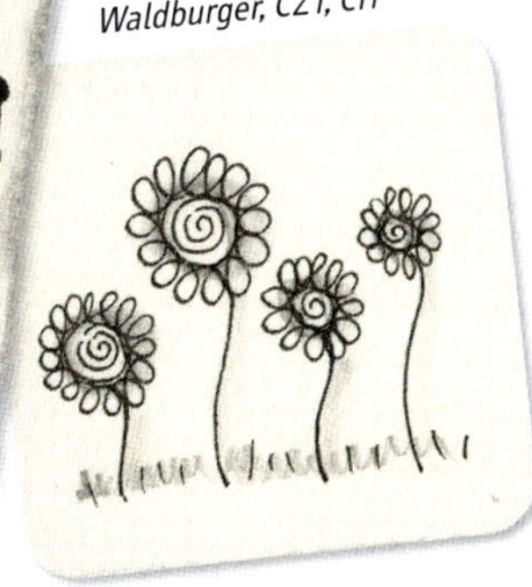

24 Muster Laced

Designer: Mary Elizabeth Martin, CZT, USA/CA

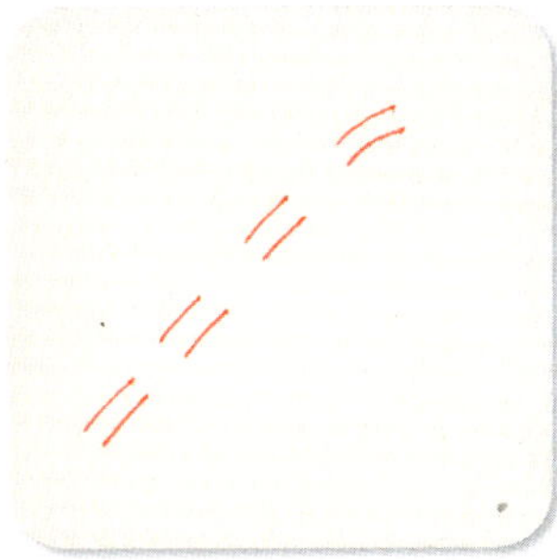

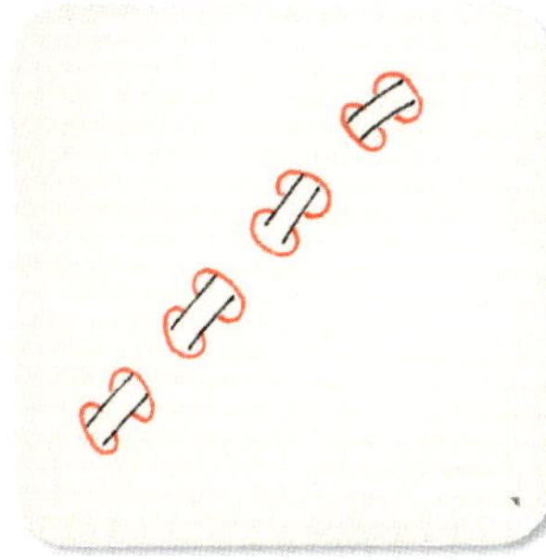

Laced ist das Lieblings-Tangle vieler CZTs. Ich mag es sehr, weil es diesen dreidimensionalen Eindruck vortäuscht, ein bisschen wie mit MI2. Es kann beliebig ausgeschmückt werden und eignet sich auch sehr gut für Border und Übergänge zwischen zwei Mustern. (Hanny)

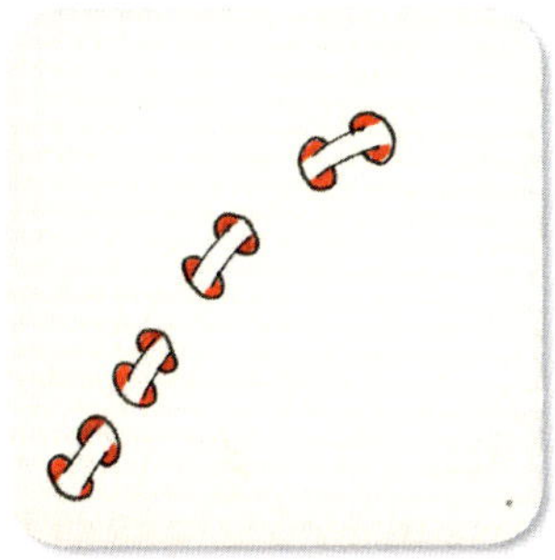

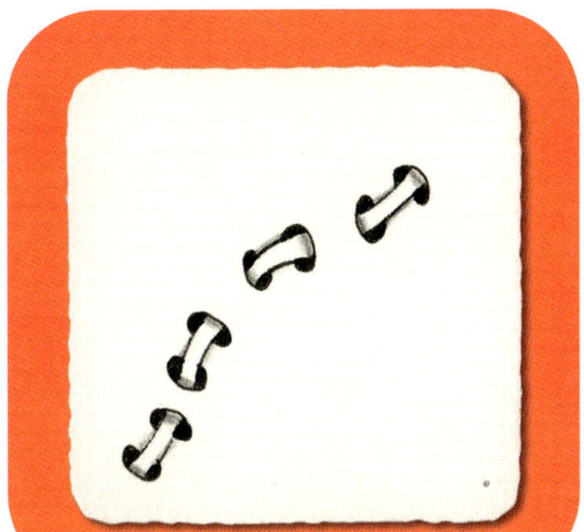

Hanny Waldburger, CZT, CH

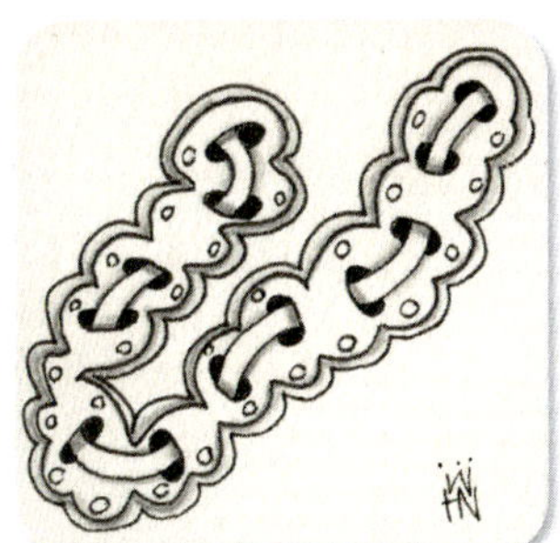

Variation: Hanny Waldburger, CZT, CH

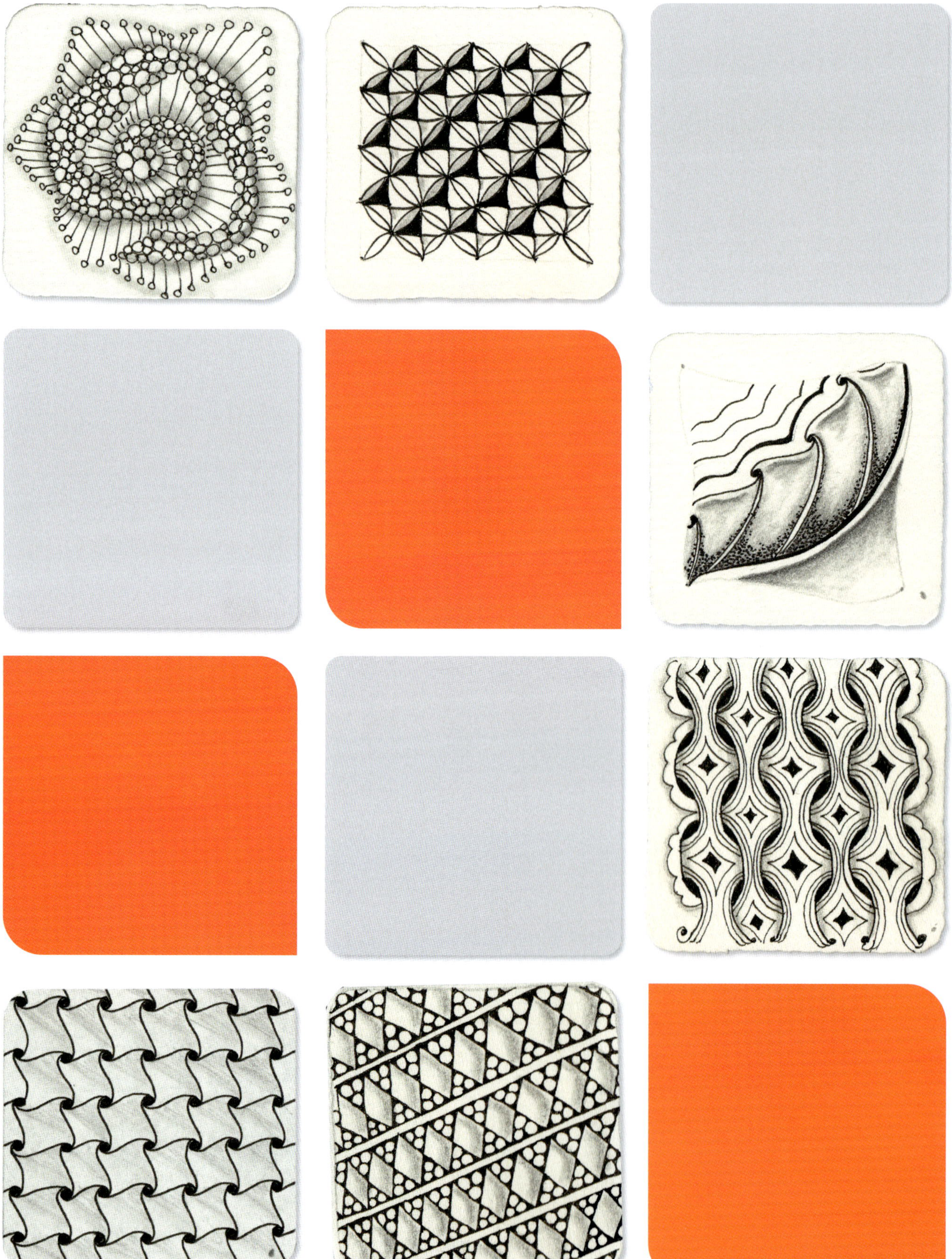

Spannende Tangles von A–Z

Hat Euch das Zentangle-Fieber schon gepackt?
In diesem Kapitel findet Ihr Tangles,
die ein bisschen komplexer sind.
Dafür sehen sie faszinierend aus und man kann
schön abtauchen und in den „Flow“ kommen.

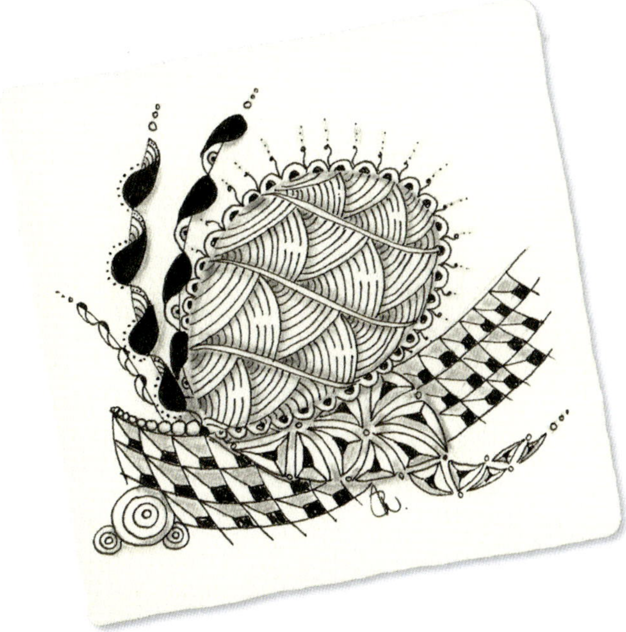

25 Muster

Angle Fish

Designer: Marizaan van Beek, CZT, ZAF/Pretoria

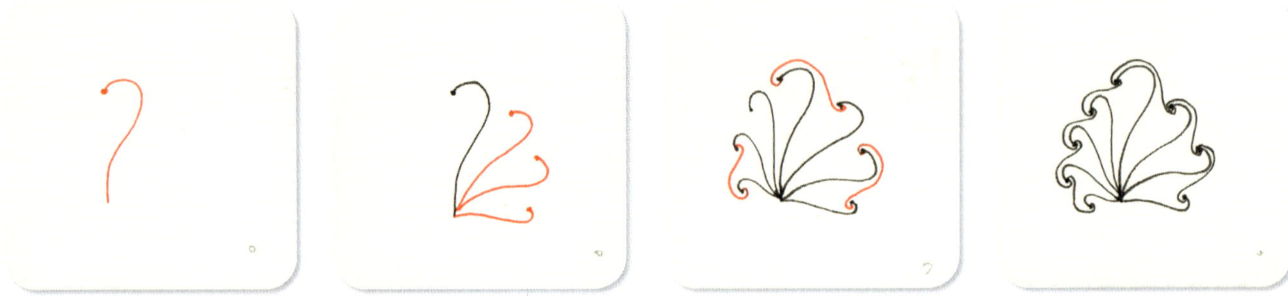

Beate Winkler, CZT, D

Angle Fish finde ich lustig. Alleine schon der Name klingt nett und das Tangle ist einfach und schwungvoll. Es freut mich, dass wir es in diesem Buch aufnehmen durften. (Beate)

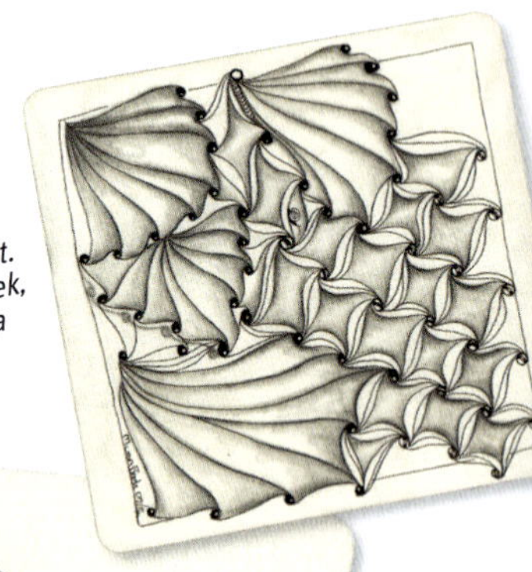

Kombination aus Angle Fish, Cadent. Marizaan van Beek, CZT, ZAF/Pretoria

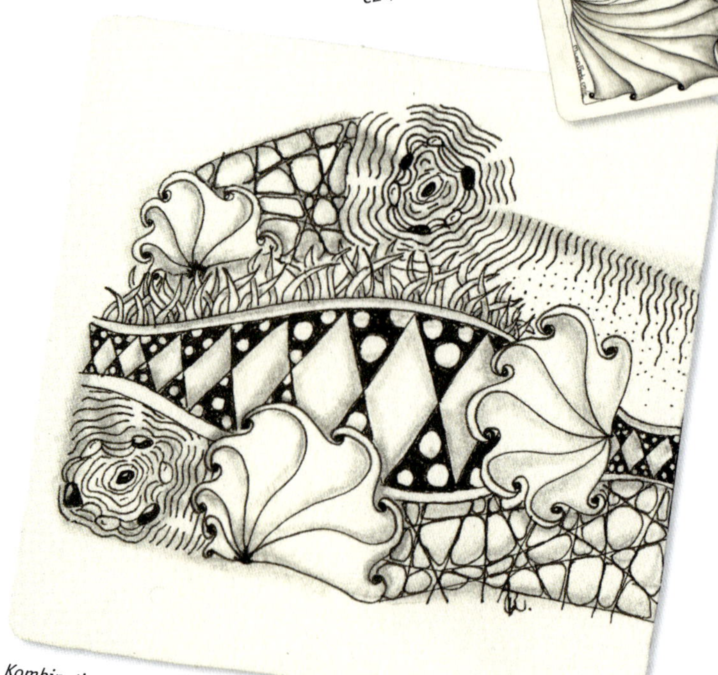

Kombination aus Angle Fish, Appearance, Dutch Hourglass, 'Nzeppel (Random), Msst, Verdigogh. Beate Winkler, CZT, D

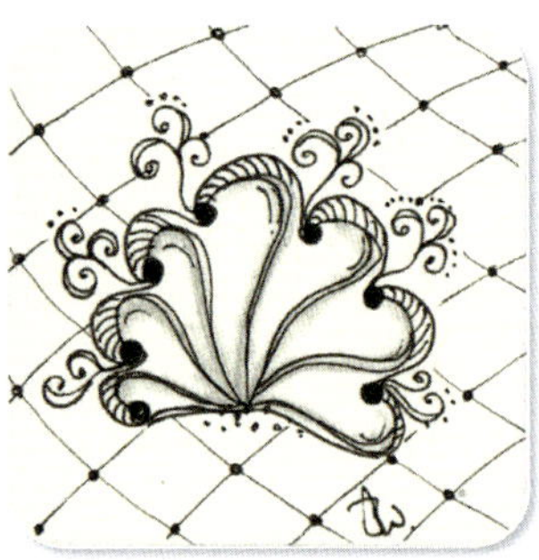

Variation: Beate Winkler, CZT, D

26 Muster Appearance

Designer: Sandra Strait, USA/OR

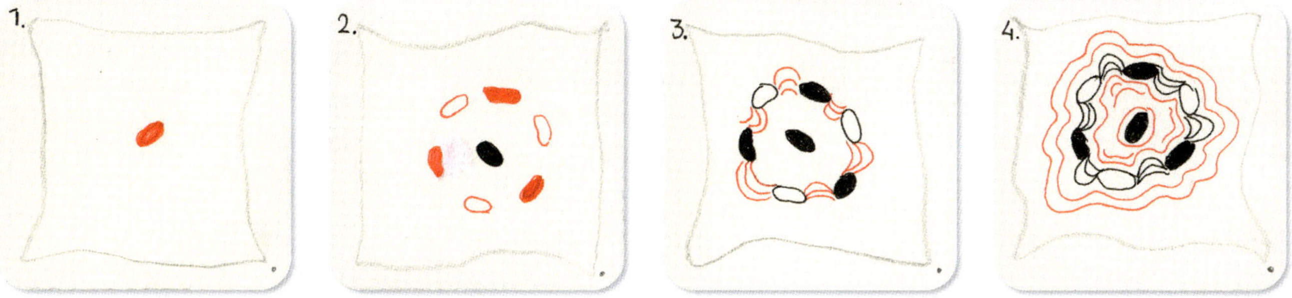

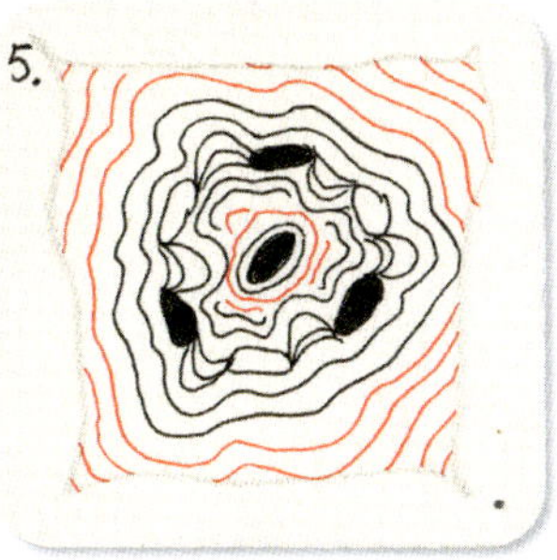

Ich mag das Muster Appearance. Es erinnert mich an einen kleinen Wasserlauf, den ich einmal gesehen habe – und ich liebe das Geräusch von fließendem Wasser. (Arja)

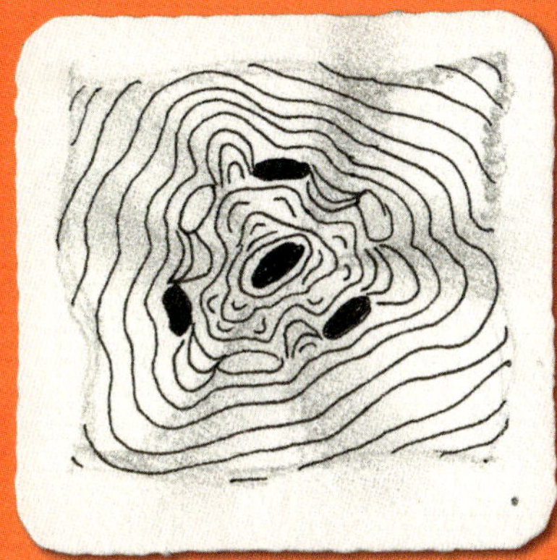

Arja de Lange-Huisman, CZT, NL

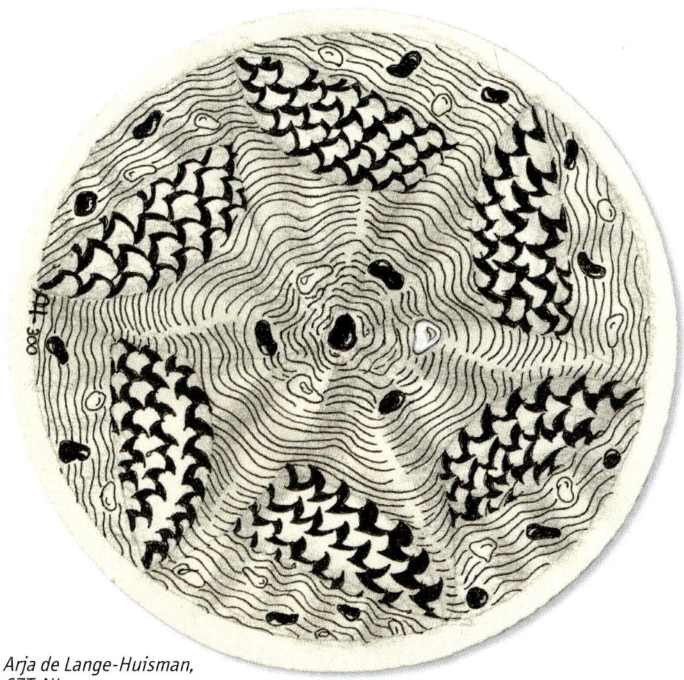

Arja de Lange-Huisman, CZT, NL

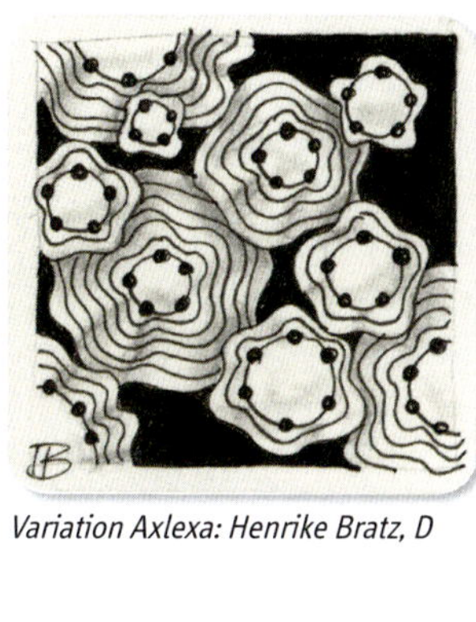

Variation Axlexa: Henrike Bratz, D

27 Muster Aquafleur

Designer: Maria Thomas, Zentangle HQ, USA/MA

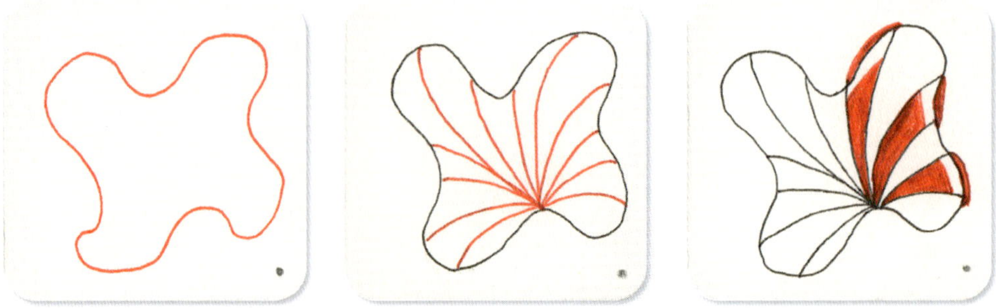

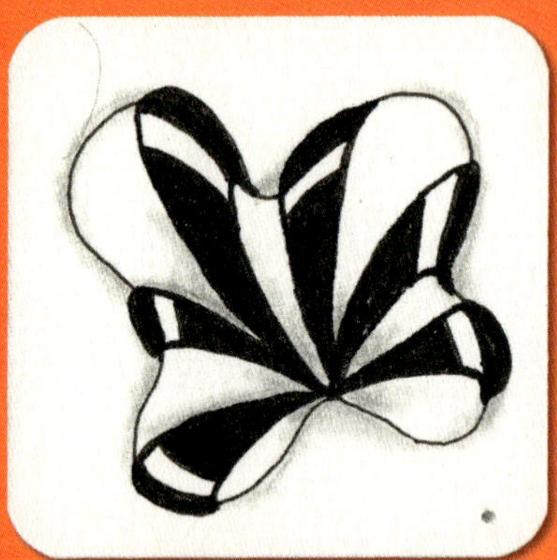

Deborah Pacé, CZT, USA/CA

Ich mag Aquafleur sehr, weil es für mich wie eine Blume aussieht. Ich zeichne es auch gern mal in Farbe, dann sieht es wie eine schöne Mohnblume aus. Es ist sehr wandlungsfähig. (Deborah)

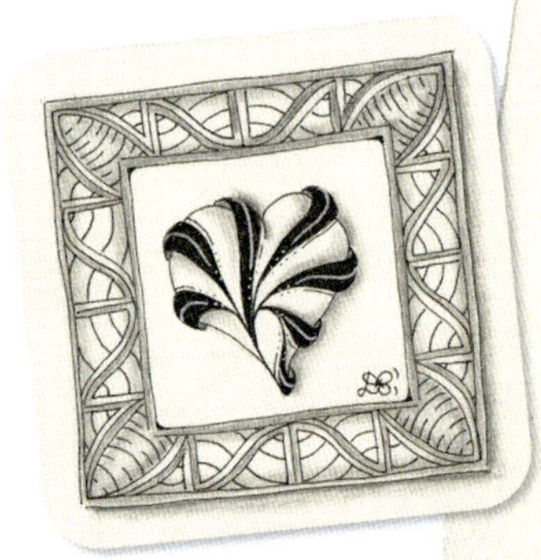

Kombination aus Aquafleur, Golven. Diana Schreur, CZT, NL

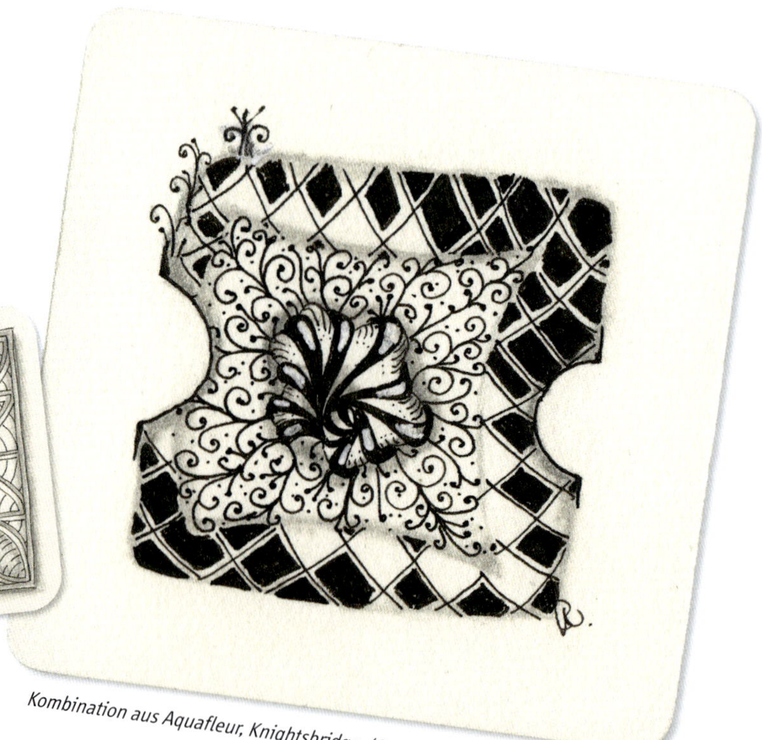

Kombination aus Aquafleur, Knightsbridge, (Opus). Beate Winkler, CZT, D

28
Muster

B-horn

Designer: Beate Winkler, CZT, D

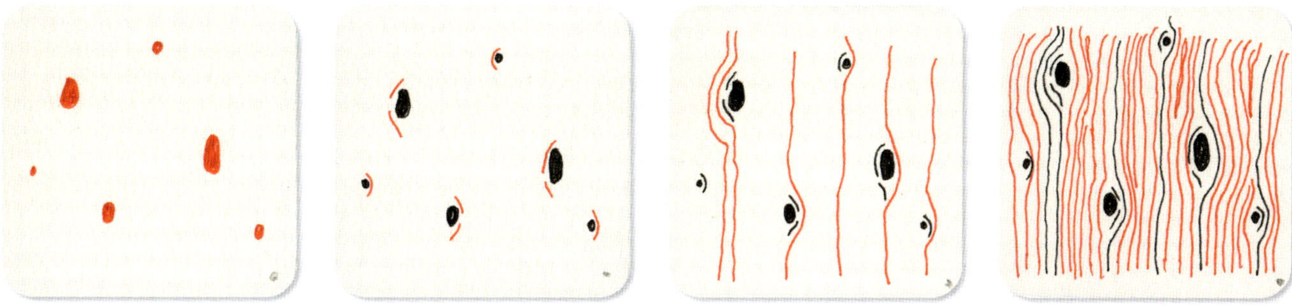

Natur pur! Bäume faszinieren mich, weil mein Vater Tischler war. Deswegen habe ich ihm zur Ehre ein natürliches Muster getangelt. (Beate)

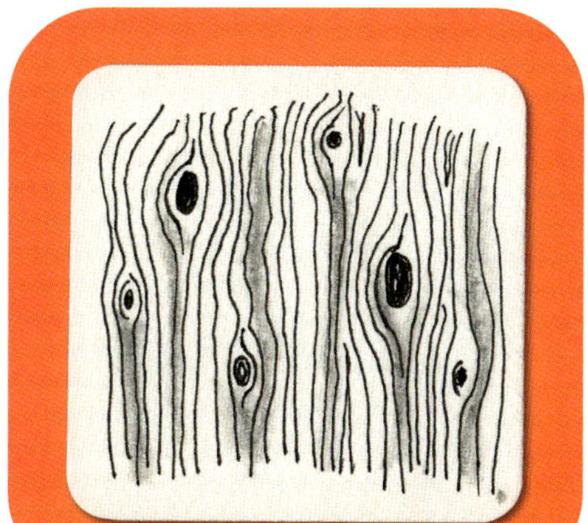

Beate Winkler, CZT, D

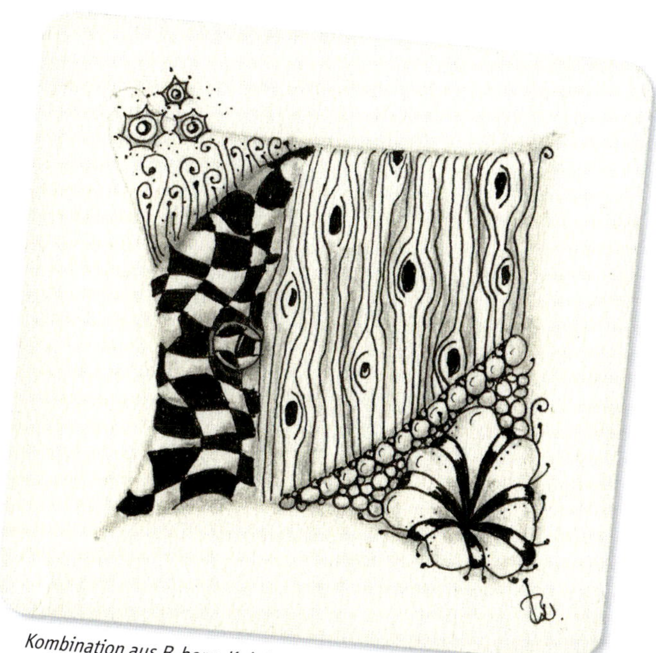

Kombination aus B-horn, Knightsbridge, Aquafleur, Fescu, Widgets, Onamato. Beate Winkler, CZT, D

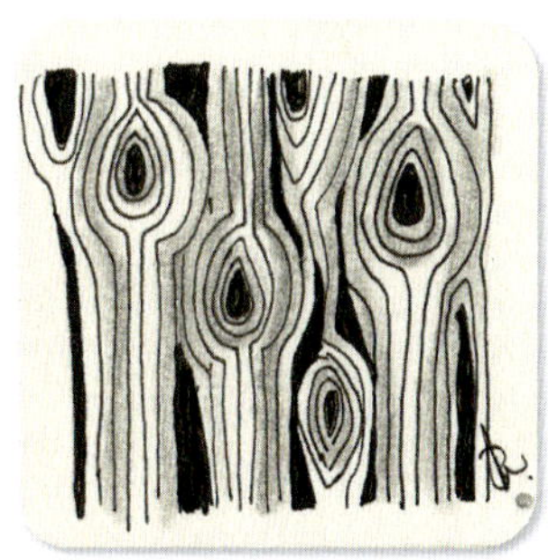

Variation: Beate Winkler, CZT, D

29 Muster Birds on a Wire

Designer: Mary Kissel, CZT, USA/IL

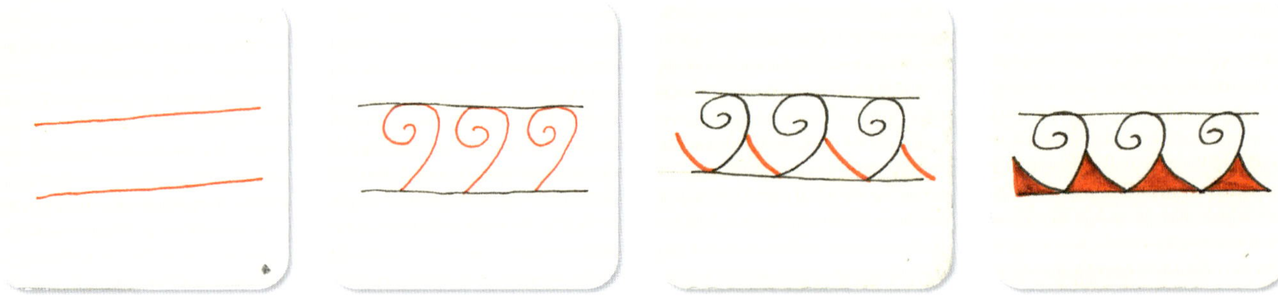

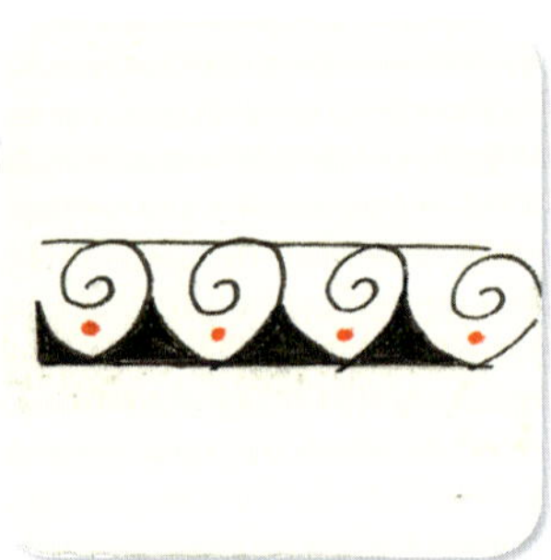

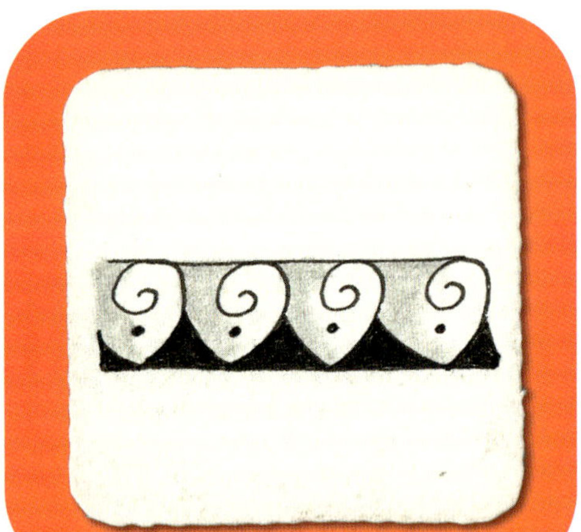

Marty Vredenburg, CZT, USA/MI

Ich mag Birds on a Wire, weil es ein wenig an Kreise und Dreiecke erinnert und vielleicht auch, weil ich zwei Vögel als Haustiere besitze! Zum Schmunzeln: Ich wollte die Schritt-für-Schritt-Anleitung für das Buch perfekt machen und verbrauchte dabei ein Dutzend Tiles, bis ich mir dachte: „Was soll‘s! Ich mache sie einfach so gut, wie ich kann, und belasse es dabei.“ Das war verflixt schwer – sie dann einfach so zu belassen. (Marty)

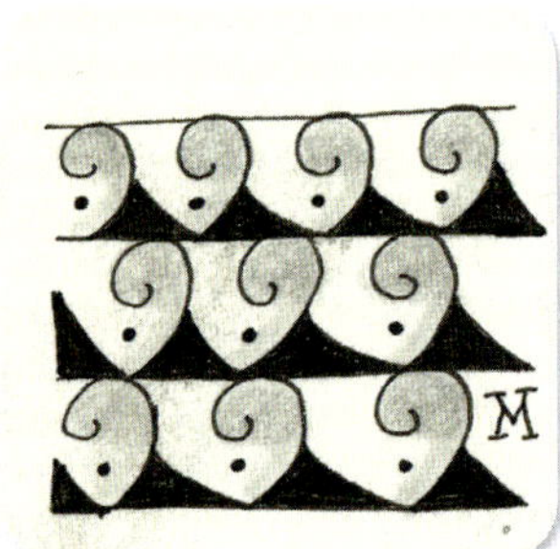

Variation: Marty Vredenburg, CZT, USA/MI

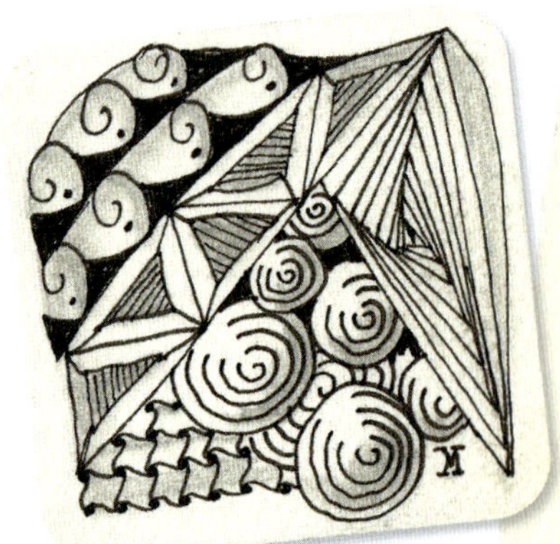

Kombination aus Birds on a Wire, Cadent, Printemps, Paradox. Marty Vredenburg, CZT, USA/MI

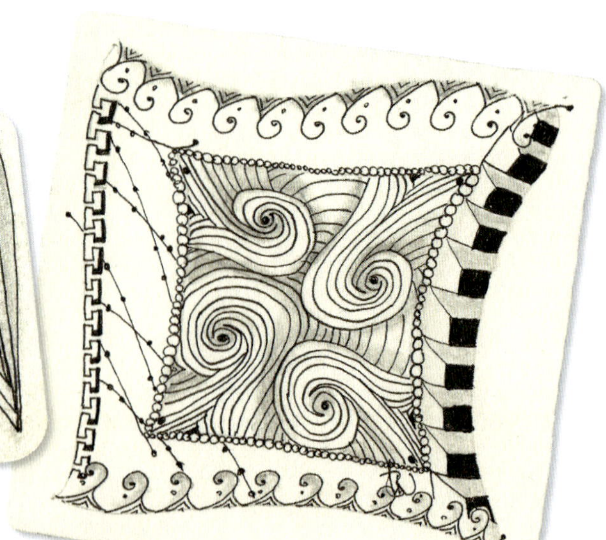

Kombination aus Birds on a Wire, Cubine, Fescu mit Aura. Beate Winkler, CZT, D

30 Muster

Blooming Butter

Designer: Michele Beauchamp, CZT, AUS/TAS

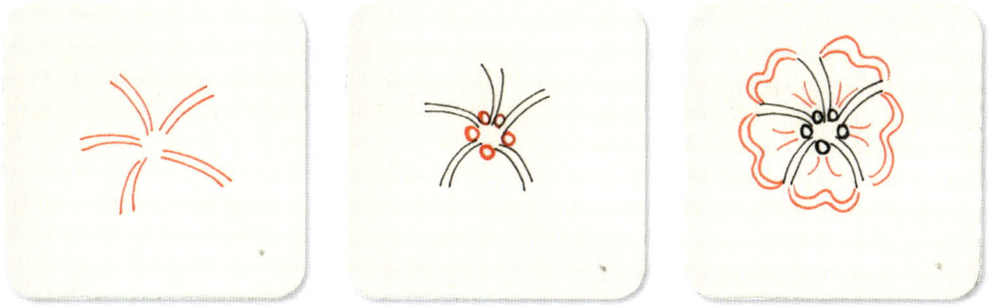

Um ein Muster besser kennenzulernen, mache ich gerne Studien! Wie bei Blooming Butter. Erst den Aufbau üben – dann verschiedene Kügelchen für die Mitte ausprobieren – schließlich verschiedene Schattierungen legen. Sehen Sie die kleinen Unterschiede? (Beate)

Blooming Butter: Allein sieht es ganz harmlos aus, aber in der Menge können sie ganz schön außer Rand und Band geraten! (Michele)

Michele Beauchamp, CZT, AUS/TAS

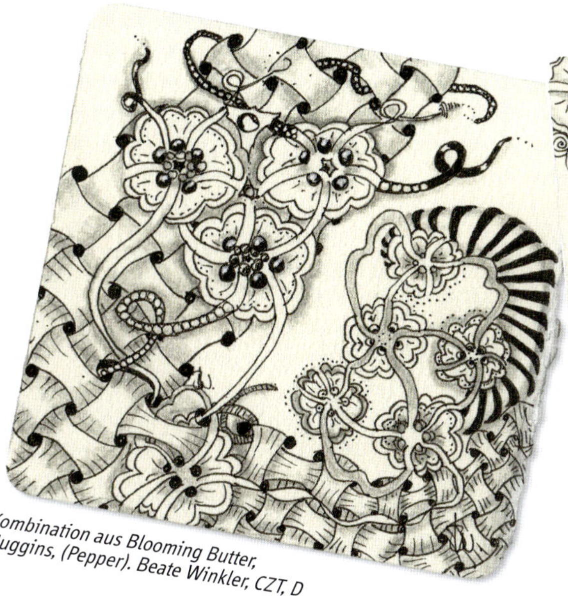

Kombination aus Blooming Butter, Huggins, (Pepper). Beate Winkler, CZT, D

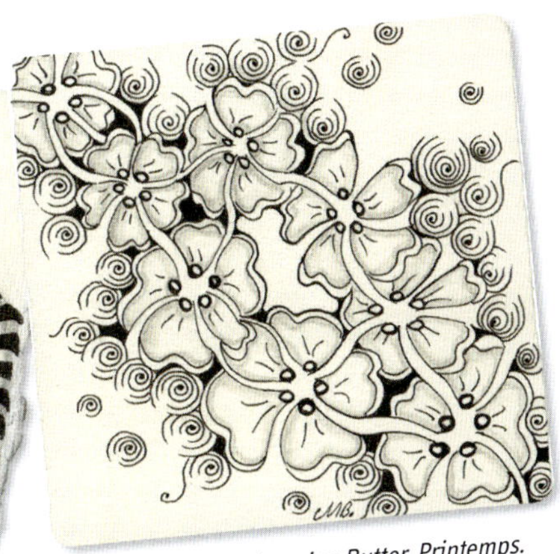

Kombination aus Blooming Butter, Printemps. Michele Beauchamp, CZT, AUS/TAS

31 Muster Brayd

Designer: Michele Beauchamp, CZT, AUS/TAS

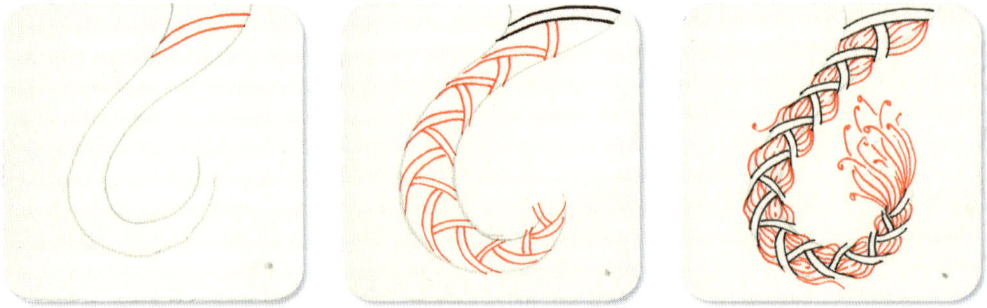

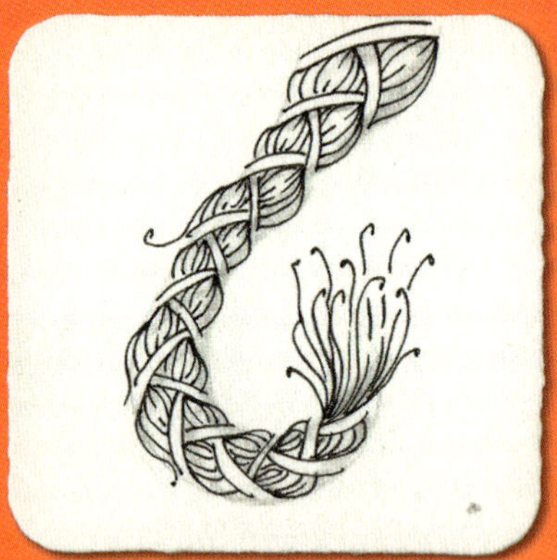

Michele Beauchamp, CZT, AUS/TAS

Brayd erinnert mich an einen geflochtenen Zopf. Dieser kann sauber und ordentlich oder auch etwas lockerer mit Zottelenden sein. (Michele)

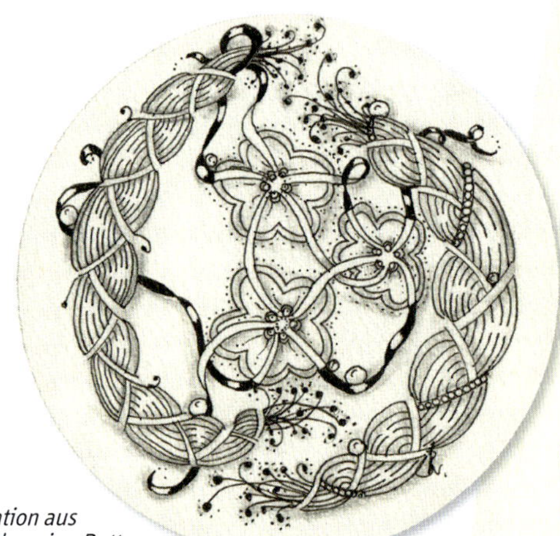

Kombination aus Brayd, Blooming Butter. Beate Winkler, CZT, D

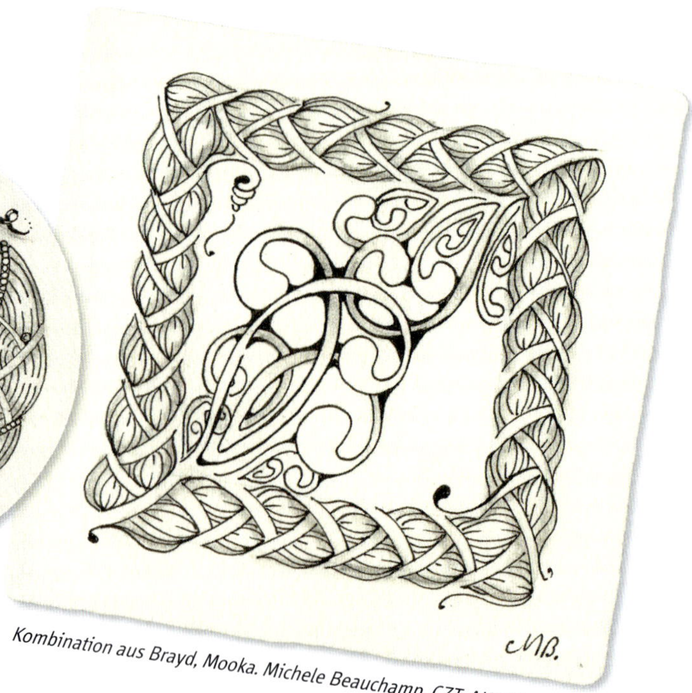

Kombination aus Brayd, Mooka. Michele Beauchamp, CZT, AUS/TAS

32 Muster Bubble Bobble Bloop

Designer: Jane MacKugler (Sohn), CZT, USA/VT

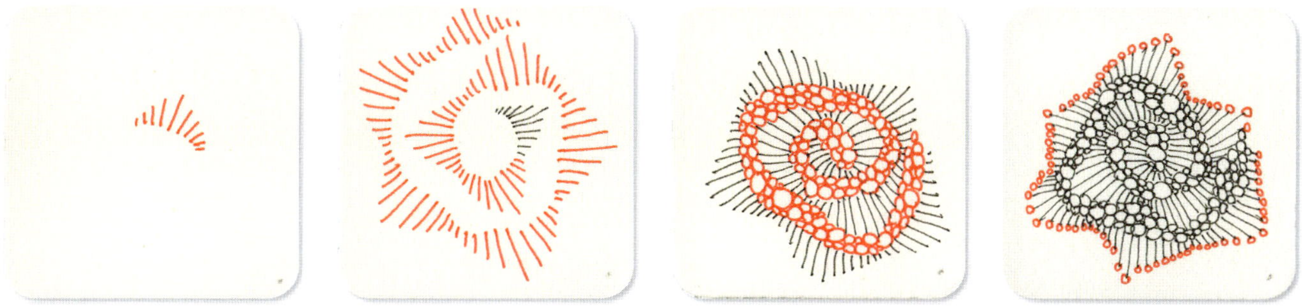

Ich mag dieses Muster, weil es von meinem 22-jährigen Sohn zu meinem Geburtstag kreiert wurde. Was für ein wundervolles Geschenk! (Jane)

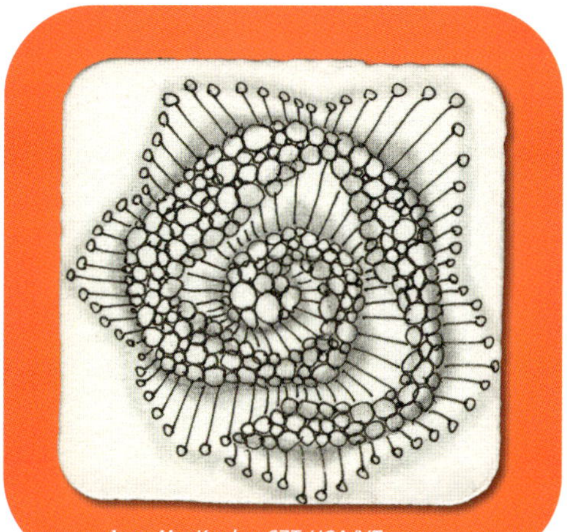

Jane MacKugler, CZT, USA/VT

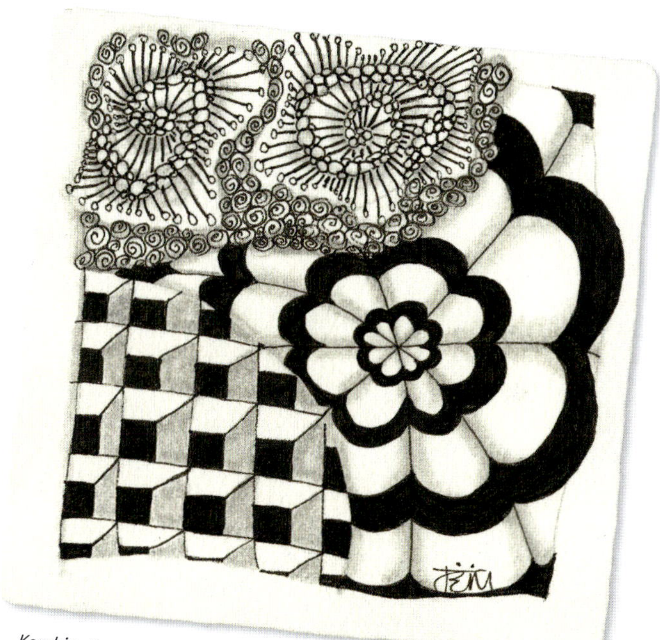

Kombination aus Cubine, Bubble Bobble Bloop, (Dyon).
Jane MacKugler, CZT, USA/VT

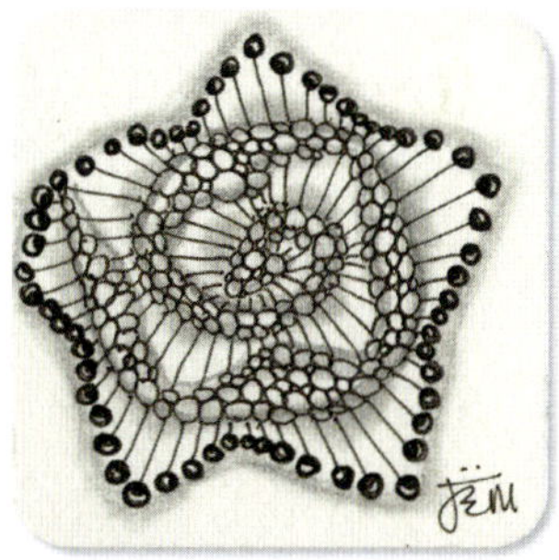

Variation:
Jane MacKugler, CZT, USA/VT

33 Muster Bumpety Bump

Designer: Judith R. Shamp, CZT, USA/TX

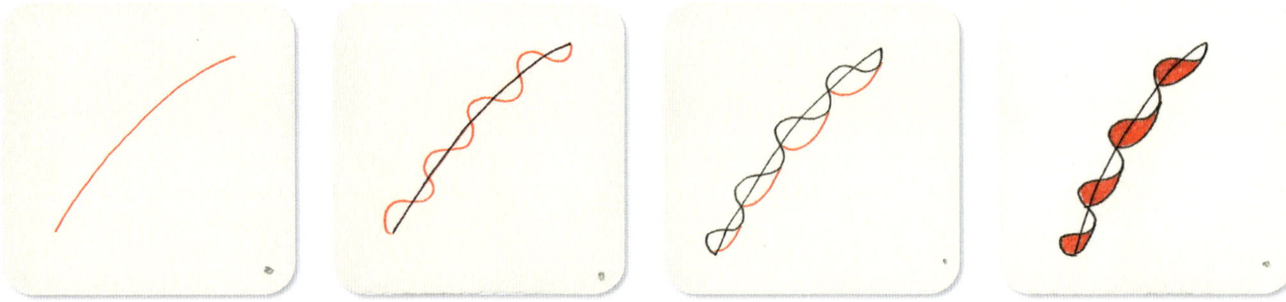

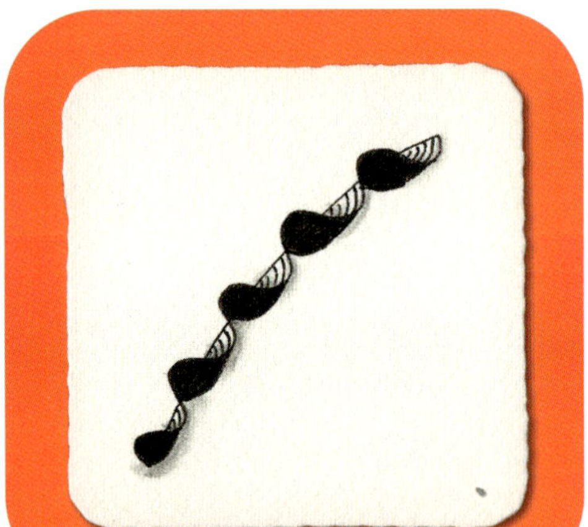

Beate Winkler, CZT, D

Bumpety Bump ist eine nette Auflockerung mit einem netten Namen, mit der Ihr gut ein gerades Raster aufbrechen könnt. Und ich mag den netten dreidimensionalen Effekt, er ist einfach schön. (Beate)

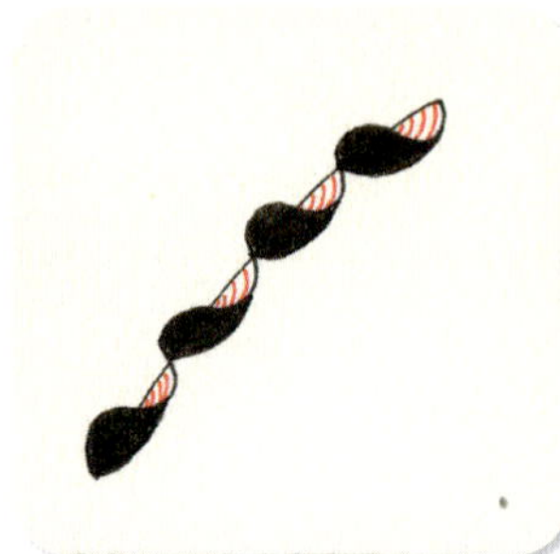

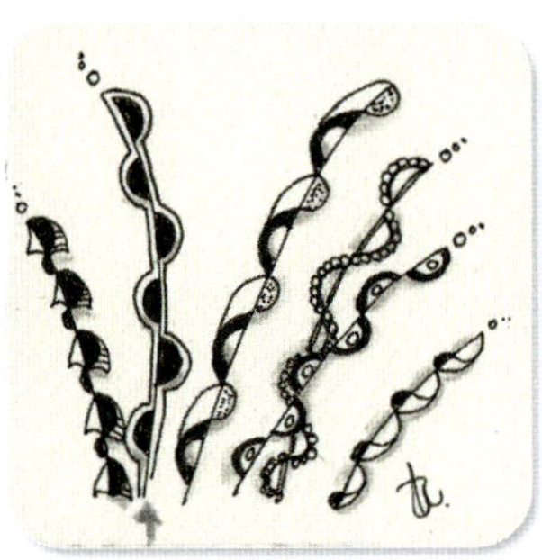

Variation: Beate Winkler, CZT, D

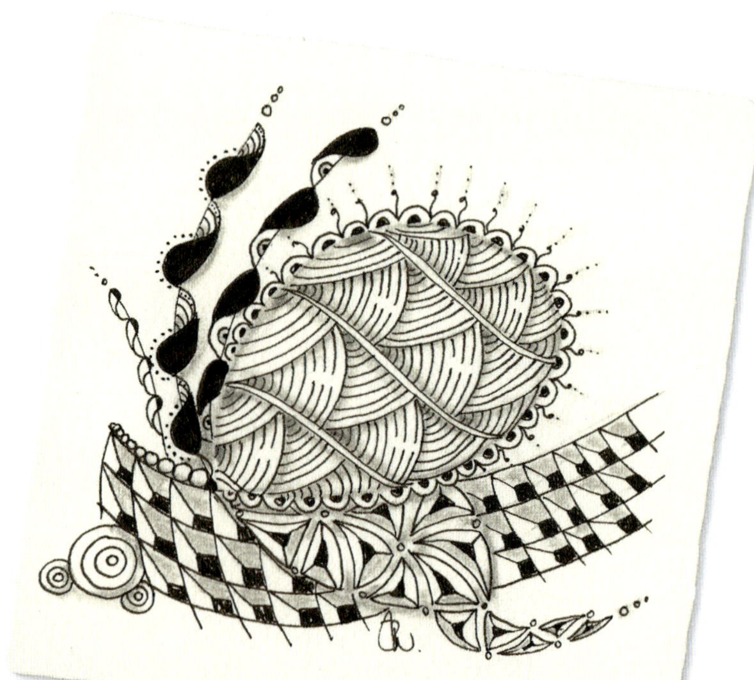

Kombination aus Bumpety Bump, Cubine, Shattuck, Printemps, Tripoli. Beate Winkler, CZT, D

34 Muster

Bumpkenz

Designer: Beth Snoderly, USA/WV

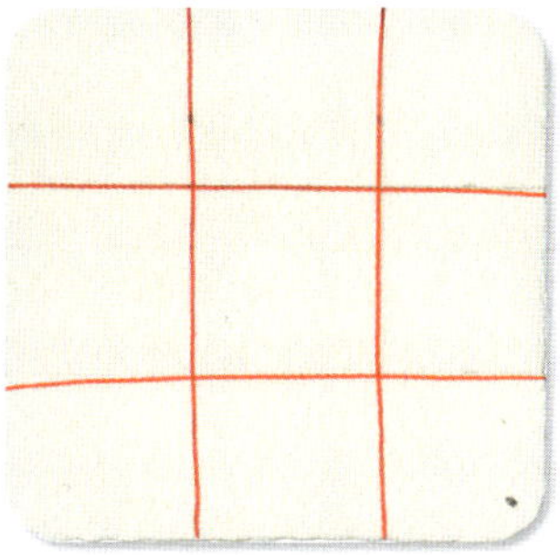

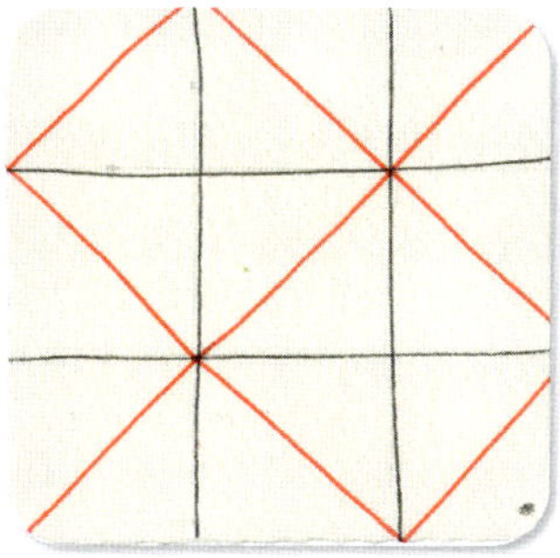

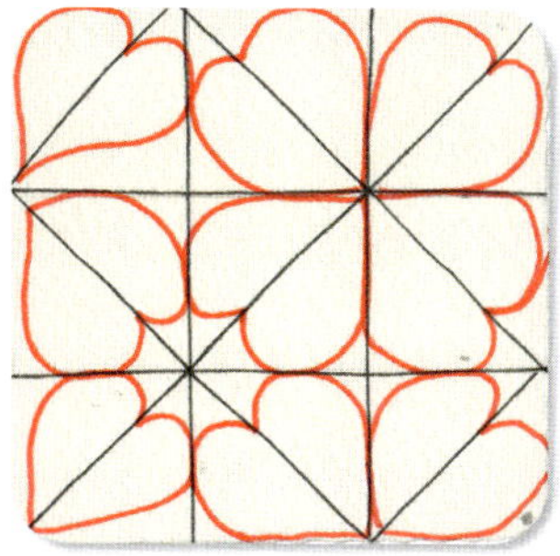

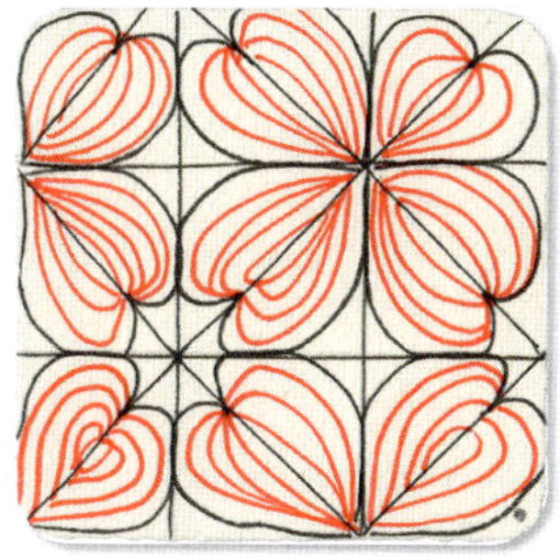

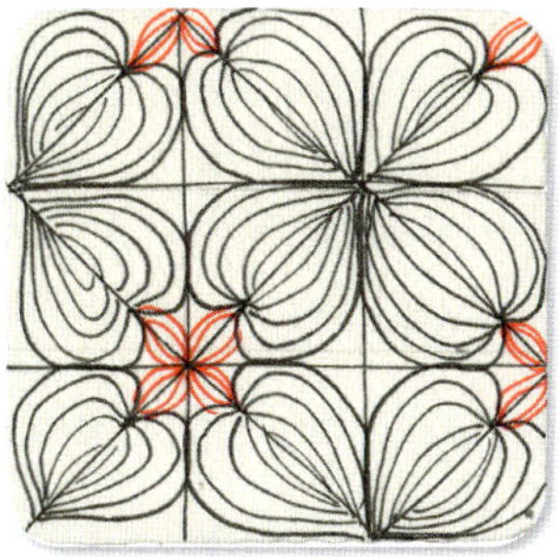

Bei Bumpkenz gefällt mir die Symmetrie. Es sieht als Monotangle wundervoll aus, aber auch in Kombination mit anderen Tangles. Gerade am Anfang muss man sich konzentrieren, aber wenn man mal den Bogen raus hat, ist es faszinierend. (Hannah)

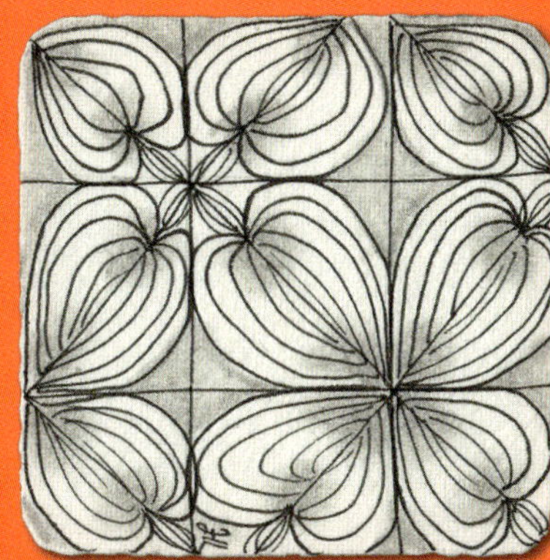

Hannah Geddes, CZT, UK

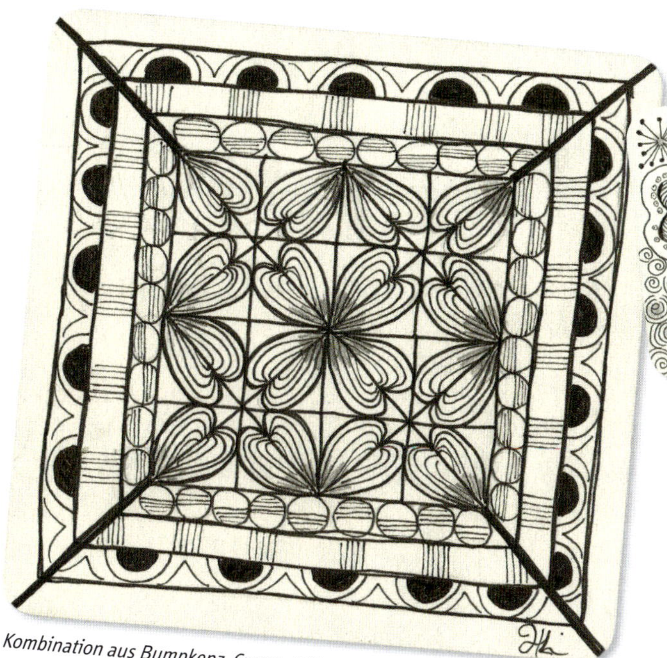

Kombination aus Bumpkenz, Crescent Moon. Hannah Geddes, CZT, UK

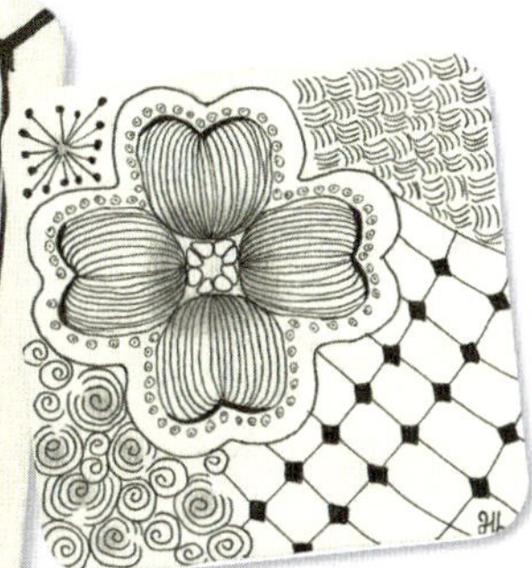

Kombination aus Bumpkenz, Keeko, Printemps, Florz. Hannah Geddes, CZT, UK

Wie sagte Molly (Seminarleiterin und Tochter von Maria) immer so schön leicht singend: „Vom Punkt zur Linie. Und wieder vom Punkt zur Linie. Vom Punkt zur Linie". Alleine das beruhigt schon.

35 Muster Bunzo

Designer: Maria Thomas, Zentangle HQ, USA/MA

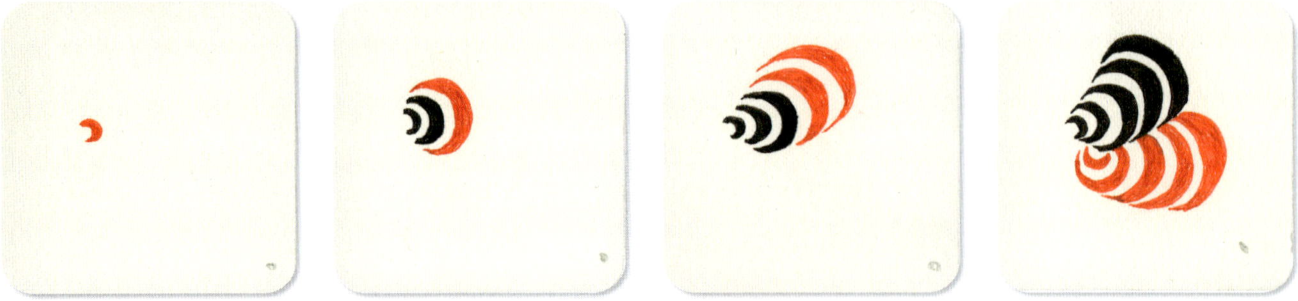

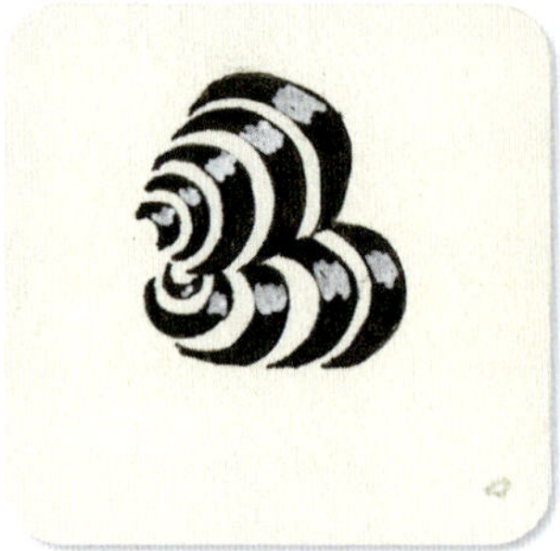

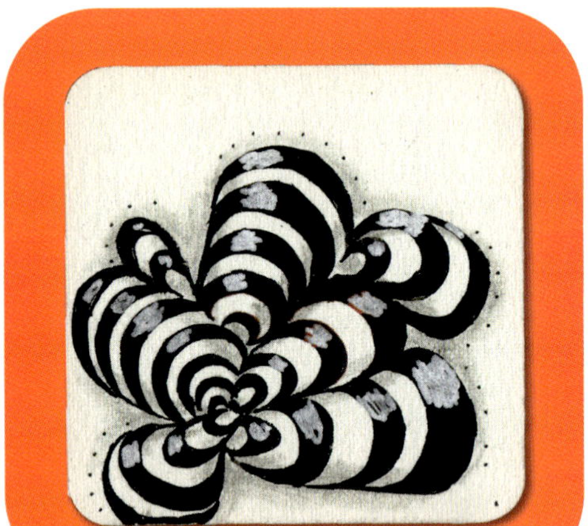

Beate Winkler, CZT, D

Tipp:
Bunzo mag Sparkle gern! Entweder gleich einarbeiten oder nachträglich mit weißem Gelly Roll 08 von Sakura Lichtflecken setzen.

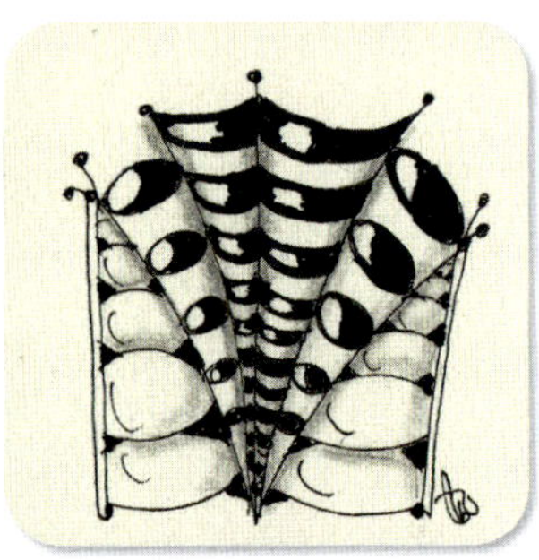

Variation: Beate Winkler, CZT, D

Bunzo war für mich an sich eine Herausforderung, es sah oft eher wie eine Nacktschnecke aus. Der Aha-Effekt: An eine Miesmuschel denken und das Meer riechen. (Beate)

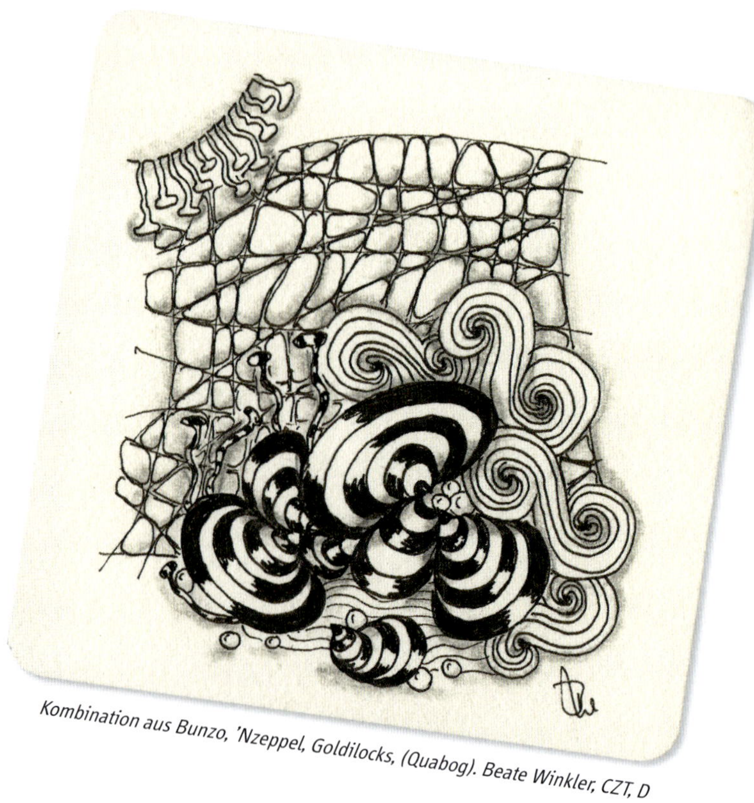

Kombination aus Bunzo, 'Nzeppel, Goldilocks, (Quabog). Beate Winkler, CZT, D

36 Muster Cadent

Designer: Maria Thomas, Zentangle HQ, USA/MA

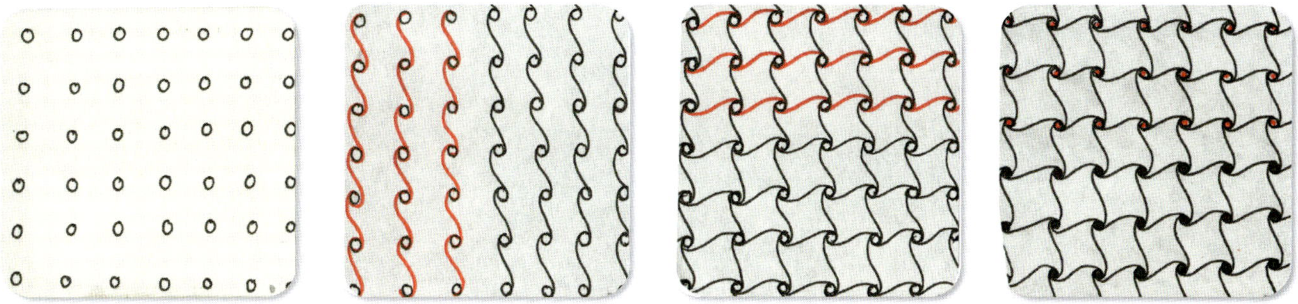

Tipp: Cadent ist schwungvoll fließend. Rick gibt den Tipp für die sanften S-Kurven: „Über dem Kreis starten und um den unteren Kreis geschmiegt landen. Und wieder starten und landen."

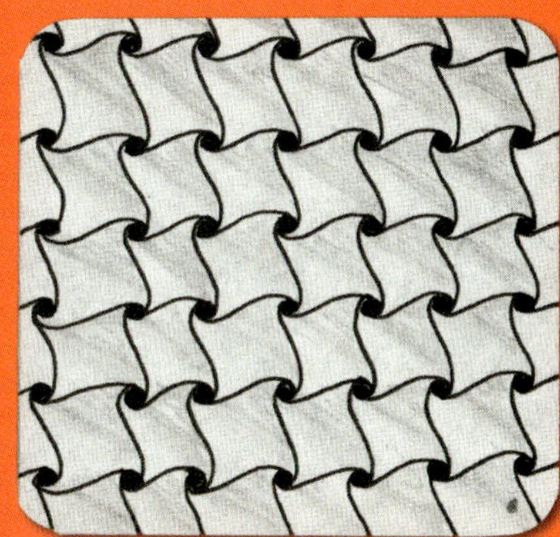

Lisa Lehman, CZT, USA/NY

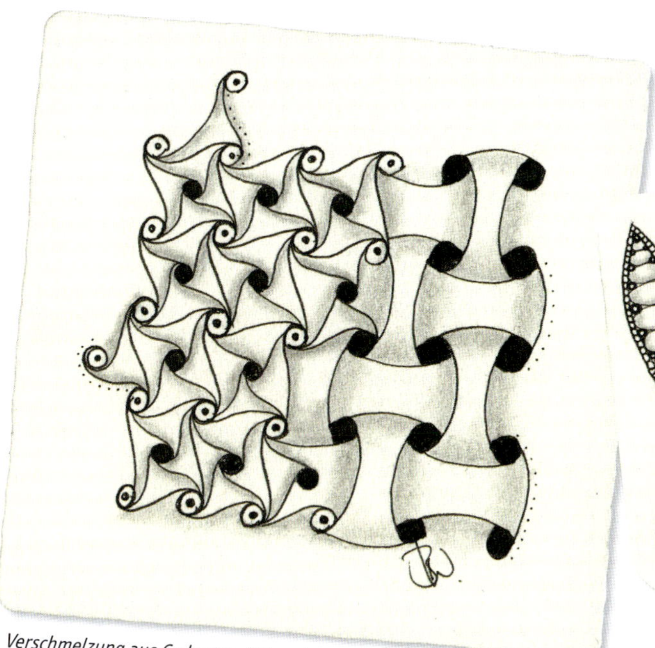

Verschmelzung aus Cadent und Huggins. Beate Winkler, CZT, D

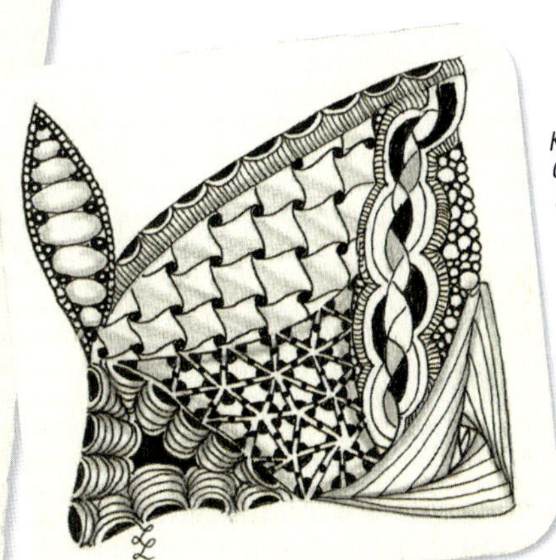

Kombination aus Cadent, Onamato, Crescent Moon, Tripoli, Paradox. Lisa Lehman, CZT, USA/NY

37 Muster Cat-Kin

Designer: Mimi Lempart, CZT, USA/MA

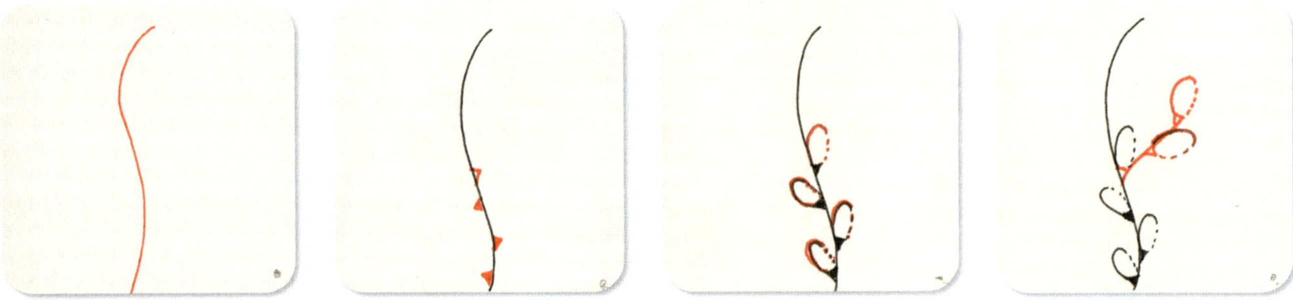

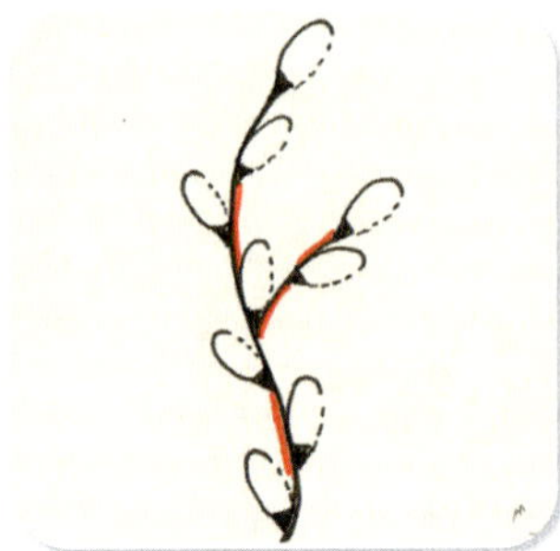

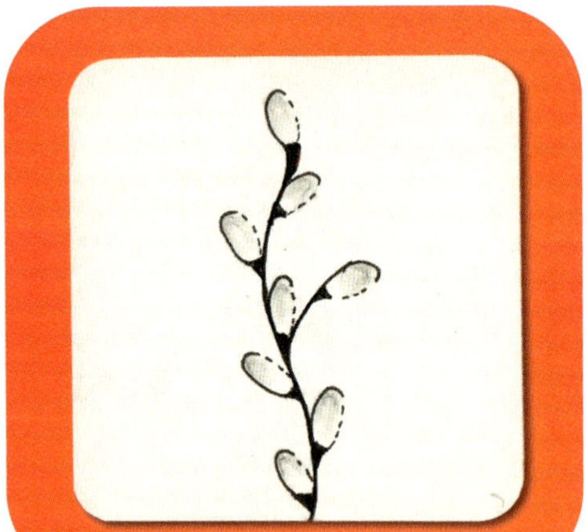

Lisa Lehman, CZT, USA/NY

Auch wenn Tangles nicht gegenständlich sein sollen: Dieses Muster Cat-Kin ist doch bezaubernd. Man kann es auch wunderbar mal auf getöntem Papier zeichnen und Lichtreflexe mit weißem Stift auf die „Blüten“ setzen. (Beate)

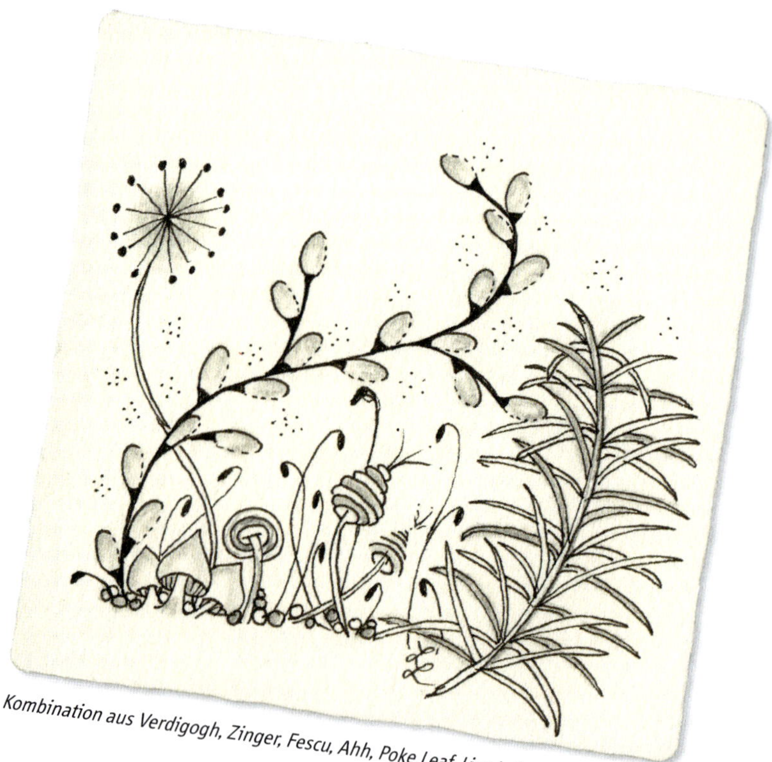

Kombination aus Verdigogh, Zinger, Fescu, Ahh, Poke Leaf. Lisa Lehman, CZT, USA/NY

38 Muster Ceebee

Designer: Sue Clark, CZT, USA/CO

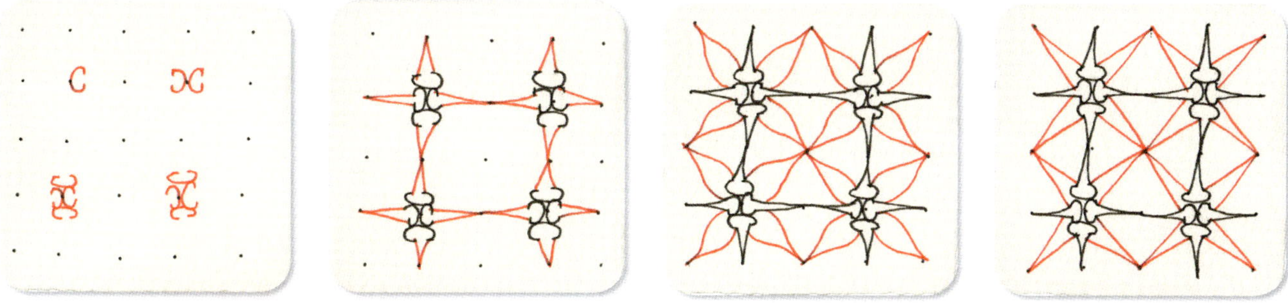

Es beginnt mit einem Punktegitter, dann wird eine einfache „C"-Form hinzugefügt, wobei Du jedes Mal das Tile eine Vierteldrehung weiterdrehst, bis sich alle „C"s berühren. Zeichne die Verbindungslinien bis zu den Punkten auf dem Gitter. Im letzten Schritt kannst Du eine Kurve oder eine gerade Linie oder sogar beides hinzufügen. Als Variante kannst Du die Ceebee's ohne Gitter zeichnen. (Sue)

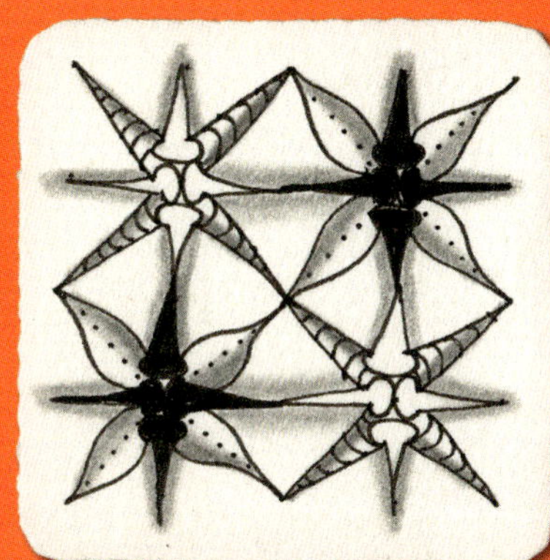

Sue Clark, CZT, USA/CO

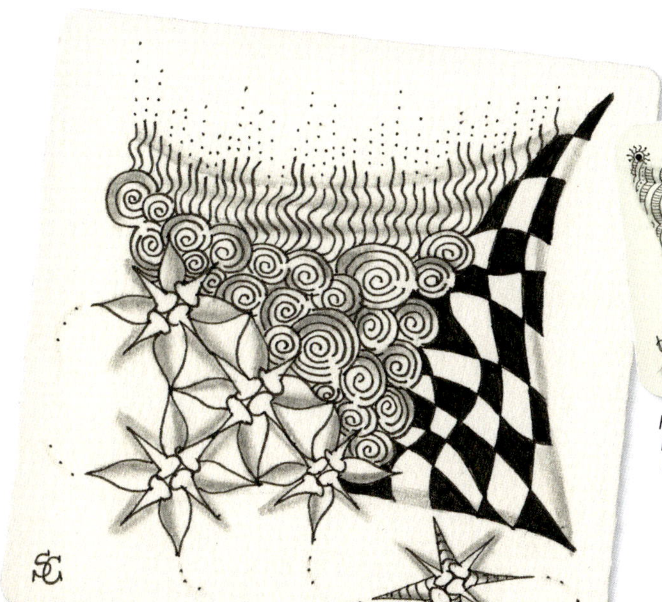

Kombination aus Ceebee, Printemps, Knightsbridge, Msst. Sue Clark, CZT, USA/CO

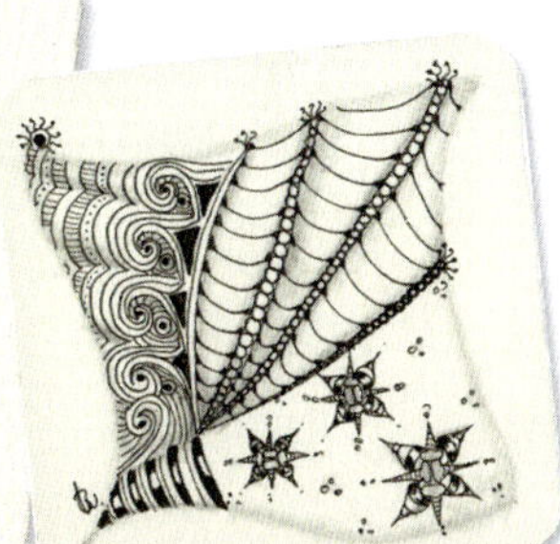

Kombination aus Ceebee, Birds on the Wire, (Striping). Beate Winkler, CZT, D

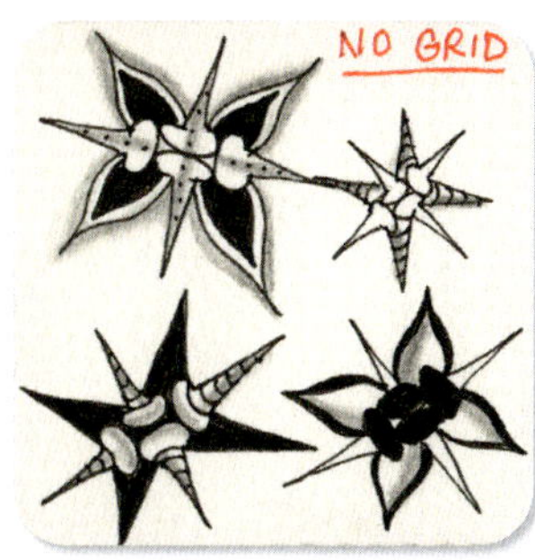

Variation: Sue Clark, CZT, USA/CO

Noch ein einfaches Muster, das komplexer aussieht, als es ist. (Sue)

39 Muster Chainlea

Designer: Norma Burnell, CZT, USA/RI

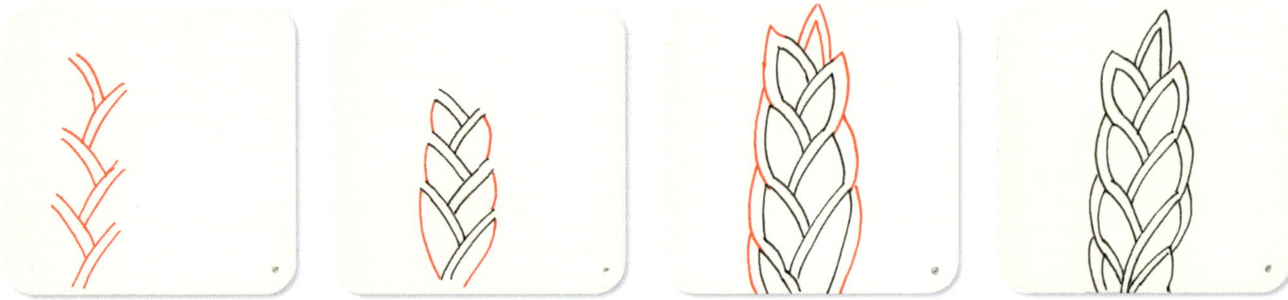

Ellen Gozeling, CZT, NL

Chainlea mag ich, weil es mich sehr fokussiert und daran erinnert, dass nichts perfekt sein muss. (Ellen)

Kombination aus Chainlea, (Rain), Fescu. Ellen Gozeling, CZT, NL

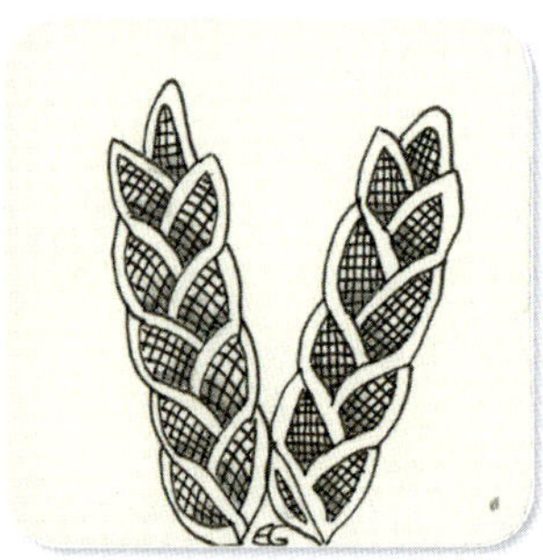

Variation: Ellen Gozeling, CZT, NL

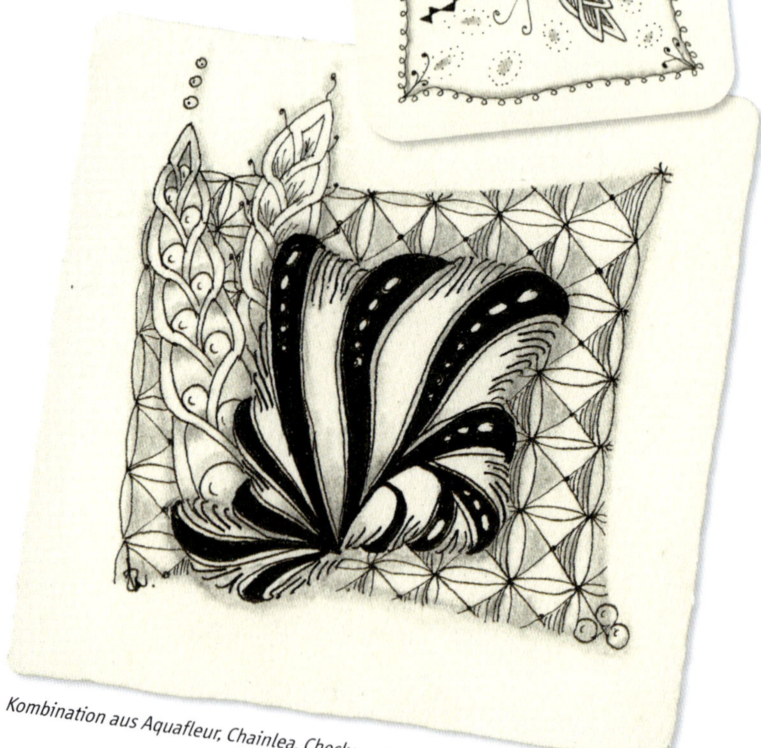

Kombination aus Aquafleur, Chainlea, Checkers. Beate Winkler, CZT, D

40 Muster Checkers

Designer: Maiko Y.W.Wong, CZT, HKG

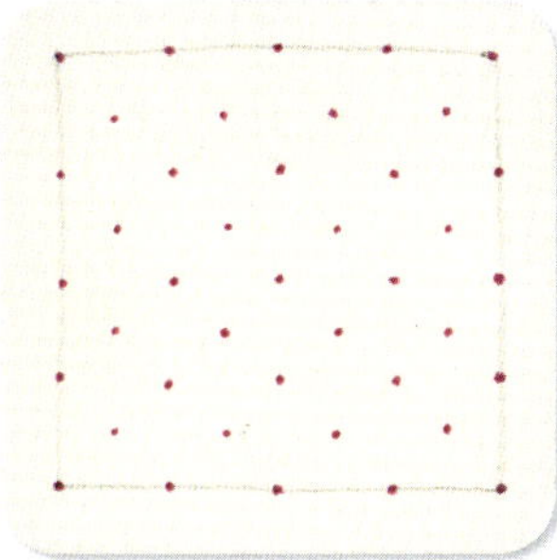

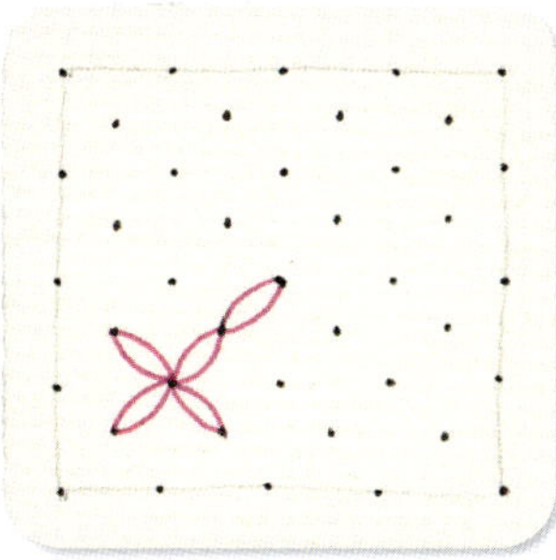

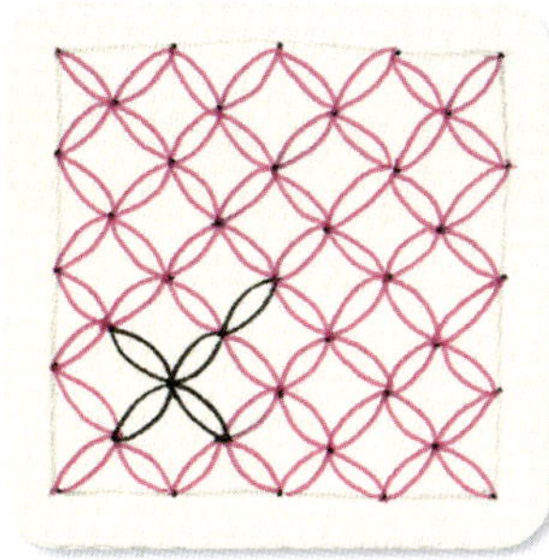

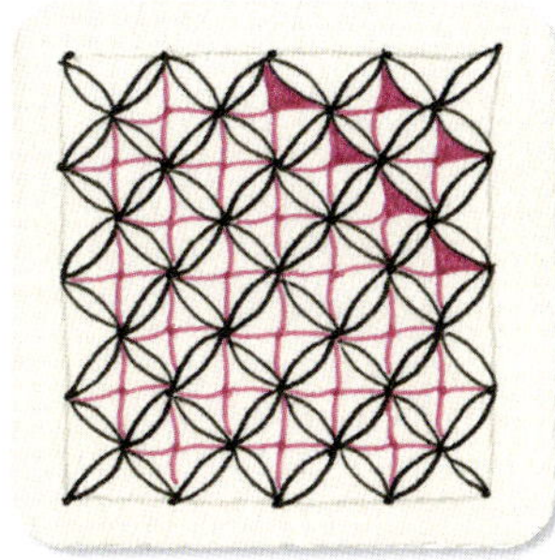

Ich mag dieses Muster, weil es aussieht wie das Brettspiel „Mühle". Praktisch jedes Kind hat dieses Spiel in der Kindheit gespielt! (Maiko)

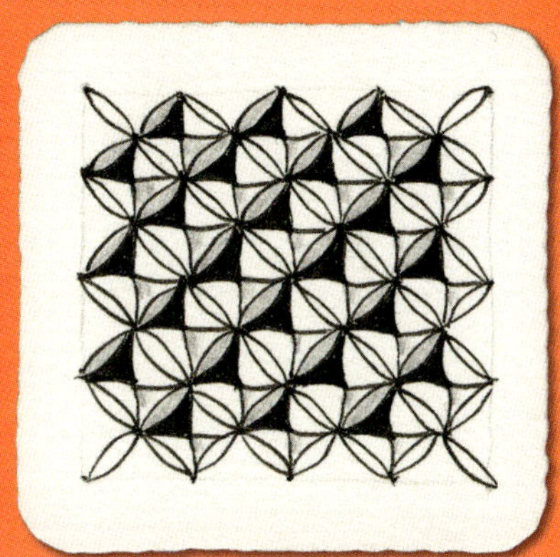

Maiko Y. W. Wong, CZT, HKG

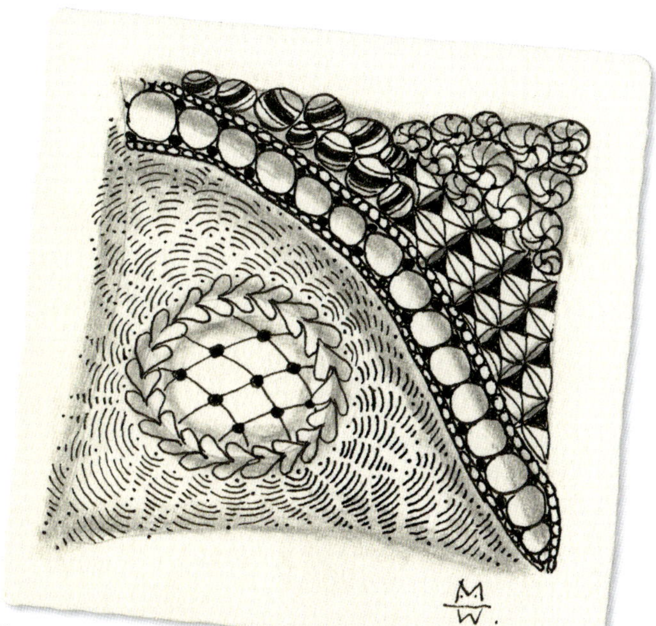

Kombination aus Checkers, Florz, Onamato, Qoo, (Jetties, Indy-Rella, Festune). Maiko Y. W. Wong, CZT, HKG

Es geht nie darum, fertig zu werden, sondern immer um das Tun. Umso größer die Freude, wenn so etwas Schönes ganz nebenbei entsteht. Und: Durch die Monotonie der Wiederholungen beruhigt sich alles in uns. (Beate)

41 Muster Chemystery

Designer: MaryAnn Scheblein-Dawson, CZT, USA/NY

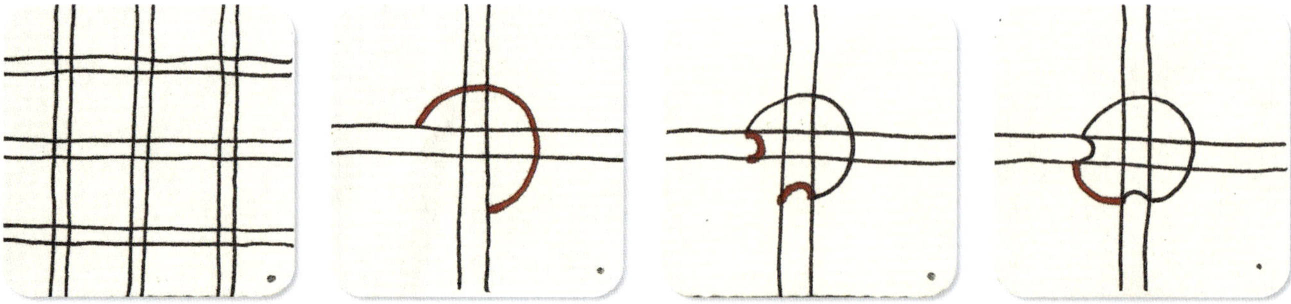

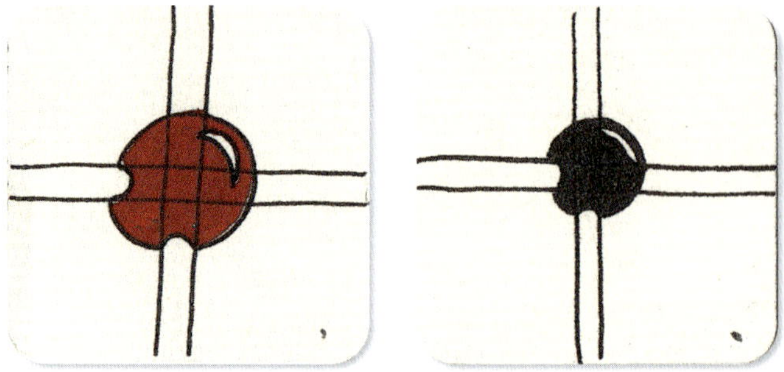

Stepout: MaryAnn Scheblein-Dawson, CZT, USA/NY

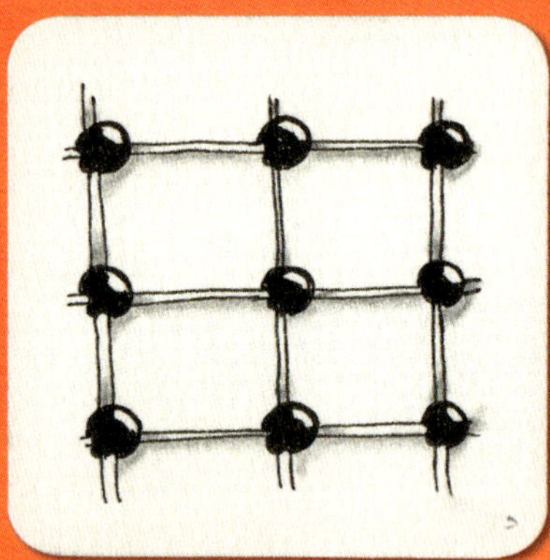

Beate Winkler, CZT, D

Mir gefällt Chemystery unter anderem, weil man völlig unterschiedliche Ergebnisse erzielen kann. (MaryAnn)

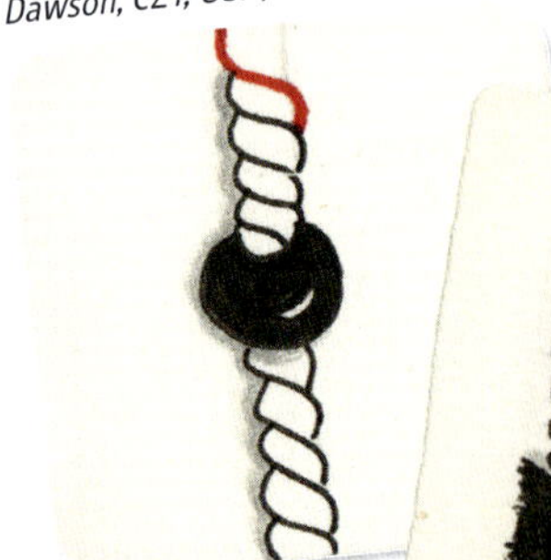

Variation: MaryAnn Scheblein-Dawson, CZT, USA/NY

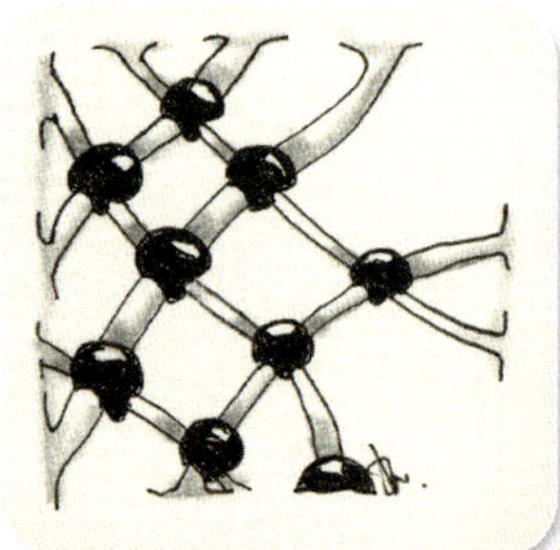

Variation: Beate Winkler, CZT, D

Indem man die einfachen S-Kurven mit dem Fineliner zeichnet und diagonal über die geraden Linien geht (die ich nur als Hilfslinien mit Bleistift gemacht habe), verwandelt sich das harte, geradlinige, geometrische Muster in eine weichere, lebendige Version – wie Perlen auf einem Strang (MaryAnn).

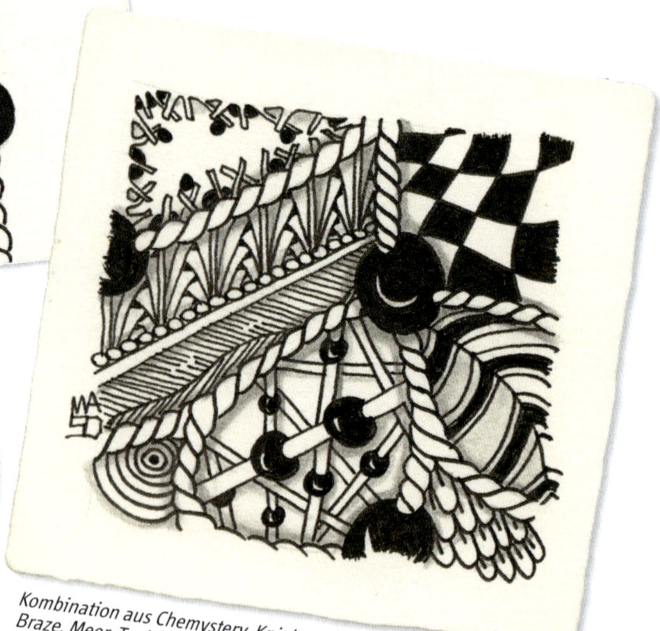

Kombination aus Chemystery, Knightsbridge, (Betweed, Bumper, Braze, Meer, Tagh). MaryAnn Scheblein-Dawson, CZT, USA/NY

42 Muster

Coil

Designer: Sue Jacobs, CZT, USA/IL

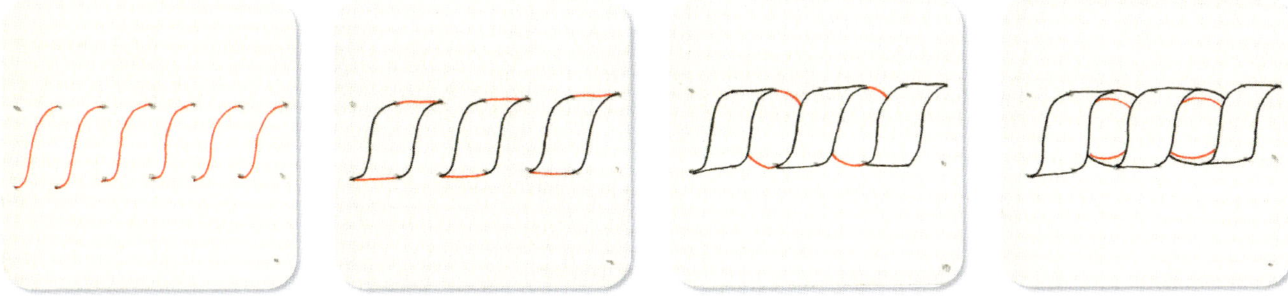

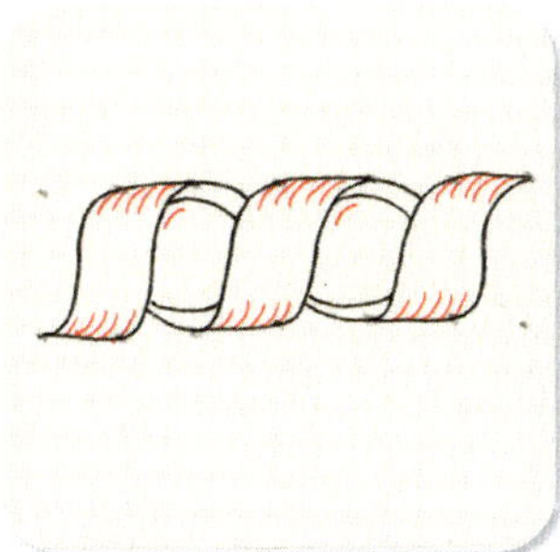

Das Tangle Coil finde ich einfach beeindruckend! Es ist anmutig, dreidimensional und einfach zu tanglen. Dazu gibt es interessante Variationen. (Beate)

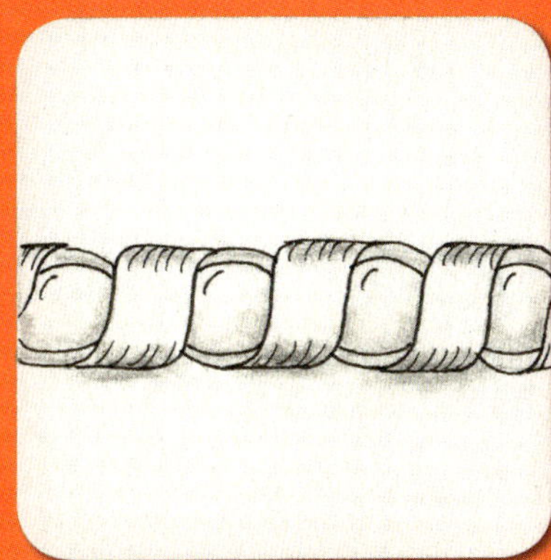

Beate Winkler, CZT, D

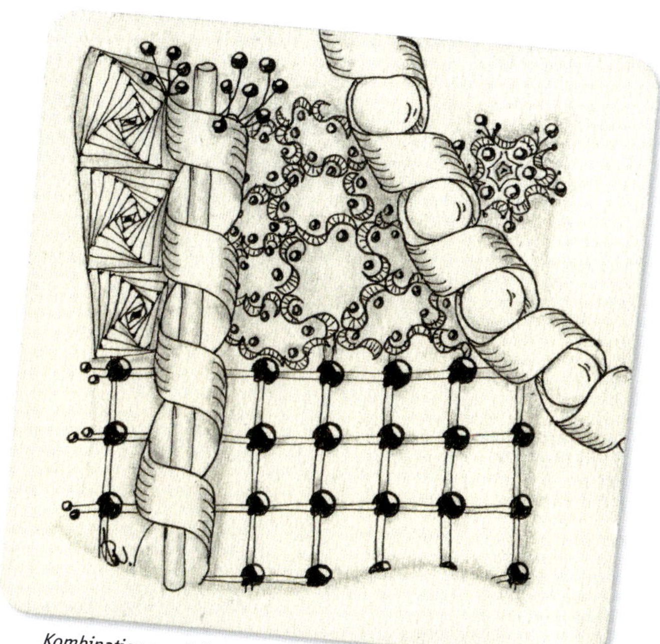

Kombination aus Coil, Chemystery, Connessess, Paradox. Beate Winkler, CZT, D

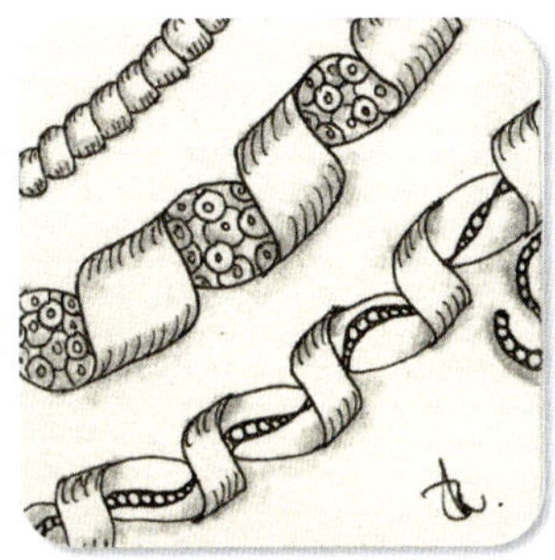

Variation: Beate Winkler, CZT, D

43 Muster

Connessess

Designer: Diana Schreur, CZT, NL

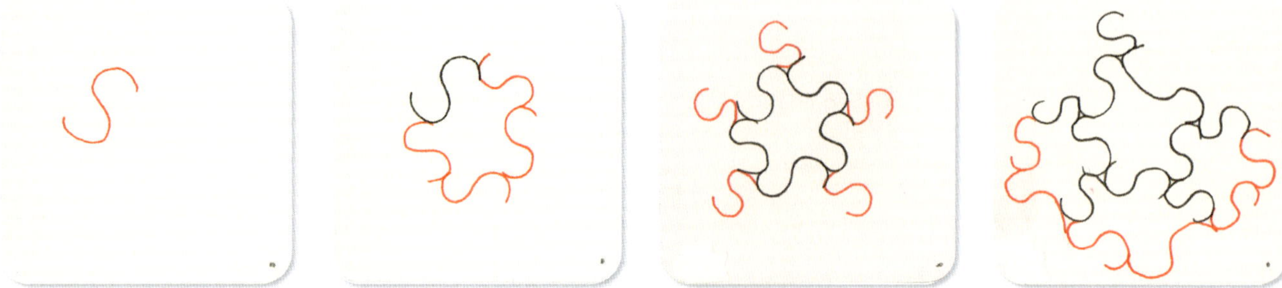

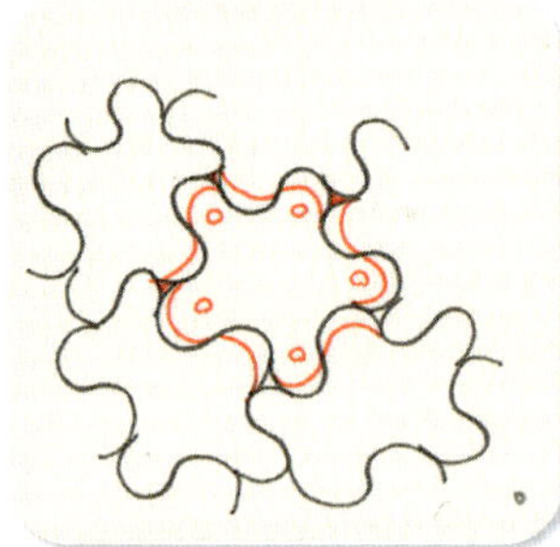

Ich mag das Muster Connessess so sehr, weil es wie ein Blumengarten wächst. (Diana)

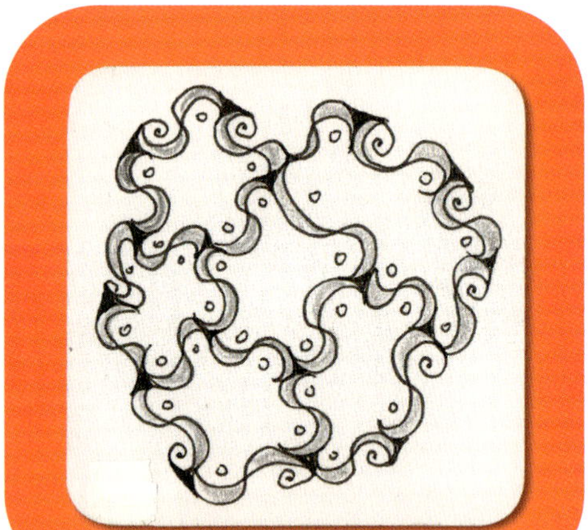

Diana Schreur, CZT, NL

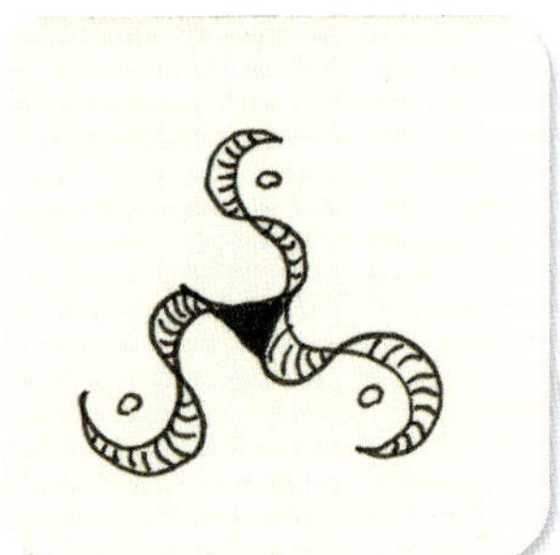

Variation: Diana Schreur, CZT, NL

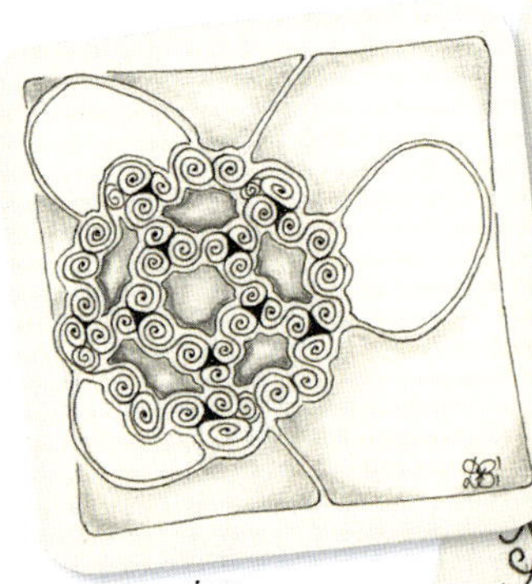

Kombination: Diana Schreur, CZT, NL

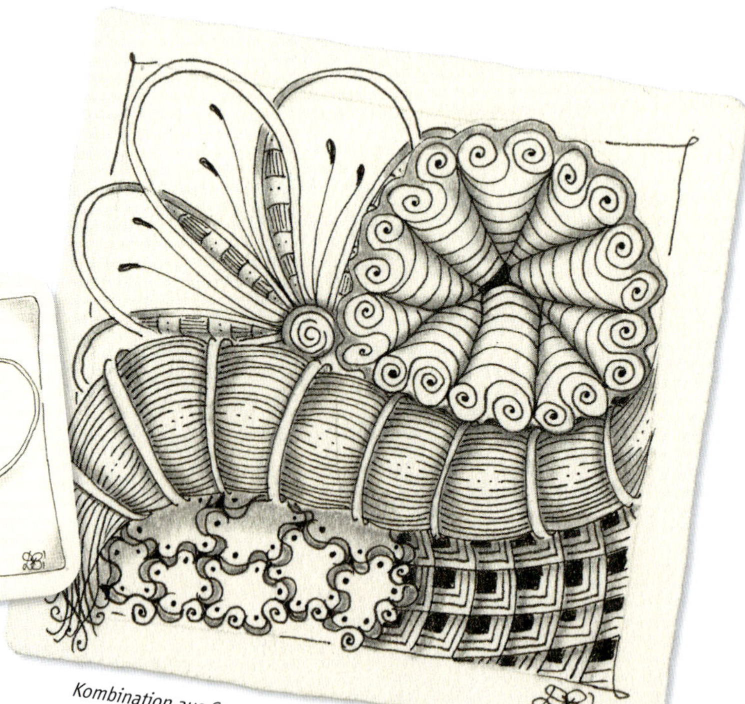

Kombination aus Connessess, Zander, (Flukes). Diana Schreur, CZT, NL

44 Muster Cool 'Sista

Designer: Marizaan van Beek, CZT, ZAF/Pretoria

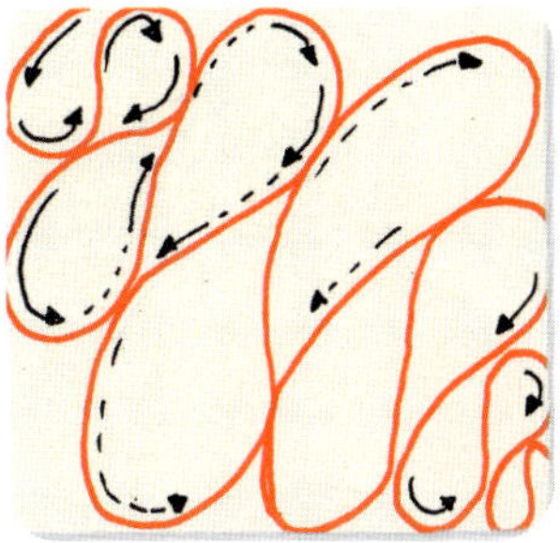

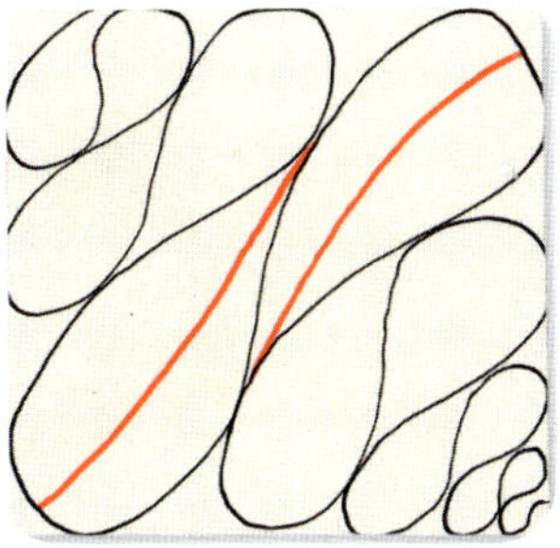

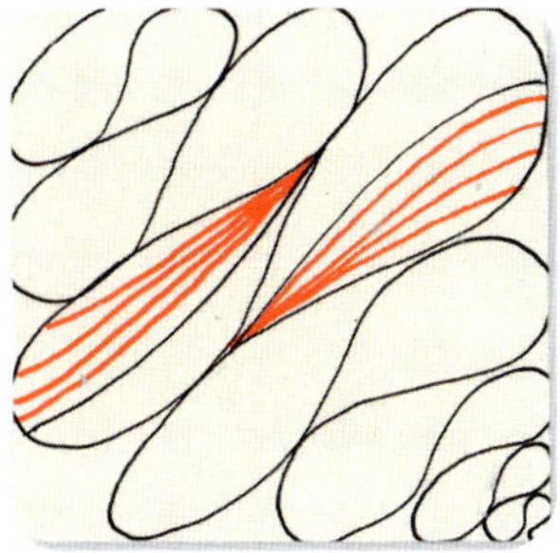

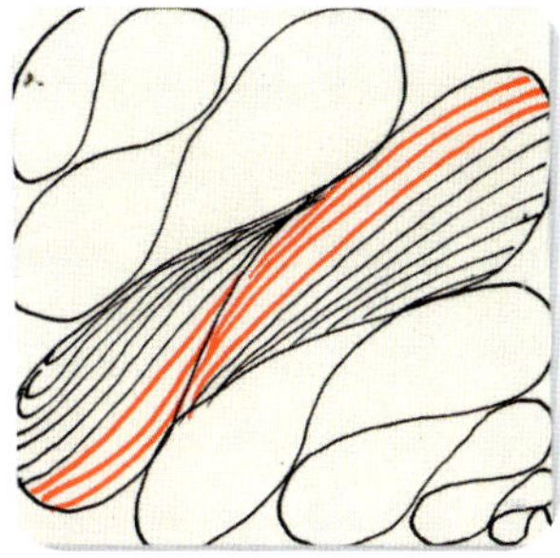

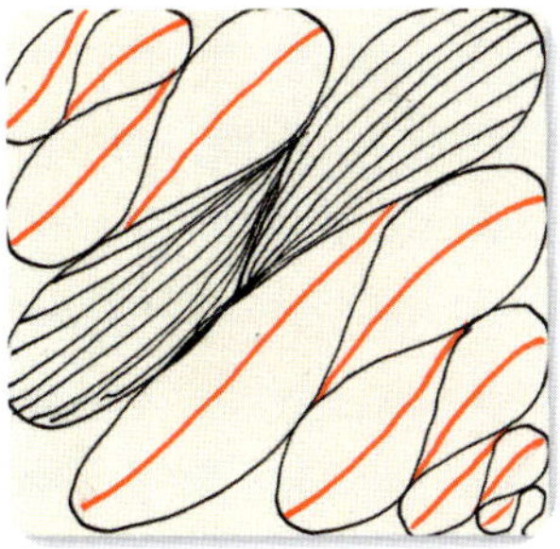

"Ich liebe dieses Tangle, weil es mich an die südafrikanische Leckerei Koeksister (deutsch: Keks-Schwester) erinnert.

Es ist ein gedrehtes Gebäck, in kalten Ingwer-Sirup getunkt. Kirchen wurden mit dem Geld aus dem Verkauf des Gebäcks gebaut, es gibt sogar ein Monument dieser bescheidenen Herkunft. Das Muster ist fließend und übereinander gelegt, ergibt sich ein beeindruckender 3D Effekt." (Marizaan)

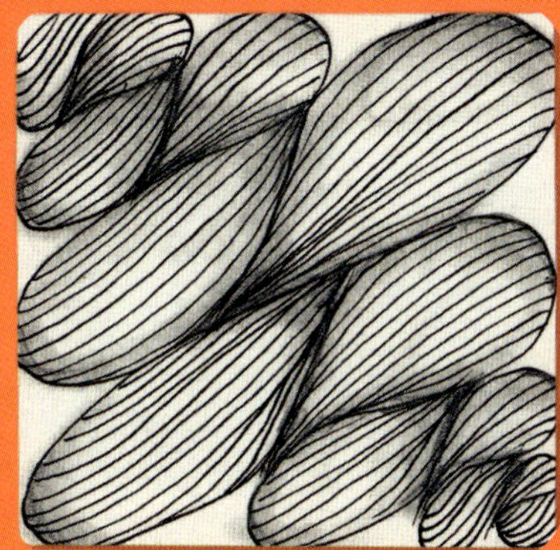

Marizaan van Beek, CZT, ZAF/Pretoria

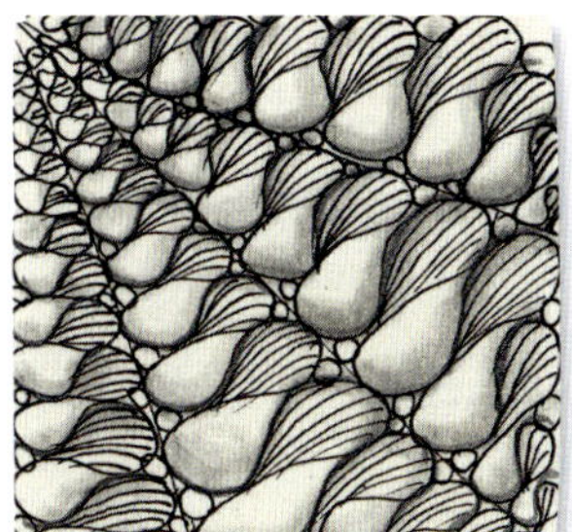

Variation: Marizaan van Beek, CZT, ZAF/Pretoria

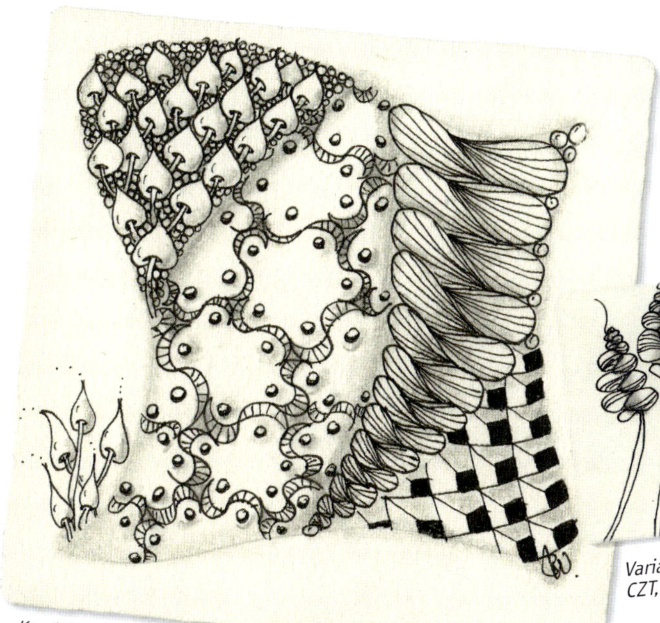

Kombination aus Cool 'Sista, Connessess, Poke Leaf, Cubine. Beate Winkler, CZT, D

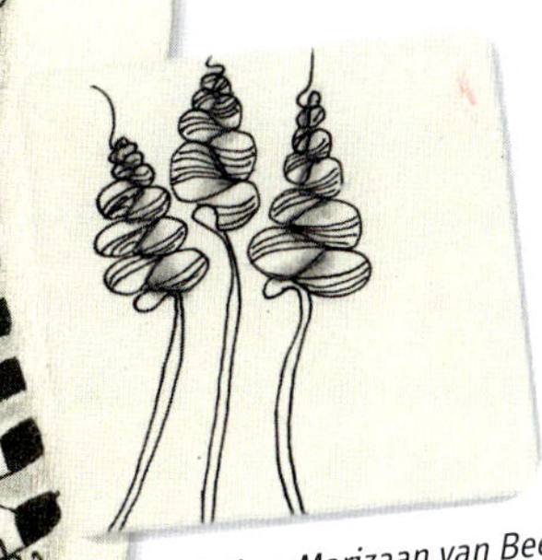

Variation: Marizaan van Beek, CZT, ZAF/Pretoria

45
Muster

Dessus-Dessous

Designer: Genevieve Crabe, CZT, CAN

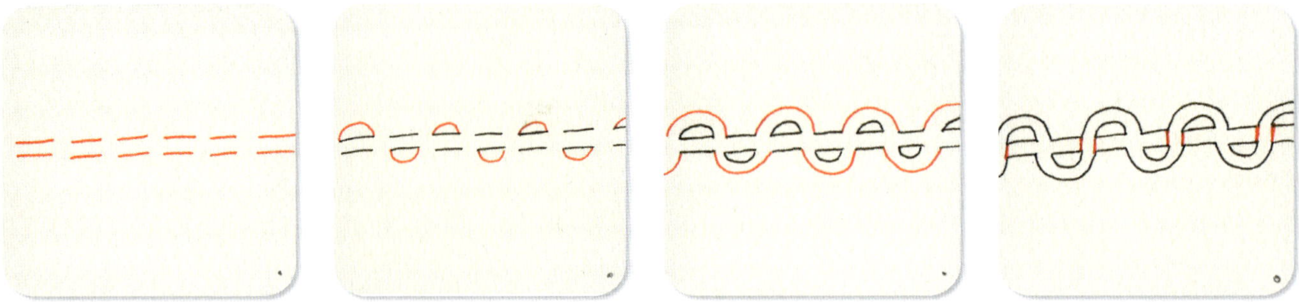

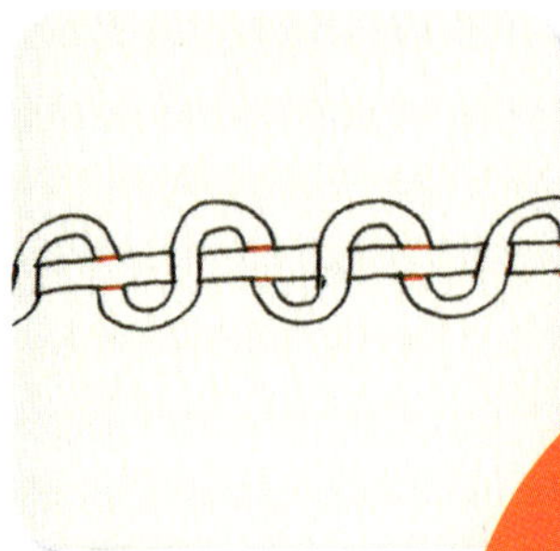

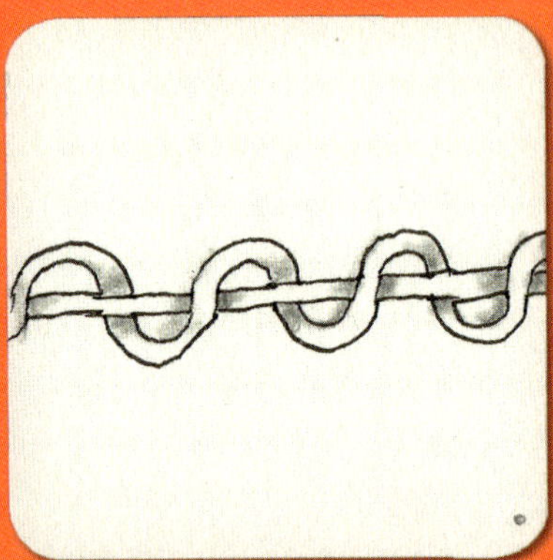

Beate Winkler, CZT, D

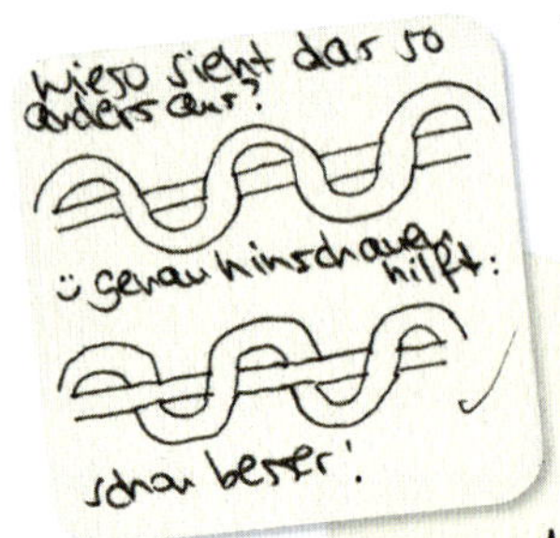

Tipp: Bei diesem Muster genau hingucken. Bei mir wirkte es überhaupt nicht so wie auf dem Beispiel – bis mir auffiel, dass ich alle Schlängel-Linien vor der Mittelstange gezeichnet habe. Damit Dir das nicht auch passiert, habe ich das Stepout angepasst. (Beate)

Manche Muster haben so eine schöne Dreidimensionalität. Dieses Tangle gehört eindeutig dazu. Die kleine Feinheit, dass man die jeweils zweiten Endstriche nicht quer, sondern horizontal setzt, ist von Bedeutung! (Beate)

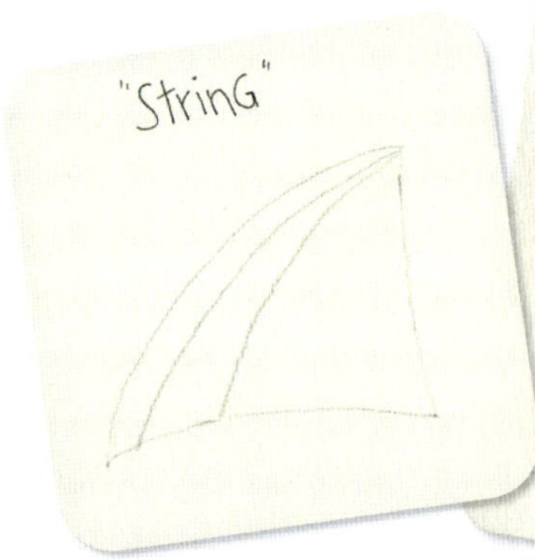

Kannst Du erkennen, wie der String gezeichnet wurde?

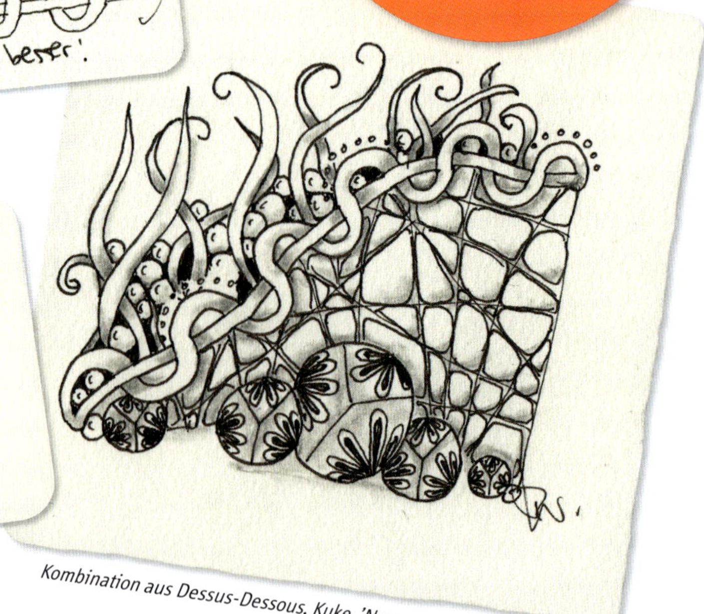

Kombination aus Dessus-Dessous, Kuke, 'Nzeppel. Beate Winkler, CZT, D

46
Muster

Ditto

Designer: Sue Jacobs, CZT, USA/IL

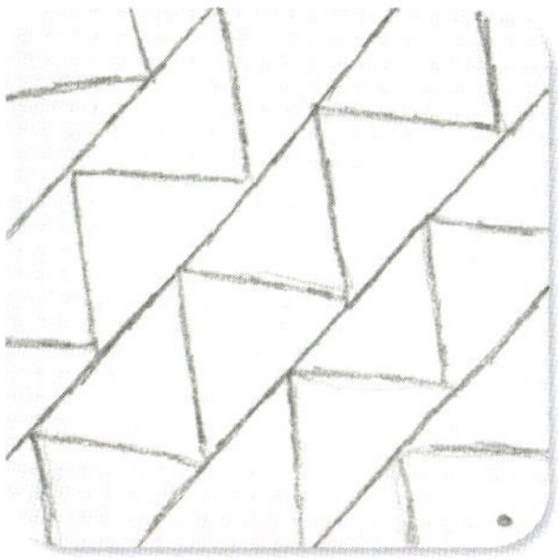

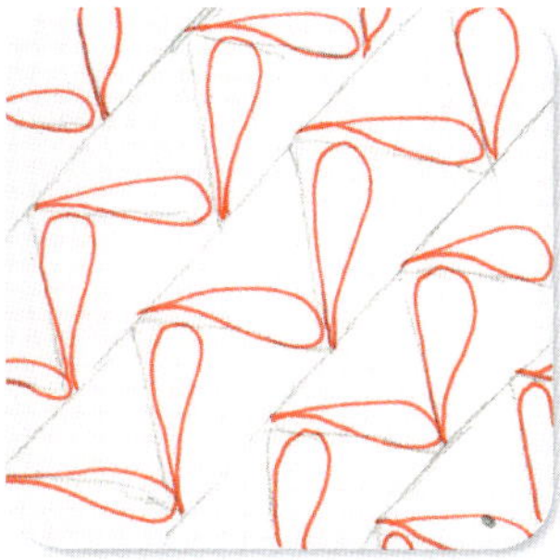

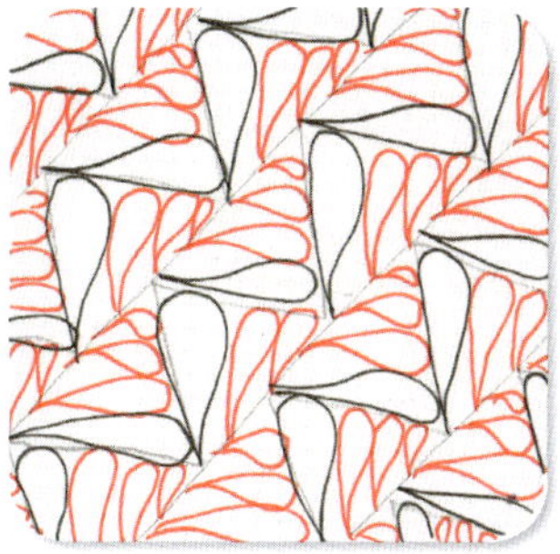

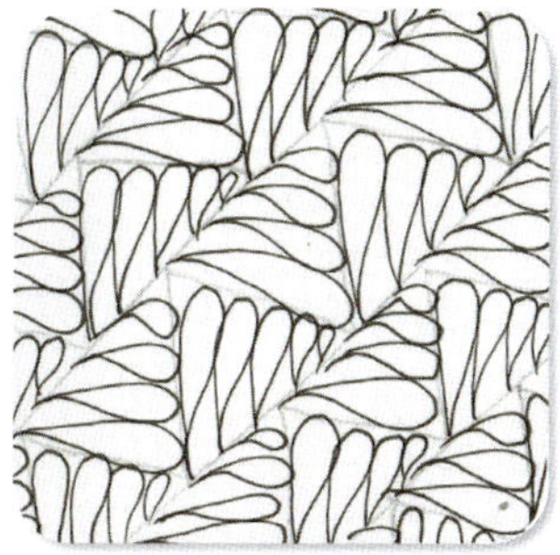

Tipp: Bei Ditto werden zuerst – ausnahmsweise mit Bleistift – die Linien und Zacken gezeichnet. (Beate)

Ditto ist schön monoton in der Ausführung: Nachdem die erste Tropfenform die Aufteilung festlegt, werden in der immer selben Bewegung kleiner werdende Tropfen Stück für Stück getangelt. (Ellen)

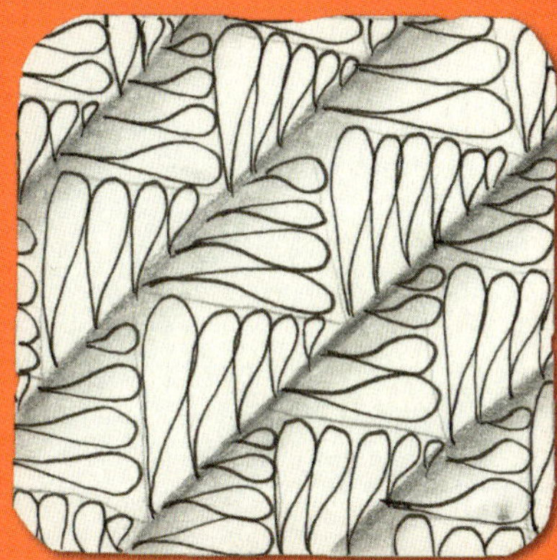

Ellen Gozeling, CZT, NL

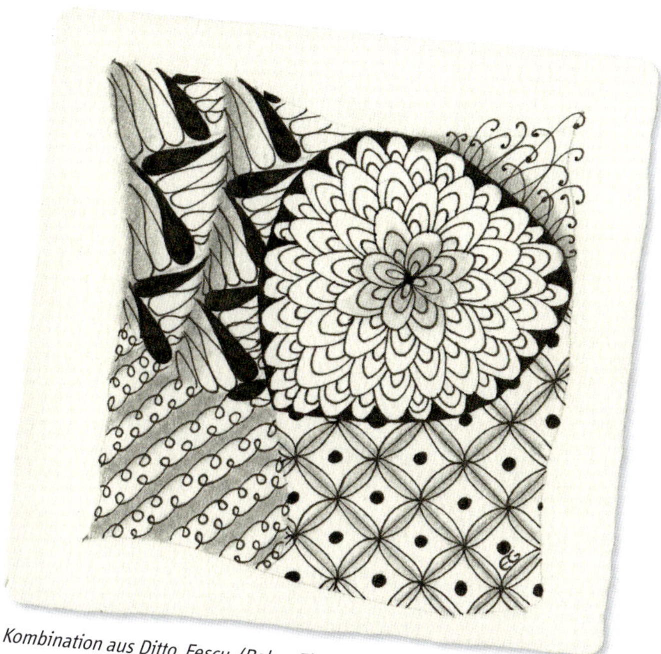

Kombination aus Ditto, Fescu, (Bales, Eke, Arcflower). Ellen Gozeling, CZT, NL

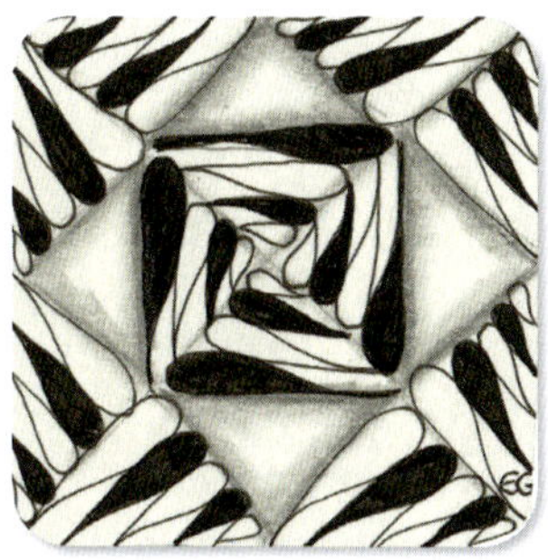

Variation: Ellen Gozeling, CZT, NL

47 Muster Dragonair

Designer: Norma Burnell, CZT, USA/RI

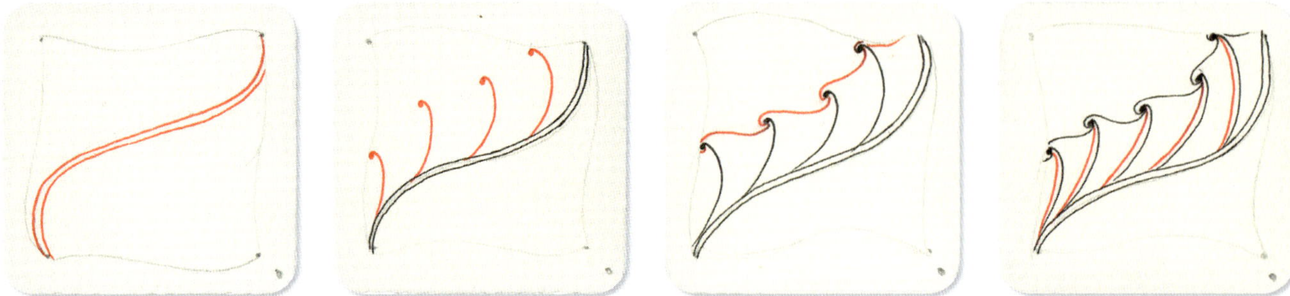

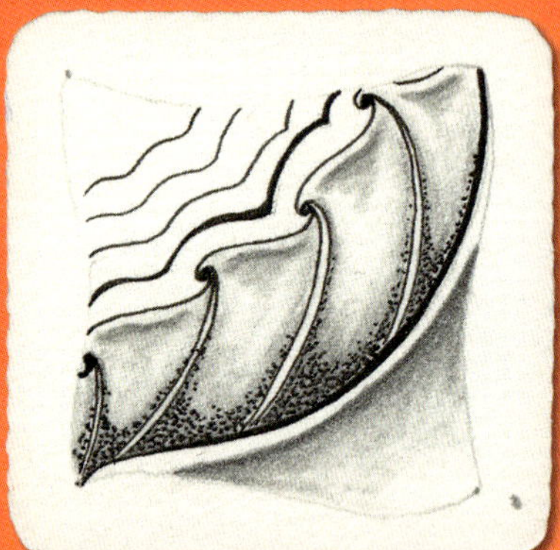

Mary-Jane Holcroft, CZT, UK

Ich mag dieses Muster, weil es mich, wie der Name schon sagt, an Drachen erinnert, die meine Lieblingstiere sind. Auch wenn es sie nicht wirklich gibt. (Deborah)

Dragonair fließt wunderschön und bringt Bewegung in jedes Tile. (Mary-Jane)

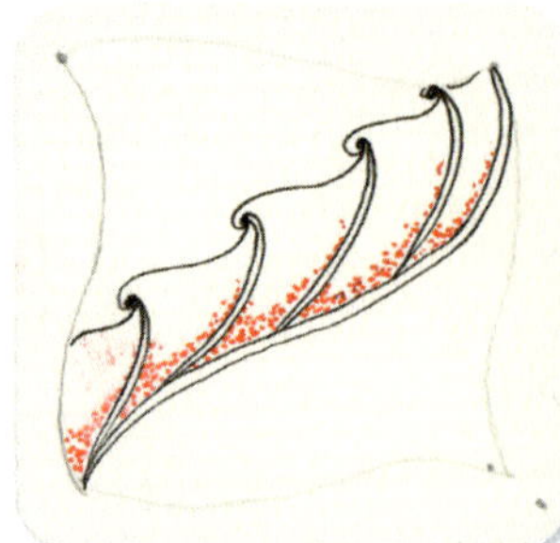

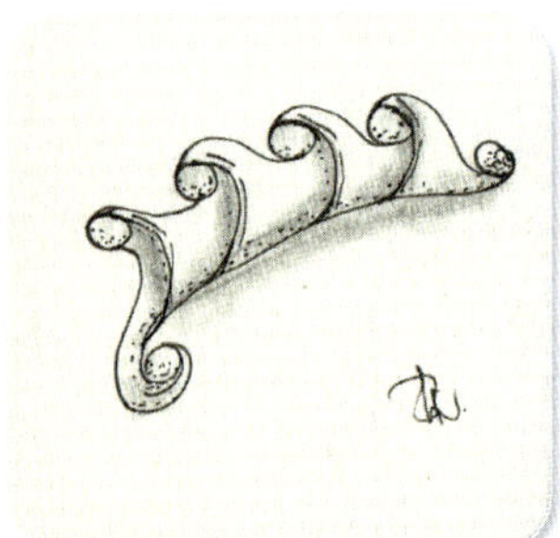

Variation: Beate Winkler, CZT, D

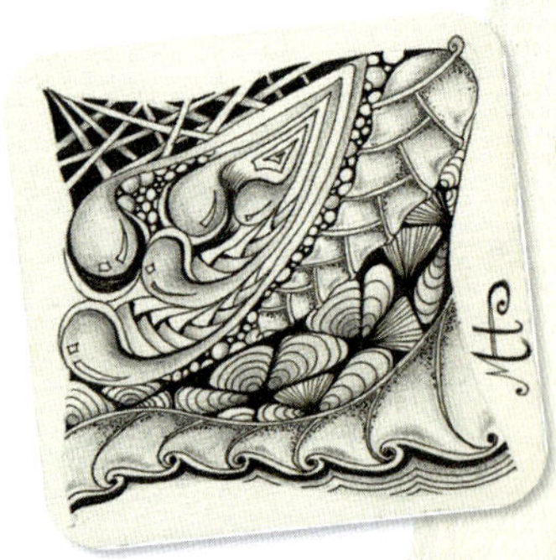

Kombination aus Dragonair, Hollibaugh, Mooka, 'Nzeppel, Chain Lea. Mary-Jane Holcroft, CZT, UK

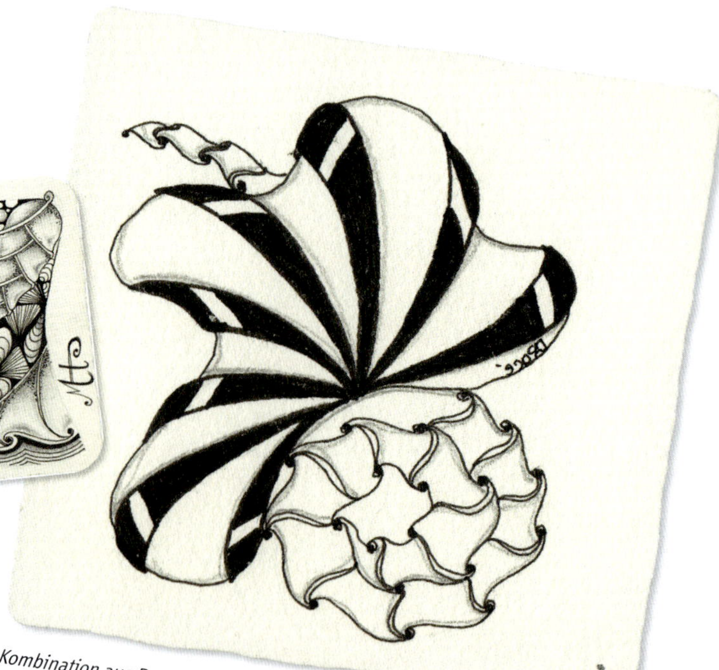

Kombination aus Dragonair, Aquafleur. Deborah Pacé, CZT, USA/CA

48 Muster Dutch Hourglass

Designer: Margaret Bremner, CZT, CAN

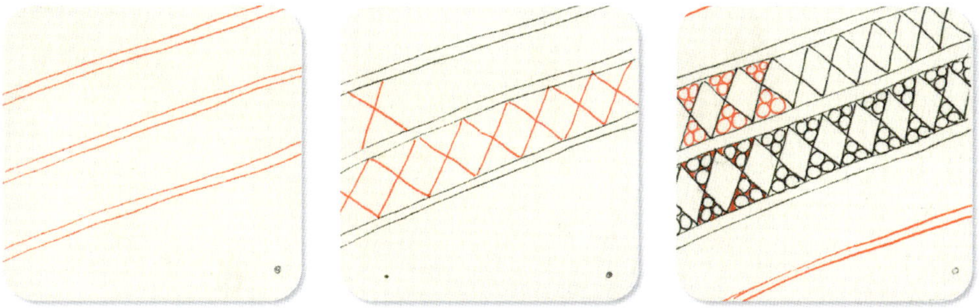

Dieses Muster ist mein „Patenkind“, die Designerin Margaret Bremner saß zwei Reihen hinter mir im CZT-Seminar und war von dem Muster auf meiner Bluse inspiriert. (Maria)

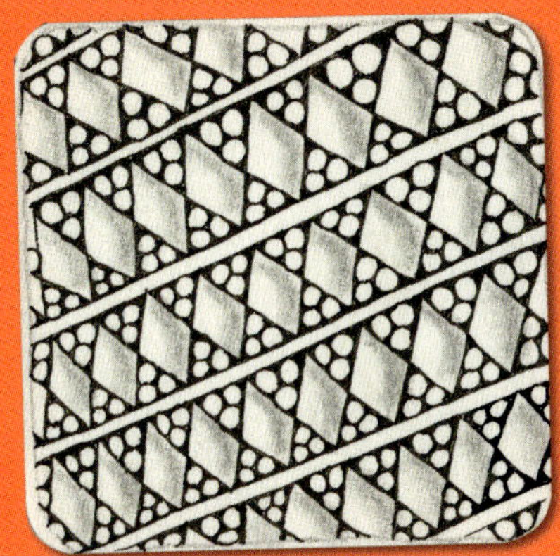

Maria Vennekens, CZT, NL

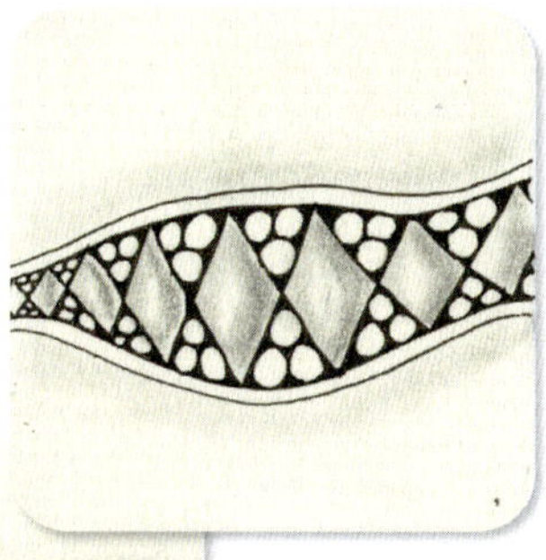

Variationen: Maria Vennekens, CZT, NL

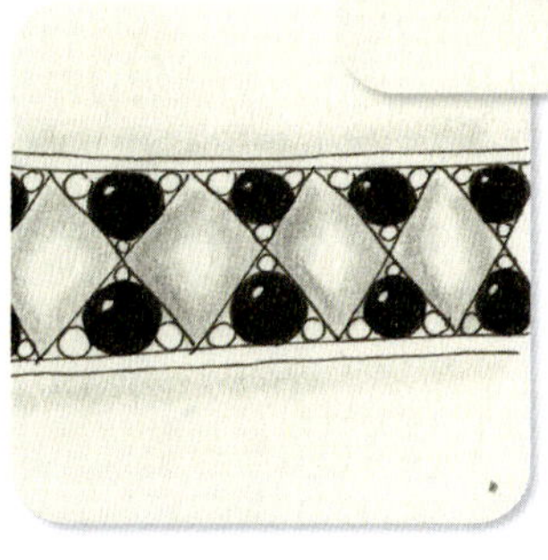

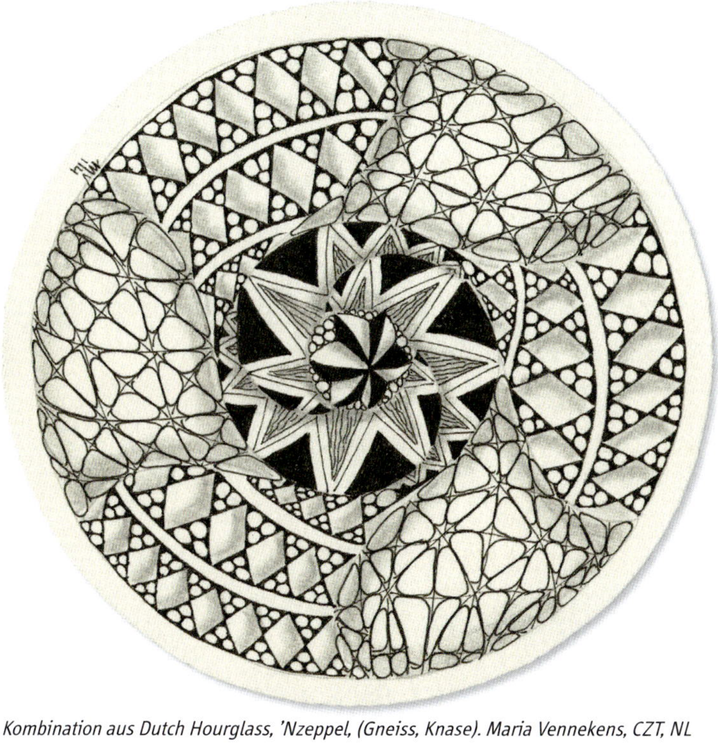

Kombination aus Dutch Hourglass, 'Nzeppel, (Gneiss, Knase). Maria Vennekens, CZT, NL

49 Muster Ennies

Designer: Maria Thomas, Zentangle HQ, USA/Massachusetts

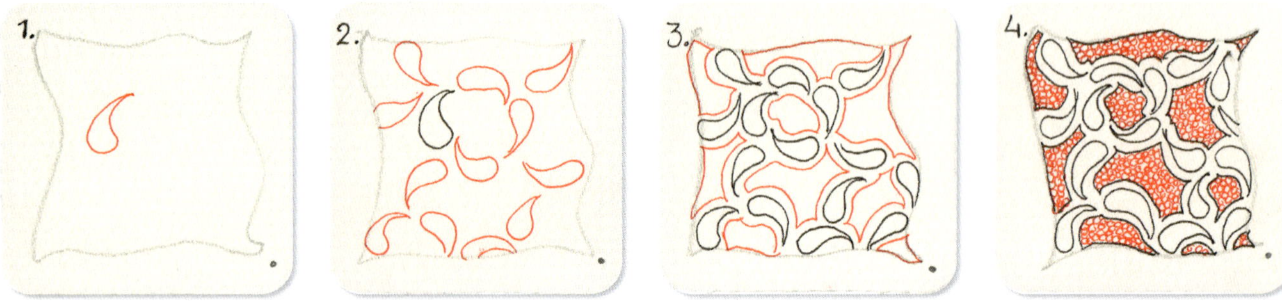

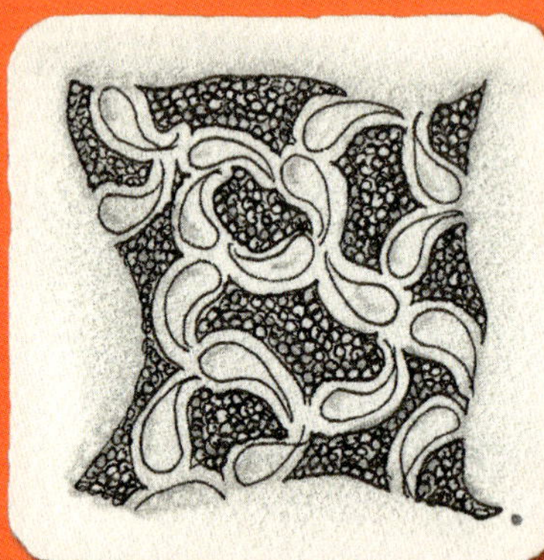

Arja de Lange-Huisman, CZT, NL

Ich mag Ennies, weil es einen schönen Stil vermittelt. Es fließt wie ein schmaler Bach um die Steine. (Arja)

Beide Beispiele sind Monotangles, d. h., dass nur genau das eine Muster Ennies auf dem Tile verwendet wurde. Das hätte ich auf Anhieb nicht gesehen! (Beate)

Monotangle: Arja de Lange-Huisman, CZT, NL

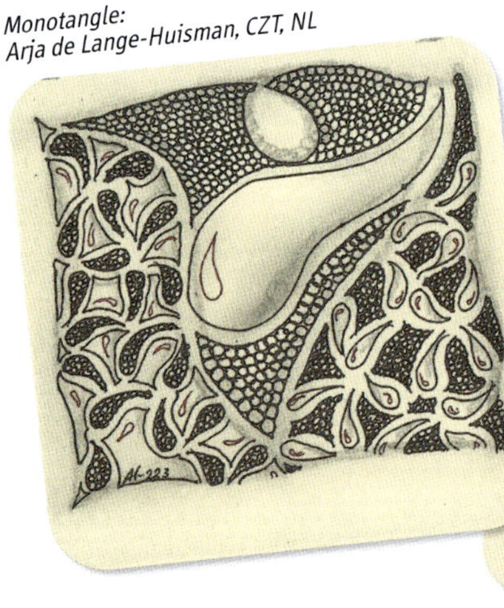

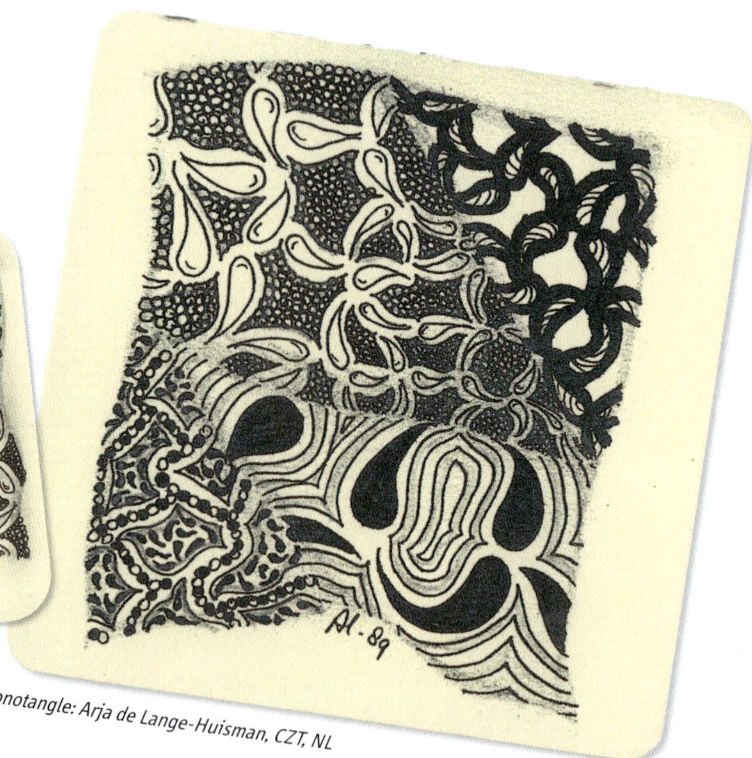

Monotangle: Arja de Lange-Huisman, CZT, NL

50 Muster Fiore

Designer: Jana Rogers, CZT, USA/ID

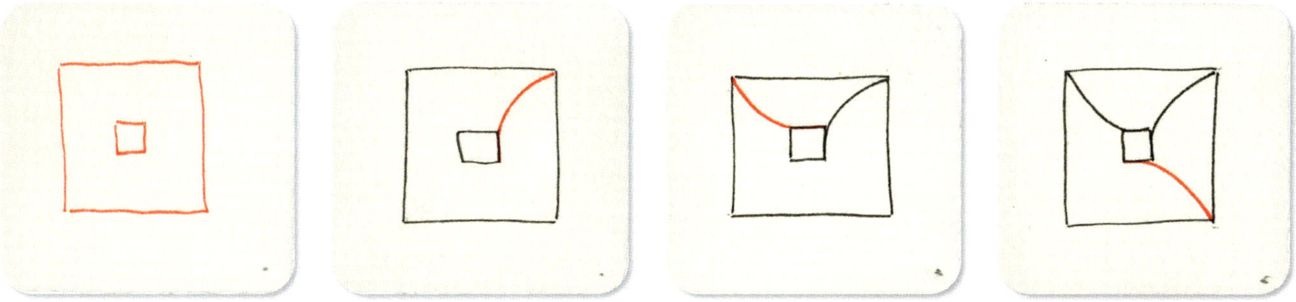

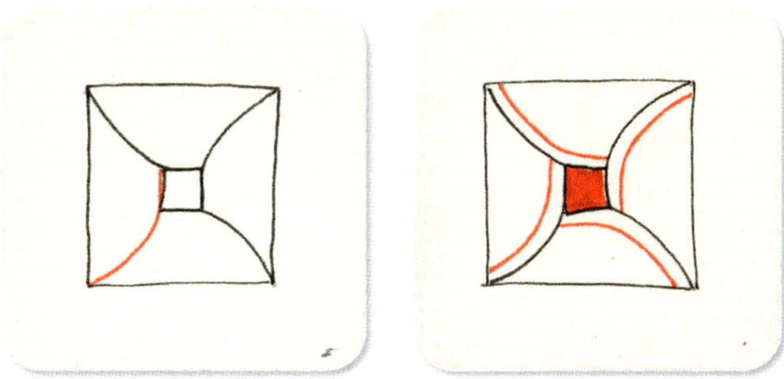

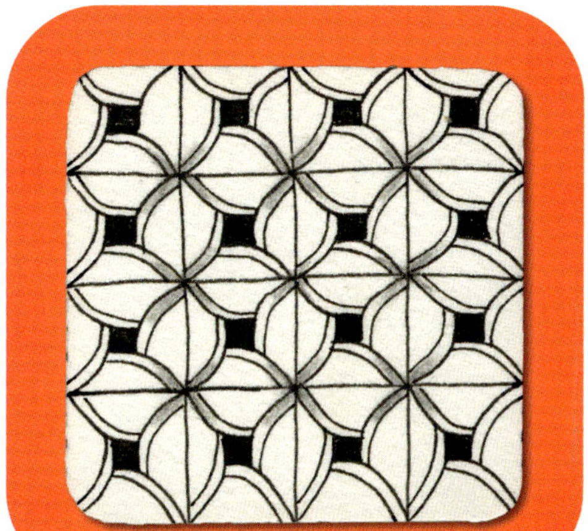

Hanny Waldburger, CZT, CH

Kombination: Beate Winkler, CZT, D

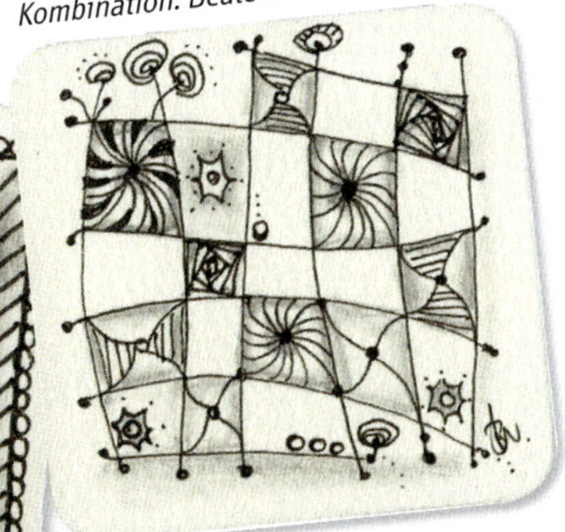

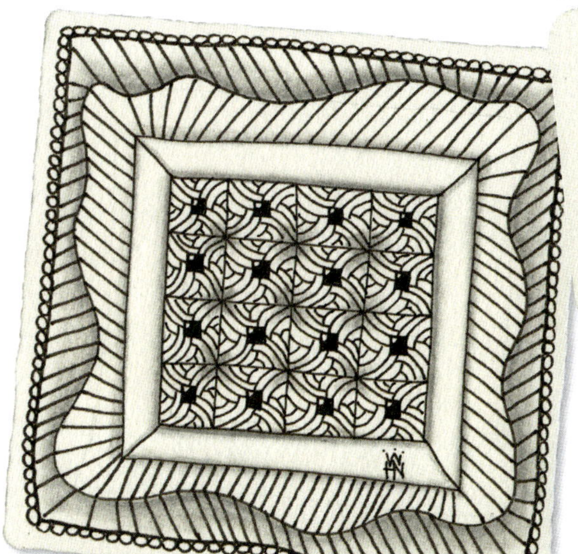

Kombination aus Fiore, (Meer). Hanny Waldburger, CZT, CH

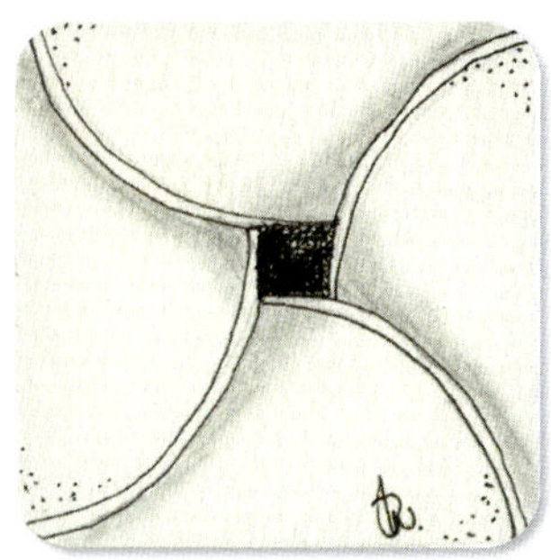

Variation: Beate Winkler, CZT, D

Fiore ist eines meiner Lieblingsmuster, obwohl ich sonst nicht der Gittermustertyp bin. Aber mit Fiore kann man so tolle Variationen kreieren, die einen vergessen lassen, dass es ein Gittermuster ist. Mich erinnert es an Frangipaniblüten! (Hanny)

51 Muster

Fjura

Designer: Hannah Geddes, CZT, UK

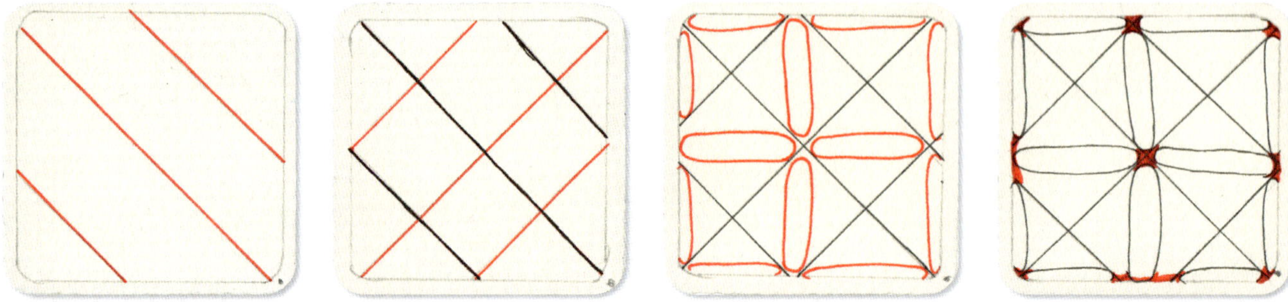

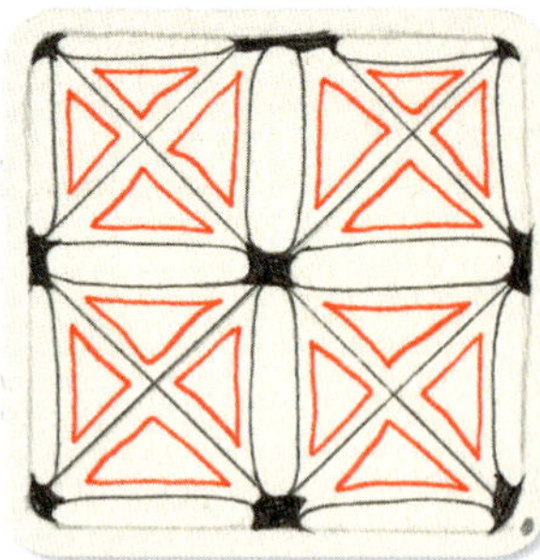

Ich liebe Fjura (Maltesisch für Blume), weil es eine wunderbare Symmetrie hat. (Hannah)

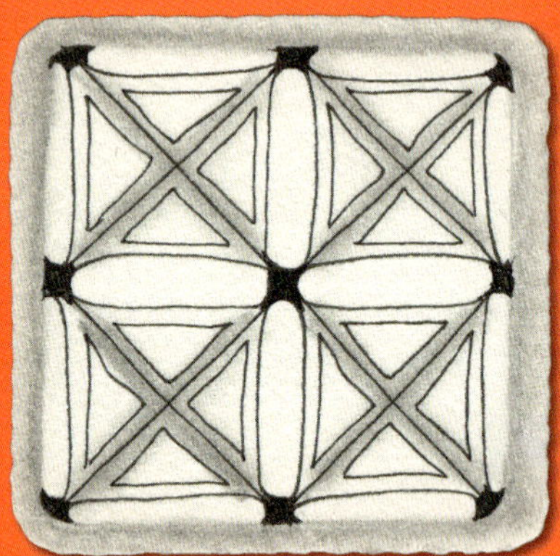

Hannah Geddes, CZT, UK

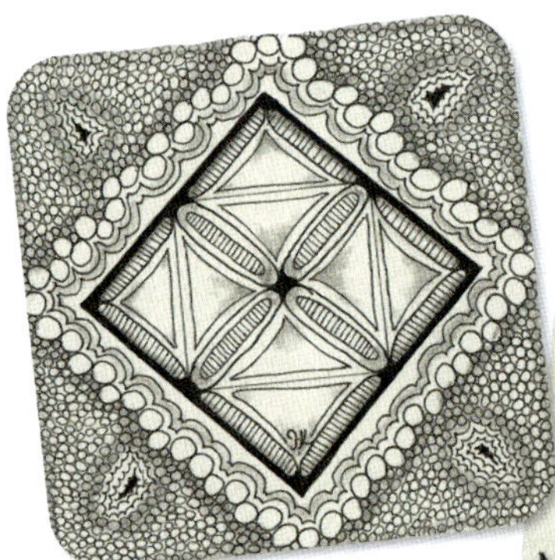

Hannah Geddes, CZT, UK

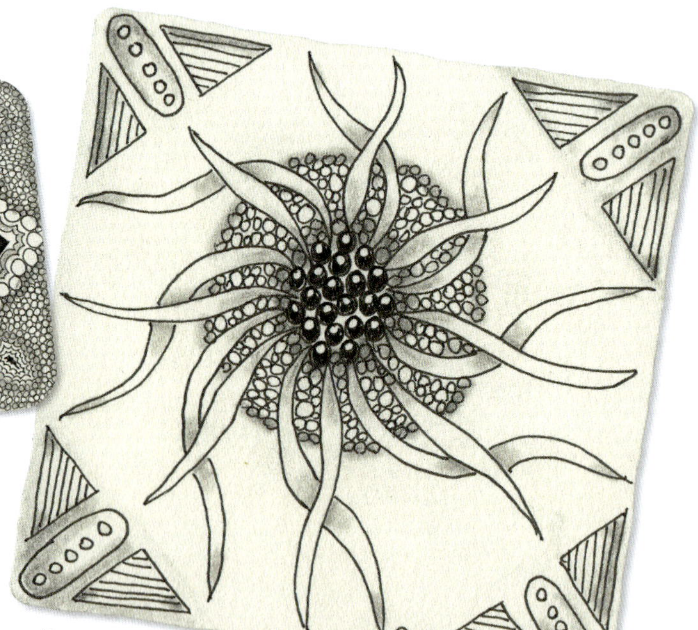

Kombination aus Fjura, (Squid). Hannah Geddes, CZT, UK

52 Muster

Goldilocks

Designer: Beate Winkler, CZT, D

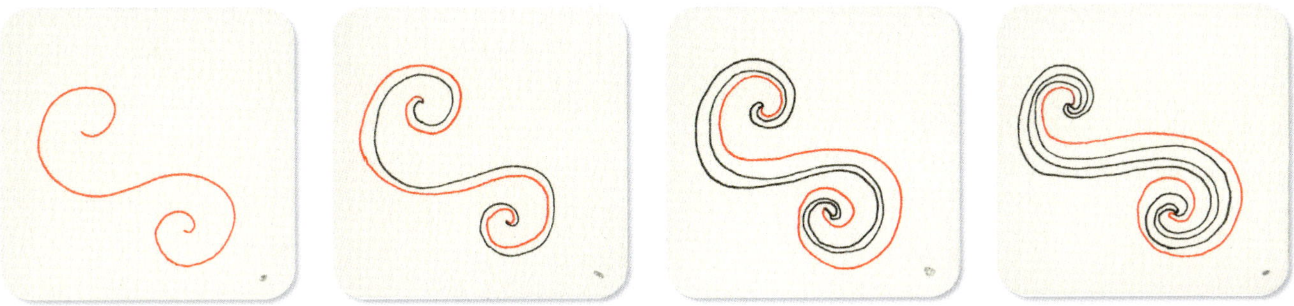

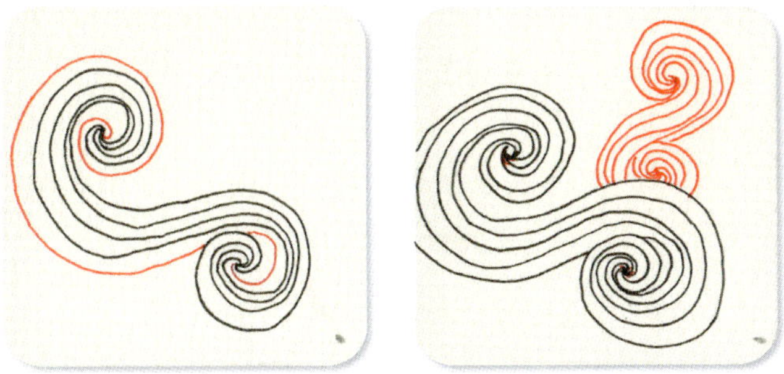

Ich liebe Spiralen. Deswegen sollten unbedingt welche in diesem Buch dabei sein. Also habe ich „eben mal“ Goldilocks kreiert und so lange getüftelt, bis es „Guten Tag“ gesagt hat. Ich hoffe, es gefällt Euch ebenso gut wie mir. Gerade, wenn Ihr die Spiral-Zentren und einzelnen Außenlinien schattiert, bekommt es einen noch stärkeren dreidimensionalen Effekt. Dynamisches Ergebnis, fast wie ein tosendes Meer. (Beate)

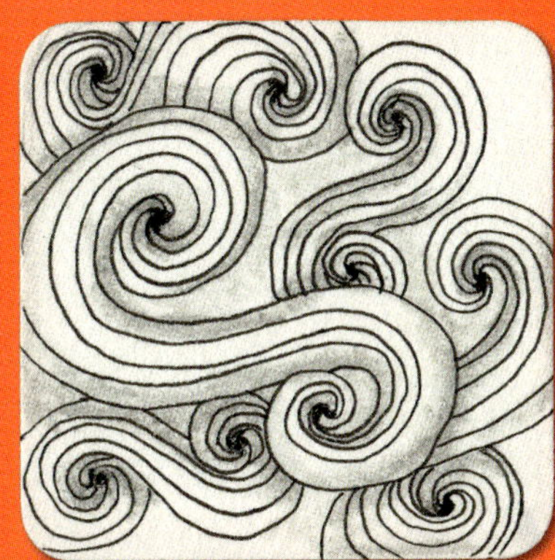

Beate Winkler, CZT, D

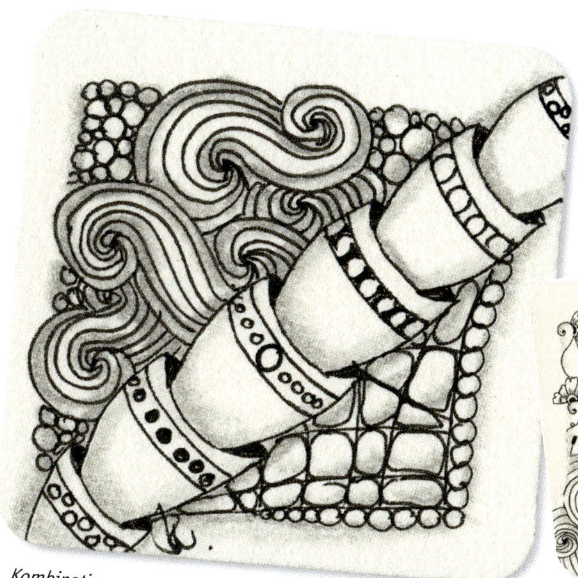

Kombination aus Goldilocks, Potterbee, 'Nzeppel, (Tipple). Beate Winkler, CZT, D

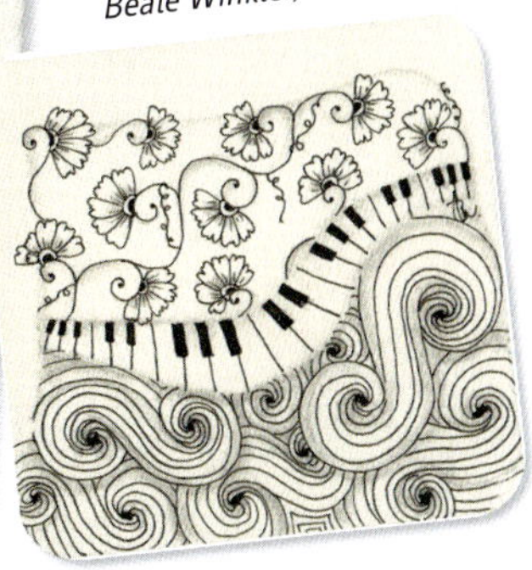

Kombination aus Goldilocks, Henna Drum, (Keyboard). Beate Winkler, CZT, D

Ich fand das Keyboard lustig, hatte es irgendwo auf einem Tile gesehen und es ist einfach zu tanglen. (Beate)

53
Muster

Golven

Designer: Mariët Lustenhouwer, NL

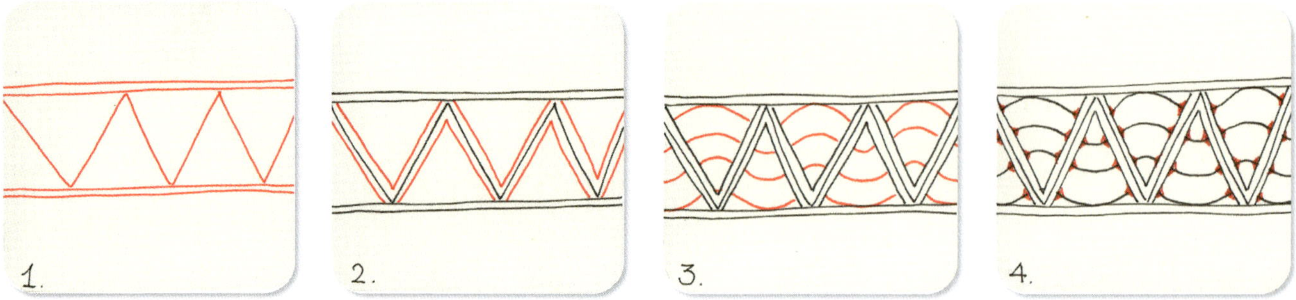

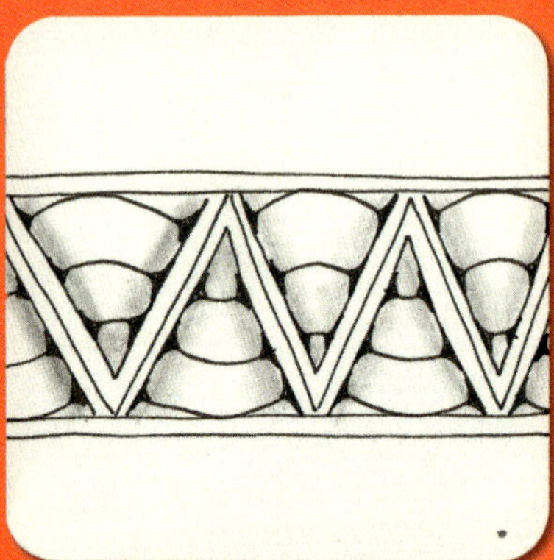

Mariët Lustenhouwer, NL

Golven gefällt mir sehr, weil es zum Füllen, als Rahmen oder sogar als Schnur einzusetzen ist. (Diana)

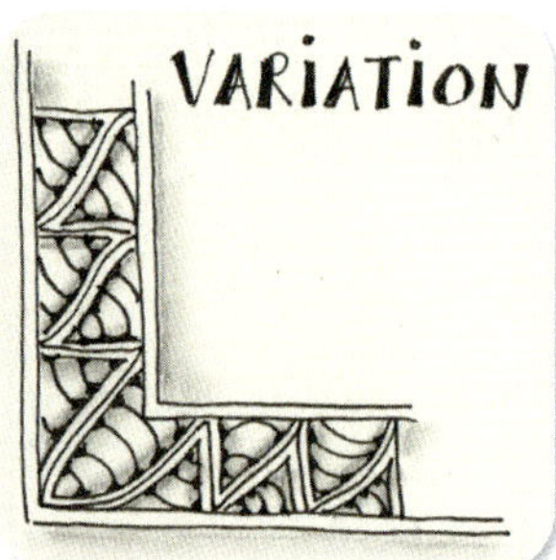

Variation: Mariët Lustenhouwer, NL

Kombination aus Printemps, Golven, MI2, (Peanuckle). Diana Schreur, CZT, NL

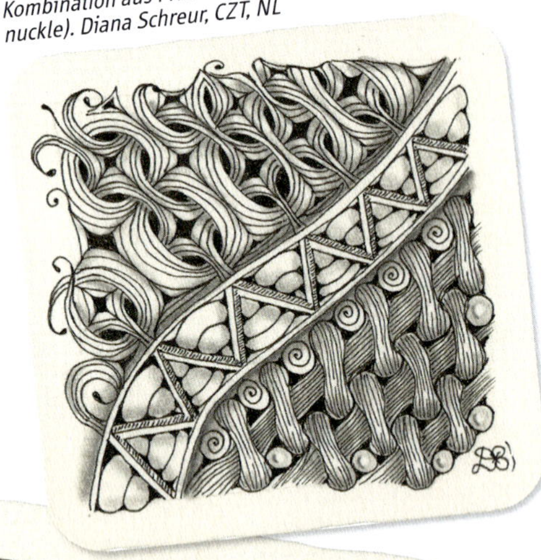

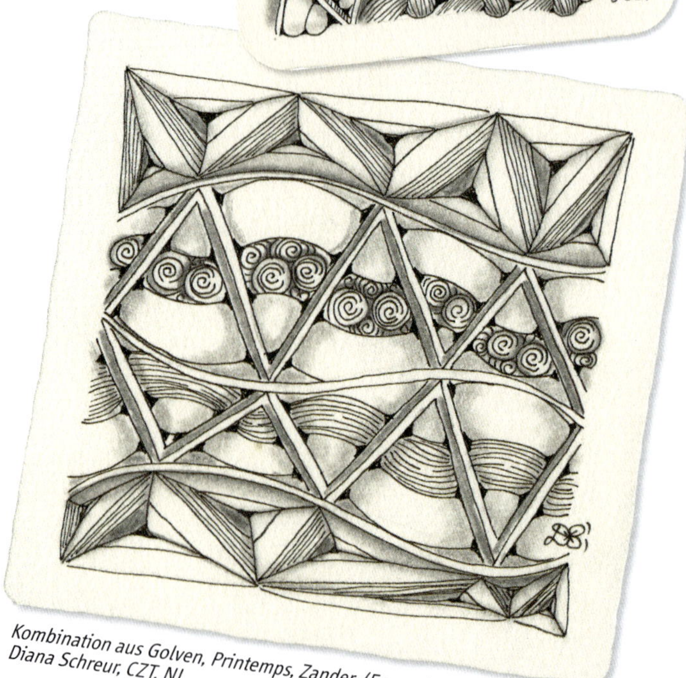

Kombination aus Golven, Printemps, Zander, (Fassett). Diana Schreur, CZT, NL

54 Muster Henna Drum

Designer: Jane MacKugler, CZT, USA/VT

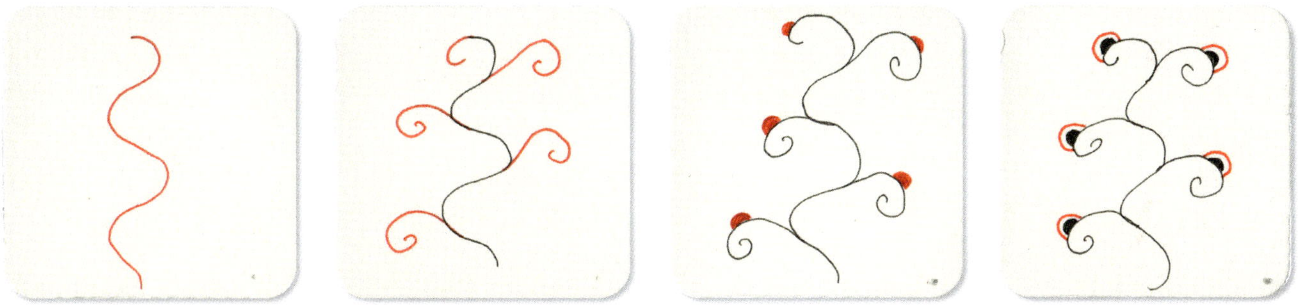

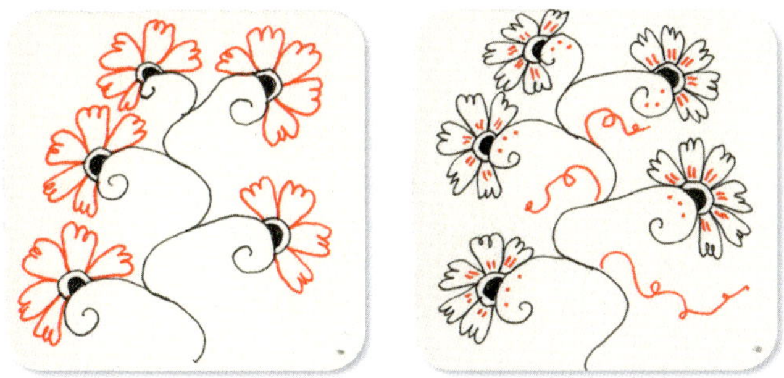

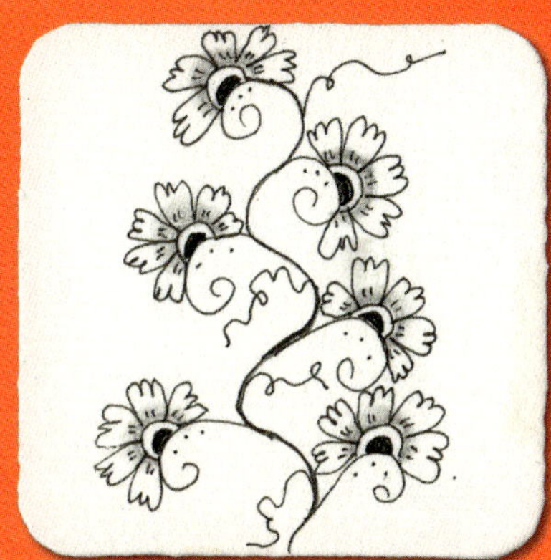

Jane MacKugler, CZT, USA/VT

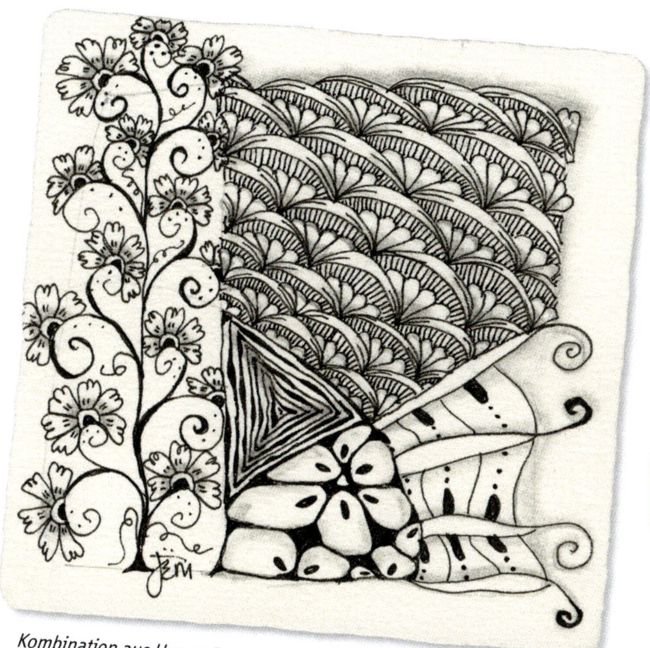

Kombination aus Henna Drum, (Diva Dance, Florez, Finery, Cayke). Jane MacKugler, CZT, USA/VT

Ich liebe dieses Muster, weil es so perfekt und anmutig ist. Ich mag Florales und dank Janes Anleitung kann man Henna Drum super einfach tanglen. (Beate)

Die Inspiration für dieses Muster kam von einem guten Freund, der schöne Henna-Muster auf Trommeln und Menschen malt. Ich liebe das organische Aussehen von Henna Drum. (Jane)

Auf dieses Muster bin ich besonders stolz: Jane war die Erste, die sofort ihre Zustimmung gegeben hat, dieses Tangle im Buch zu zeigen und mitzuarbeiten.

Herzlbee

55 Muster

Designer: Beate Winkler, CZT, D

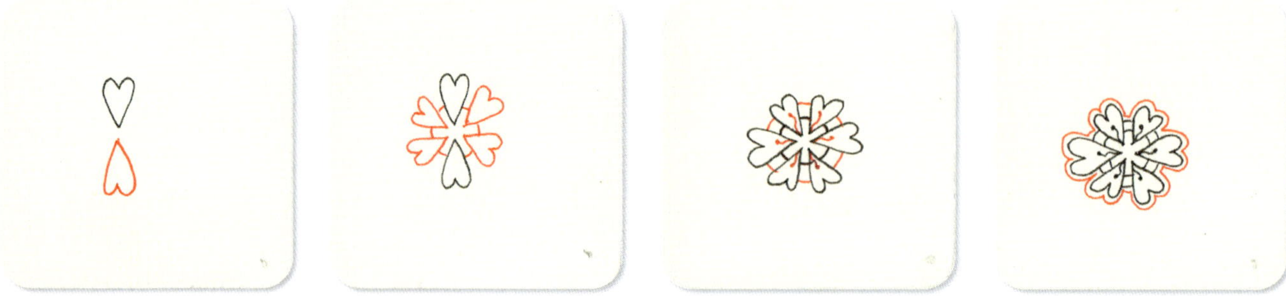

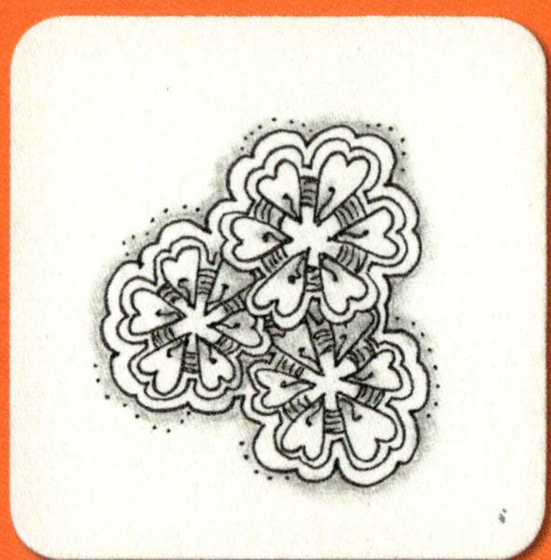

Beate Winkler, CZT, D

Die Welt braucht mehr Herz. Aber bitte nicht einfach so, sondern schon mit Anspruch. Blumen mag ich auch sehr gern und witzigerweise ist die Idee zu diesem Tangle entstanden, als ich eine wunderschöne Kette bei einer Frau in der Züricher Straßenbahn gesehen und spontan fotografiert habe. (Beate)

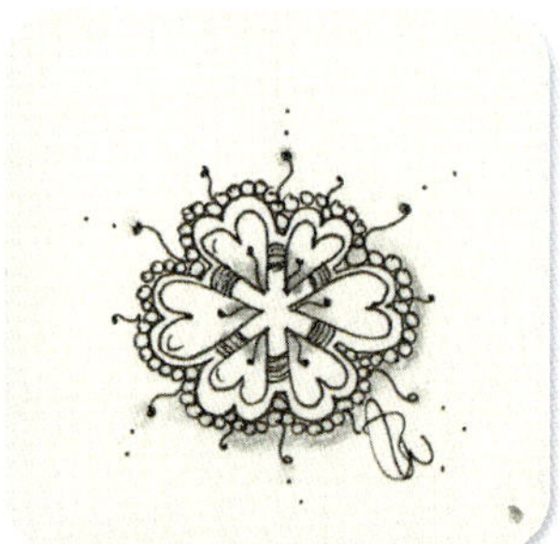

Variation: Beate Winkler, CZT, D

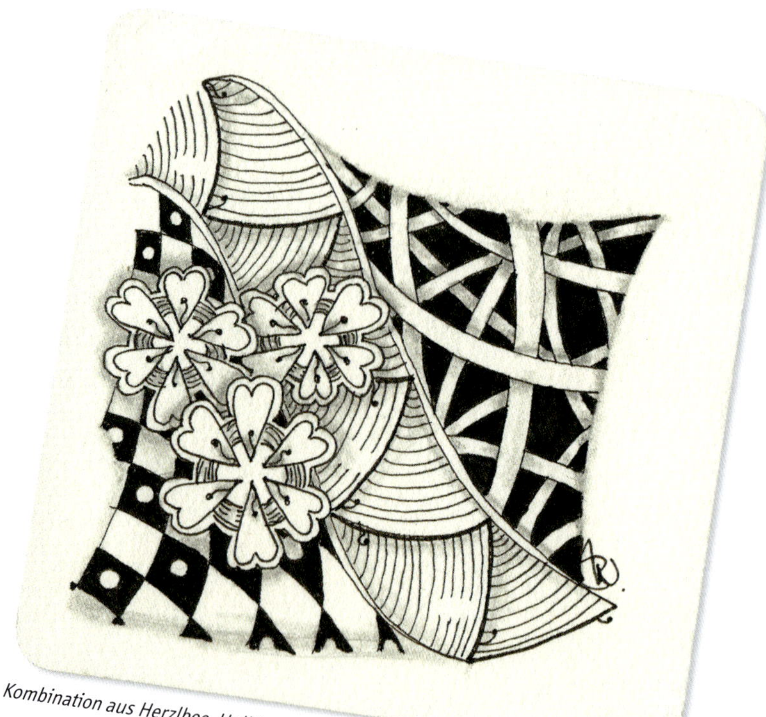

Kombination aus Herzlbee, Hollibaugh, Shattuck, Knightsbridge. Beate Winkler, CZT, D

56
Muster

Hollibaugh

Designer: Molly Hollibaugh, Zentangle HQ, USA/MA

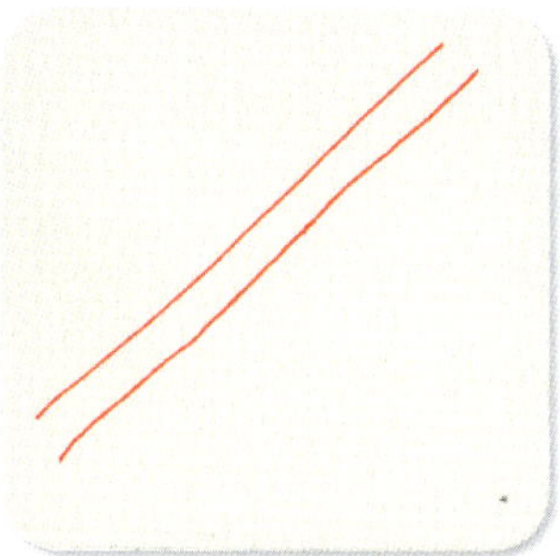

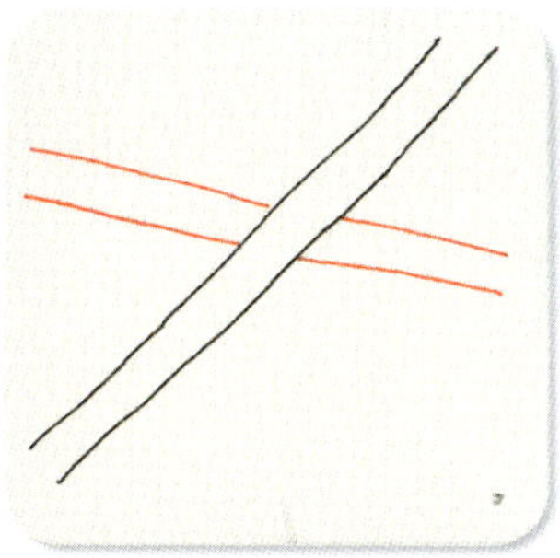

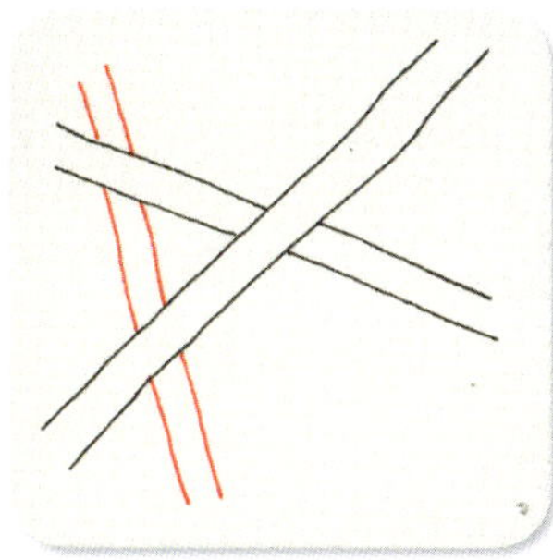

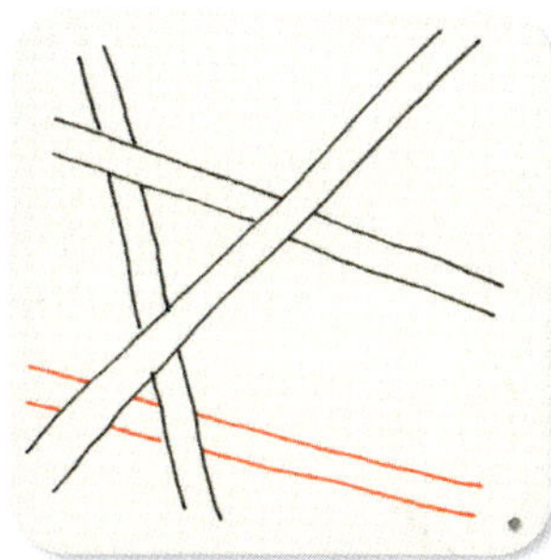

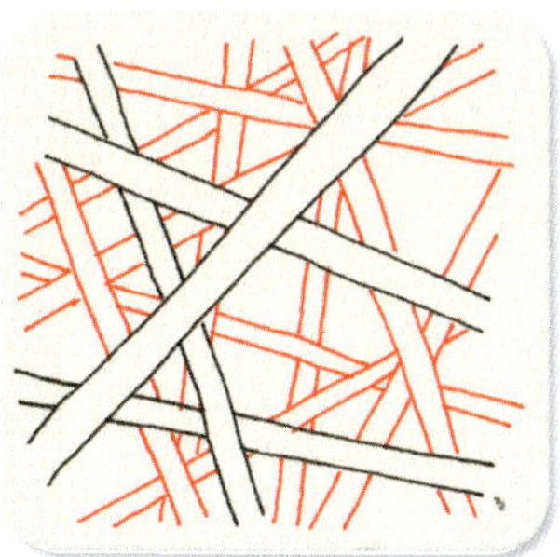

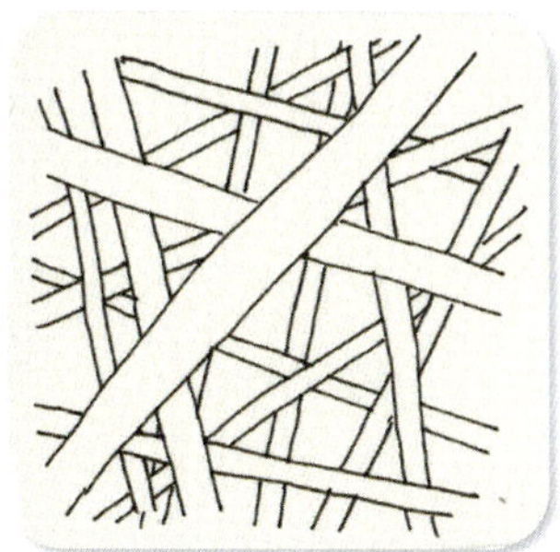

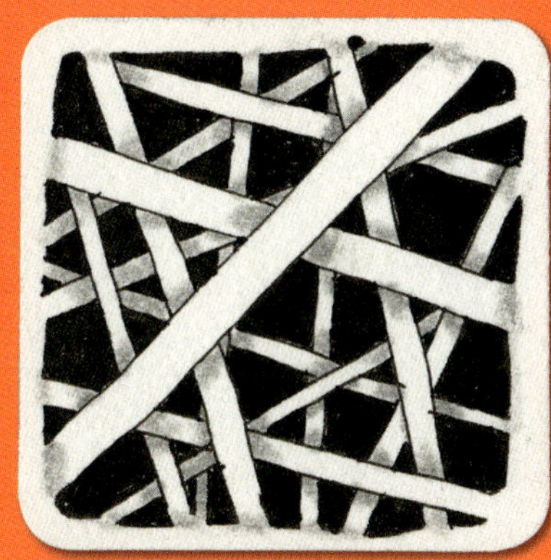

Beate Winkler, CZT, D

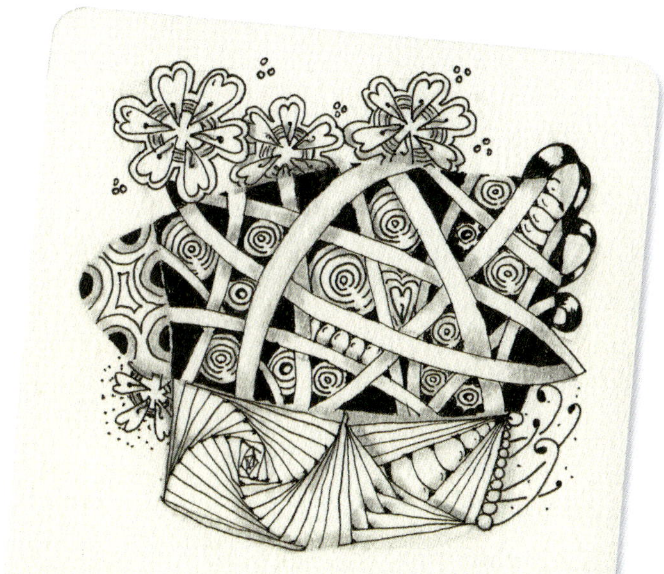

Kombination aus Hollibaugh, Paradox, Crescent Moon, Onamato, Fescu, Herzlbee. Beate Winkler, CZT, D

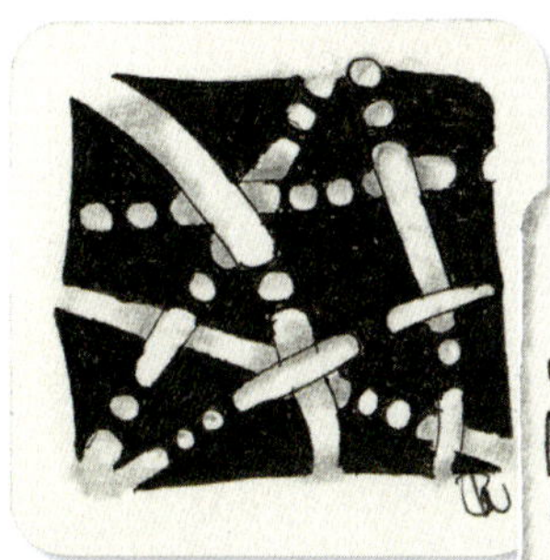

Variation Morse: Margaret Bremner, CZT, AUS

Variation: Beate Winkler, CZT, D

Hollibaugh ist ein wahrer Klassiker und wird immer gern getangelt. Vielleicht, weil es erstaunlich einfach ist, beeindruckende Tiefe schafft und weil es dem Tile einen so schönen dunklen Akzent gibt. (Beate)

57 Muster Huggins-W2-Kombination

Designer: Rick Roberts & Maria Thomas, Zentangle HQ, USA/MA

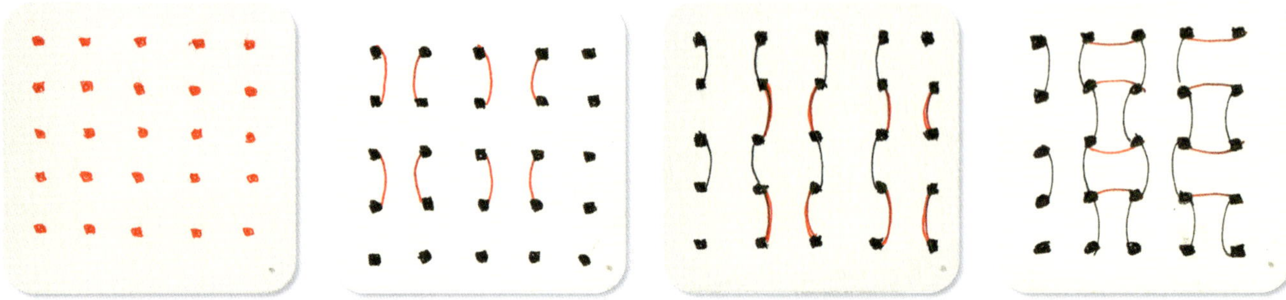

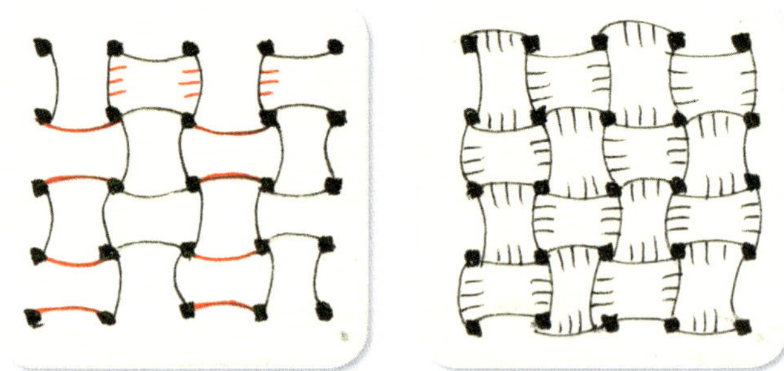

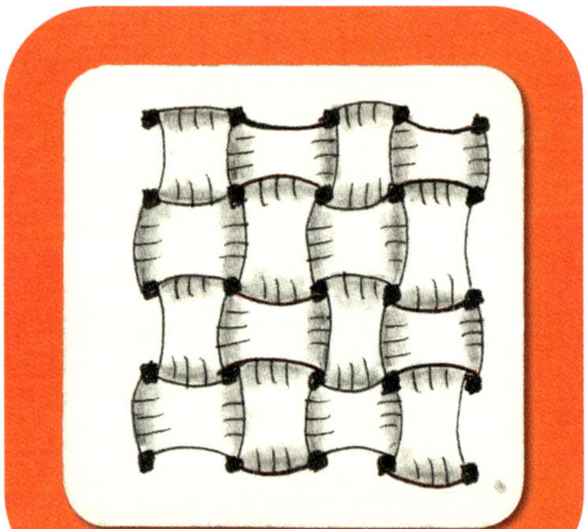

Beate Winkler, CZT, D

Das war das erste Muster, das ich mir selber beigebracht habe. Als ich es sah, war ich völlig fasziniert. Ich habe es selber auseinandergenommen und neu zusammengesetzt und war später überrascht, dass es eigentlich eine Kombination aus Huggins und W2 ist, mit kleinen Ergänzungen.

W2

Huggins

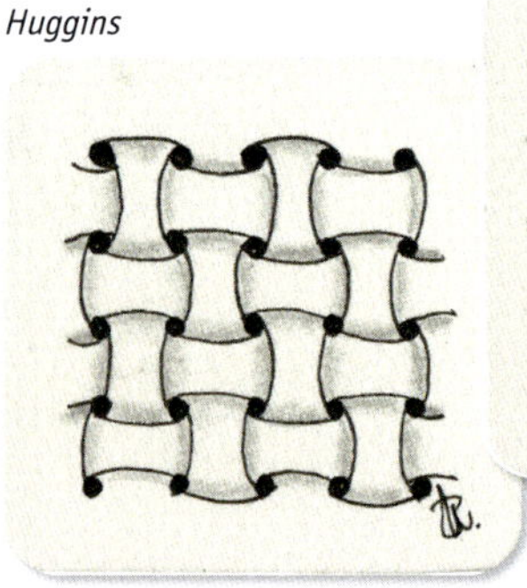

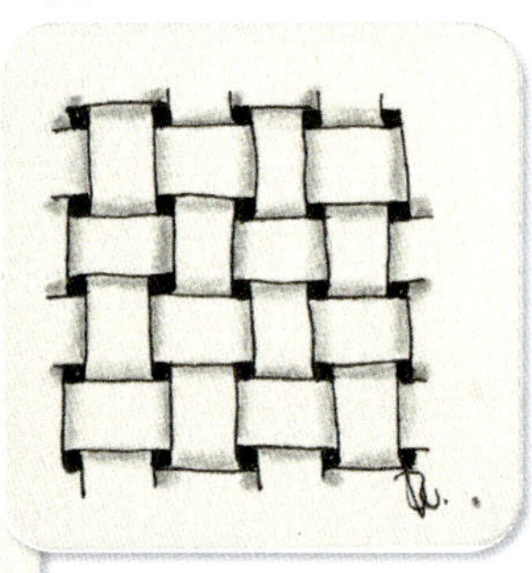

So sehen die originalen Tangles aus.

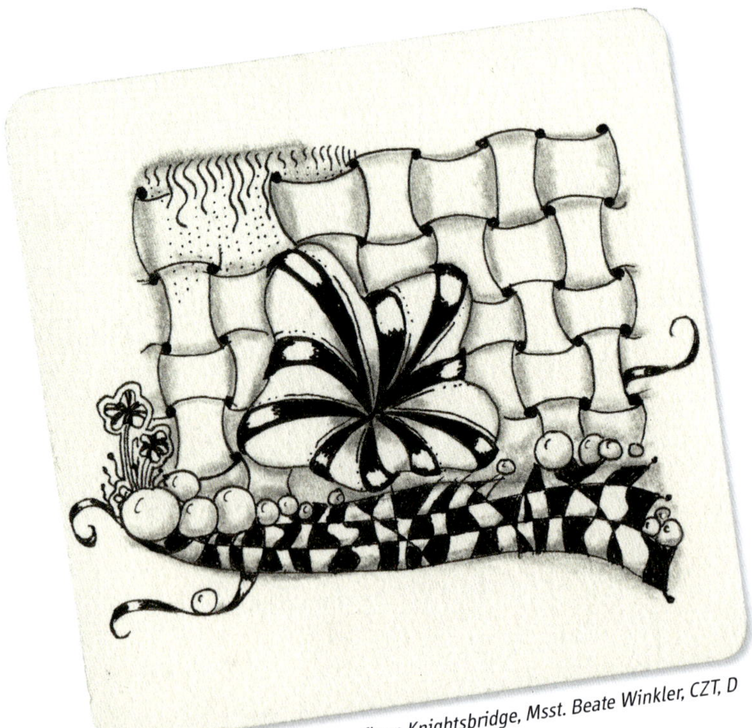

Kombination aus Huggins, Aquafleur, Knightsbridge, Msst. Beate Winkler, CZT, D

58 Muster Kaleido

Designer: Stephen Chan, CZT, HKG

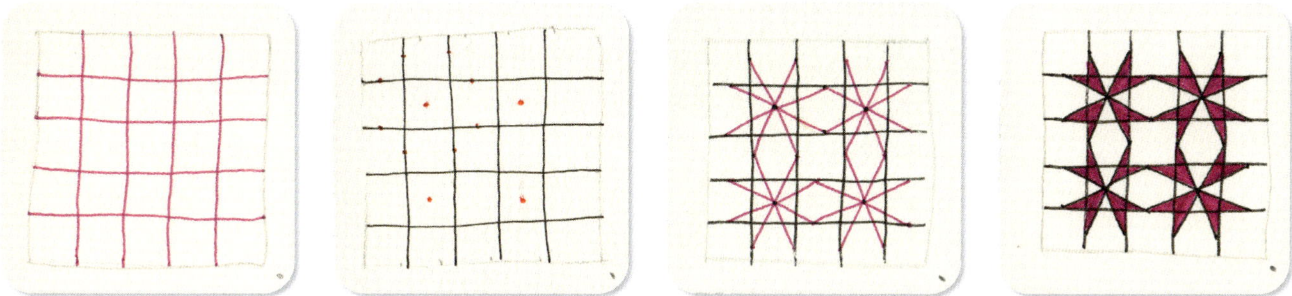

Ich mag dieses Muster, weil es aussieht wie das Innere eines Kaleidoskops. Manchmal findet man dort einen Pfeil, einen Anhänger oder einen Diamanten. Es erinnert mich an meine Kindheit. (Stephen)

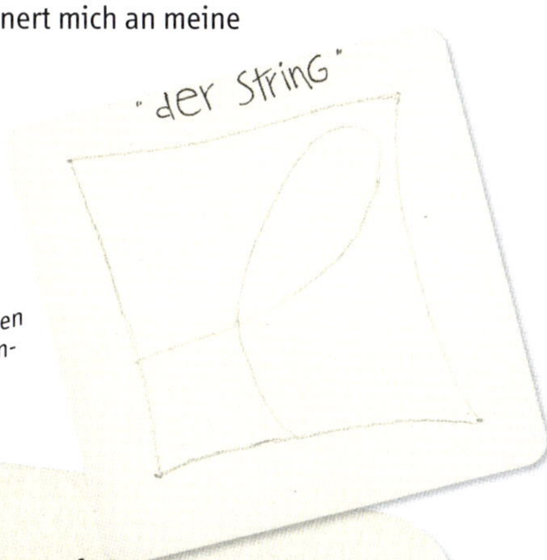

Kannst Du den String erkennen?

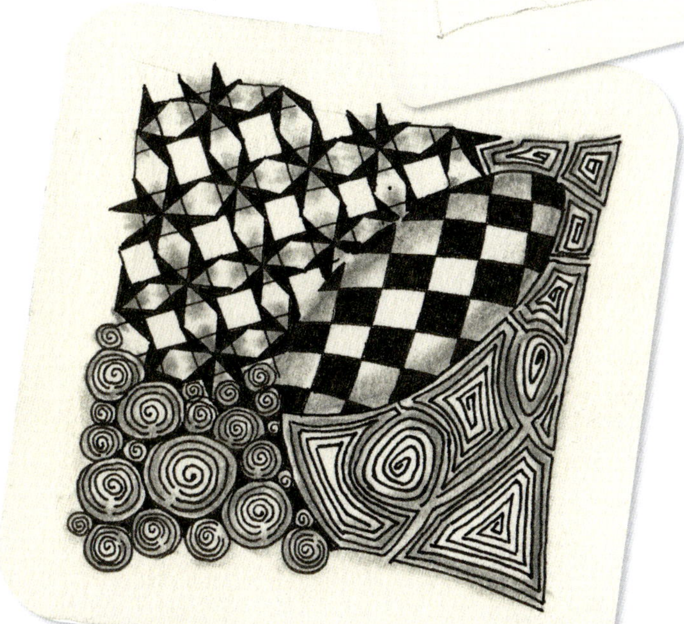

Kombination aus Kaleido, Printemps, Knightsbridge, (Courant). Stephen Chan, CZT, HKG

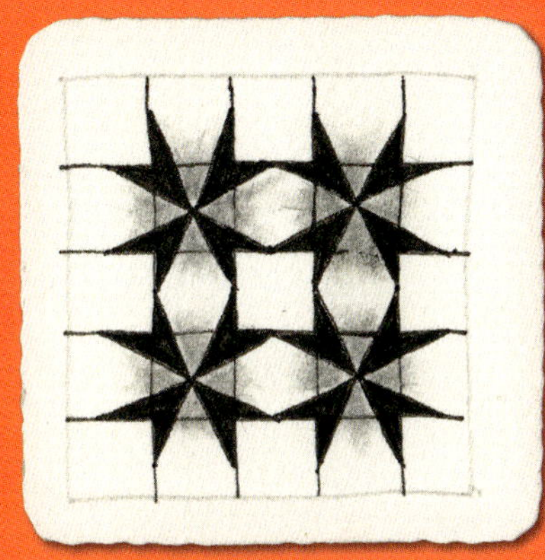

Stephen Chan, CZT, HKG

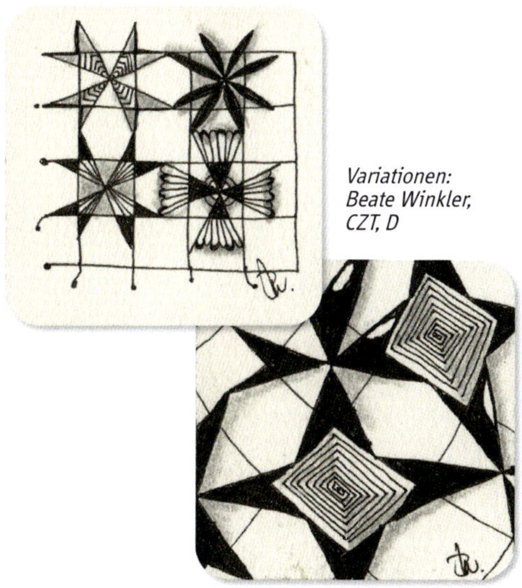

Variationen: Beate Winkler, CZT, D

59
Muster

Kettelbee

Designer: Beate Winkler, CZT, D

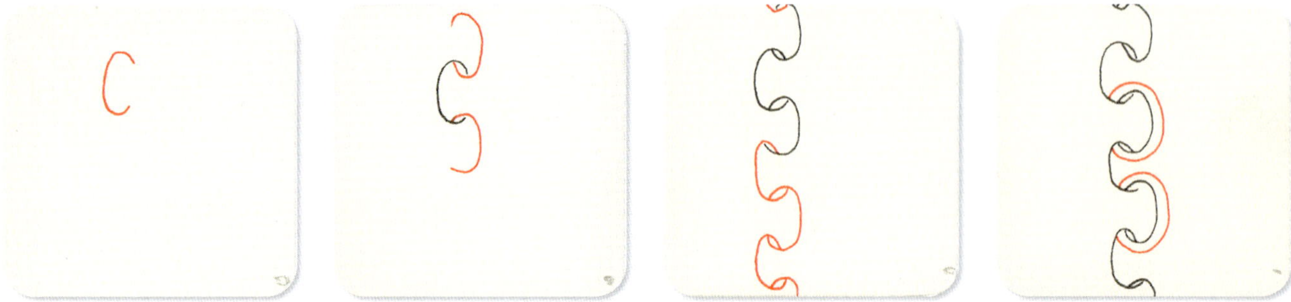

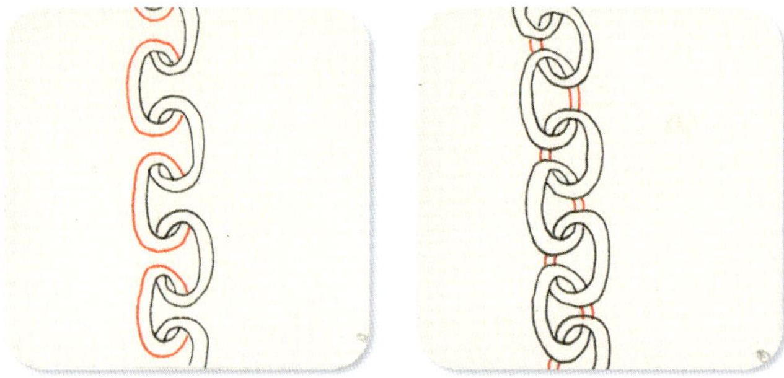

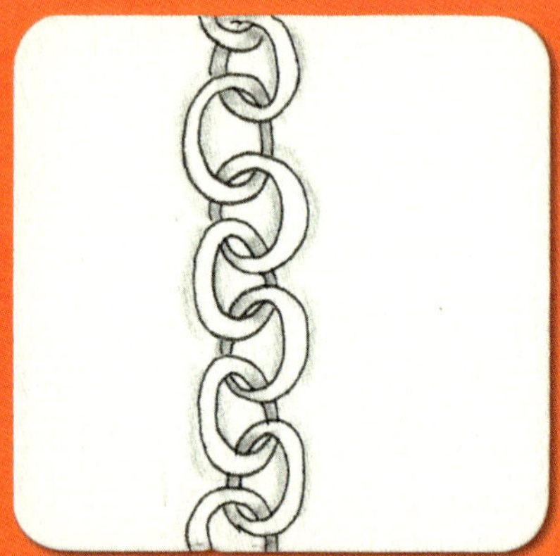

Beate Winkler, CZT, D

Ketten und Co. interessieren mich als Kunsthandwerkerin. Eine Kette aus dem Kopf zu tanglen fiel mir immer schwer, deswegen habe ich die Kette dekonstruiert, bis ich auf die „C"s gekommen bin. So konnte ich endlich – Schritt für Schritt – Vorder- und Hintergrund einteilen, bis ich mit diesem Ergebnis zufrieden war.
Es gibt viele Anleitungen für Ketten, aber probiere Kettelbee einmal aus. Ich hoffe, es fällt Dir dann ebenso leicht wie mir, schöne Versionen zu tanglen. (Beate)

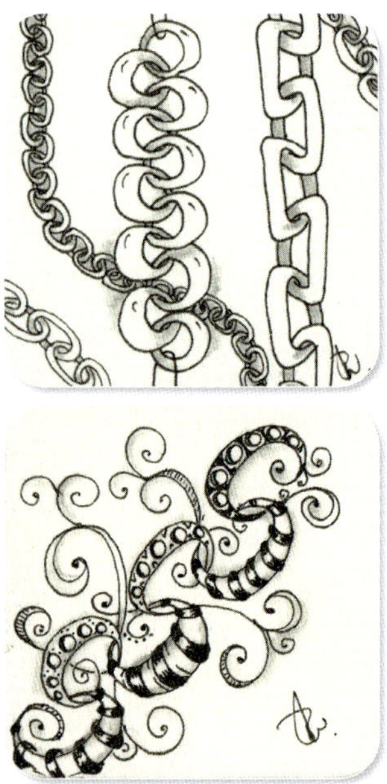

Variationen: Beate Winkler, CZT, D

Kettelbee ist ein schönes Beispiel dafür, wie man Sachen aus der Umgebung wählt, dekonstruiert (auseinandernimmt), nach machbaren Einzelschritten sucht und solange probiert, bis man zufrieden mit dem Ergebnis ist und dann variiert.

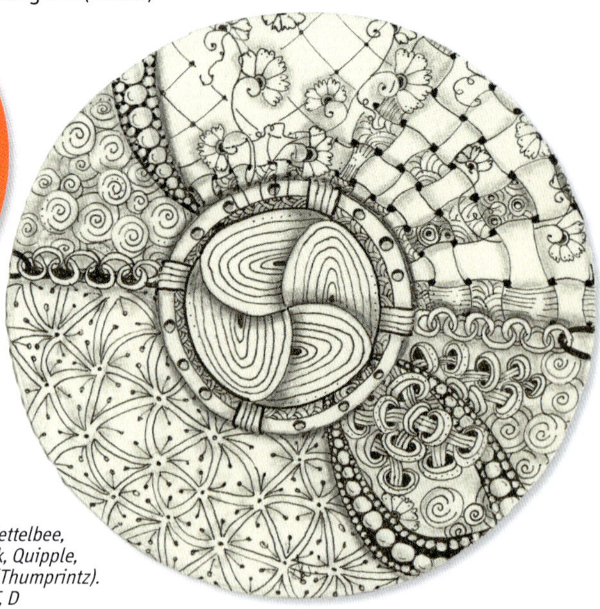

Kombination aus Kettelbee, Tripoli, Zinger, Purk, Quipple, Huggins, Wheelz, (Thumprintz). Beate Winkler, CZT, D

60 Muster

Ko'oke'o

Designer: Mary Kissel, CZT, USA/IL

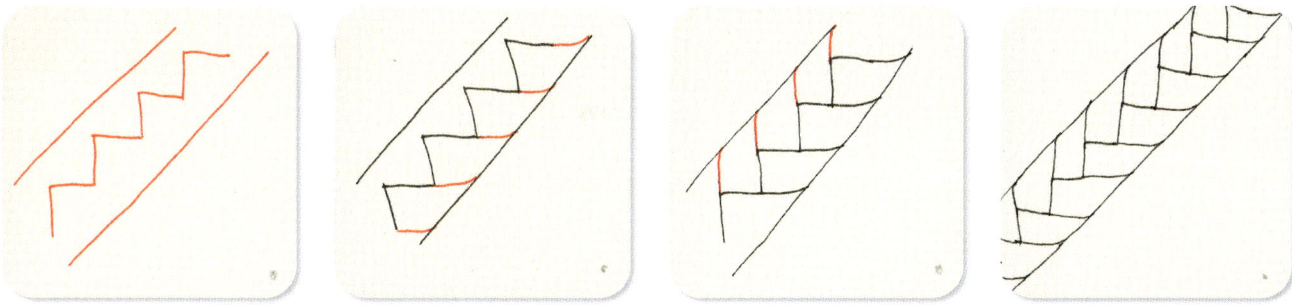

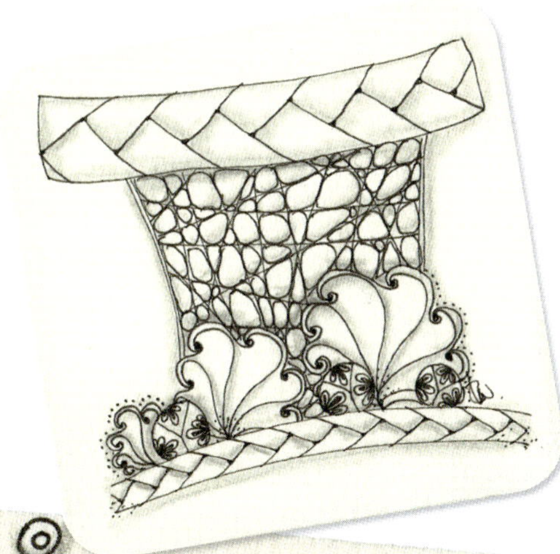

Kombination aus Ko'oke'o, Angle Fish, Kuke, 'Nzeppel. Beate Winkler, CZT, D

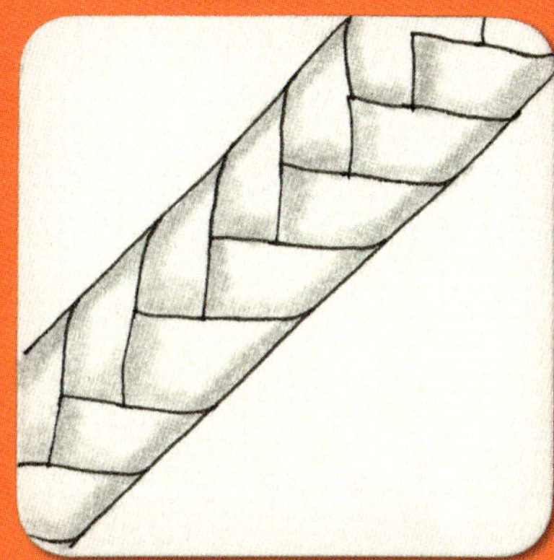

Beate Winkler, CZT, D

Ko'oke'o bedeutet auf Hawaii Spazierstock.

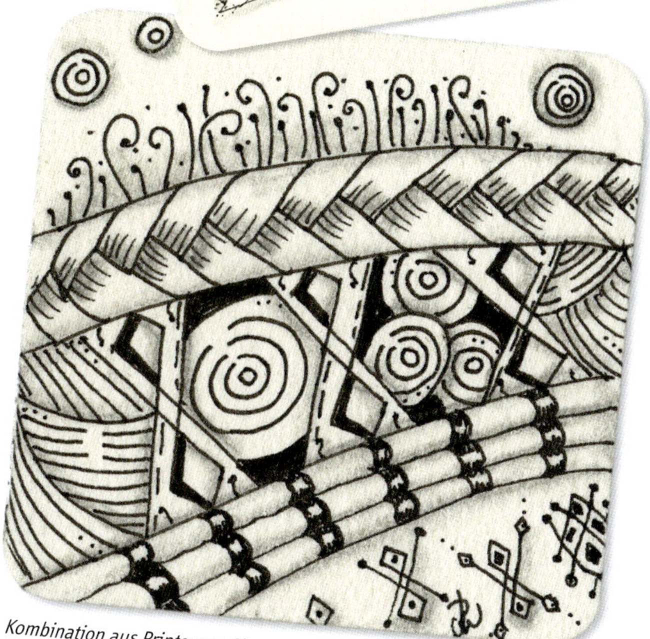

Kombination aus Printemps, Shattuck, Ko'oke'o, (X-Did), Fescu. Beate Winkler, CZT, D

61 Muster Kuke

Designer: Katy Abbott, CZT, USA/OH

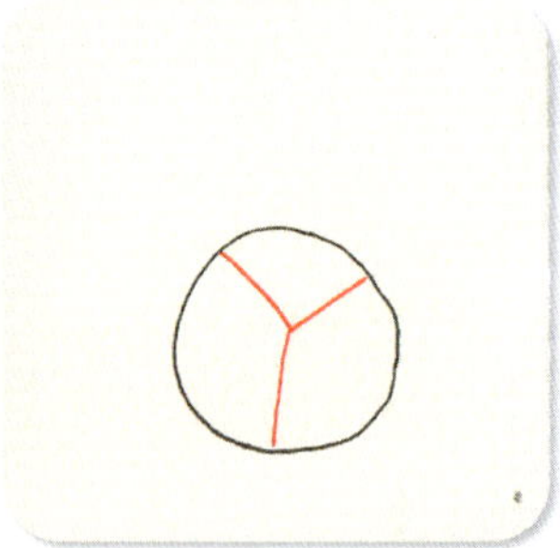

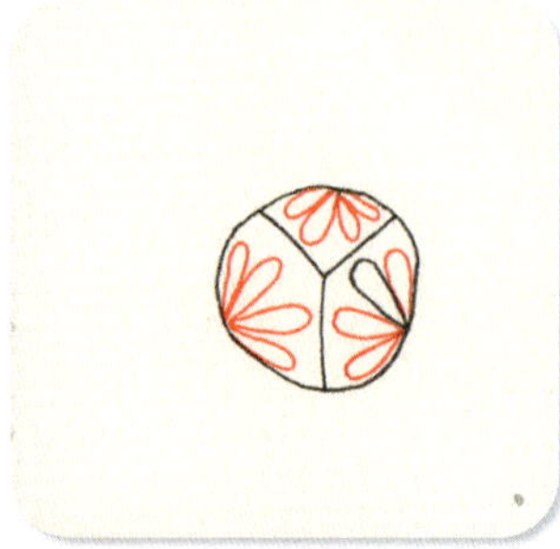

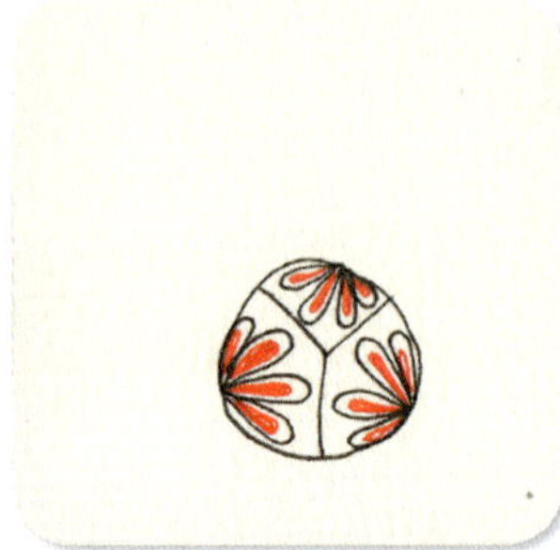

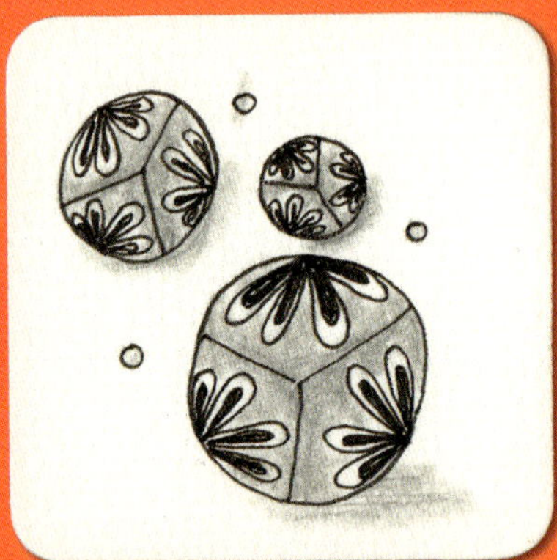

Beate Winkler, CZT, D

Tipp: In der Original-Anleitung wird erst das „Y", dann der Kreis gezeichnet. Da mir der Kreis öfter zu unrund wurde, habe ich es anders herum ausprobiert – das klappt prima.

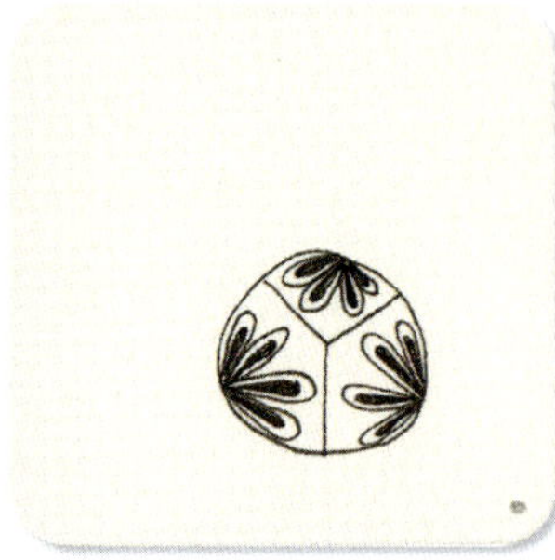

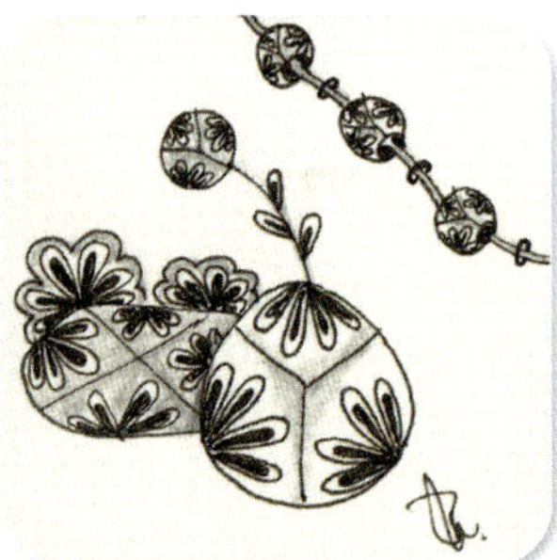

Variation: Beate Winkler, CZT, D

Diese floralen Kugeln gefallen mir ausgesprochen gut. Sie wirken wie Porzellan. Also bietet es sich auch an, Kuke mal als Perlenschnur zu tanglen. (Beate)

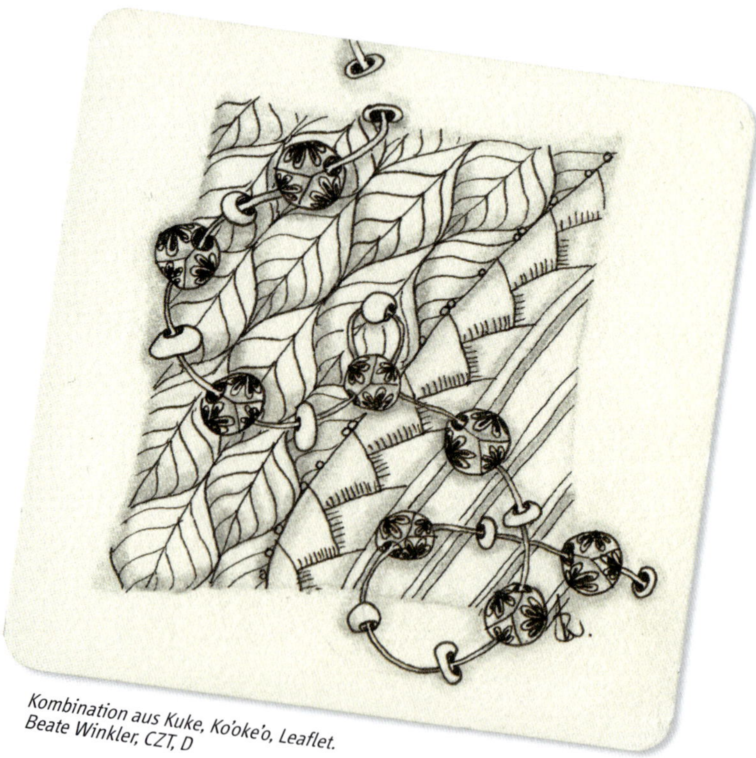

Kombination aus Kuke, Ko'oke'o, Leaflet.
Beate Winkler, CZT, D

62
Muster

Leaflet

Designer: Helen Wiliams, AUS

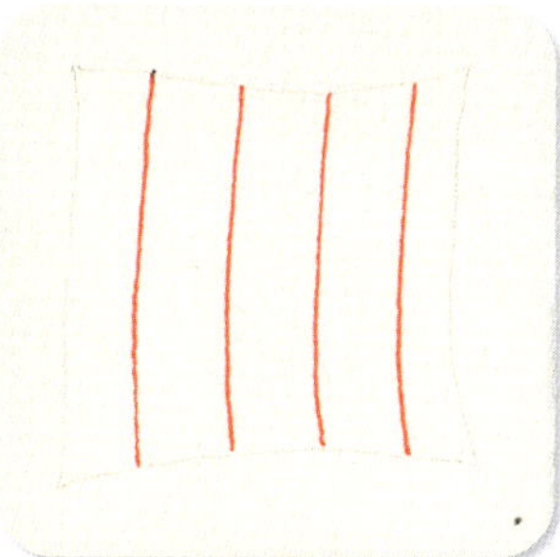

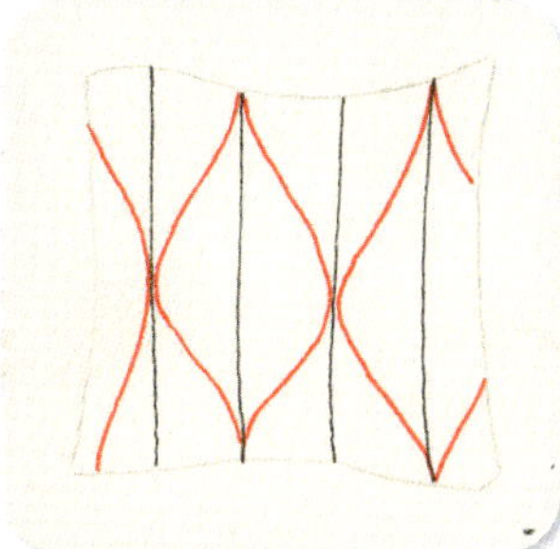

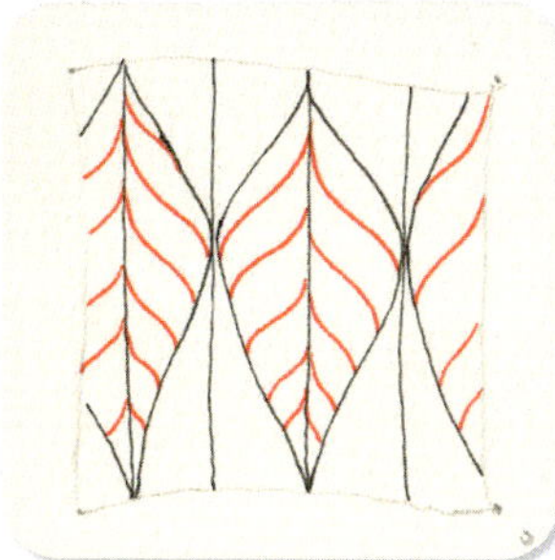

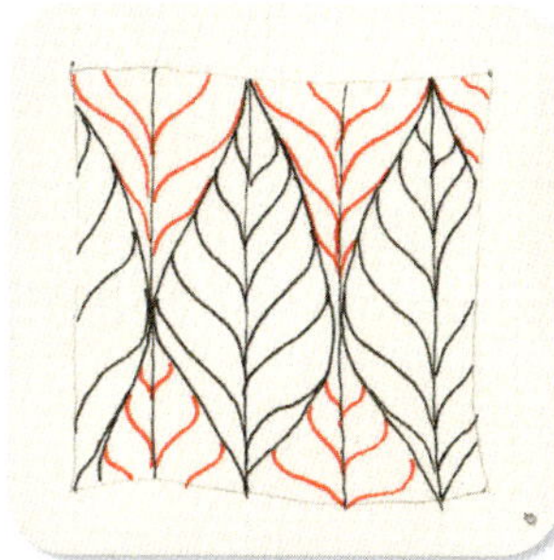

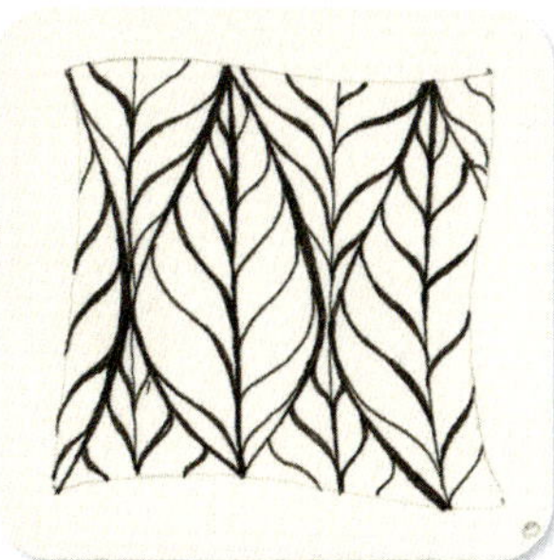

Ich bewundere die organischen Muster von Helen Wiliams. Wenn man die Linien kontrastreicher zieht, wird es noch kraftvoller. (Mary-Jane)

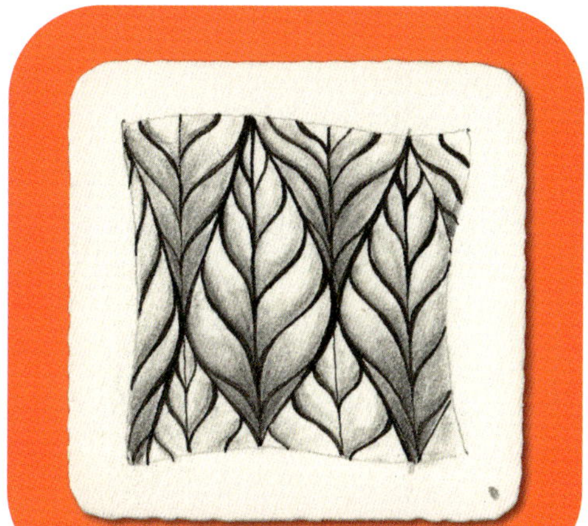

Mary-Jane Holcroft, CZT, UK

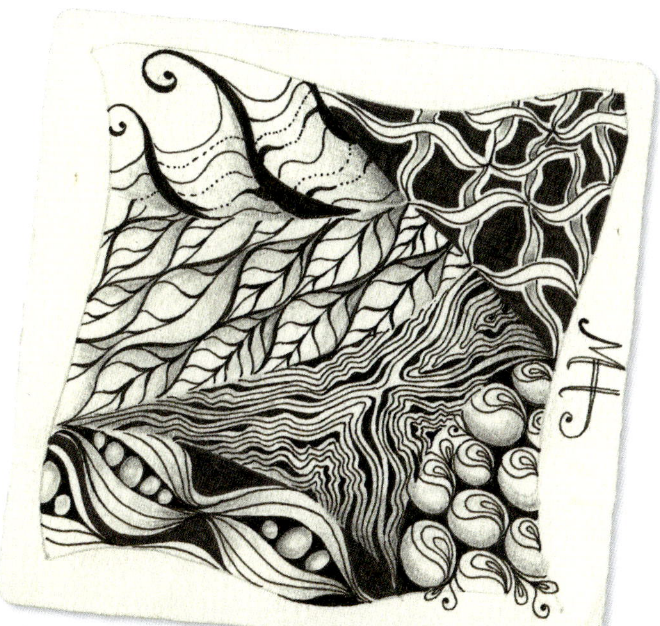

Kombination aus Leaflet, Cruffle, (Diva Dance, Inapod).
Mary-Jane Holcroft, CZT, UK

Mir gefällt bei dieser Kombination, dass alles fließt, harmonisch zusammengehört und deutlich schwärzer ist als meine Tiles. Danke, Mary-Jane, für Deinen kunstvollen Beitrag!

63
Muster

Logjam

Designer: Wayne Harlow, CZT, USA/CA

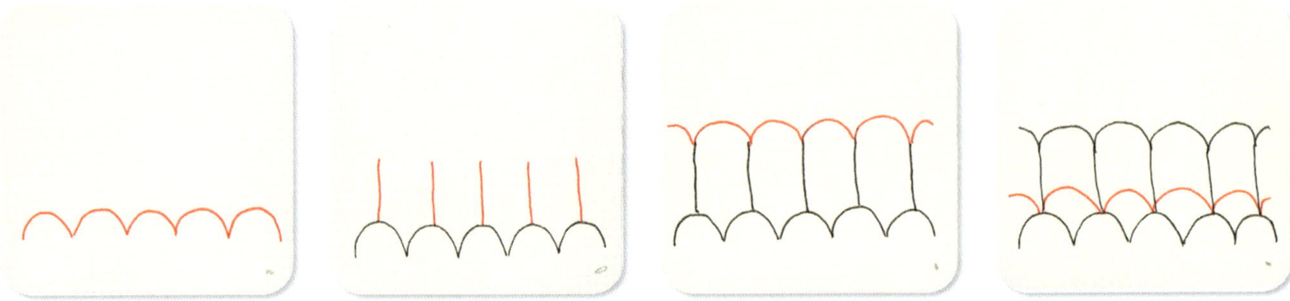

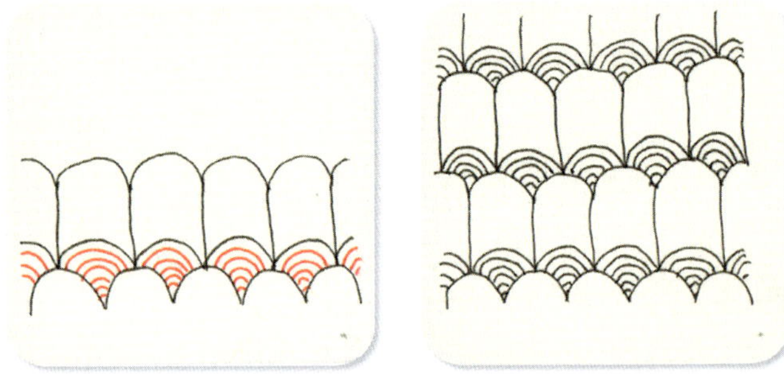

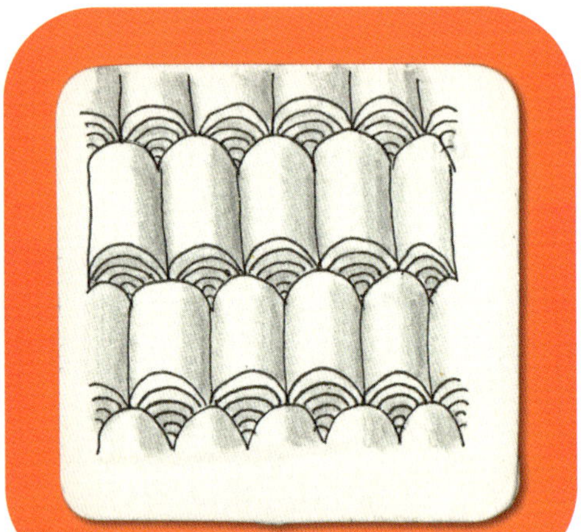

Beate Winkler, CZT, D

Logjam erinnert mich an Lakritzschnecken. Und die Variante von Logjam an hübsch aufgereihte Baumscheiben. Ordentlich und füllend.

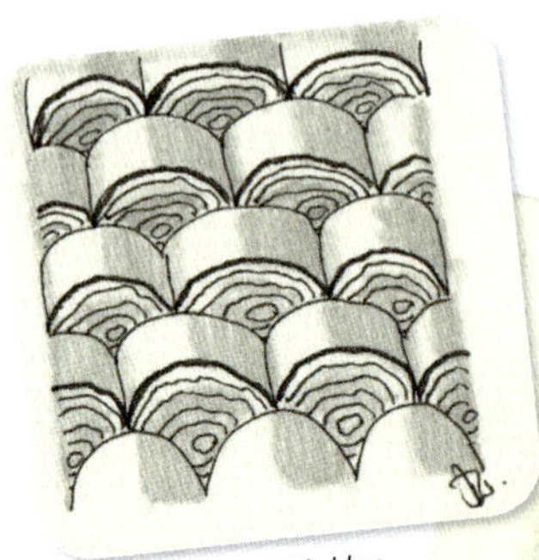

Variation: Beate Winkler, CZT, D

Als ich Wayne nach der Genehmigung fragte, sein Tangle für das Buch zu nehmen, schrieb er: „Du bist herzlich willkommen, das Muster zu nutzen, wie Du möchtest. Ich glaube, Muster sind überall, und alles, was ich gemacht habe, war, es zu dekonstruieren, Schritt-für-Schritt-Anleitungen zu zeichnen und ihm einen Namen zu geben. Daher glaube ich, dass mir ein Muster nicht „gehört", aber vielen Dank, dass Du gefragt hast."
(Beate)

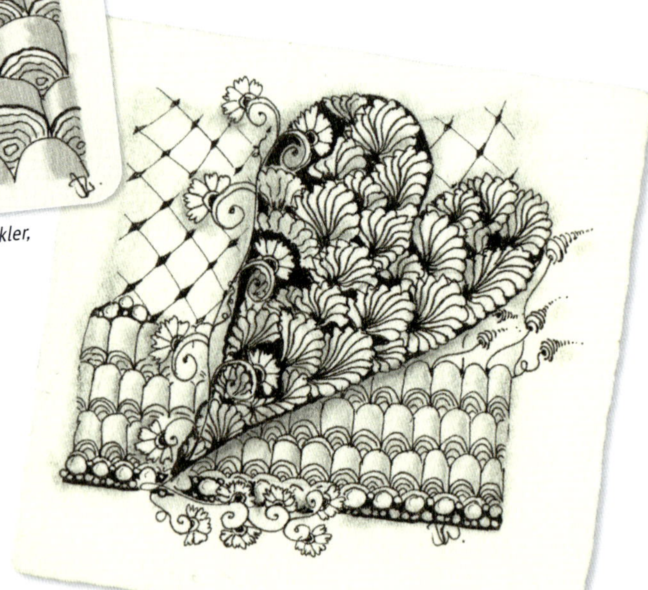

Kombination aus Logjam, Sanibelle, Henna Drum, Zinger, Florz, Onamato. Beate Winkler, CZT, D

Mak-rah-mee

Designer: Michele Beauchamp, CZT, AUS/TAS

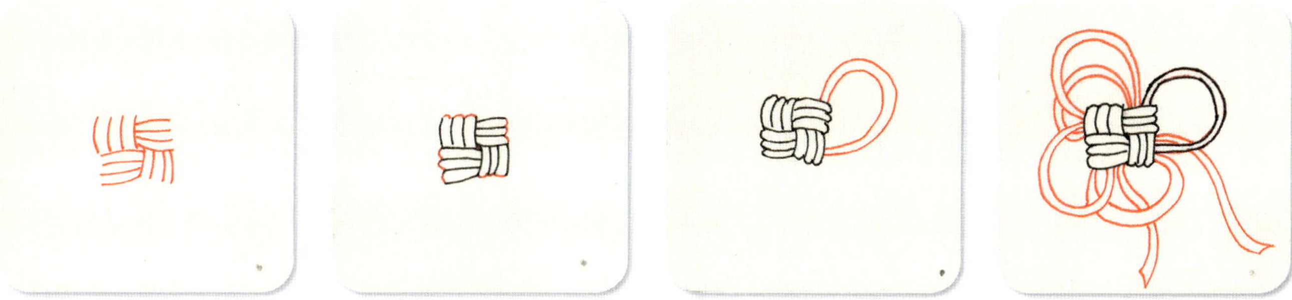

Kombination aus Mak-rah-mee, Logjam, Herzlbee, Nipa, Kettelbee. Beate Winkler, CZT, D

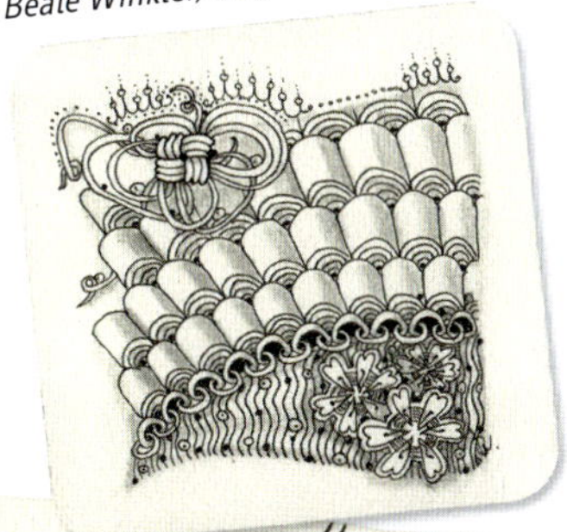

Mak-rah-mee ist ein sehr praktisches Muster, das man als Übergangs- oder Verbindungsmuster benutzen kann. Die Fäden können lang, kurz, gerade oder kurvig sein, sich kringeln oder herunterhängen. (Michele)

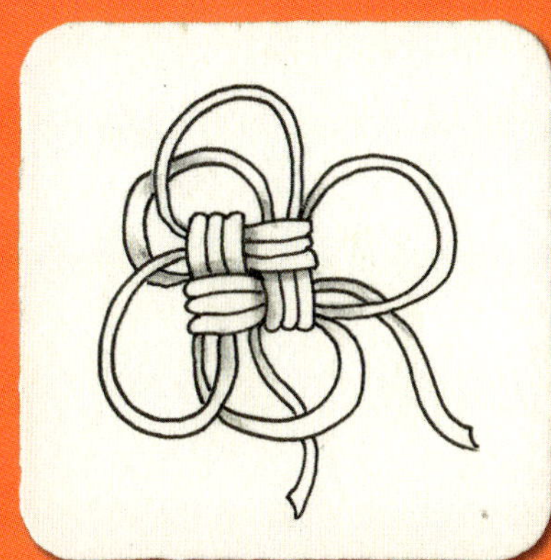

Michele Beauchamp, CZT, AUS/TAS

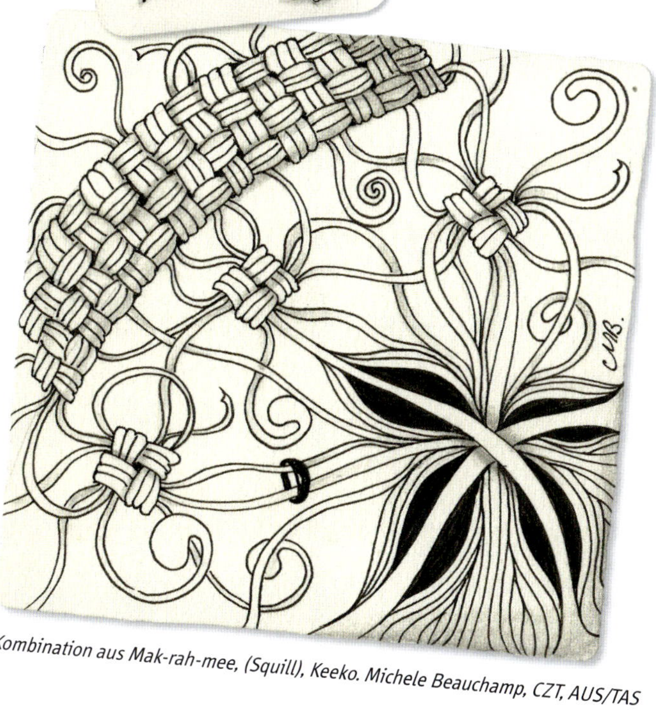

Kombination aus Mak-rah-mee, (Squill), Keeko. Michele Beauchamp, CZT, AUS/TAS

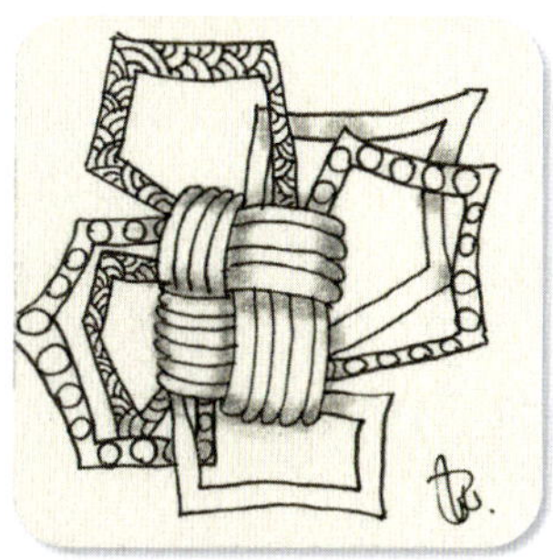

Variation: Beate Winkler, CZT, D

65 Muster MI2 (me too)

Designer: Mimi Lempart, CZT, USA/MA

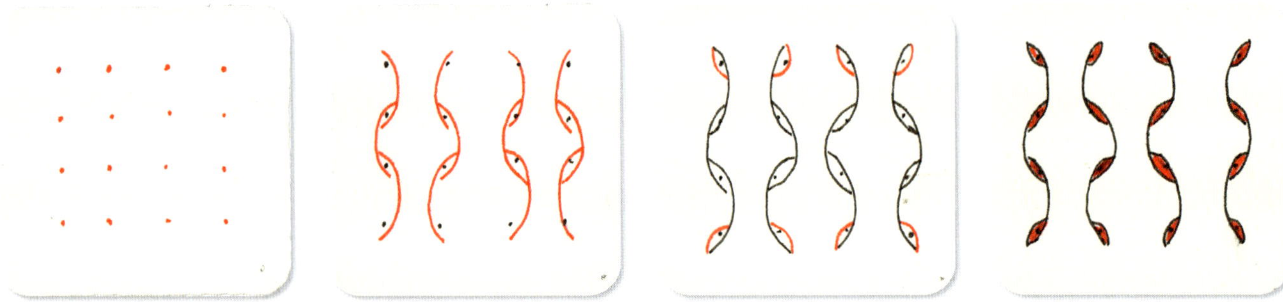

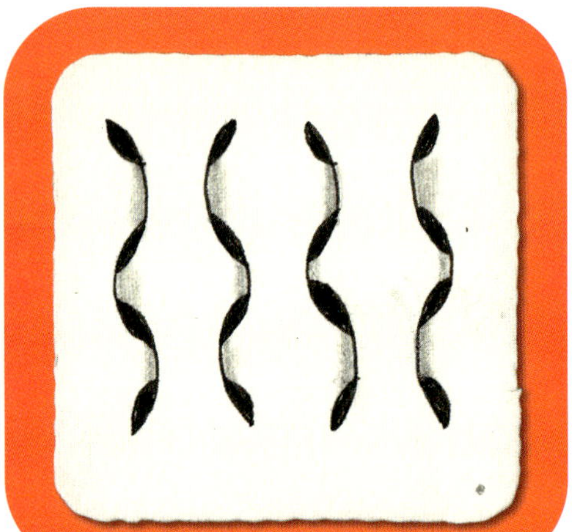

Hanny Waldburger, CZT, CH

Es ist eines meiner absoluten Lieblings-Tangles (ausgesprochen: „Mi tu“), weil mir alles Gewobene gefällt und es mich auch beim Zeichnen immer wieder herausfordert. Es ist eines der Muster, die viel Konzentration erfordern und mit dem ganz tolle Effekte auf ein Tile gezaubert werden können. (Hanny)

Diese Version des Stepouts wurde von Maria Thomas modifiziert.

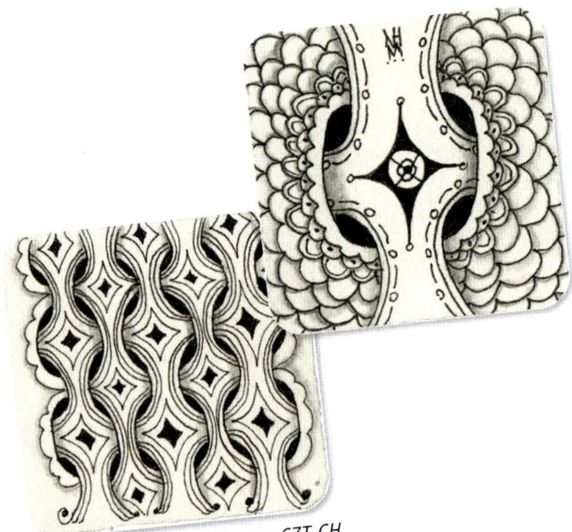

Variation: Hanny Waldburger, CZT, CH

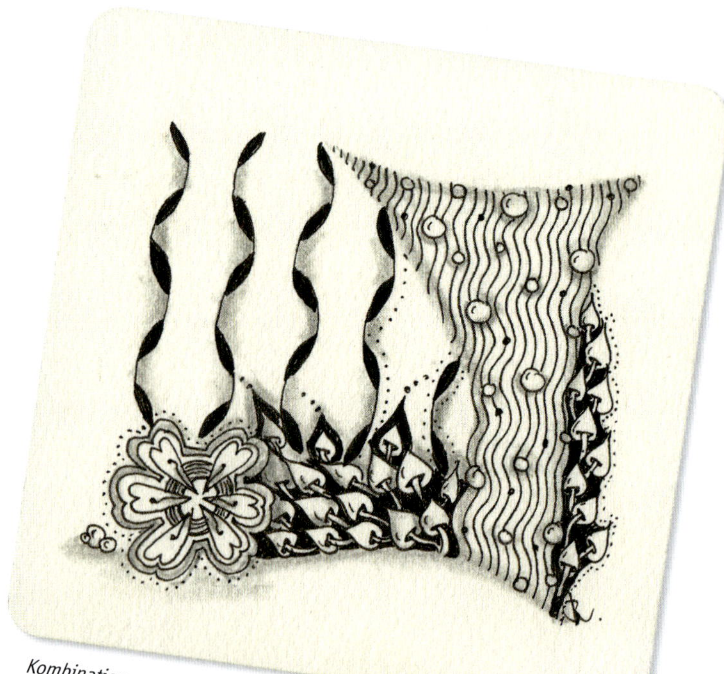

Kombination aus MI2, Nipa, Poke Leaf, Herzlbee. Beate Winkler, CZT, D

66
Muster

Moving Day

Designer: Margaret Bremner, CZT, CAN

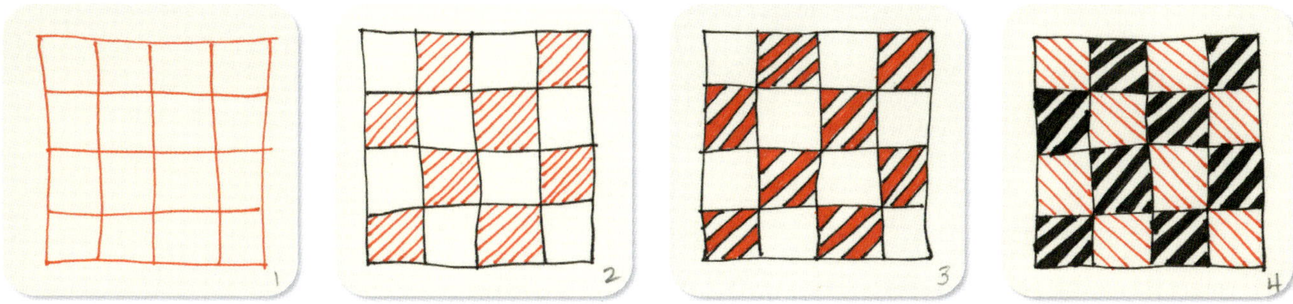

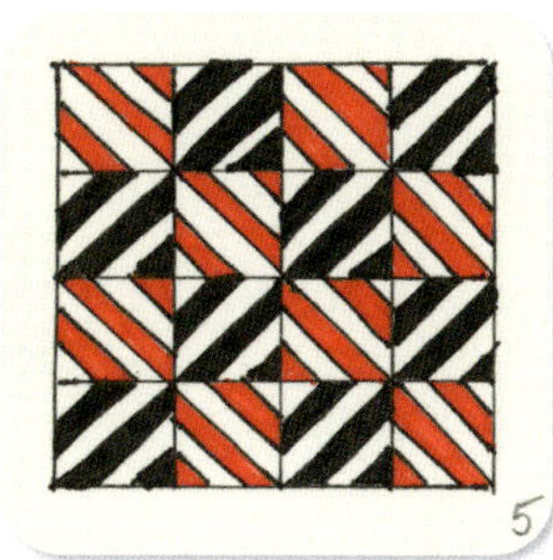

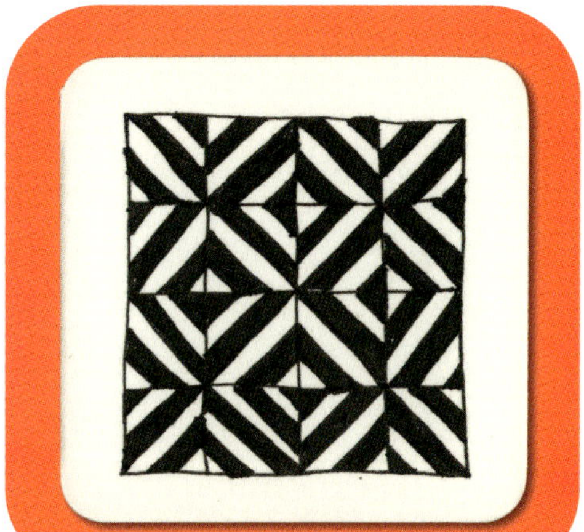

Carolyn Bruner Russell, CZT, USA/FL

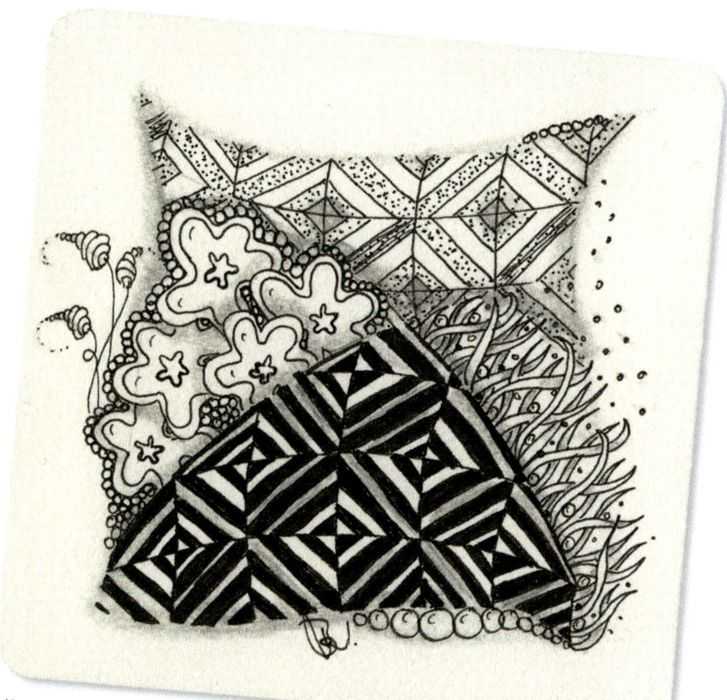

Kombination aus Moving Day, Winkbee, Verdigogh, Zinger. Beate Winkler, CZT, D

Ich mag Moving Day, weil es jedem Kunstwerk Gewicht verleiht. Es wirkt so dramatisch und ist auch gut als Border einsetzbar. Ich komme immer wieder auf dieses interessante Tangle zurück. Es ist eines meiner Lieblingsmuster geworden. (Carolyn)

67 Muster Nipa

Designer: Rick Roberts & Maria Thomas, Zentangle HQ, USA/MA

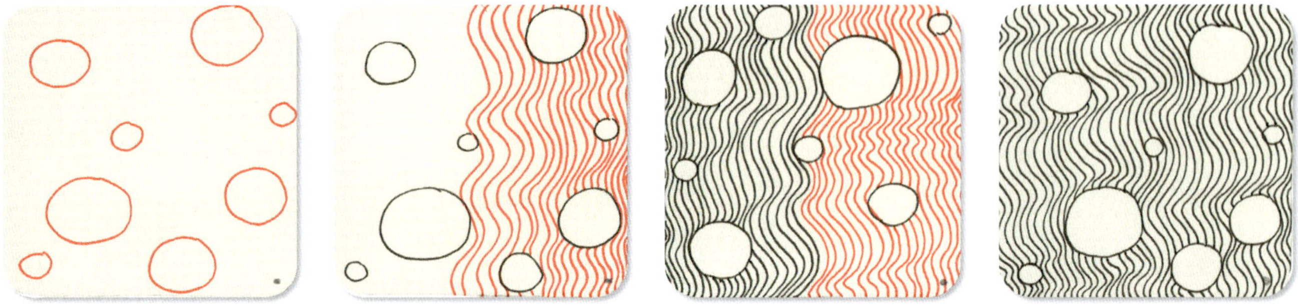

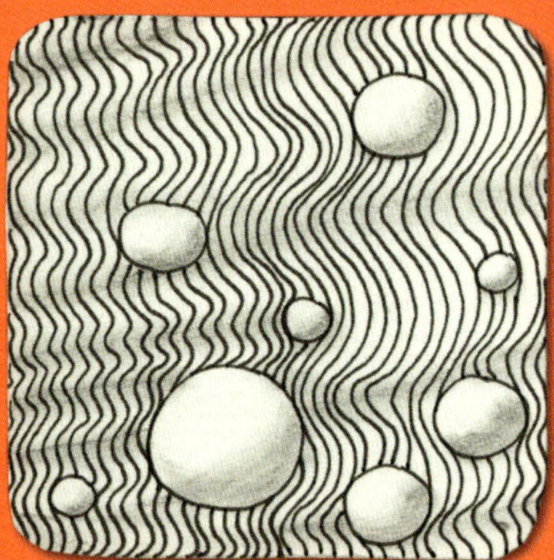

Ellen Gozeling, CZT, NL

Nipa liebe ich, denn egal, wie konzentriert ich bin, ich zeichne die Linien jedes Mal anders. Die eine Linie folgt der anderen, aber jede ist doch individuell. Genau wie Wellen: Sie sehen gleich aus, aber jede ist einmalig. (Ellen)

Ich mag dieses Muster, weil es Bewegung und Räumlichkeit in das Tangle bringt. (Tina)

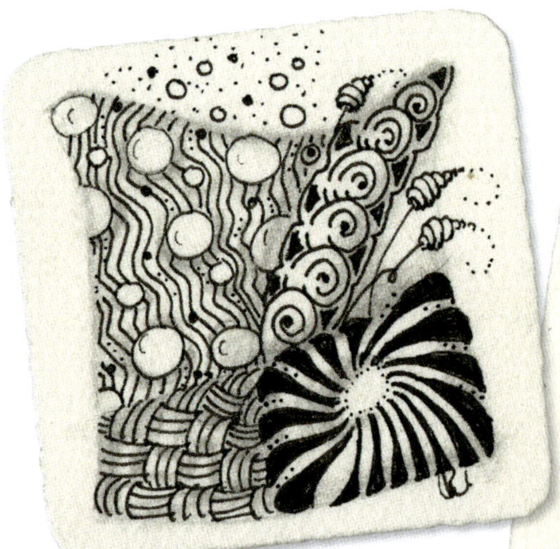

Kombination aus Nipa, Keeko, Zinger, Printemps, (Pepper). Beate Winkler, CZT, D

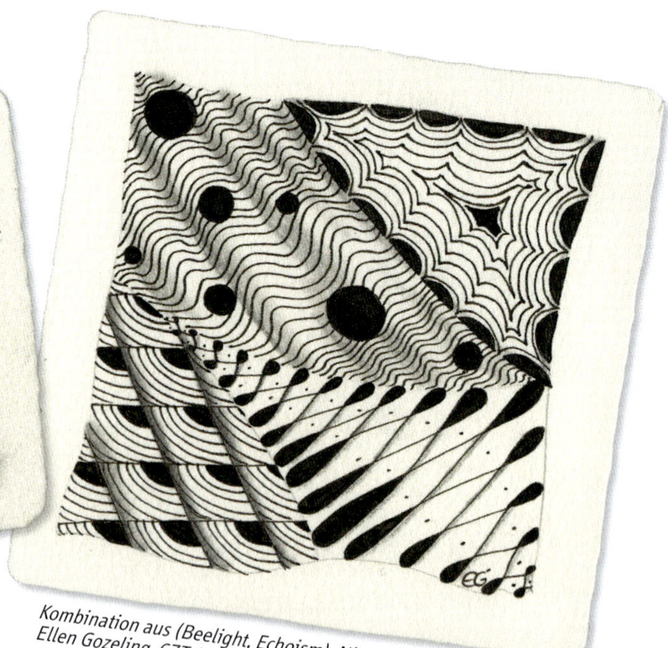

Kombination aus (Beelight, Echoism), Nipa, Crescent Moon. Ellen Gozeling, CZT, NL

68 Muster ´Nzeppel (und Random)

Designer: Maria Thomas, Zentangle HQ, USA/MA

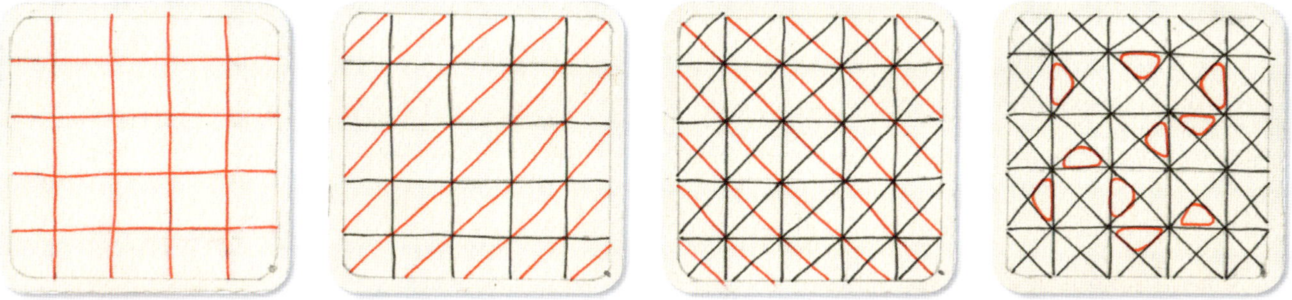

Dieses Muster habe ich vorher noch gar nicht ausprobiert und habe mich sofort in die Random-Variante verliebt. Sieht schön geerdet (fast wie ein Kopfsteinpflaster) aus, oder? (Beate)

'Nzeppel ist durchgehend mein Lieblingsmuster, weil es so vielseitig anwendbar ist. Ich benutze es in jeder Größe und Form. Während Ihr es zeichnet, wird es vor Euren Augen lebendig. (Hannah)

Ich mag dieses Muster, weil schon durch leichtes verändern der Linien etwas schönes Neues entsteht. (Beate)

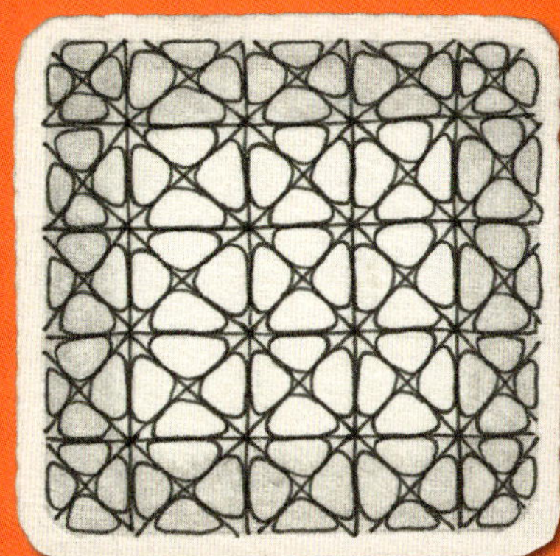

Hannah Geddes, CZT, UK

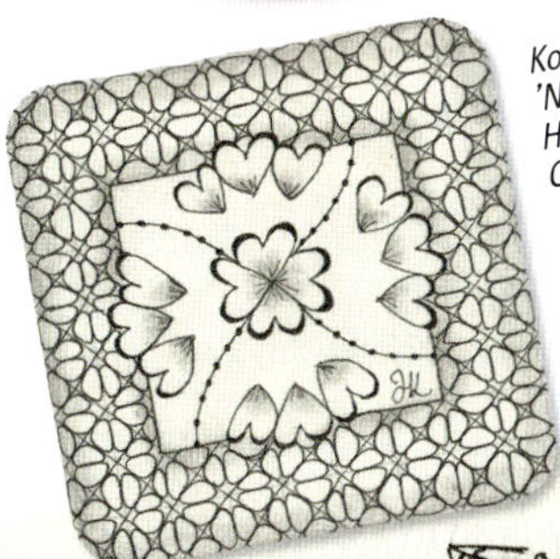

Kombination aus 'Nzeppel, Luv-A. Hannah Geddes, CZT, UK

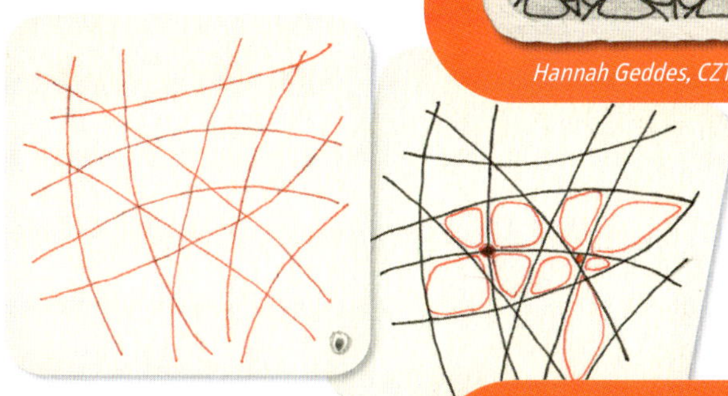

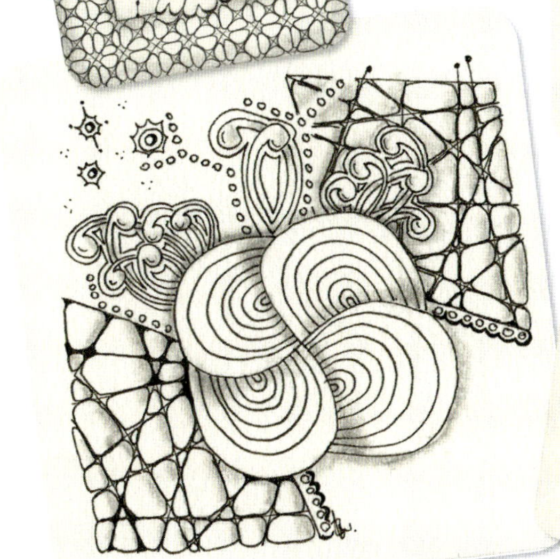

Kombination aus 'Nzeppel, Mooka, (Thumbprintz), Widgets. Beate Winkler, CZT, D

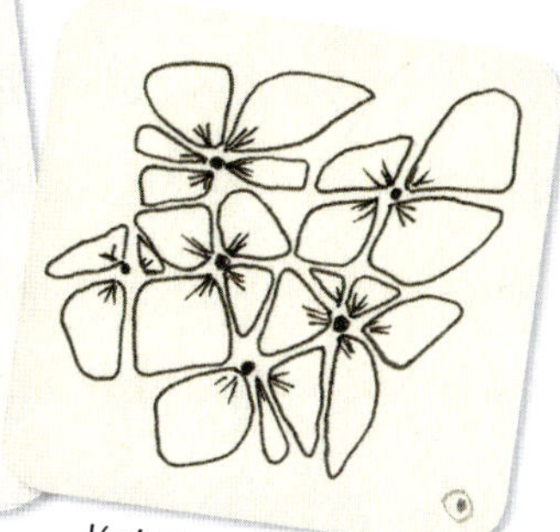

Variation: Deborah Pacé, CZT, USA/CA

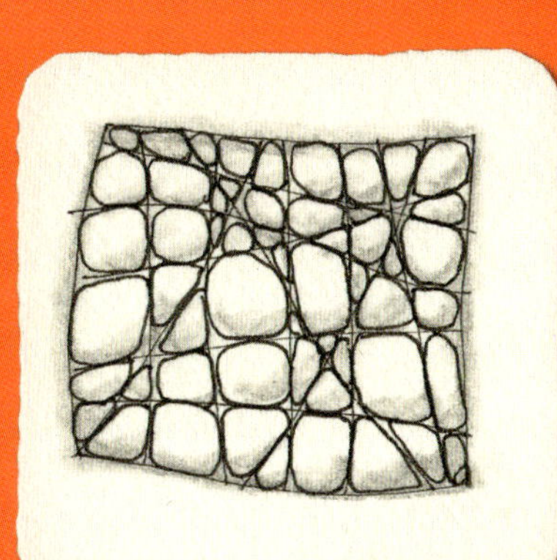

Beate Winkler, CZT, D

69 Muster Octonet

Designer: Sue Jacobs, CZT, USA/IL

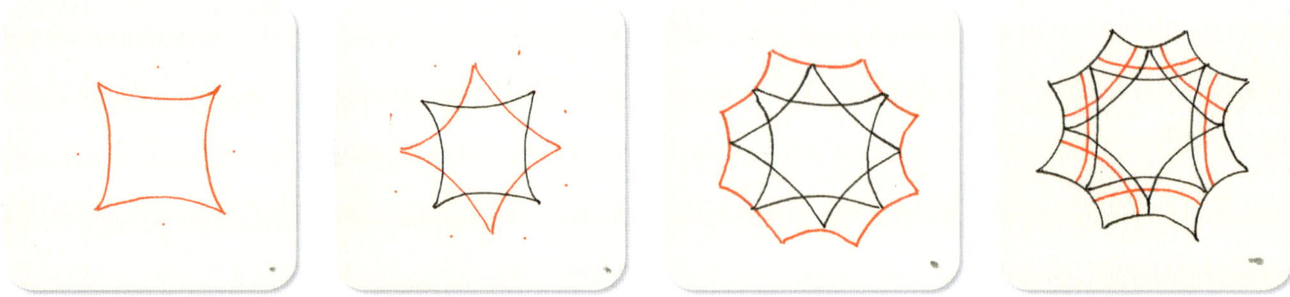

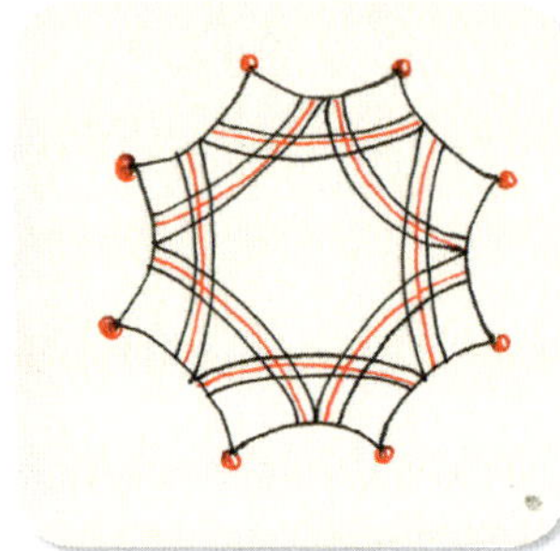

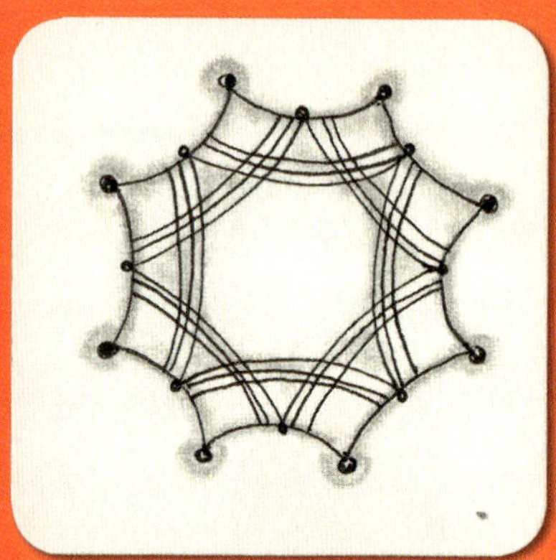

Beate Winkler, CZT, D

Es gibt natürlich noch viele andere Stern-Tangles, die strahlen. Da wir allerdings nicht in Erfahrung bringen konnten, wer der Designer der Variation A ist, haben wir das Stepout lieber weggelassen. Wenn jemand weiß, von wem der Stern sein könnte, freuen wir uns über eine Information!

Für das Buch wollte ich gern etwas „Sterniges" aufnehmen. Octonet ist grafisch schön, interessant in der Anleitung und ich bin sofort in die Variationen gegangen, das bringt Spaß. Vielleicht eignet es sich für Eure Weihnachtskarten? (Beate)

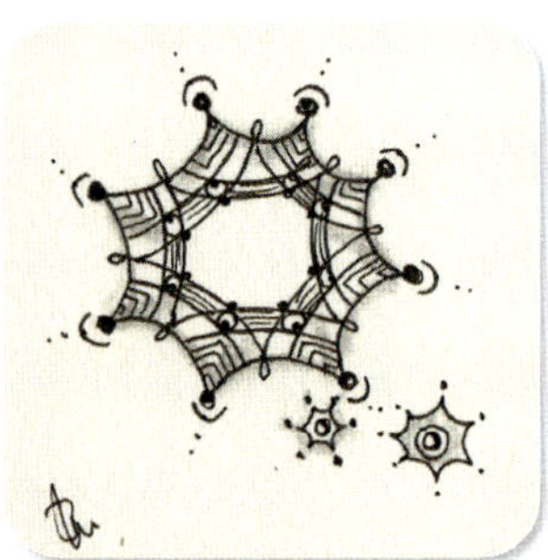

Variation: Beate Winkler, CZT, D

Variation A: Susan Wade, CTZ, CAN

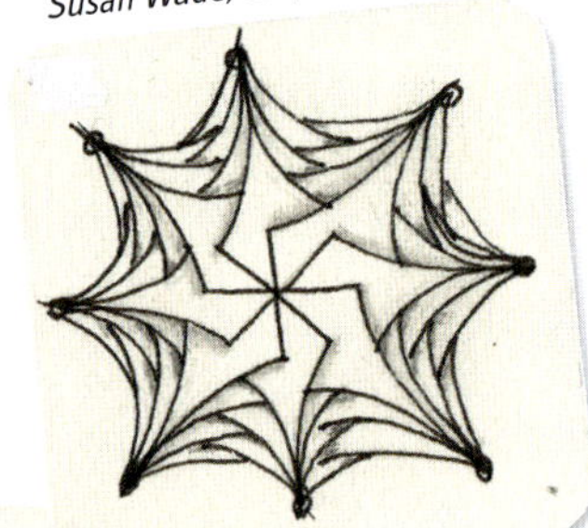

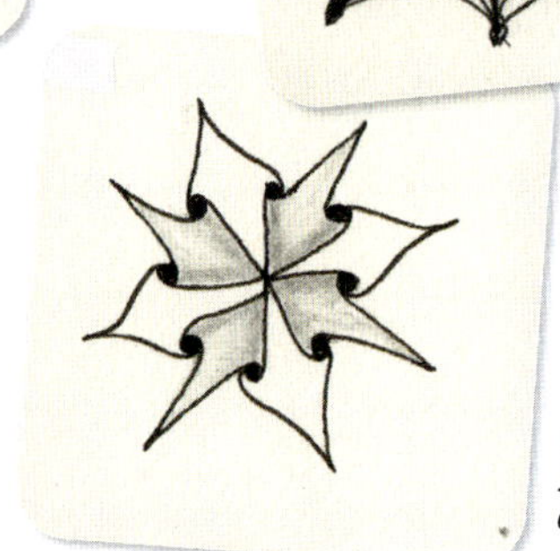

Variation B: Susan Wade, CTZ, CAN

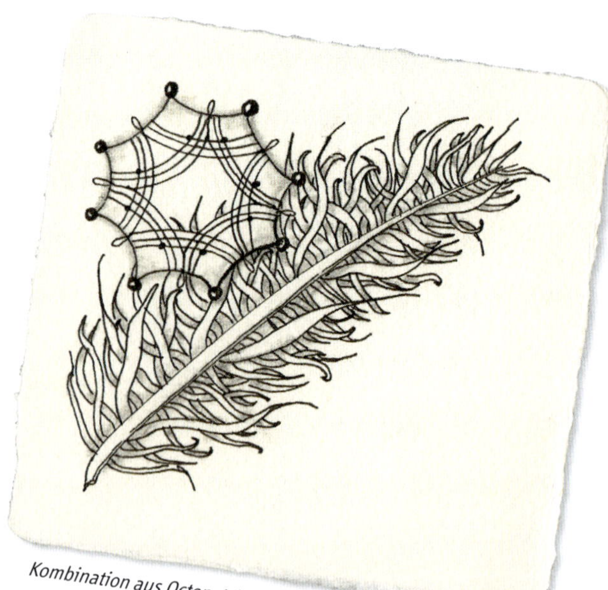

Kombination aus Octonet, Verdigogh. Beate Winkler, CZT, D

70 Muster Paradox

Designer: Maria Thomas, Zentangle HQ, USA/MA

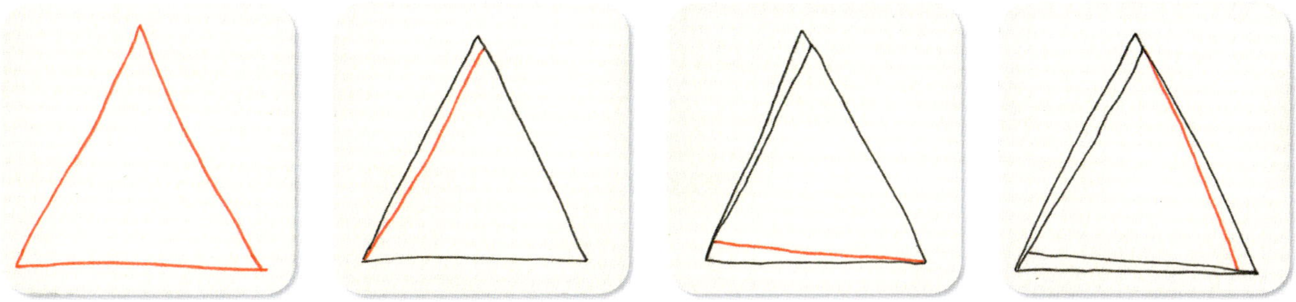

Dies ist ein großartiges Muster zum Entspannen. Die Kombination aus dem Zeichnen von sich wiederholenden Linien bis in die Ecken und dem Drehen des Kärtchens nach jedem Strich erzeugt einen sehr meditativen Zustand. (Sheena)

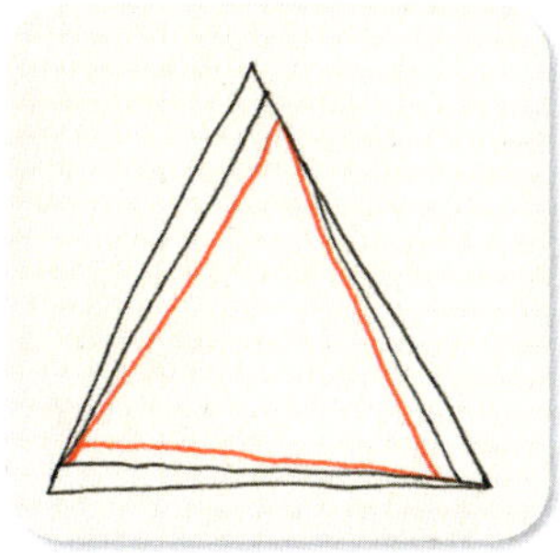

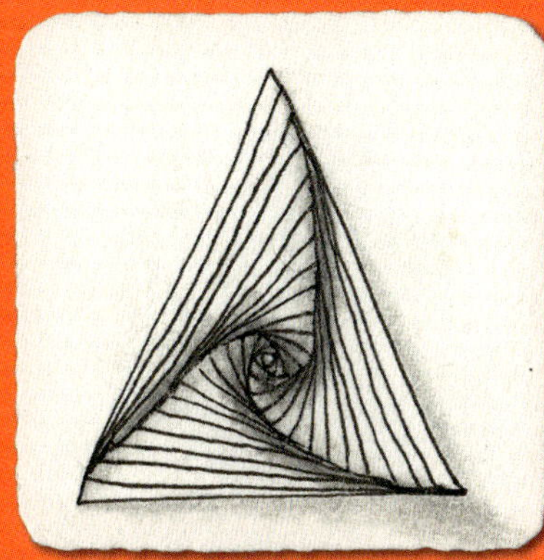

Sheena Cable, CZT, UK

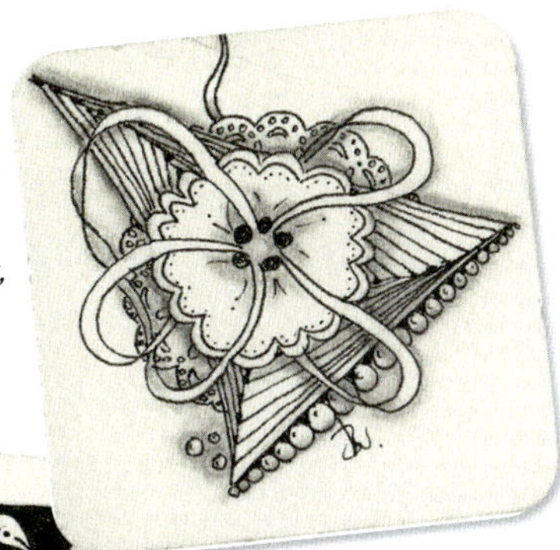

Kombination aus Paradox, Blooming Butter. Beate Winkler, CZT, D

Paradox wird bei den CZTs gerne „Ricks Paradox" genannt, weil Rick mit Begeisterung tolle Mosaiken nur aus einzelnen Paradox-Tangles zeigt, die verblüffende Bilder ergeben, je nachdem, wie man sie hinlegt.

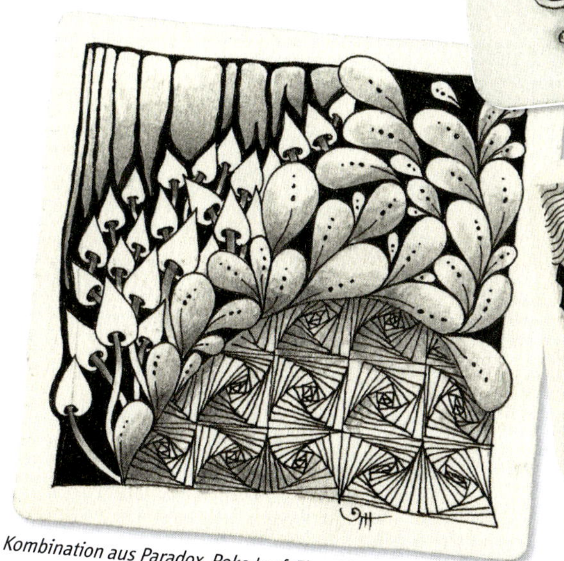

Kombination aus Paradox, Poke Leaf, Flux. Tina-Akua Hunziker, CZT, CH

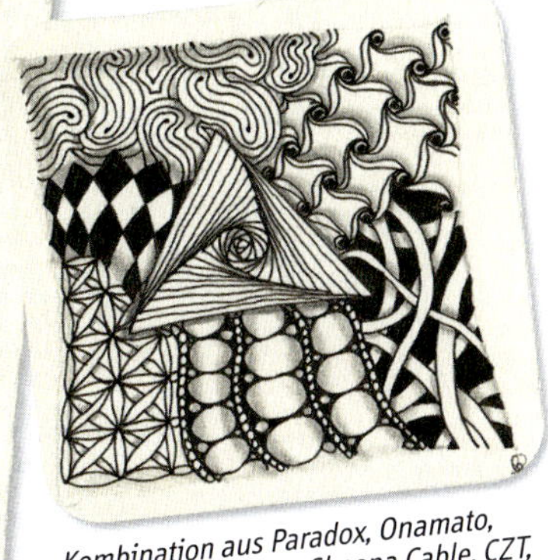

Kombination aus Paradox, Onamato, Hollibaugh, Cadent. Sheena Cable, CZT, UK

71 Muster

Poke Leaf

Designer: Maria Thomas, Zentangle HQ, USA/MA

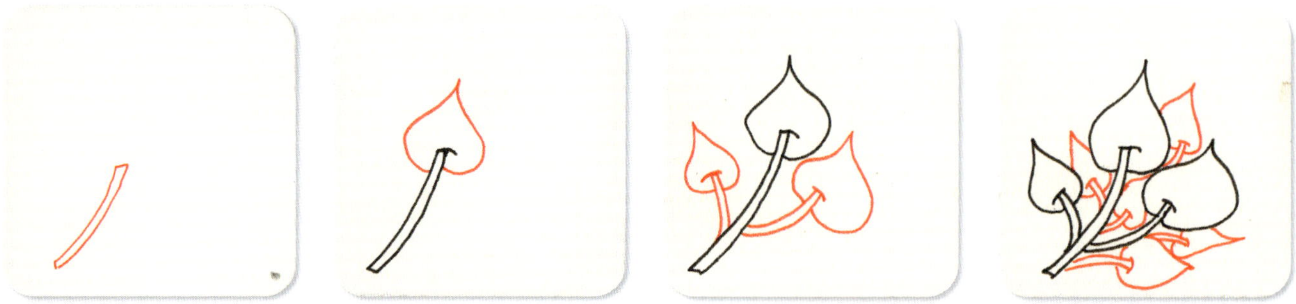

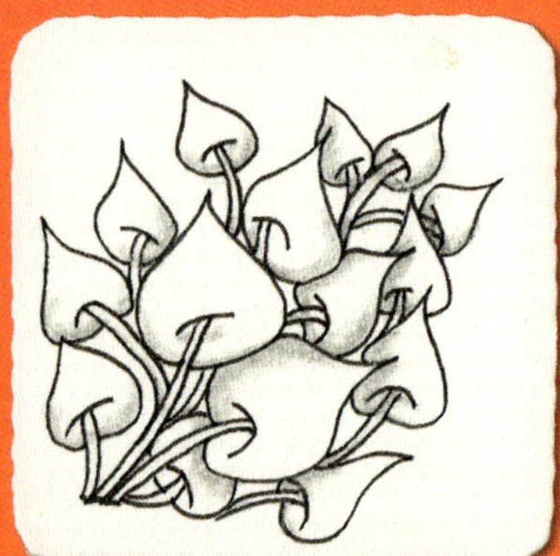

Sheena Cable, CZT, UK

Es gibt viele Variationen von Poke Leaf, z. B. Seite 54, 87 und 111.

Poke Leaf ist sehr organisch und lebendig. Da es sich um andere Muster herumwickeln kann, ist es auch ein großartiger Lückenfüller. (Sheena)

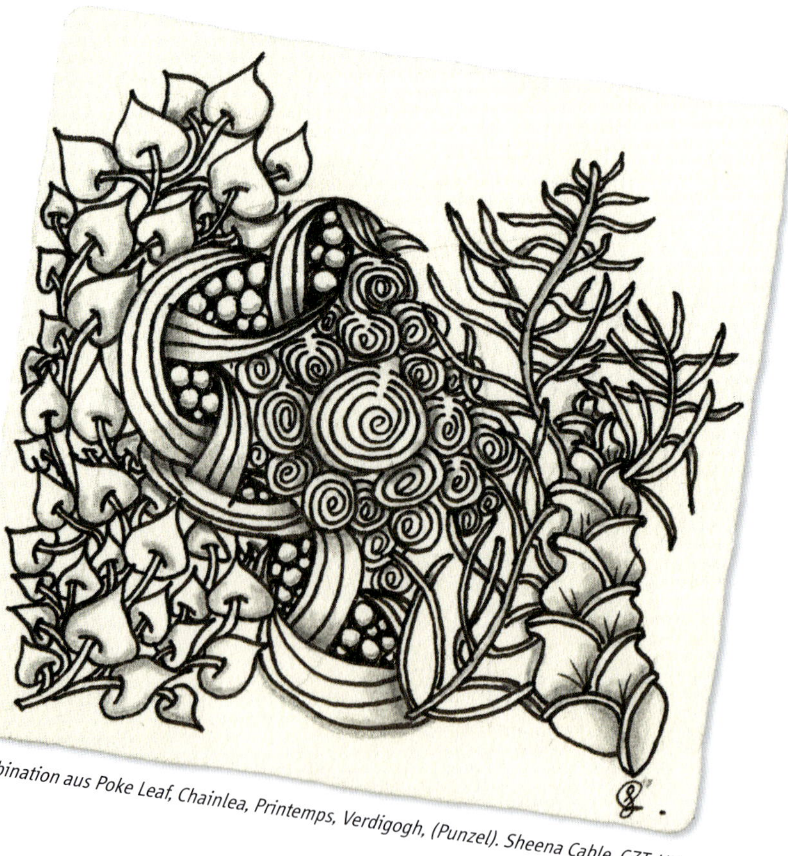

Kombination aus Poke Leaf, Chainlea, Printemps, Verdigogh, (Punzel). Sheena Cable, CZT, UK

72
Muster

Potterbee

Designer: Beate Winkler, CZT, D

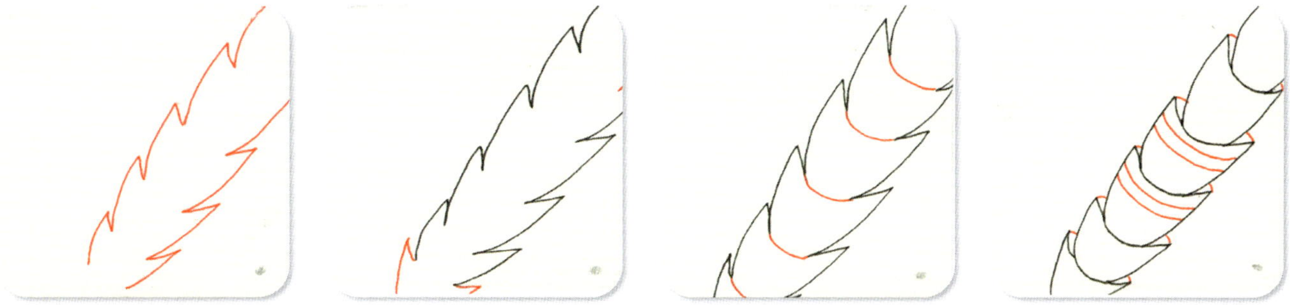

Tipp:
Dreh das Tile immer so, dass Du gut Linien ziehen kannst, z. B. für die zweite Linie um 180° drehen.

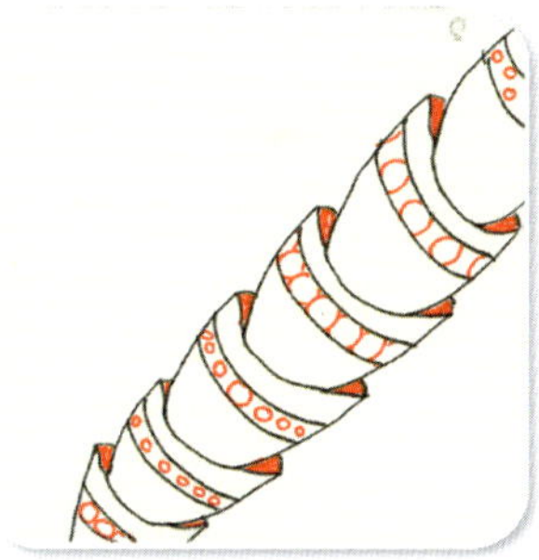

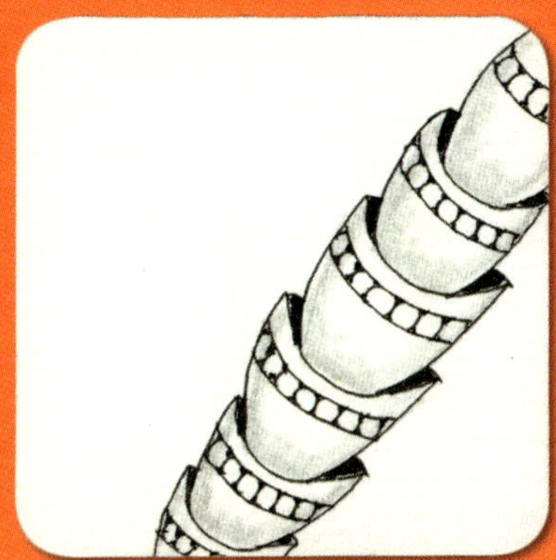

Beate Winkler, CZT, D

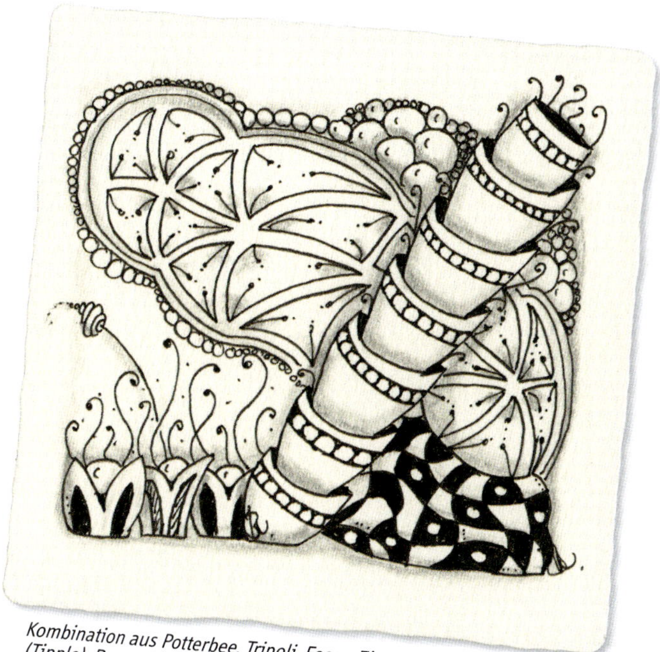

Kombination aus Potterbee, Tripoli, Fescu, Zinger, Knightsbridge, (Tipple). Beate Winkler, CZT, D

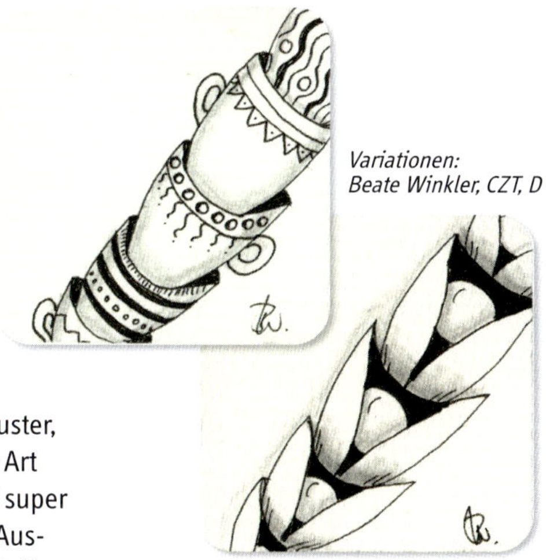

Variationen: Beate Winkler, CZT, D

Ein einfaches Muster, auf interessante Art zu tanglen! Und super vielfältig in der Ausgestaltung. Die Reihe mit den Henkeln hat den Namen gegeben. (Beate)

73 Muster

Purk

Designer: Rick Roberts & Maria Thomas, Zentangle HQ, USA/MA

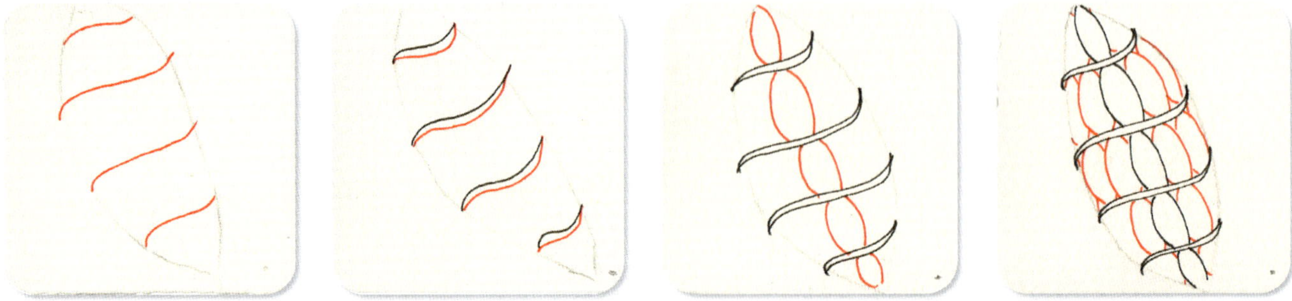

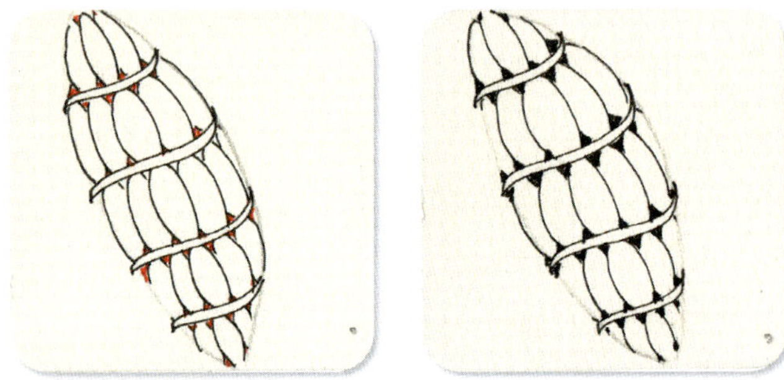

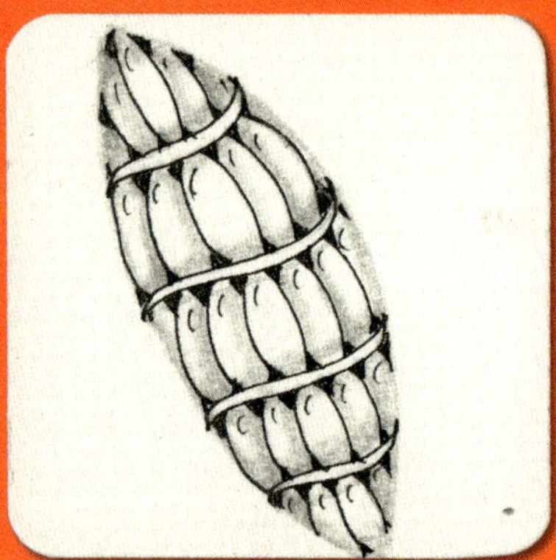

Beate Winkler, CZT, D

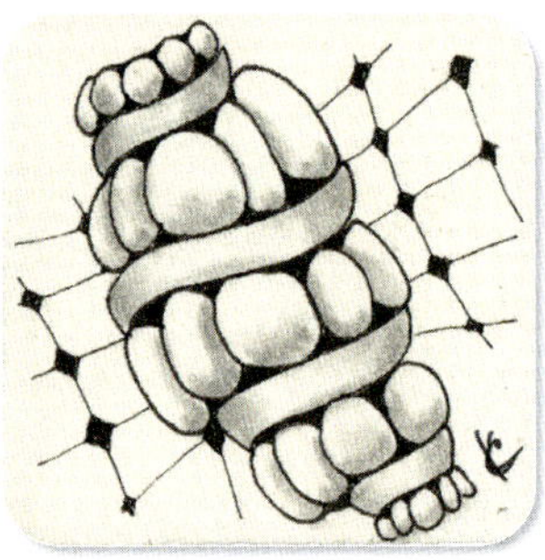

Variation: Katie Crommettt, CZT, USA/MA

Kombination aus Purk, M'spire, Gryst, Flux. Katie Crommettt, CZT, USA/MA

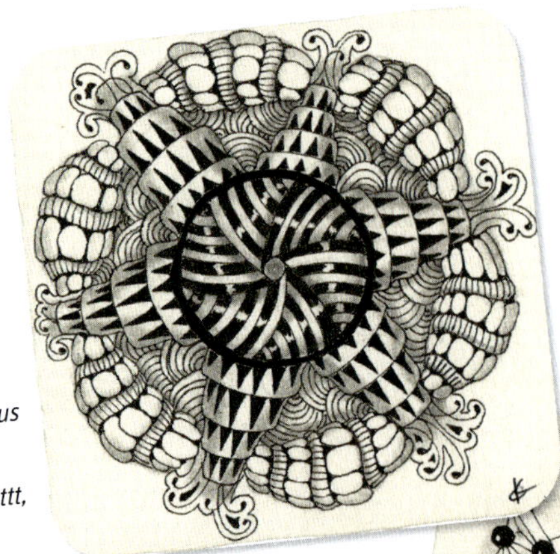

Purk ist eines meiner Lieblingsmuster, denn mit seinen sehr einfachen Linien entsteht eine organische Form auf dem Papier. Die Formen wirken magisch und außerirdisch. (Katie)

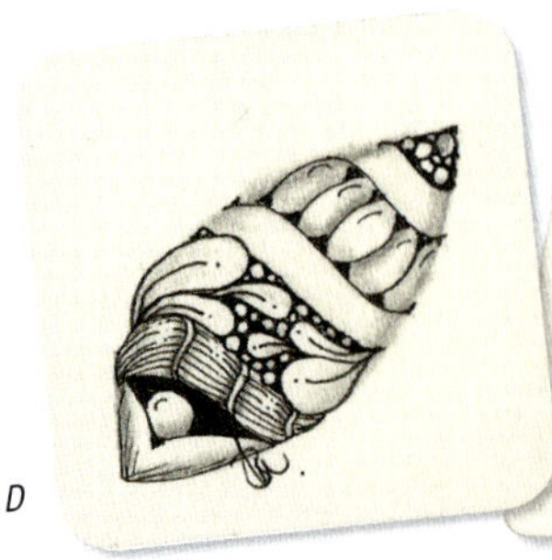

Kombination aus Purk, Fescu, Zander. Beate Winkler, CZT, D

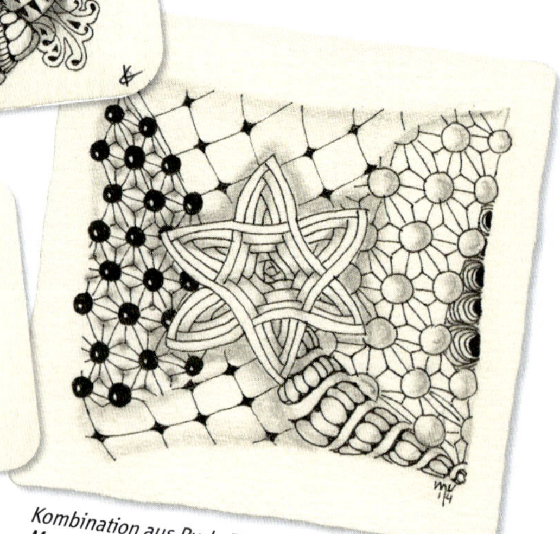

Kombination aus Purk, Florz, (Auraknot), Crescent Moon (Battló). Maria Vennekens, CZT, NL

74 Muster

Qoo

Designer: Maiko Y.W. Wong, CZT, HKG

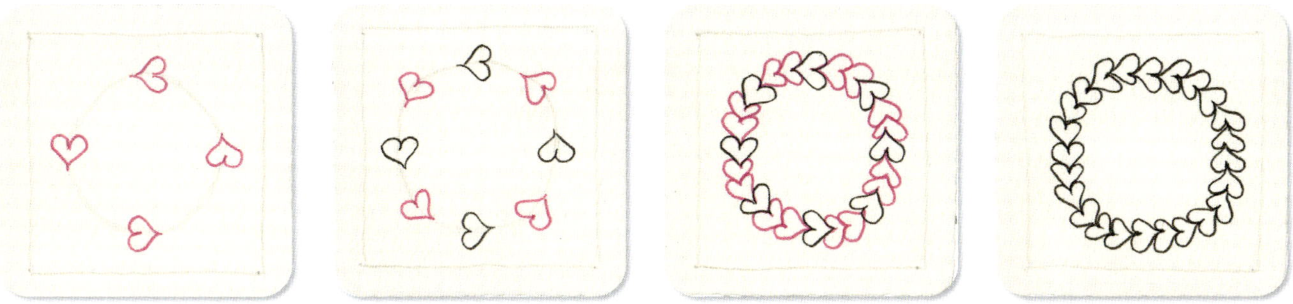

Ich mag dieses Muster, weil jedes Herz einen Traum verkörpert. Von einem Herzen zum nächsten kann jeder Traum wahr werden und zu einem wundervollen Leben führen. Dieses Muster aus Herzen formt eine prächtige Krone. (Maiko)

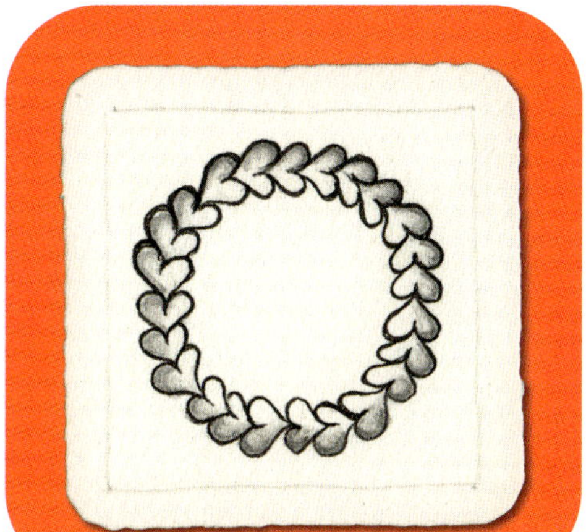

Maiko Y.W. Wong, CZT, HKG

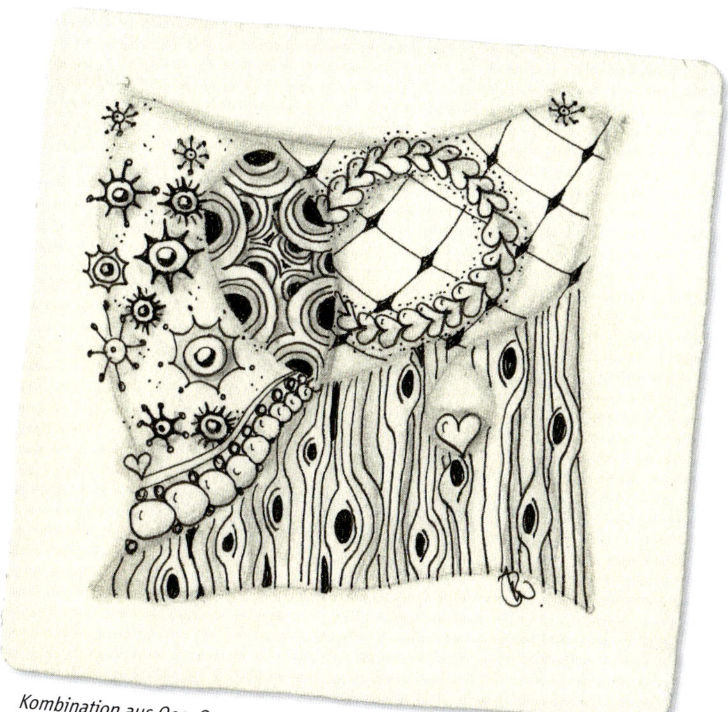

Kombination aus Qoo, Onamato, B-horn, Crescent Moon, Florz, Widgets. Beate Winkler, CZT, D

75 Muster Quare

Designer: Beth Snoderly, USA/WV

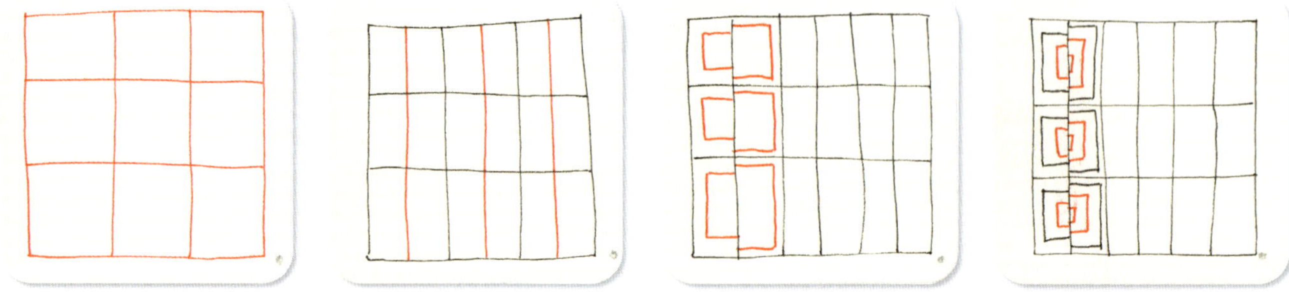

Beate Winkler, CZT, D

Quare finde ich lustig, weil es wie eine optische Täuschung aussieht – und dafür vergleichsweise einfach zu tanglen ist. (Beate)

Der Schatten macht den Unterschied. Einfach einen ganzen Doppelbereich mit Bleistift und Papierwischer in grau färben, die nächste Doppelreihe auslassen und dann wieder die übernächste schattieren. Und schon springt das Tangle einem förmlich entgegen. (Beate)

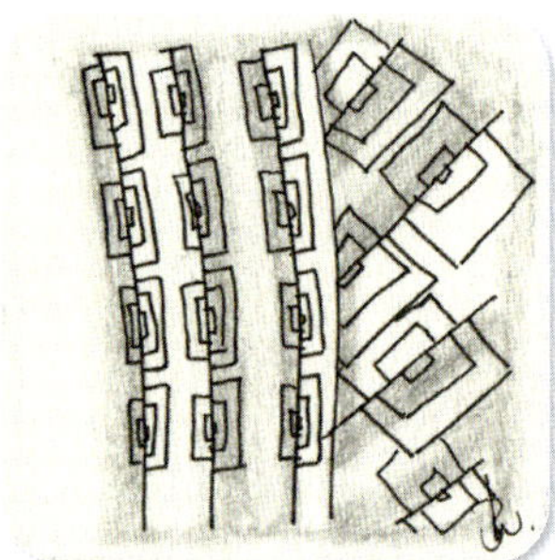

Variation: Beate Winkler, CZT, D

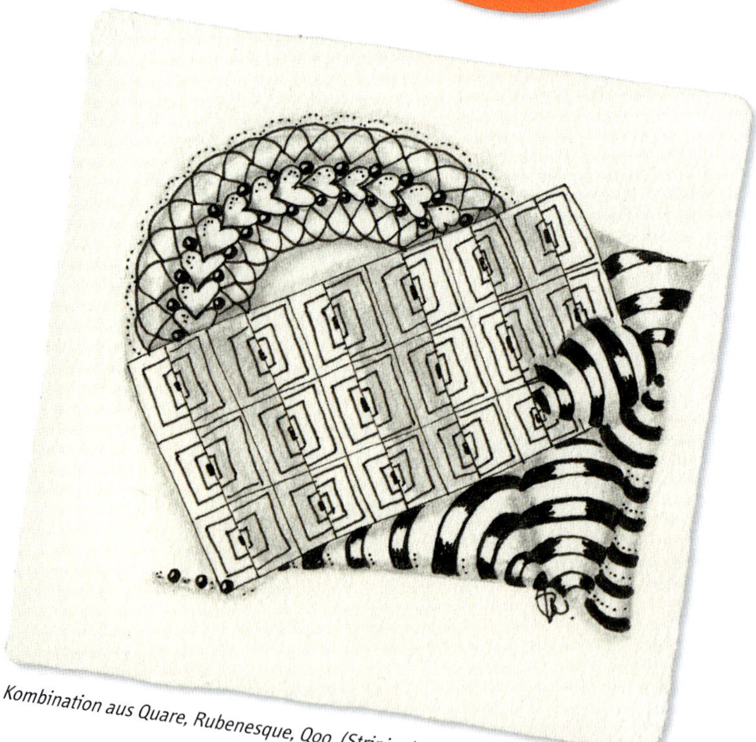

Kombination aus Quare, Rubenesque, Qoo, (Striping). Beate Winkler, CZT, D

76
Muster

Rubenesque

Designer: Hannah Geddes, CZT, UK

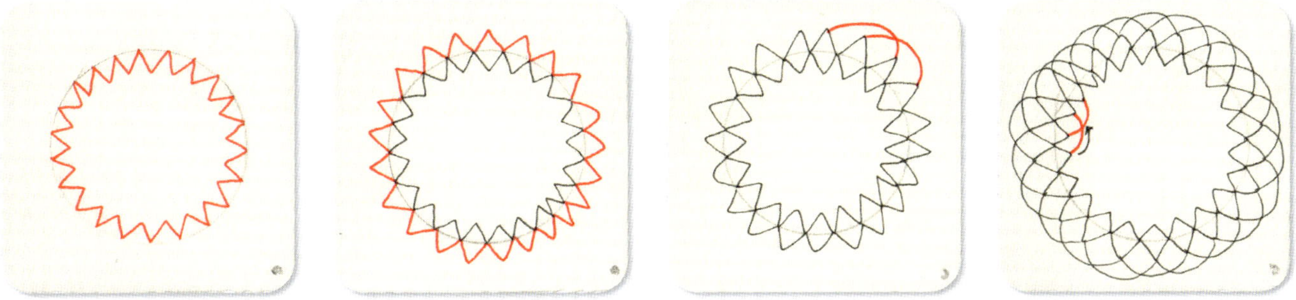

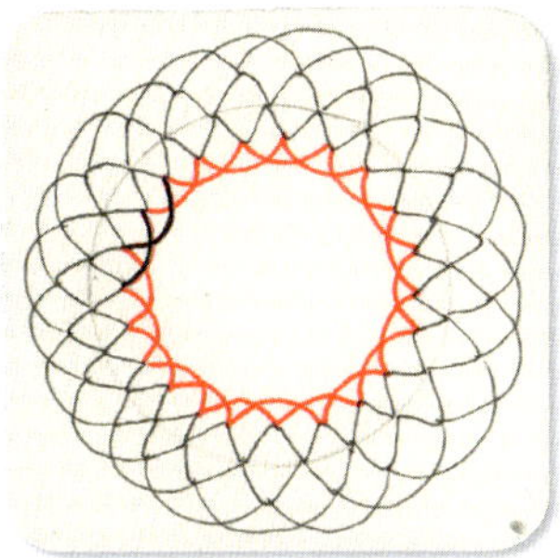

Rubenesque (es bedeutet „starke schöne Frauen“) mag ich sehr, denn es erinnert mich an meinen Spirographen von früher. Es kann als Blumenmuster oder als Centerpiece (Hauptmotiv) dienen. (Hannah)

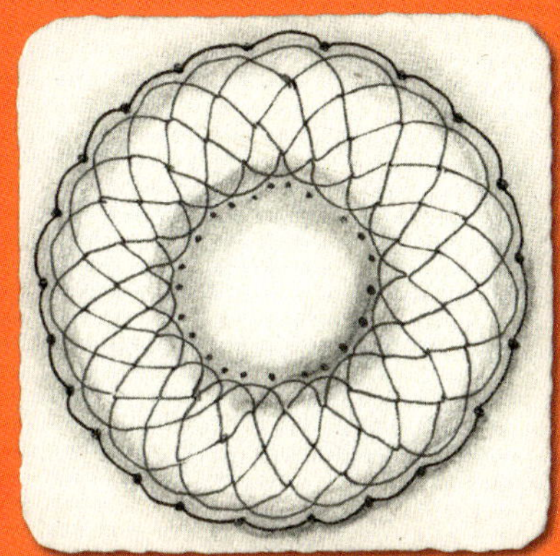

Hannah Geddes, CZT, UK

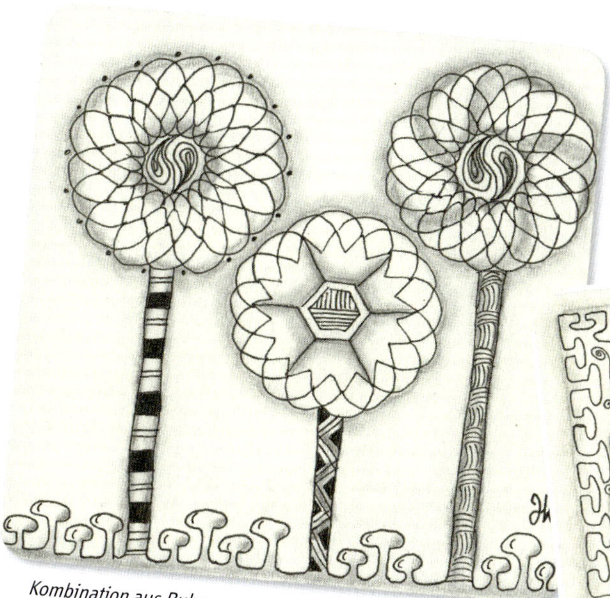

Kombination aus Rubenesque, Keeko, Cruffle, (Barberpole, Barney). Hannah Geddes, CZT, UK

Kombination aus Rubenesque, Cruffle, (Quabog). Hannah Geddes, CZT, UK

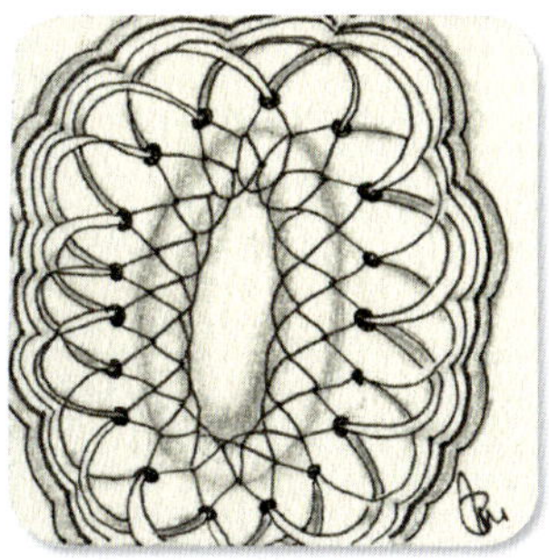

Variation: Beate Winkler, CZT, D

77
Muster

Sanibelle

Designer: Tricia Faraone, CZT, USA/RI

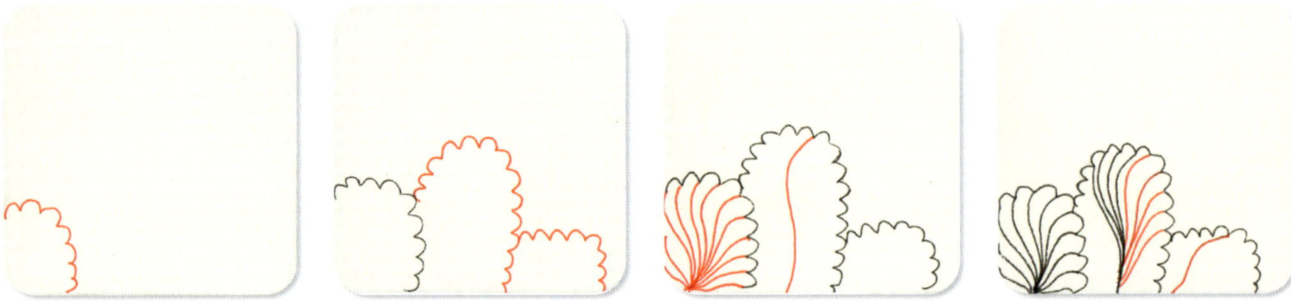

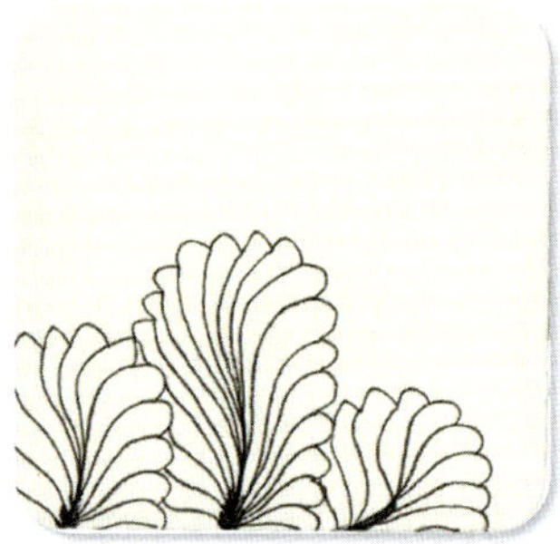

Sanibelle liebe ich, weil es so natürlich und voll aussieht. Die Schritt-für-Schritt-Anleitung finde ich umso schöner: Nie wäre ich darauf gekommen, mit den Oberkanten anzufangen. Geht es Euch genauso? (Beate)

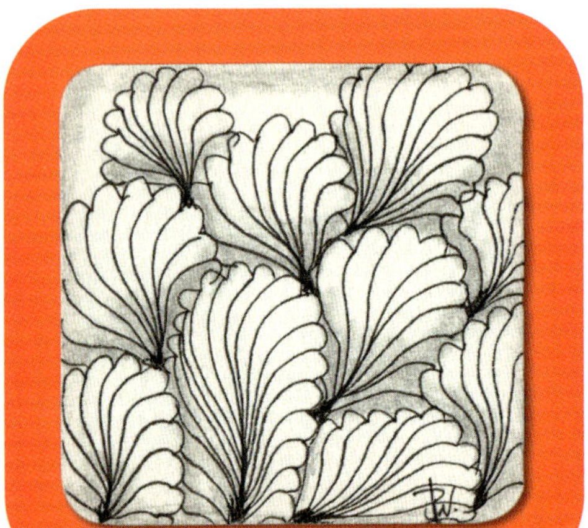

Beate Winkler, CZT, D

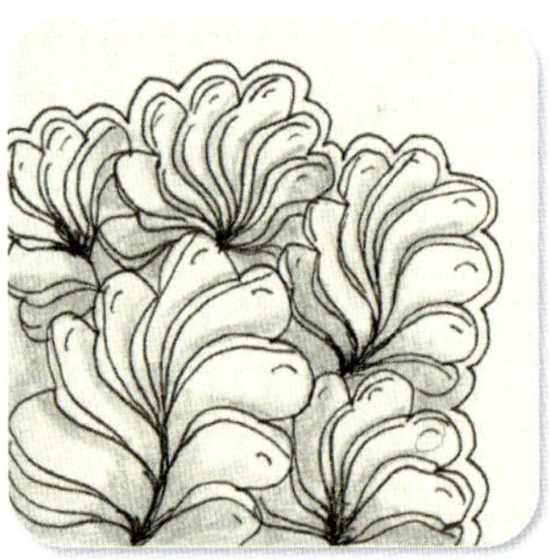

Variation: Beate Winkler, CZT, D

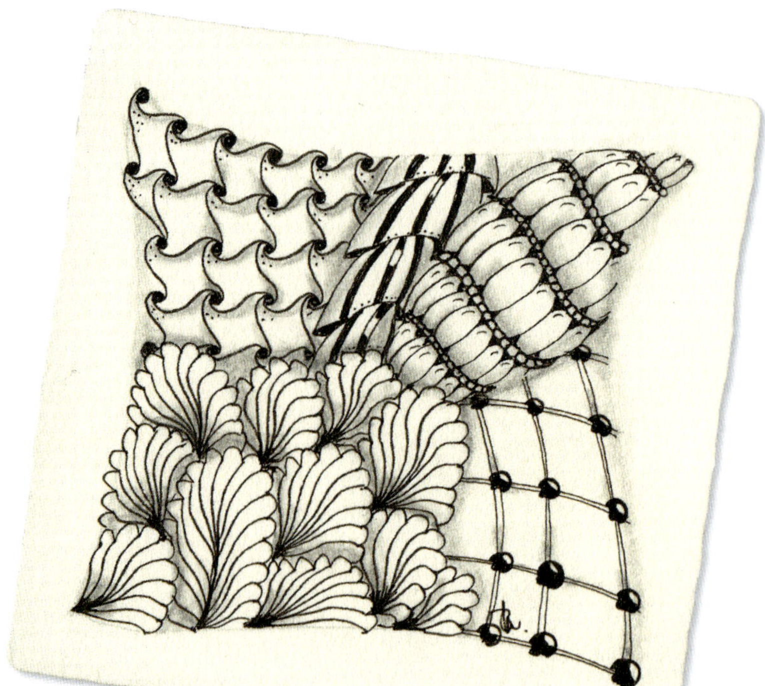

Kombination aus Sanibelle, Potterbee, Cadent, Purk, Chemystery.
Beate Winkler, CZT, D

78 Muster

Sharalarelli

Designer: Deborah Pacé, CZT, USA/CA

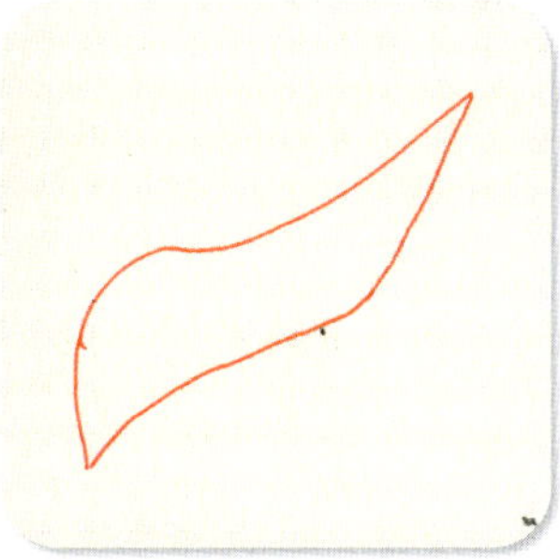

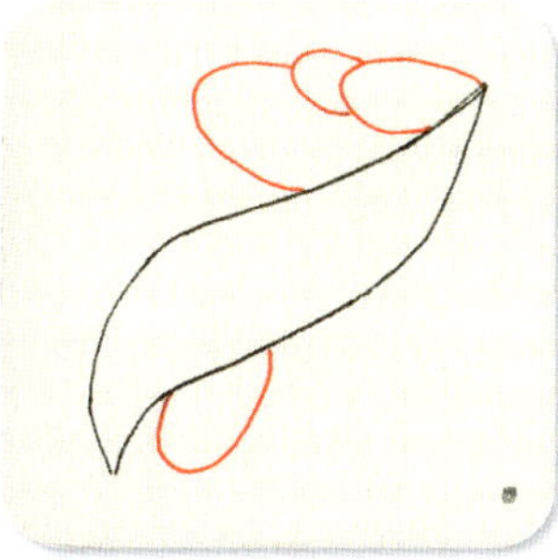

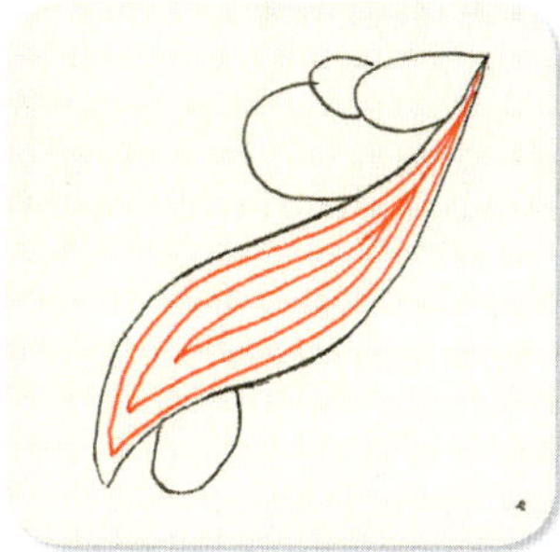

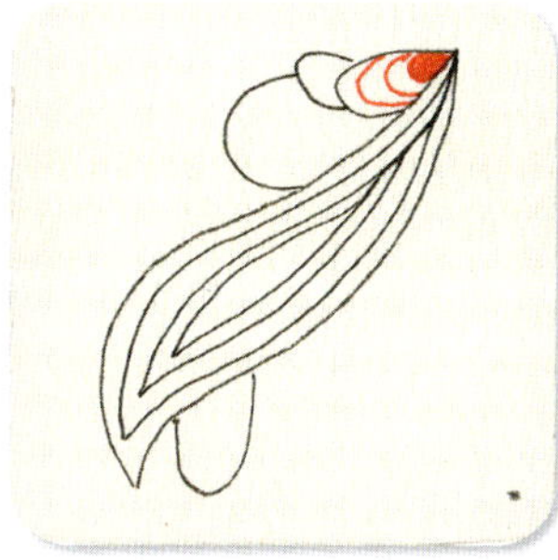

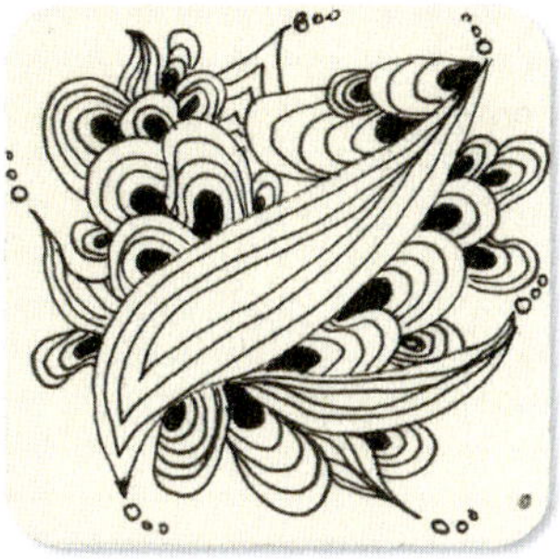

Ich mag dieses Tangle wegen seines fließenden Designs und weil es einen beruhigenden Effekt hat. Und ich mag, wie es zum Schluss aussieht! (Deborah)

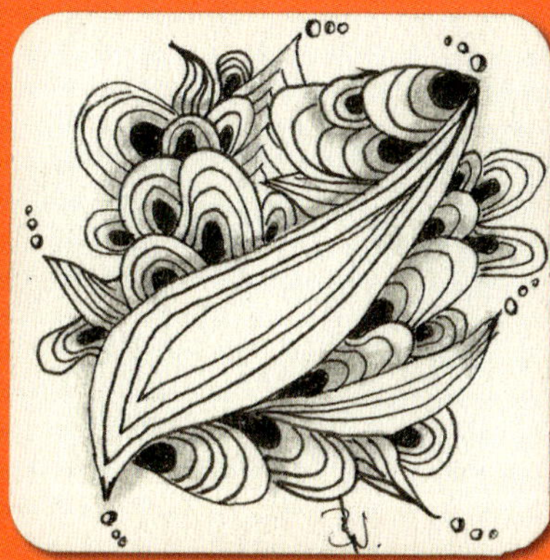

Beate Winkler, CZT, D

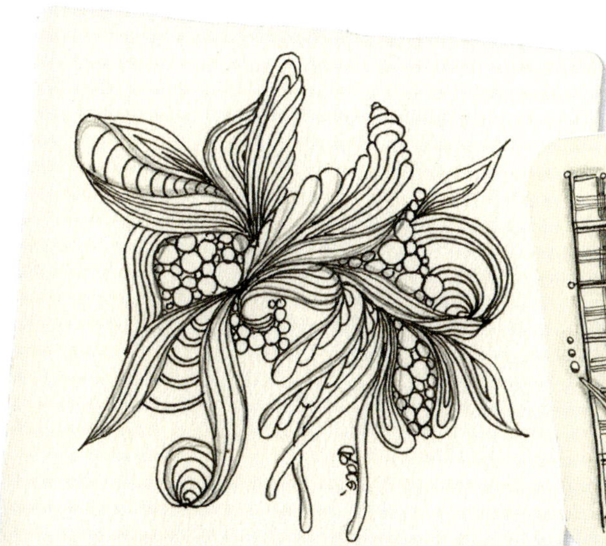

Kombination aus Sharalarelli, (Tipple), Aura-Leah. Deborah Pacé, CZT, USA/CA

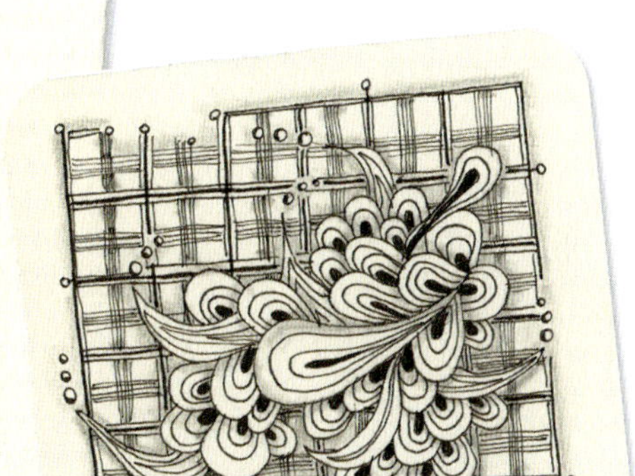

Kombination aus Sharalarelli, (Gingham). Beate Winkler, CZT, D

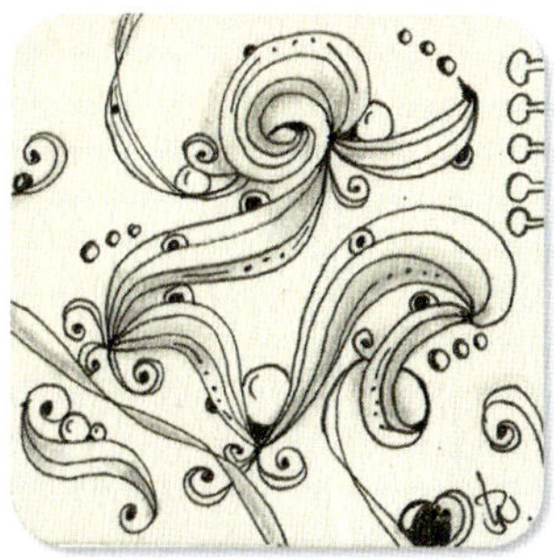

Variation: Beate Winkler, CZT, D

79 Muster Shattuck

Designer: Rick Roberts & Maria Thomas, Zentangle HQ, USA/Massachusetts

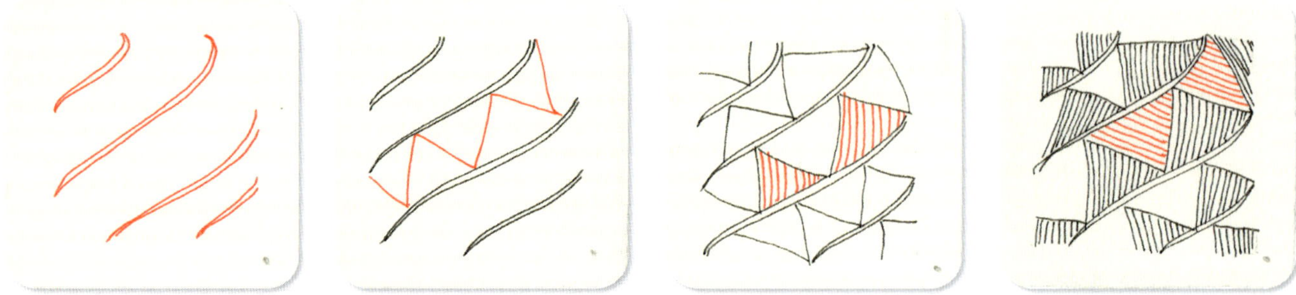

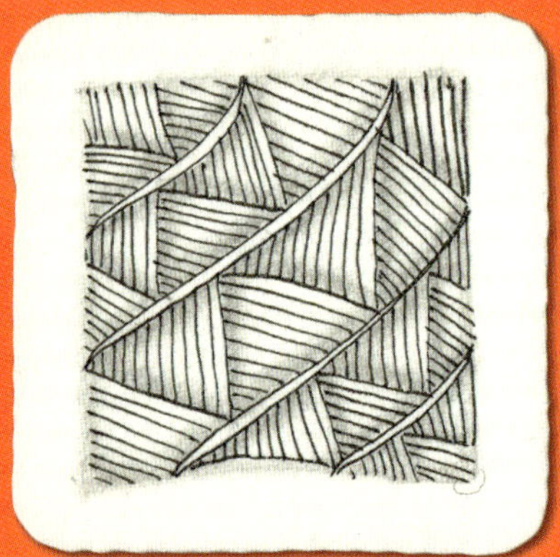

Beate Winkler, CZT, D

Shattuck ist das absolute Lieblingsmuster vieler CZTs, weil es so kunstvoll-lebendig und gleichzeitig strahlend und voll ist. (Beate)

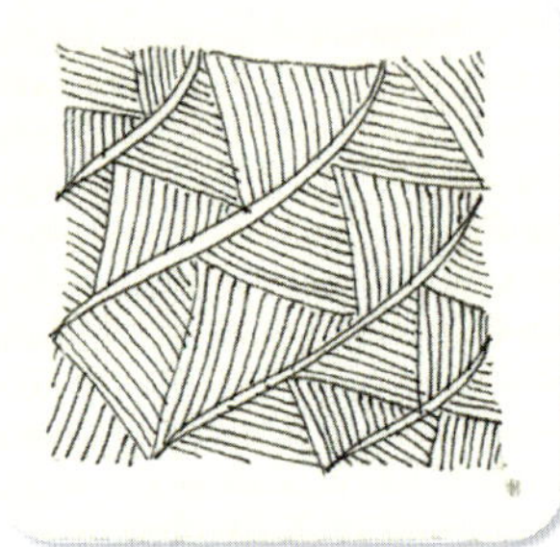

Shattuck ist eines meiner absoluten Lieblings-Tangles! Edel, ruhig und dynamisch zugleich. Und mit Sparkles (Glanzpunkte) wird es zum Anfassen schön. (Beate)

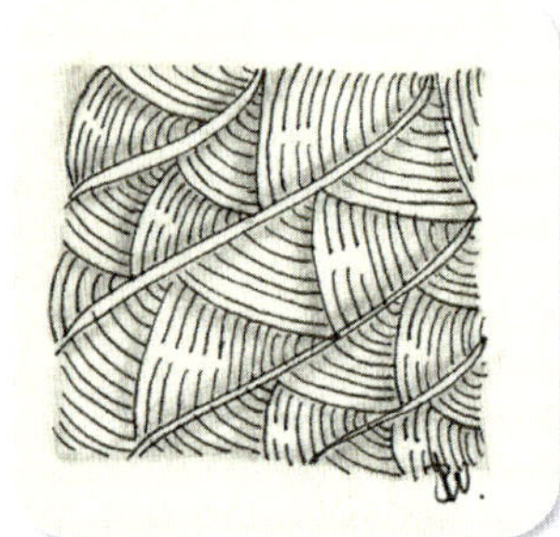

Variation: Beate Winkler, CZT, D

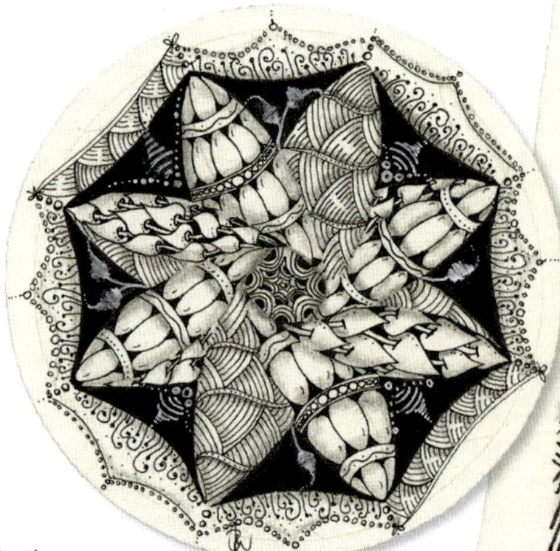

Kombination aus Shattuck, Purk, Poke Leaf, Fescu, Crescent Moon, (Indy-Rella). Beate Winkler, CZT, D

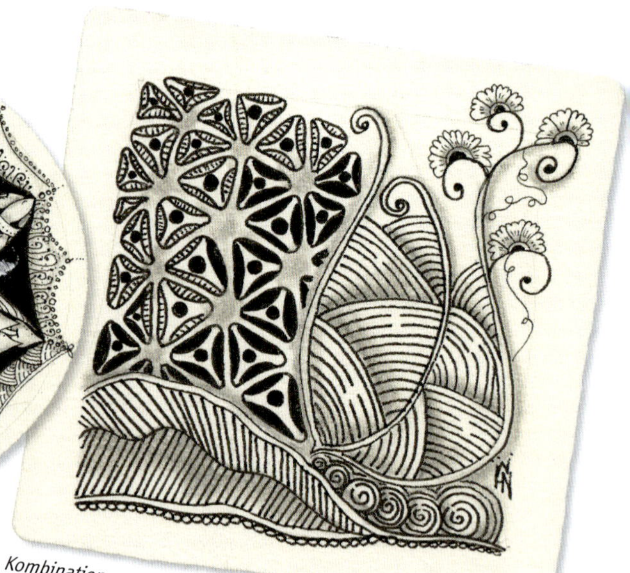

Kombination aus Shattuck, Tripoli, Henna Drum, (Meer), Printemps, Trio. Hanny Waldburger, CZT, CH

80 Muster Sundoo

Designer: Jane MacKugler, CZT, USA/VT

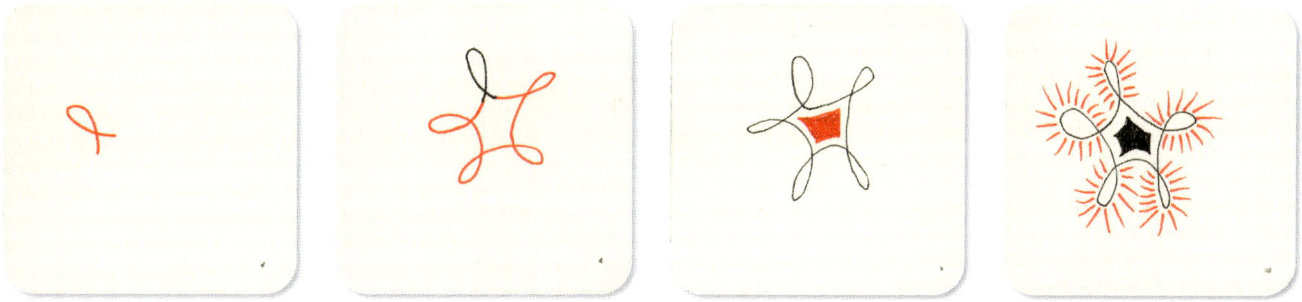

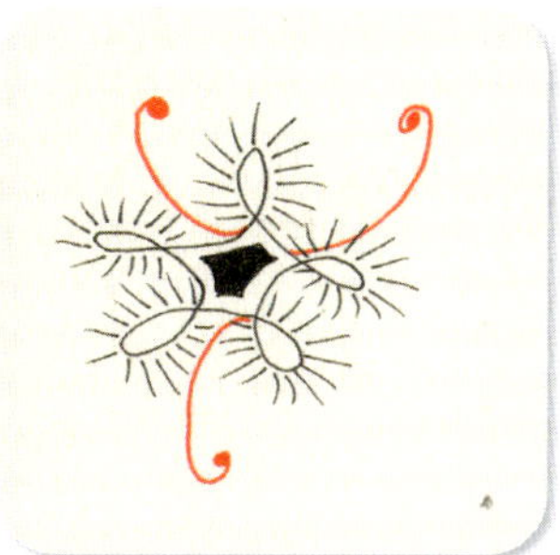

Auch so kann ein String aussehen. Wie die geschwungene Linie verlaufen soll, um dem Tile eine Einteilung zu geben, bleibt dabei ganz Dir überlassen.

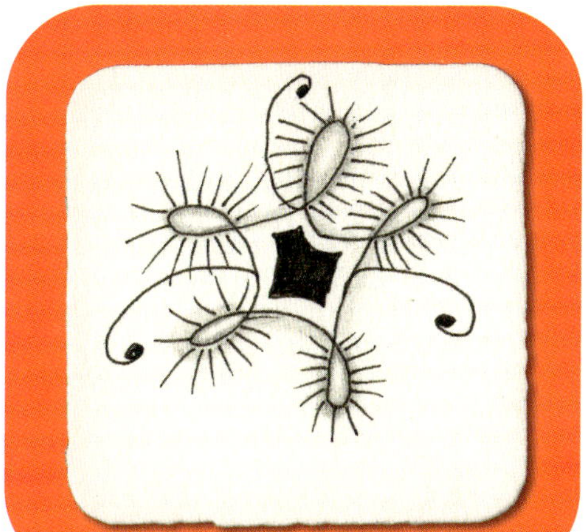

Jane MacKugler, CZT, USA/VT

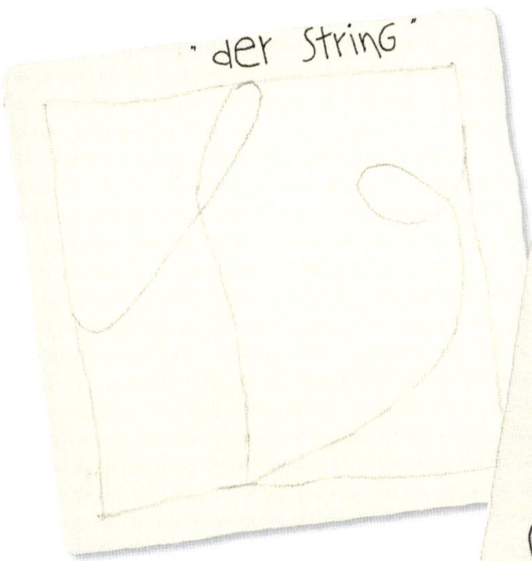

Kombination aus Sundoo, Printemps, Tripoli, Zander, ING, 'Nzeppel, (Afterglow). Jane MacKugler, CZT, USA(VT

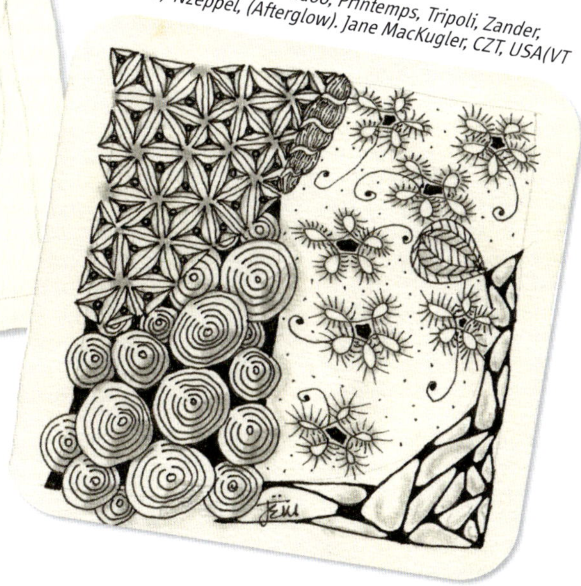

Es erinnert mich an das Kajakfahren zwischen den Sonnentau-Gewächsen, die die Inspiration zu diesem Muster waren. Es ist wirklich ein fröhliches Tangle. (Jane)

81 Muster Sweda

Designer: Maria Vennekens, CZT, NL

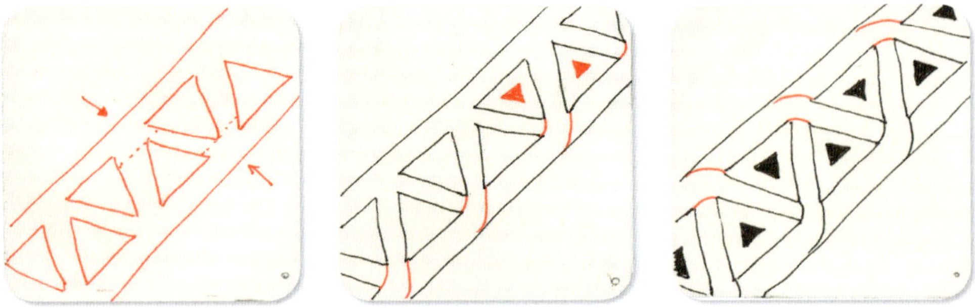

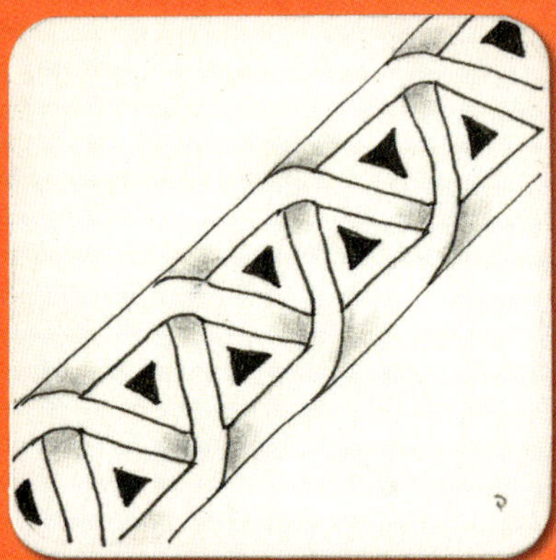

Maria Vennekens, CZT, NL

Wenn wir neue Muster entwickeln, kann es schon mal vor lauter Begeisterung mit uns durchgehen. Anstelle der 2 – 6 Schritte werden es dann schon mal 10! Wie bei Hanny mit ihrem neuen schönen Muster Trio, deren Begeisterung man schon im Zitat erkennt.

Die Inspiration für dieses Muster fand ich in einem Liederbuch, in dem es als Rand neben einem Lied aus Schweden abgebildet war. (Maria)

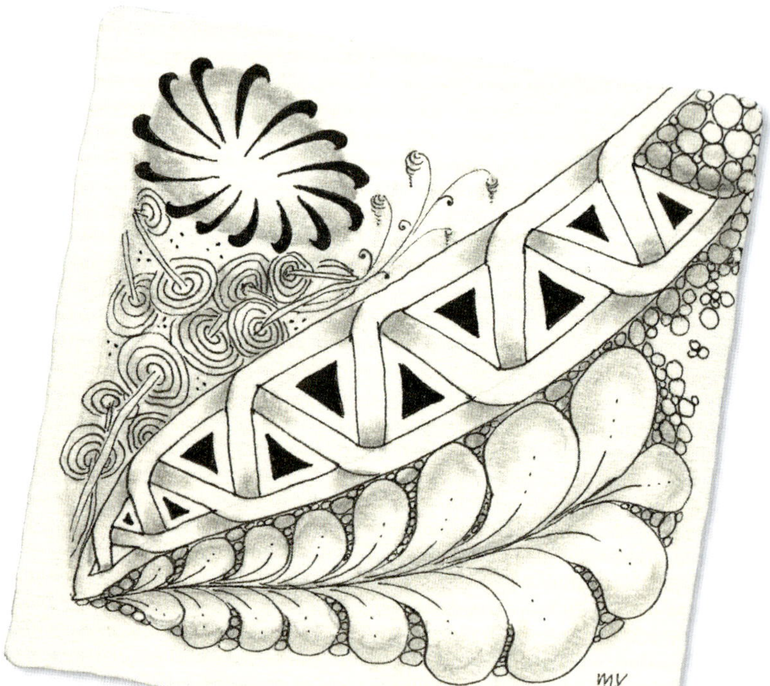

Kombination aus Sweda, (Pepper), Flux, (Sedgling). Maria Vennekens, CZT, NL

82 Muster

Trio

Designer: Hanny Waldburger, CZT, CH

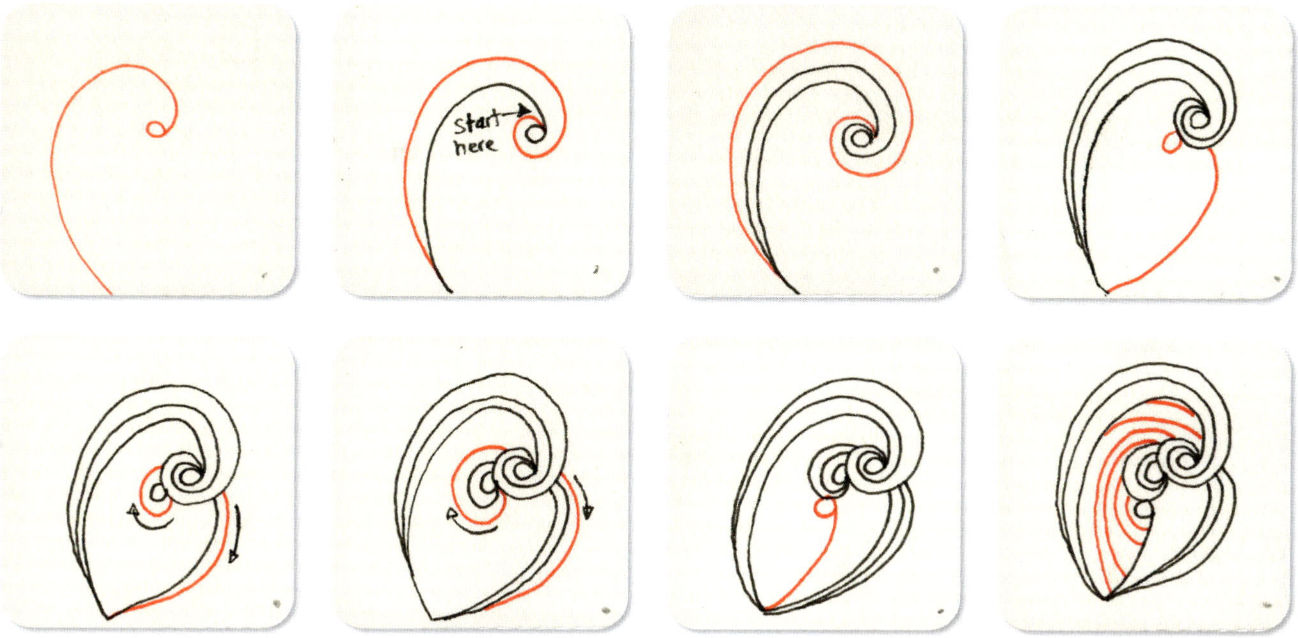

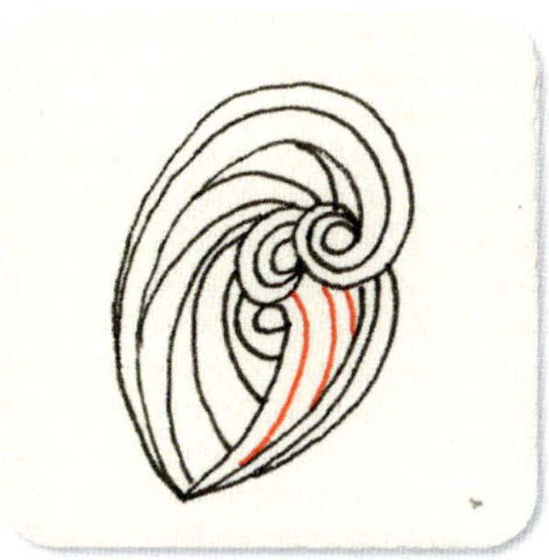

Trio ist mein Lieblingsmuster, weil es meine eigene Entdeckung ist und wie von selbst zu mir kam. Es spiegelt meinen Stil und meine Freude an dynamischen, gerundeten Strichen und Formen. Beim Zeichnen von Trio komme ich regelrecht in Schwung. Es lässt sich sehr gut mit allen Naturmustern wie z. B. mit Verdigogh kombinieren. (Hanny)

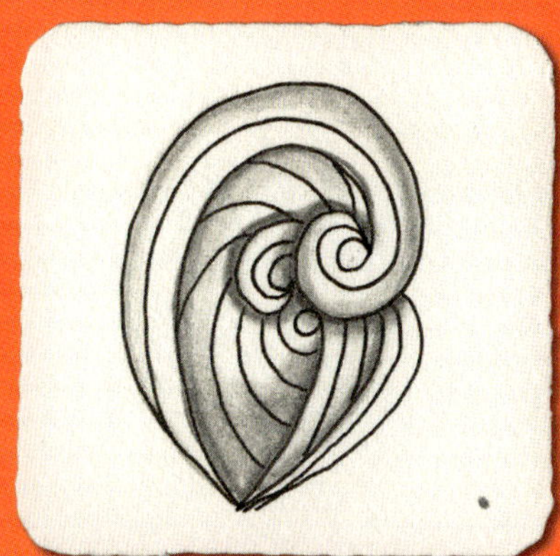

Hanny Waldburger, CZT, CH

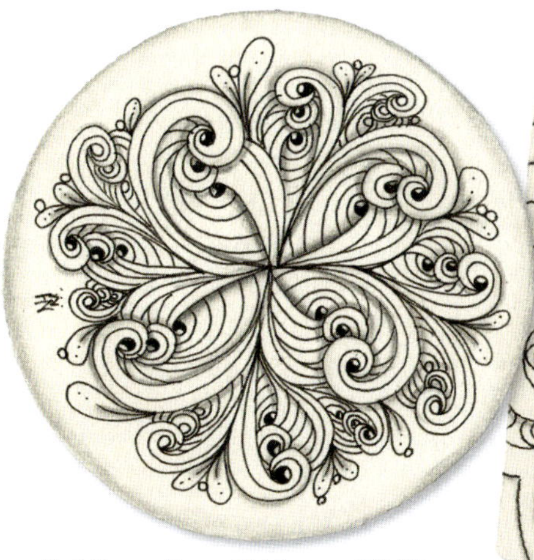

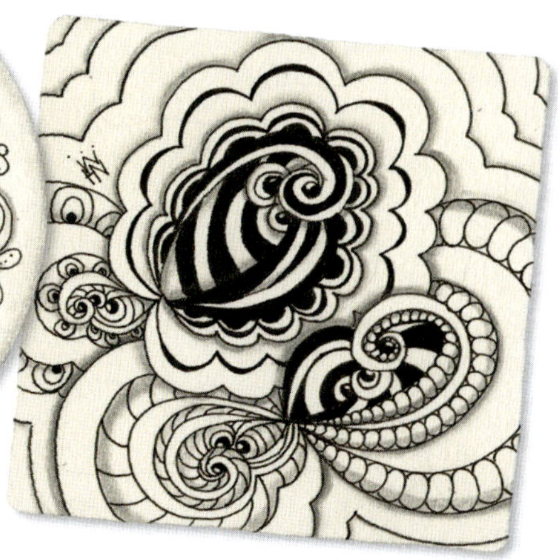

Variationen: Hanny Waldburger, CZT, CH

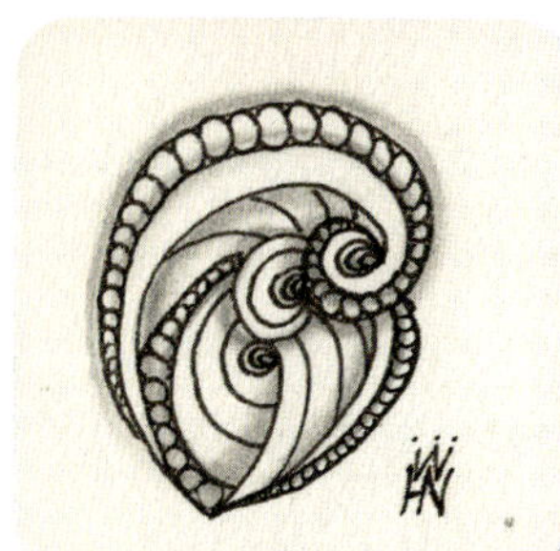

Variation: Hanny Waldburger, CZT, CH

83
Muster

Tri-Po

Designer: Sue Clark, CZT, USA/CO

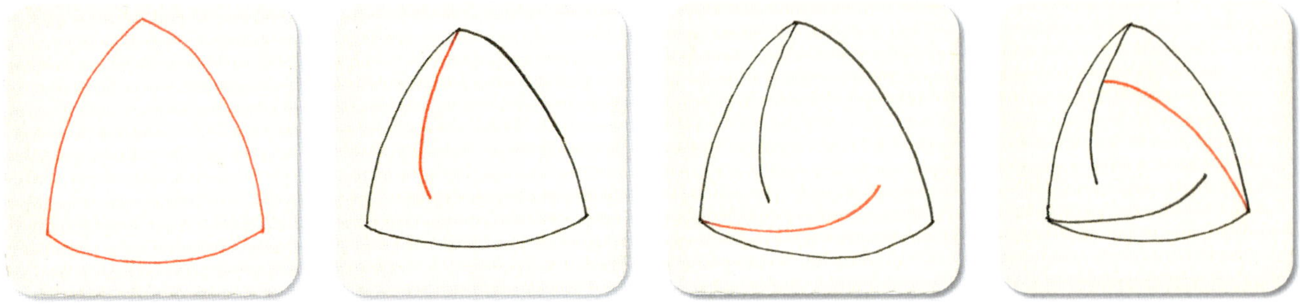

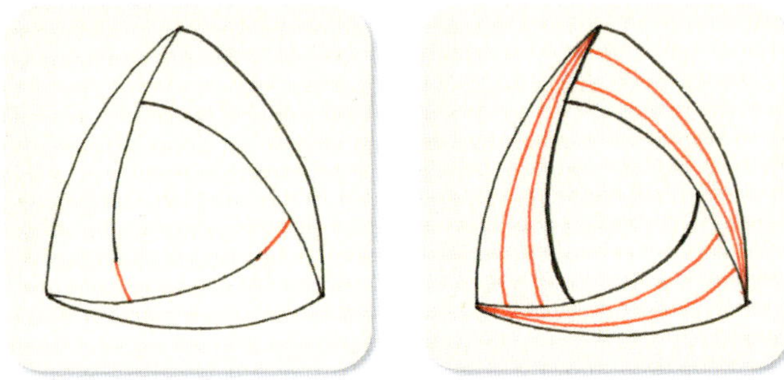

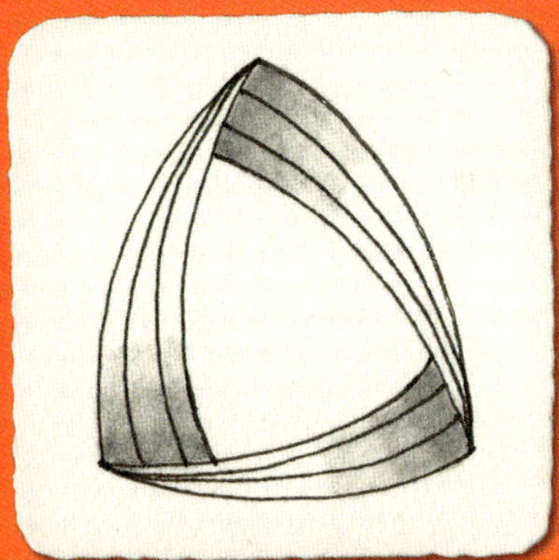

Sue Clark, CZT, USA/CO

Ich mag Tri-Po, weil es mit seiner Wiederholung der immer gleichen Linien im gesamten Muster so einfach zu zeichnen ist und doch kann es dabei sehr effektvoll aussehen. (Sue)

Tipp: Man kann dieses Muster alleinstehend zeichnen oder es andere Muster berühren oder überschneiden lassen.

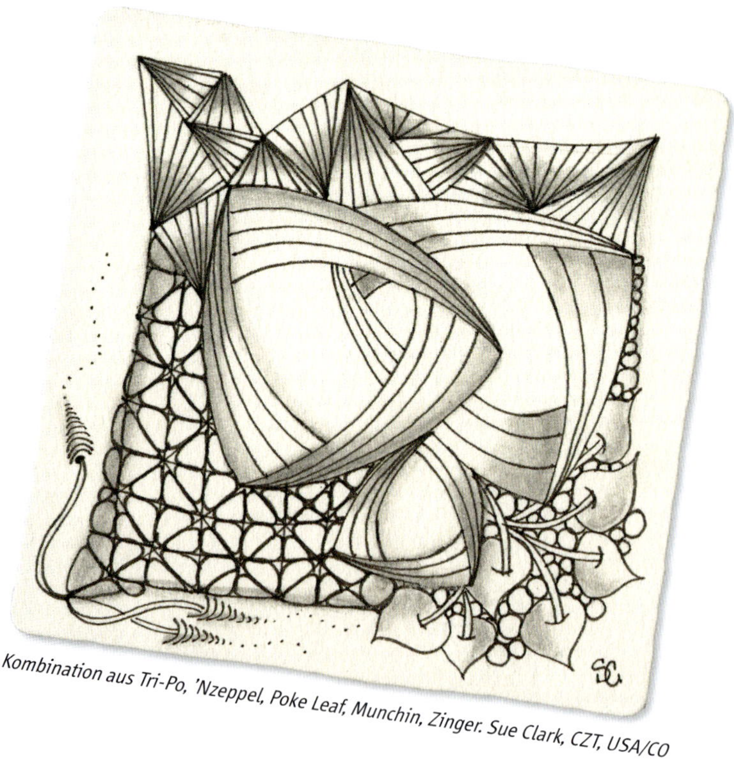

Kombination aus Tri-Po, 'Nzeppel, Poke Leaf, Munchin, Zinger. Sue Clark, CZT, USA/CO

84 Muster Tripoli

Designer: Rick Roberts & Maria Thomas, Zentangle HQ, USA/MA

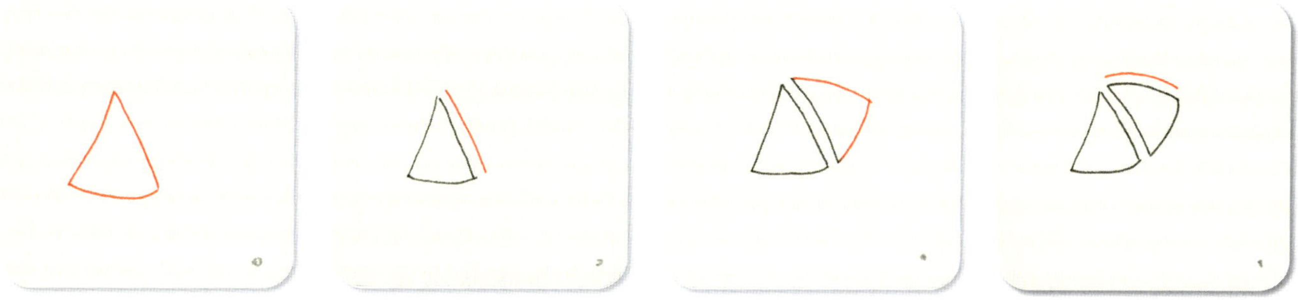

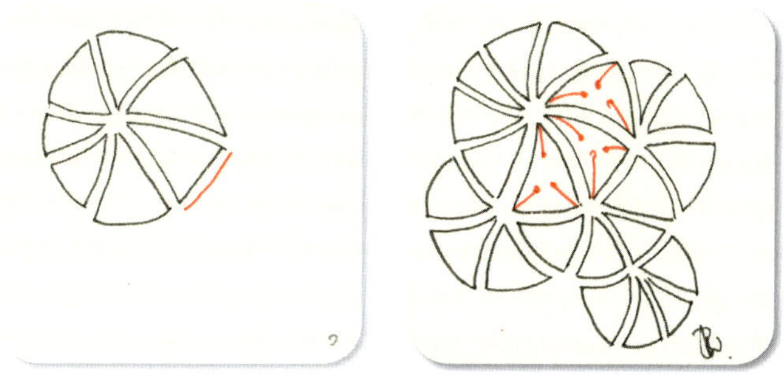

Auch Tripoli ist eines meiner Lieblingsmuster, weil es so unendlich variationsreich ist und weil der Raum zwischen den Strichen das ist, was es ausmacht! Es bringt Tiefe und Bewegung in das Tile, wenn die Linien geschwungen gezeichnet werden. (Hanny)

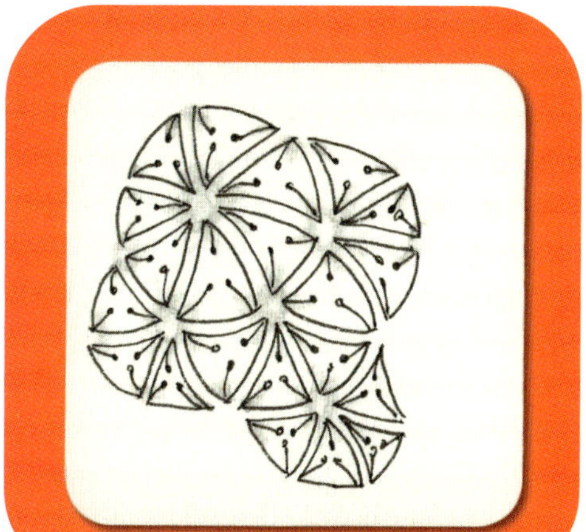

Beate Winkler, CZT, D

Molly erzählte, dass sie ganze Workshops nur mit diesem einen Muster Tripoli gibt. Das kann ich gut verstehen. (Beate)

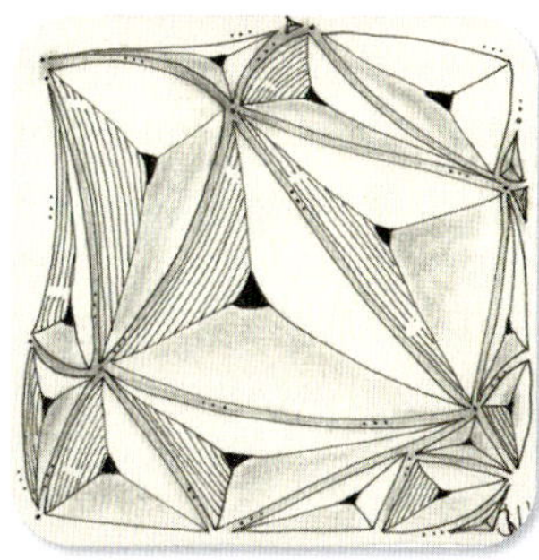

Variation: Beate Winkler, CZT, D

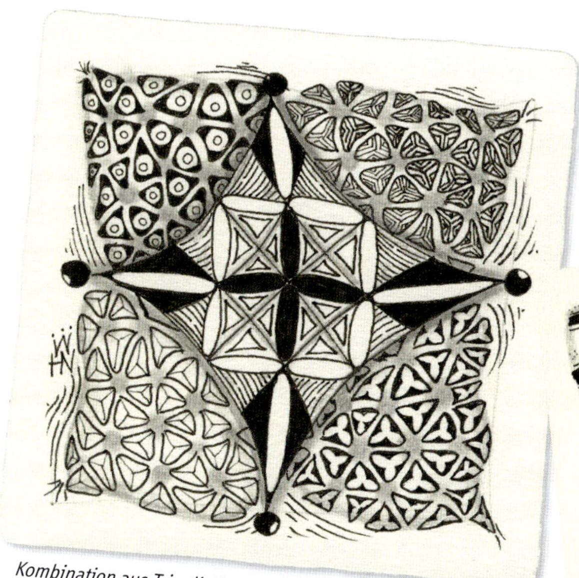

Kombination aus Tripoli, Fjura. Hanny Waldburger, CZT, CH

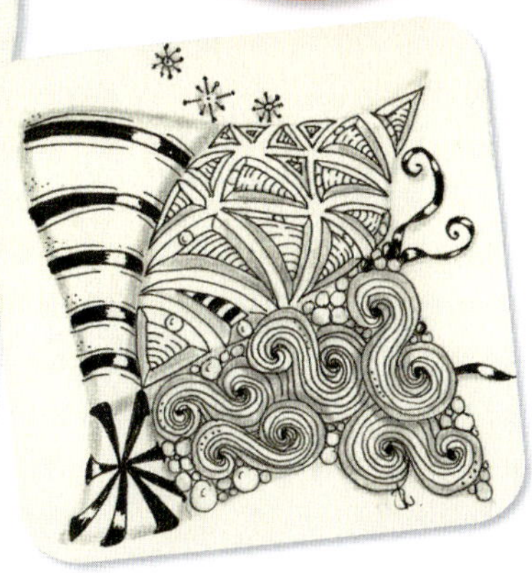

Kombination aus Tripoli, Goldilocks, Bunzo, (Pepper). Beate Winkler, CZT, D

85 Muster Tropicana

Designer: Kate Ahrens, CZT, USA/MN

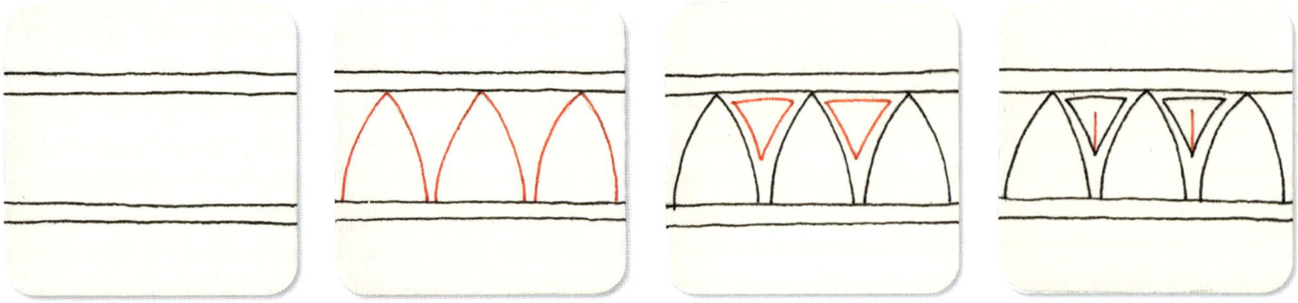

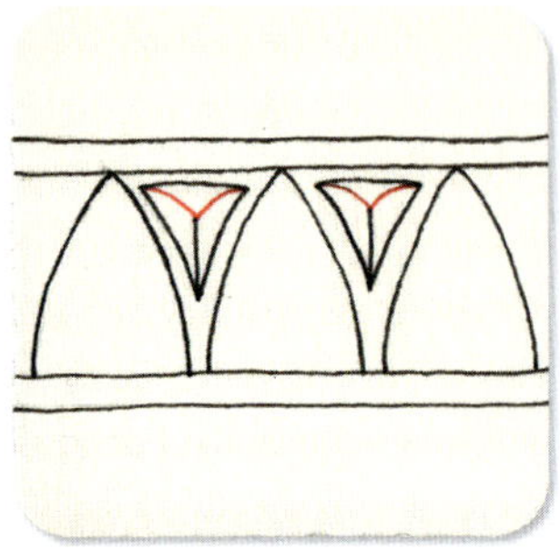

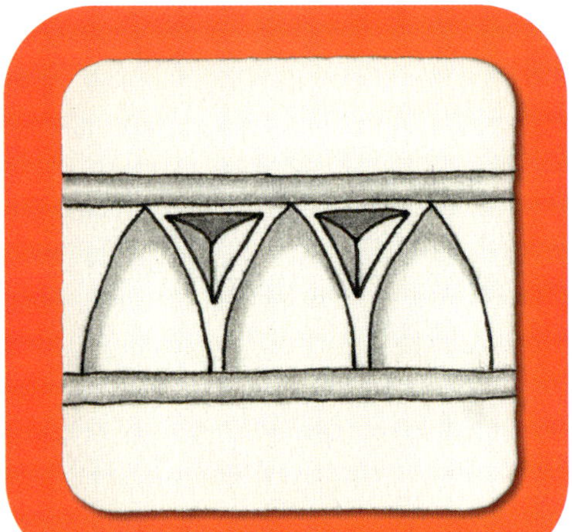

Kate Ahrens, CZT, USA/MN

Tropicana ist ein großartiges Muster, das man sowohl in rechteckigen als auch in anderen Formen benutzen kann. Es ist schön, weiße Flächen auf dem Tile zu lassen, doch es macht auch Spaß, unterschiedliche Muster hineinzuweben oder hinauswachsen zu lassen. (Kate)

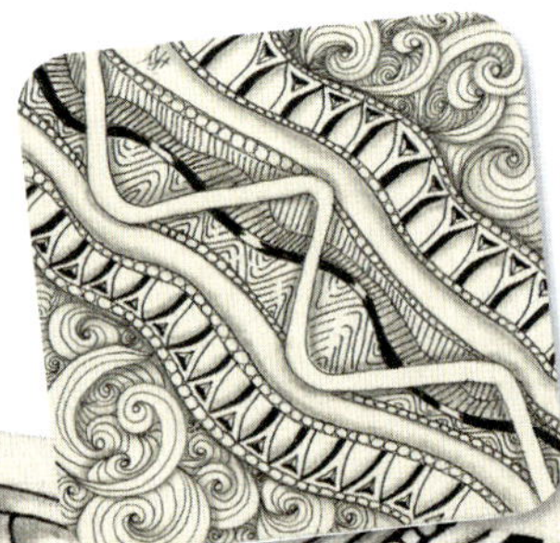

Kombination aus Tropicana, (Meer), Trio, (Twing). Hanny Waldburger, CZT, CH

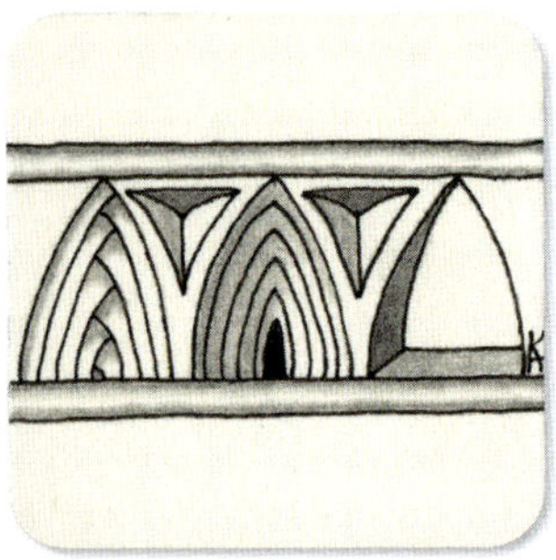

Variation: Kate Ahrens, CZT, USA/MN

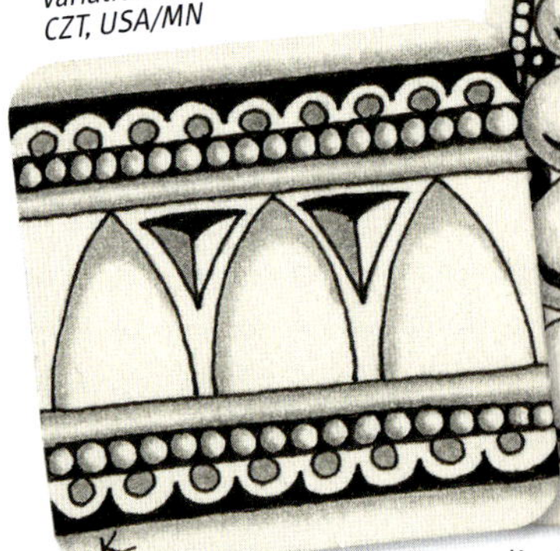

Variation: Kate Ahrens, CZT, USA/MN

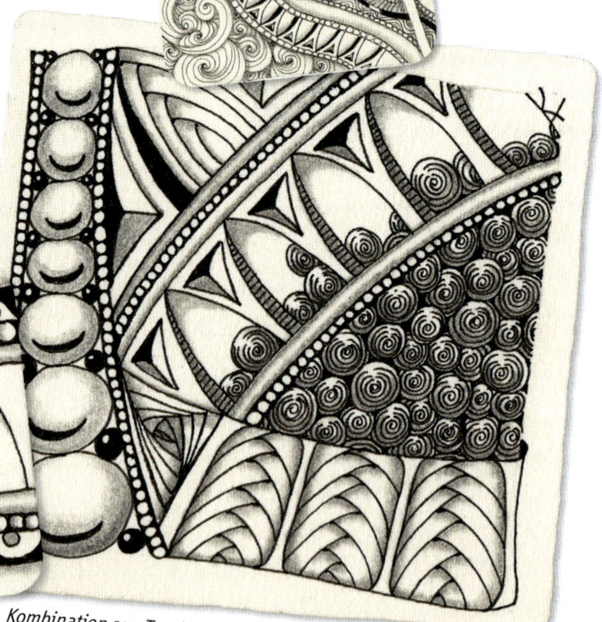

Kombination aus Tropicana, Onamato,Printemps, (Betweed). Kate Ahrens, CZT, USA/MN

86 Muster Tulipe

Designer: Stella Peters-Hessels, CZT, NL

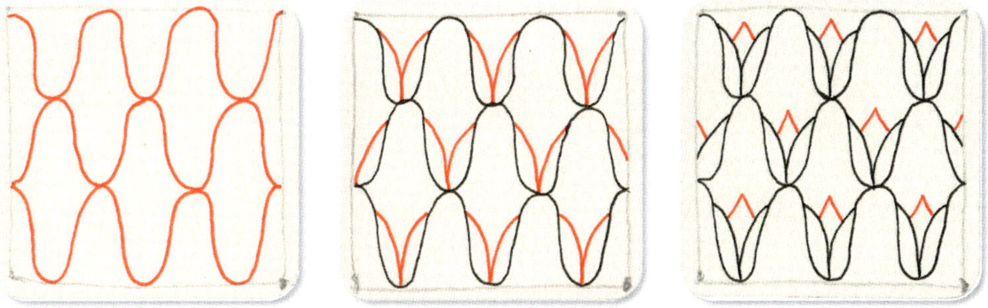

Kombination aus Tulipe, Msst, Printemps. Stella Peters-Hessels, CZT, NL

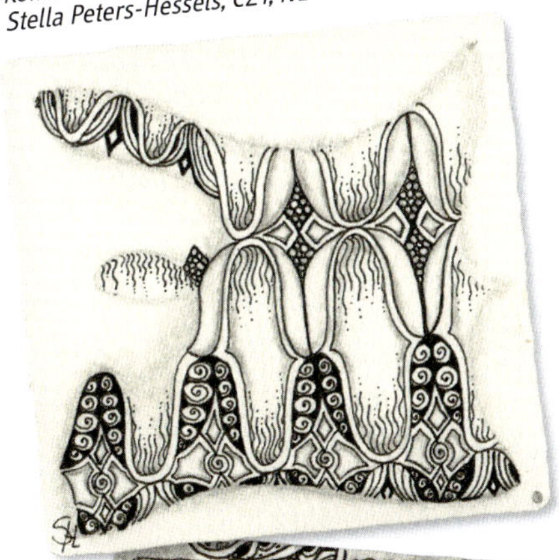

Dieses Tangle war ein überraschendes und ungeplantes Ergebnis, während ich ein anderes Muster ausprobierte. Ich fand, es sah aus wie eine holländische Tulpe und gab ihm deshalb den französischen Namen „Tulipe“. (Stella)

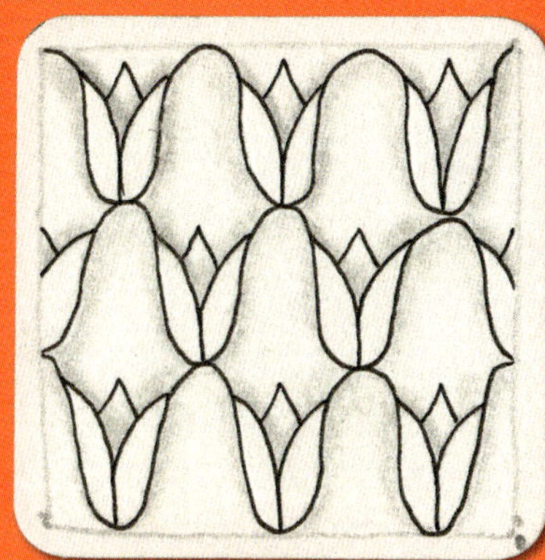

Stella Peters-Hessels, CZT, NL

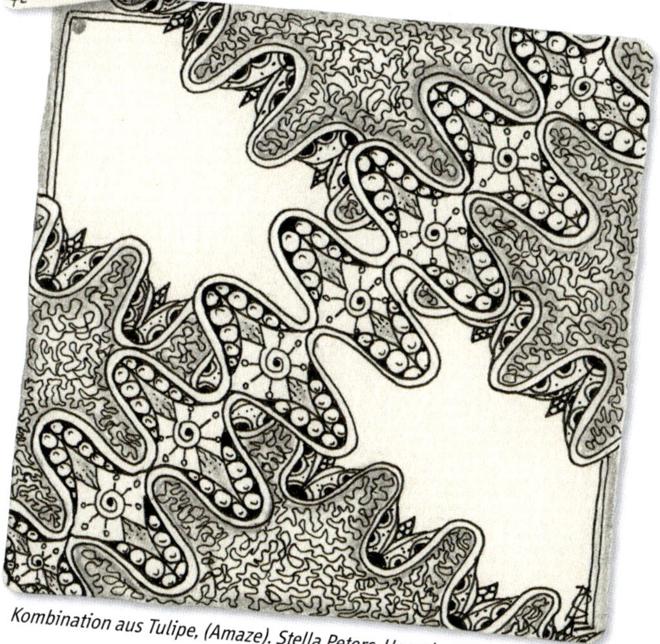

Kombination aus Tulipe, (Amaze). Stella Peters-Hessels, CZT, NL

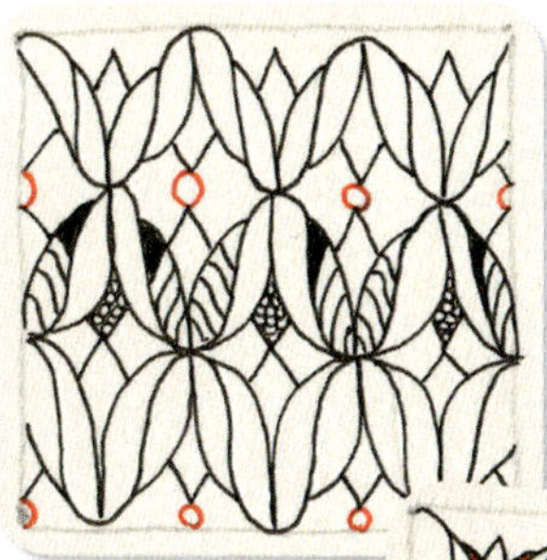

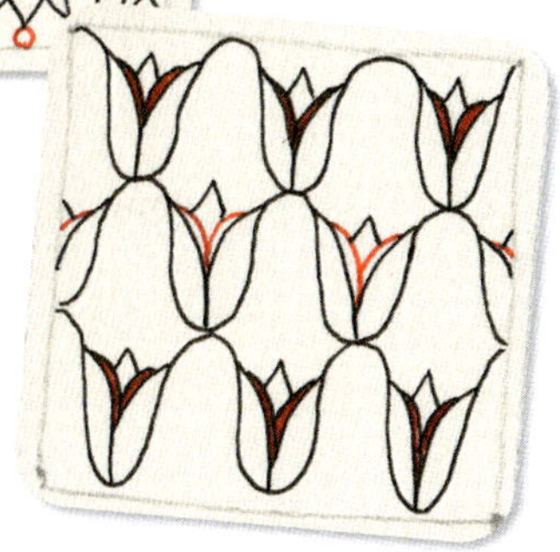

Variationen: Stella Peters-Hessels, CZT, NL

Twenty-One

Designer: Mariët Lustenhouwer, NL

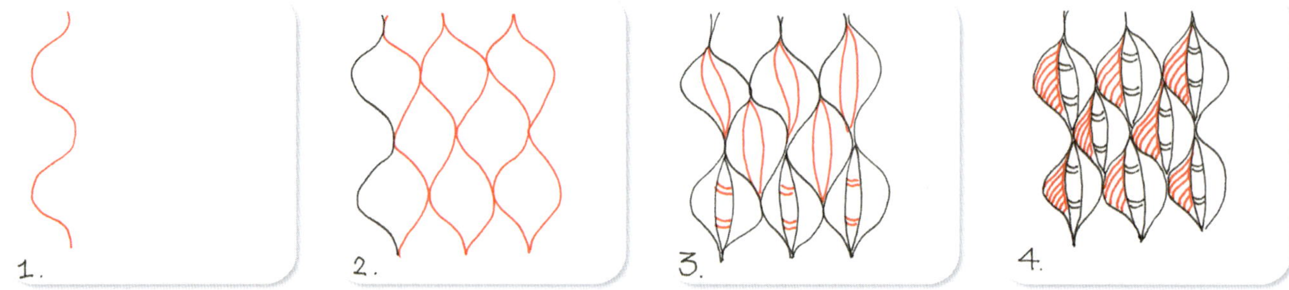

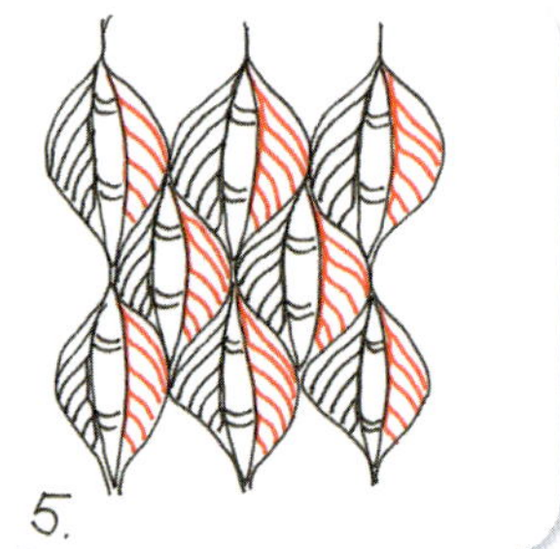

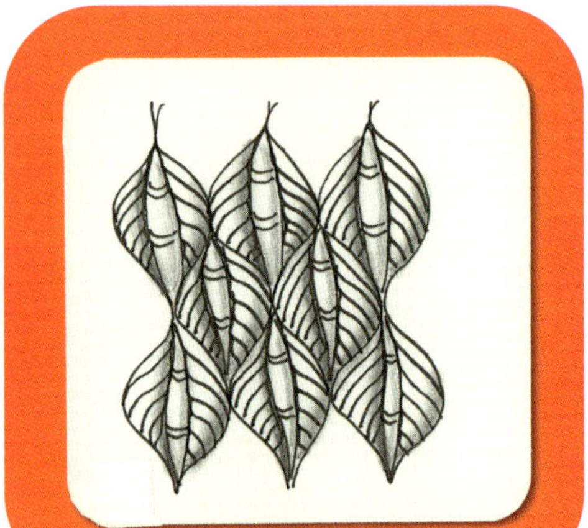

Mariët Lustenhouwer, NL

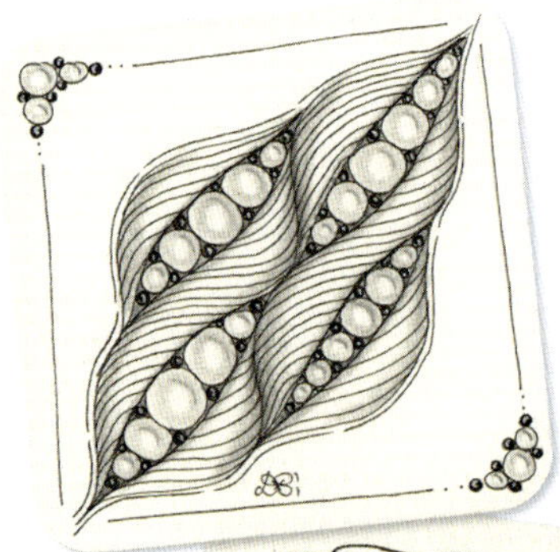

Kombination aus Twenty-One, Onamato. Diana Schreur, CZT, NL

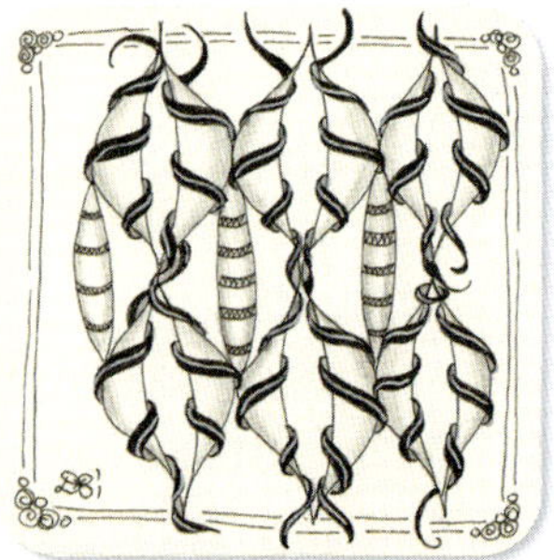

Variation: Diana Schreur, CZT, NL

Twenty-One hat durch seine Variationen sehr viele Gesichter. (Diana)

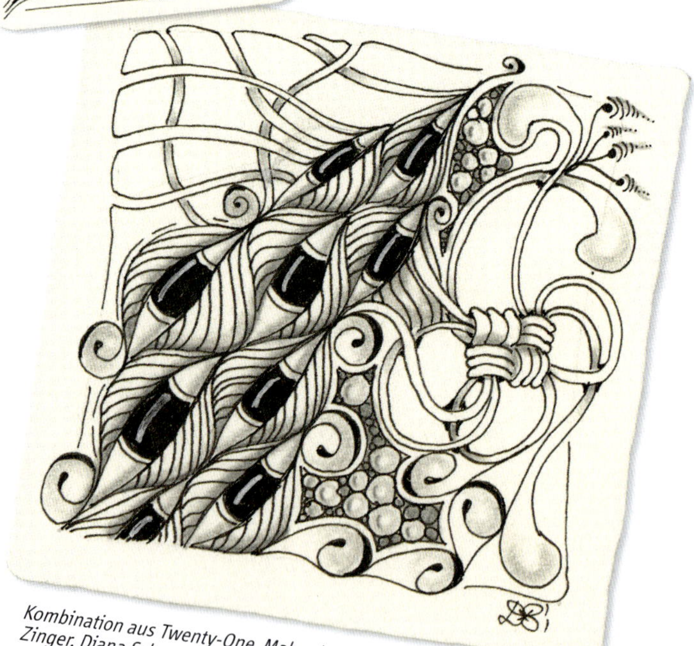

Kombination aus Twenty-One, Mak-rah-mee, Hollibaugh, (Tipple), Zinger. Diana Schreur, CZT, NL

88 Muster Wheelz

Designer: Joyce Block, CZT, USA/WI

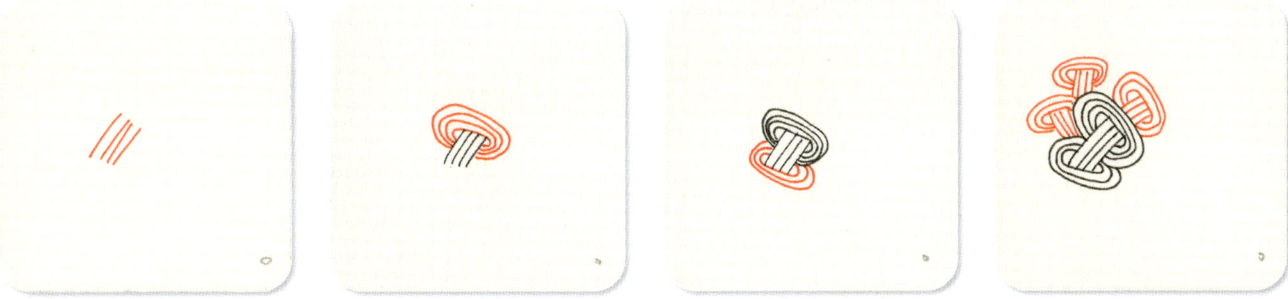

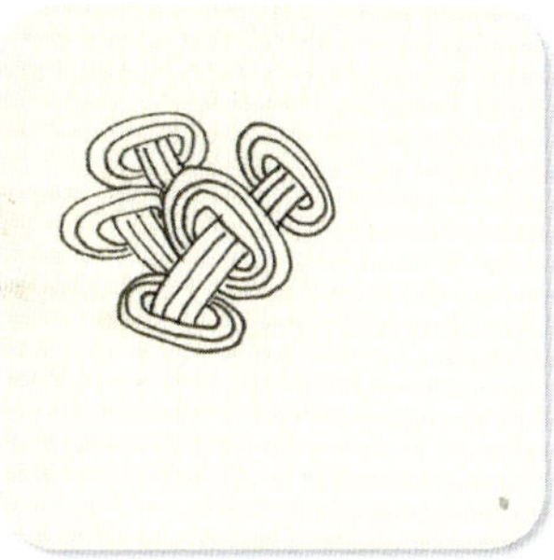

Wheelz ist wie eine Waschmaschine, die mit zu viel Pulver langsam, aber sicher überquillt. Man mag gar nicht mehr aufhören. An allen kleinen Ecken kann eben noch ein Strang dazu getangelt werden. (Beate)

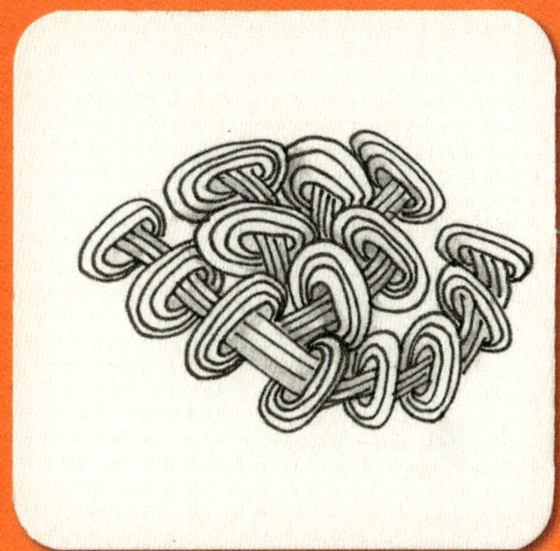

Beate Winkler, CZT, D

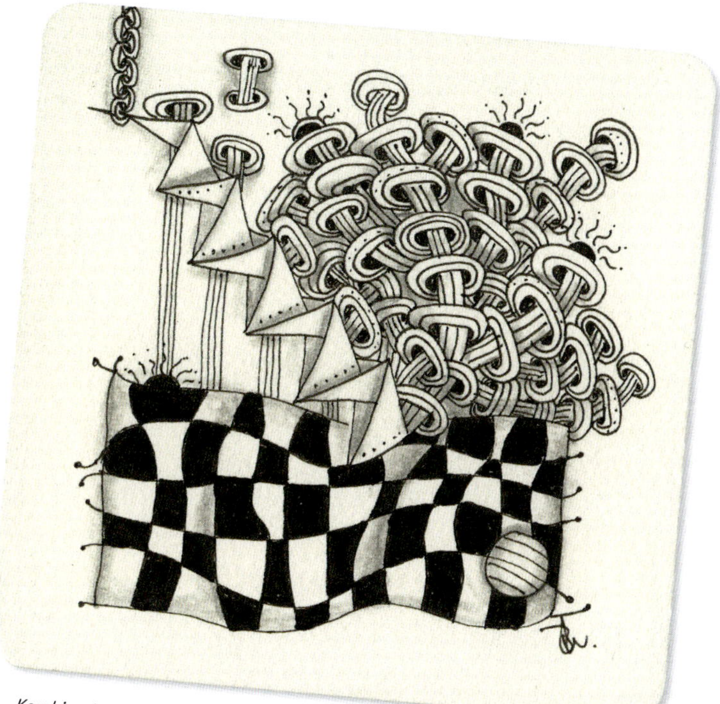

Kombination aus Wheelz, Knightsbridge, ING, Kettelbee. Beate Winkler, CZT, D

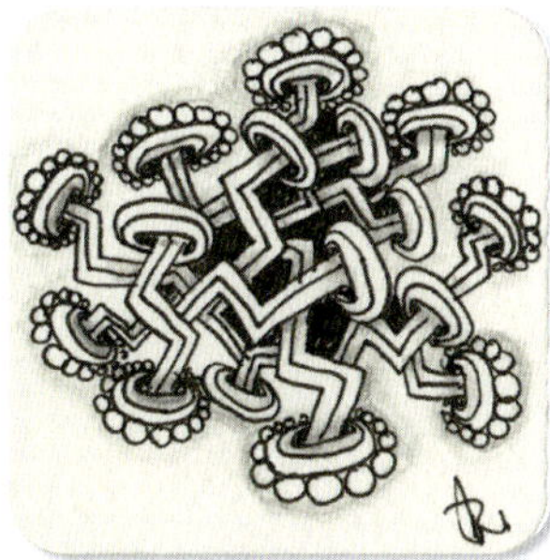

Variation: Beate Winkler, CZT, D

89 Muster Wiking

Designer: Arja de Lange-Huisman, CZT, NL

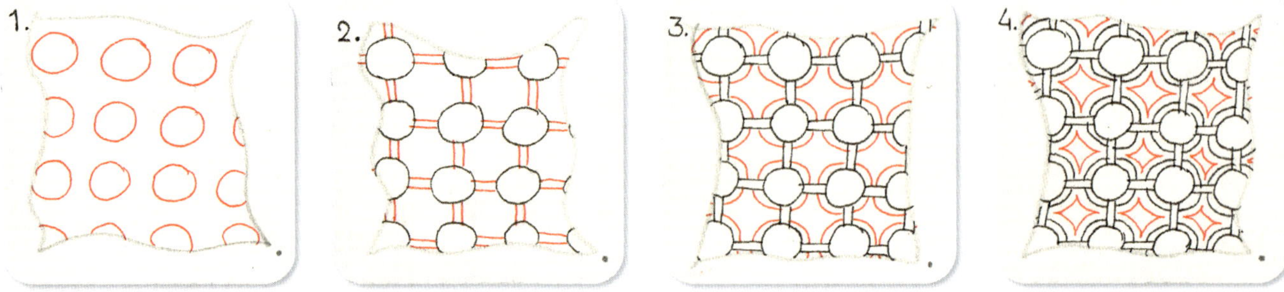

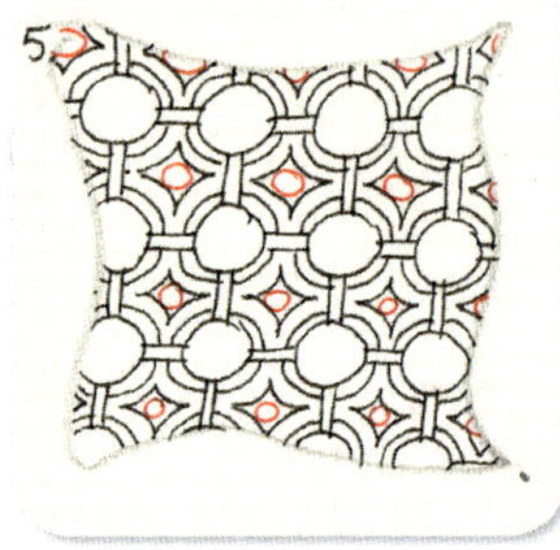

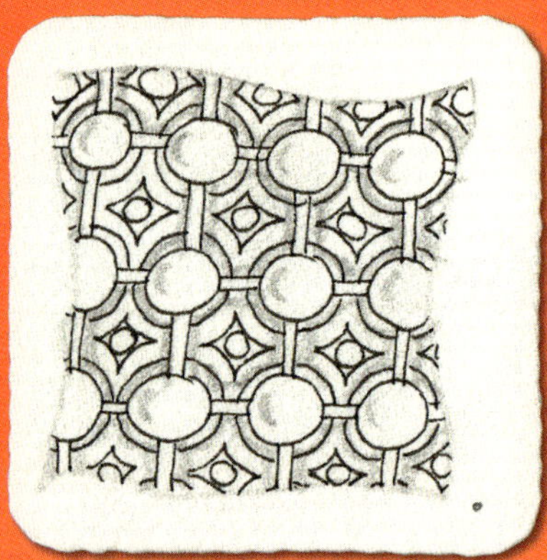

Arja de Lange-Huisman, CZT, NL

Ich mag dieses Muster, weil ich es auf einer echten Wikingerbrosche gefunden habe, die ich im Sommer in Dänemark gesehen hatte. Es bietet eine große Anzahl an Möglichkeiten, durch Schattierung, Auffüllen und Glanzlichter verändert zu werden. (Arja)

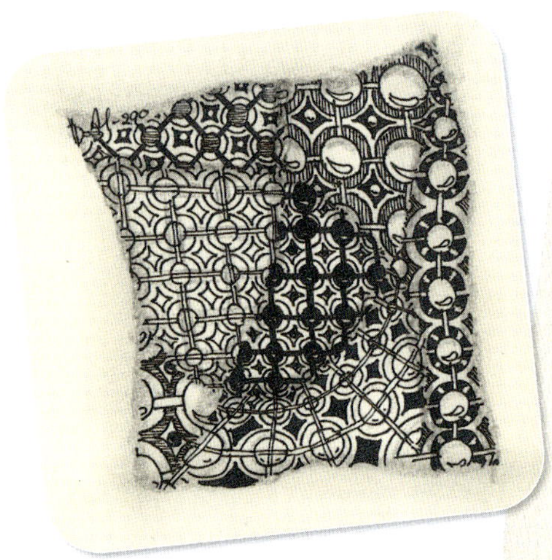

Variation: Arja de Lange-Huisman, CZT, NL

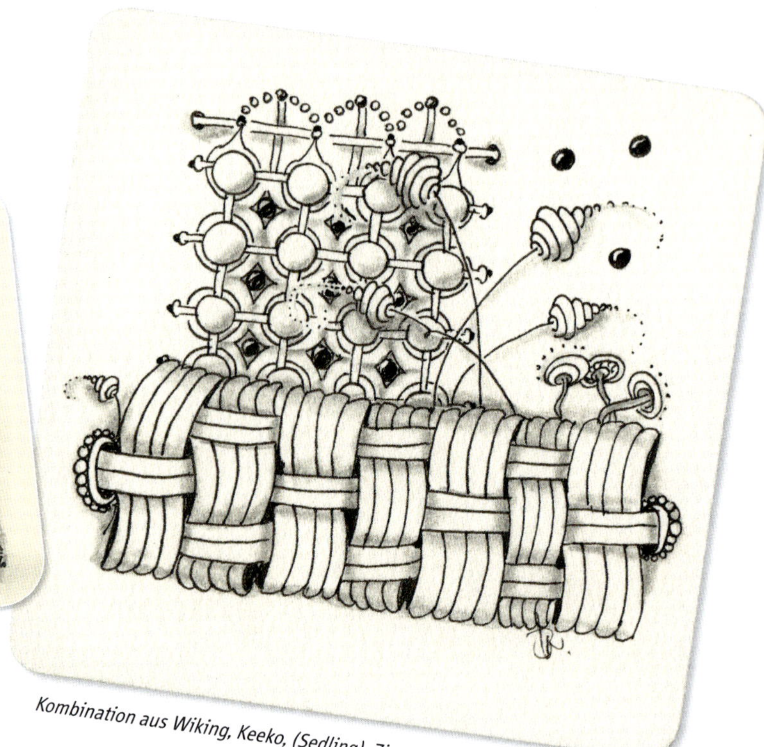

Kombination aus Wiking, Keeko, (Sedling), Zinger. Beate Winkler, CZT, D

90 Muster

Zander

Designer: Rick Roberts & Maria Thomas, Zentangle HQ, USA/MA

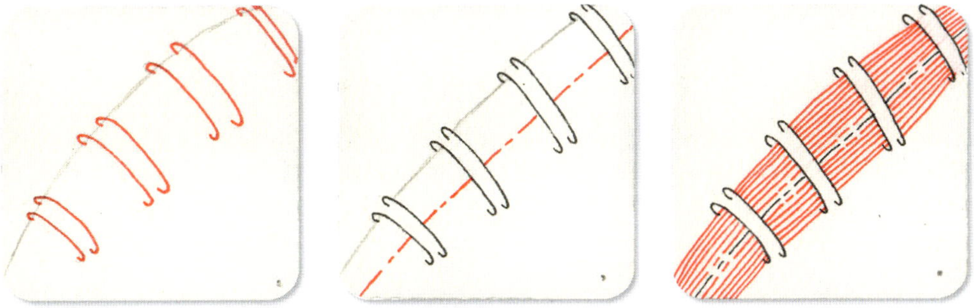

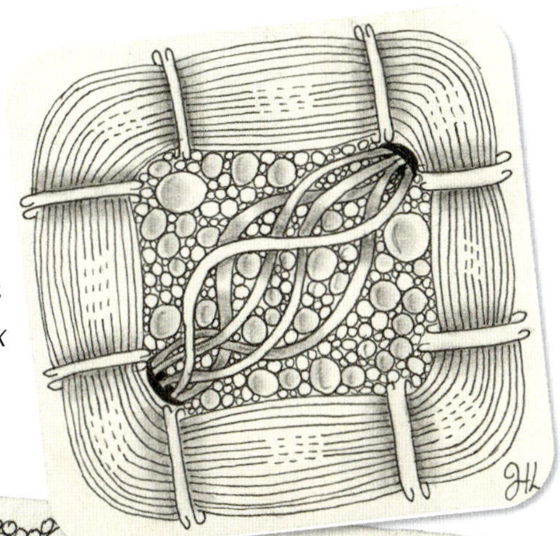

Kombination aus Zander, Quib, (Tipple). Hannah Geddes, CZT, UK

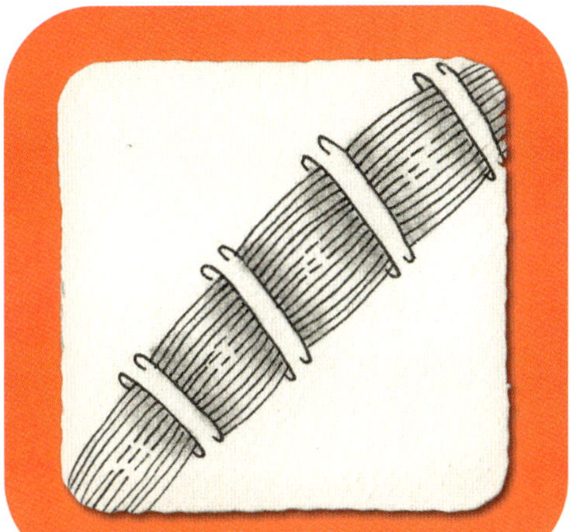

Hannah Geddes, CZT, UK

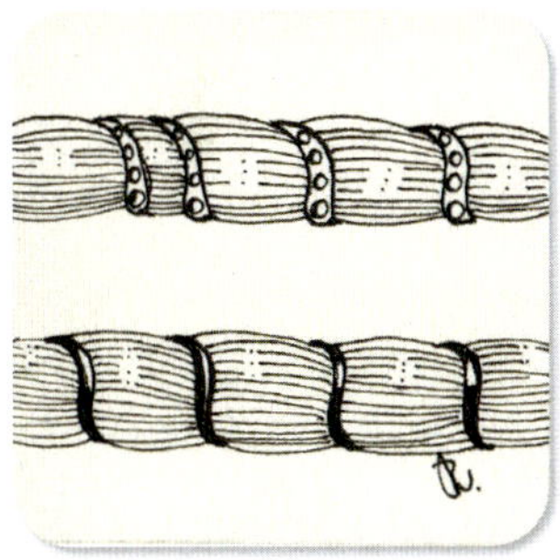

Variation: Beate Winkler, CZT, D

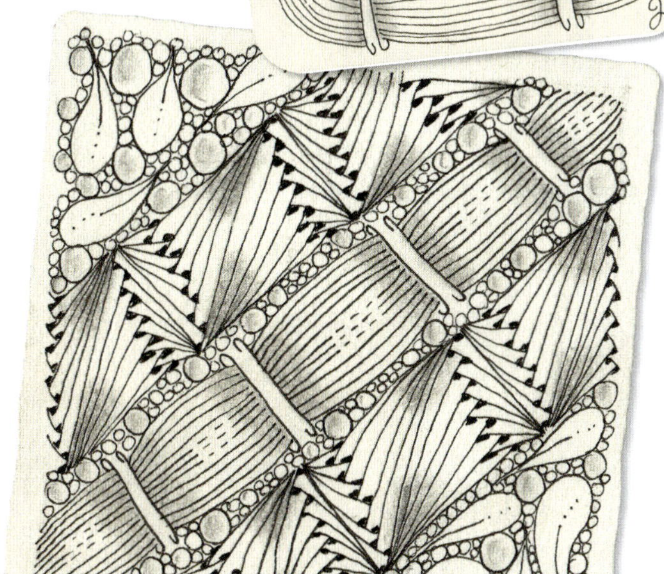

Kombination aus Zander, (Betweed), Flux. Hannah Geddes, CZT, UK

Zander kann als Rahmen oder Trennlinie benutzt werden. Ob schmal oder breit, es bringt eine schöne Dimension auf das Papier. (Hannah)

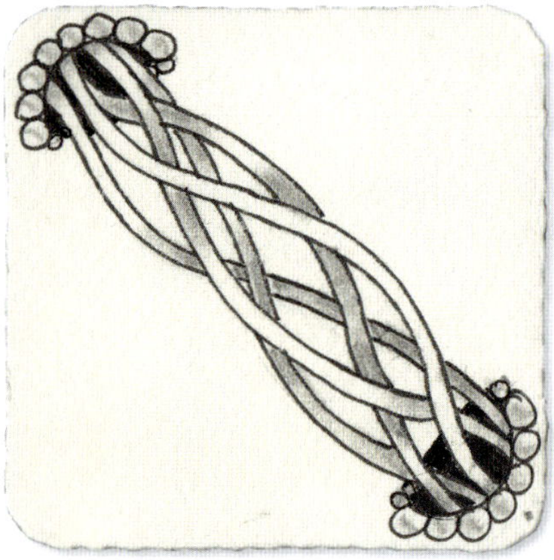

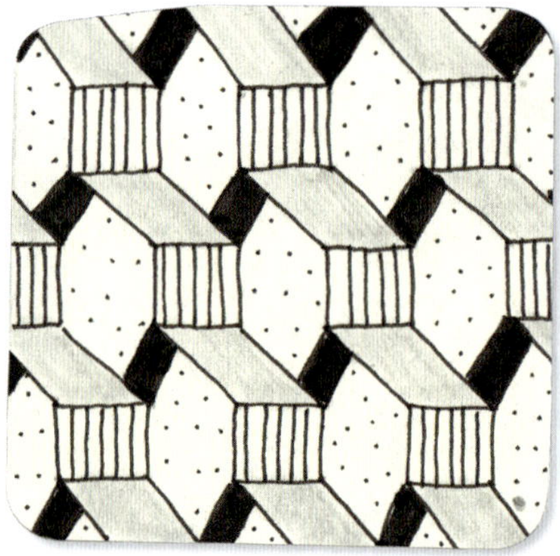

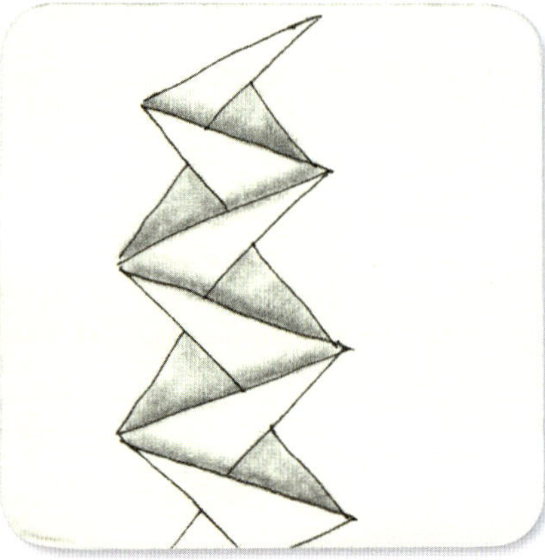

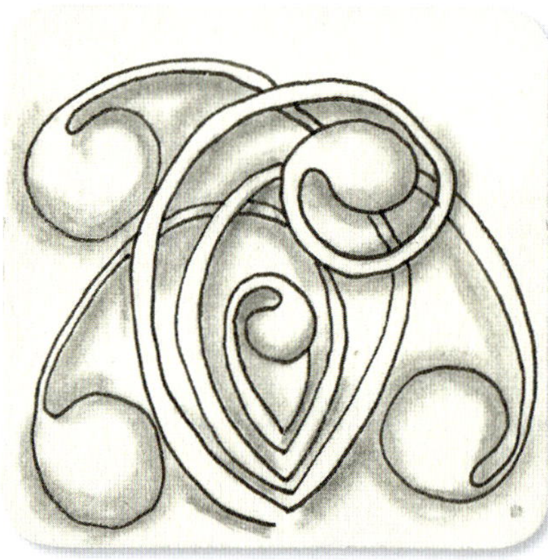

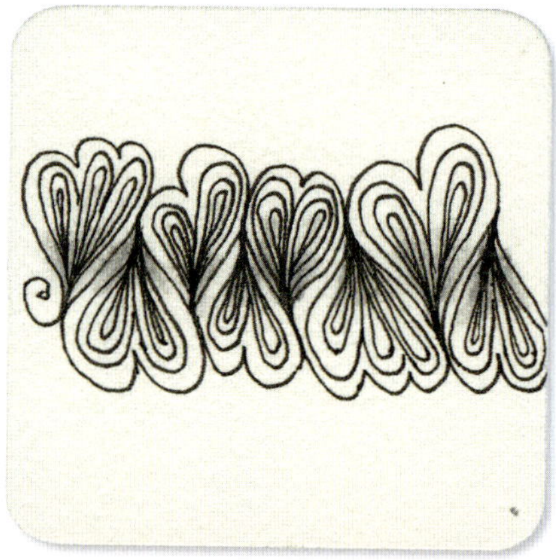

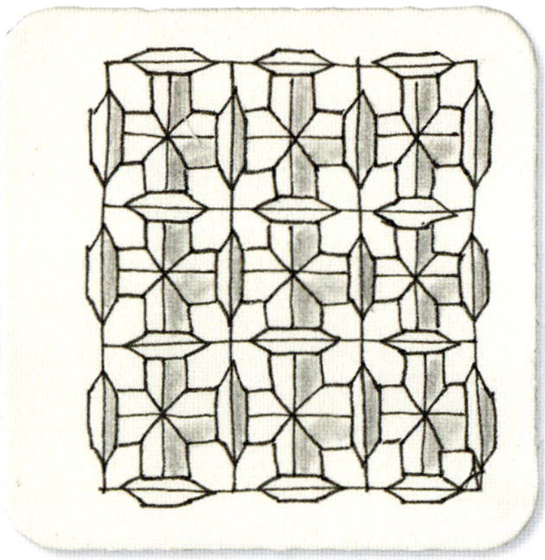

Tangles der Meisterklasse

Diese Tangles solltet Ihr in Ruhe und einzeln ausprobieren, sie sind sehr effektvoll. An manchen müsst Ihr vielleicht am Anfang ein bisschen knobeln, aber ist das Tangle einmal erfolgreich geschafft, könnt Ihr stolz darauf sein!

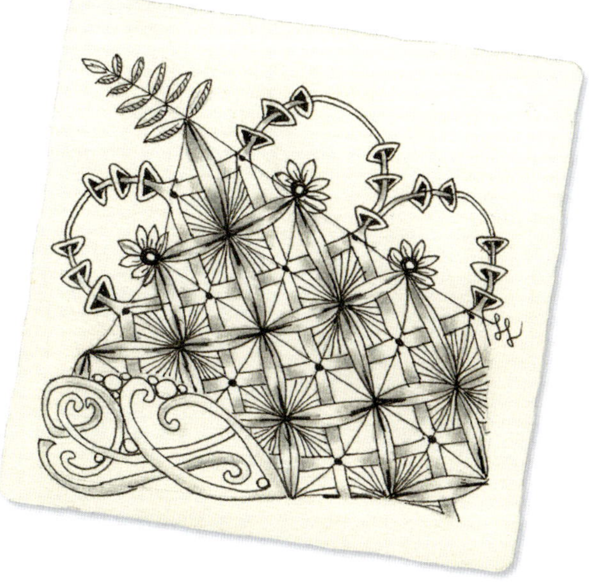

9 Muster

Quib

Designer: Rick Roberts & Maria Thomas, Zentangle HQ, USA/MA

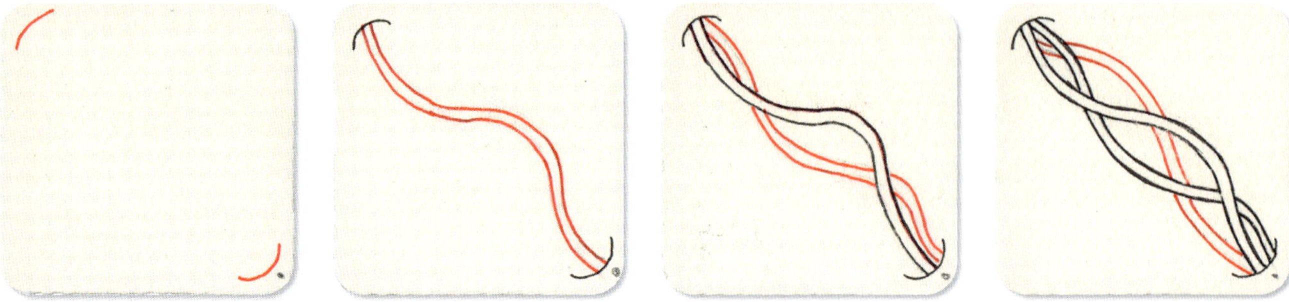

Ich liebe Quib, weil es fließend und frei ist. Man braucht ein paar Vorüberlegungen, um die Tentakeln über- und untereinander zu zeichnen. Aber am Ende sieht es wirklich fabelhaft aus. (Hannah)

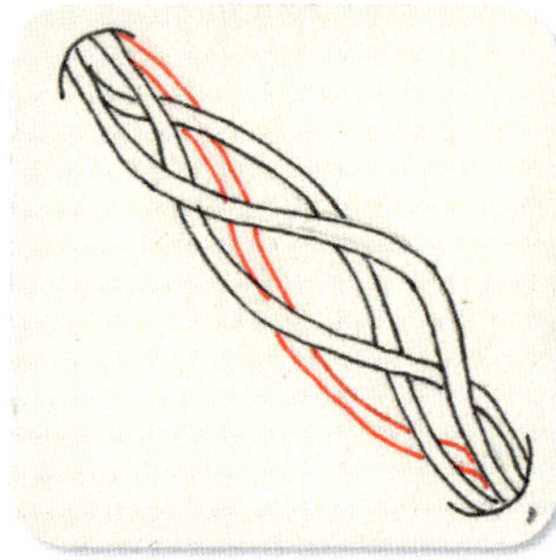

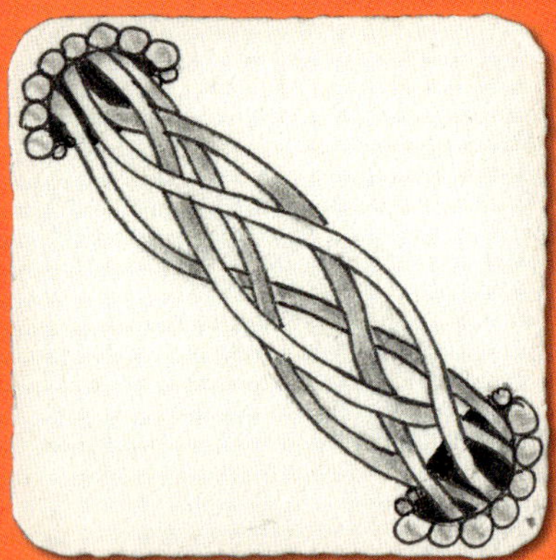

Hannah Geddes, CZT, UK

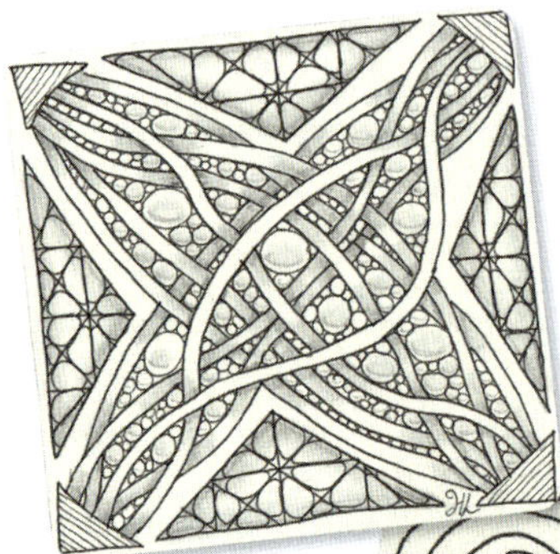

Kombination aus Quib, 'Nzeppel, (Tipple), Hannah Geddes, CZT, UK

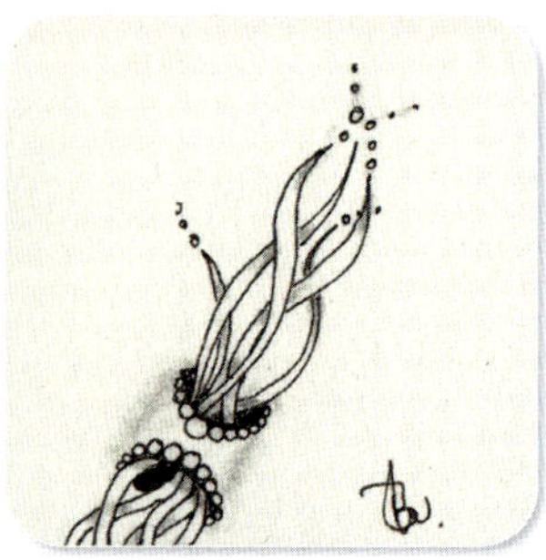

Variation: Beate Winkler, CZT, D

Bei Quib muss man gut hingucken, alles geht drunter und drüber. Und mit Schwarz oder Kugeln (Tipple) hinterlegt, kommt es toll zur Geltung. (Beate)

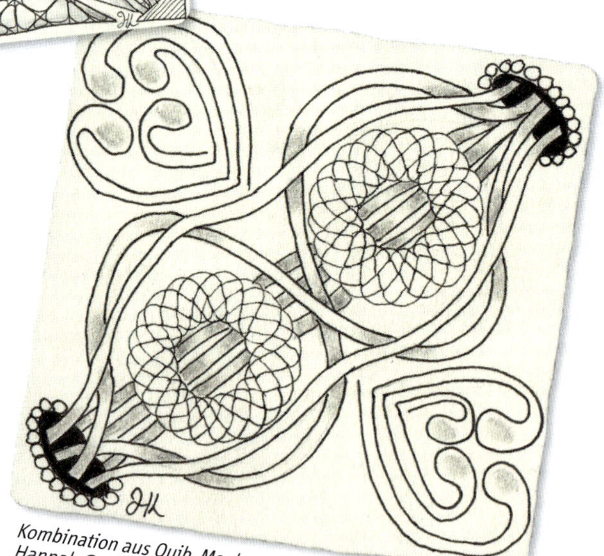

Kombination aus Quib, Mooka, Rubenesque. Hannah Geddes, CZT, UK

92 Muster Casella

Tipp: Das Raster mit Bleistift setzen

Designer: Conny Holsappel, NL

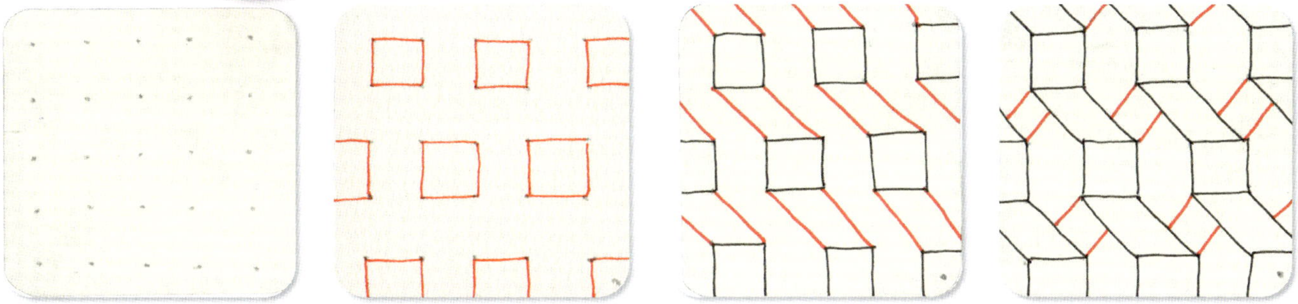

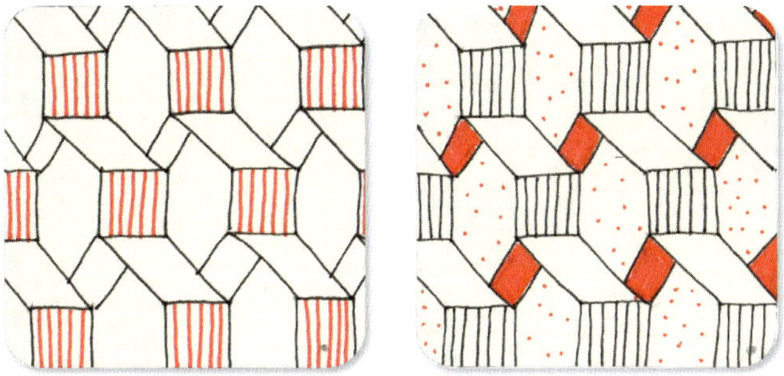

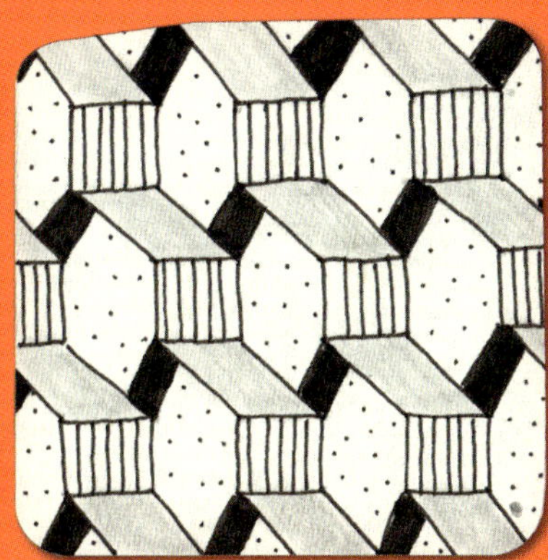

Lisa Lehman, CZT, USA/NY

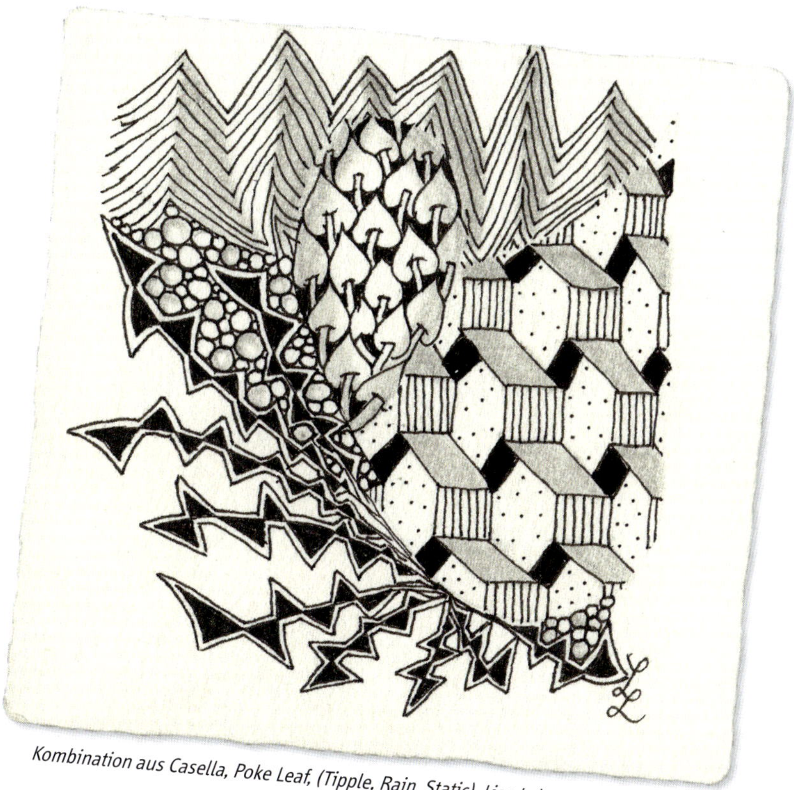

Kombination aus Casella, Poke Leaf, (Tipple, Rain, Static). Lisa Lehman, CZT, USA/ NY

Casella hat viele Schritte. Man sollte wirklich alle nach und nach durchgehen, damit man ja nicht durcheinander kommt. (Beate)

93 Muster Galileo

Designer: Sue Jacobs, CZT, USA/IL

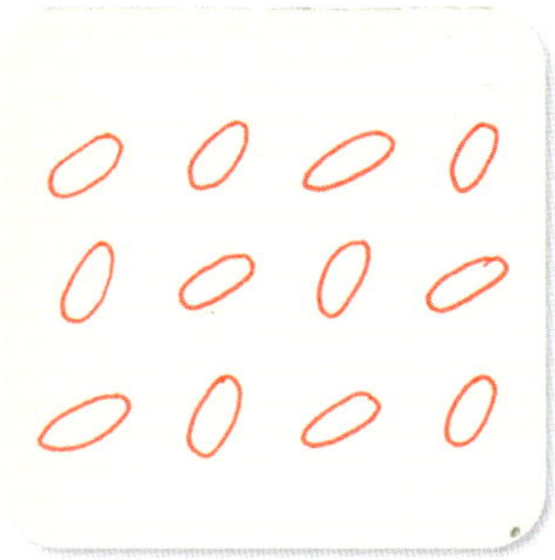

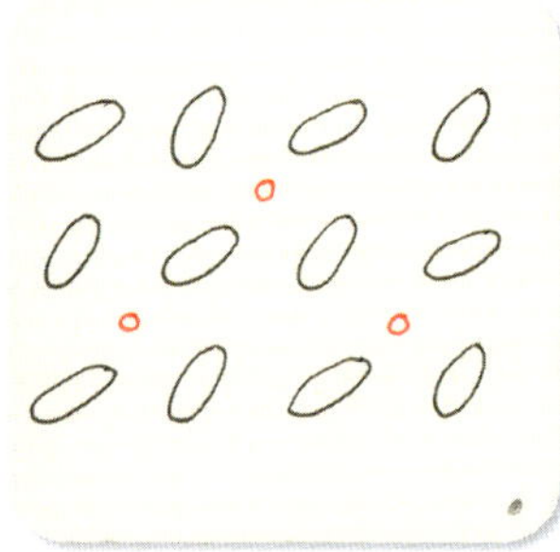

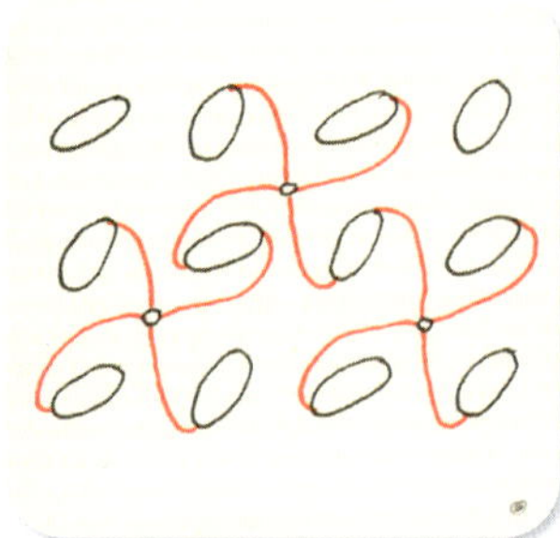

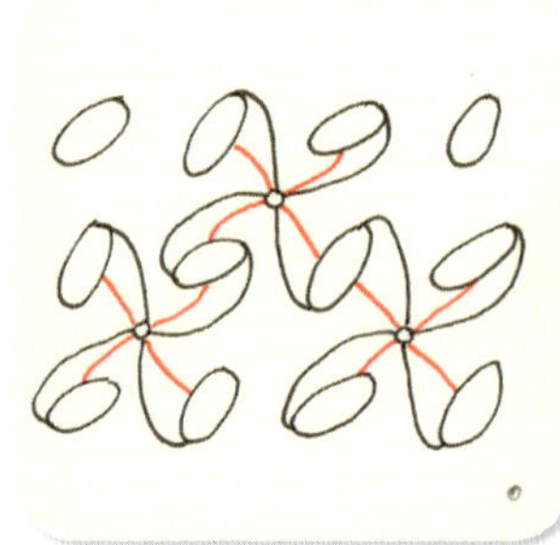

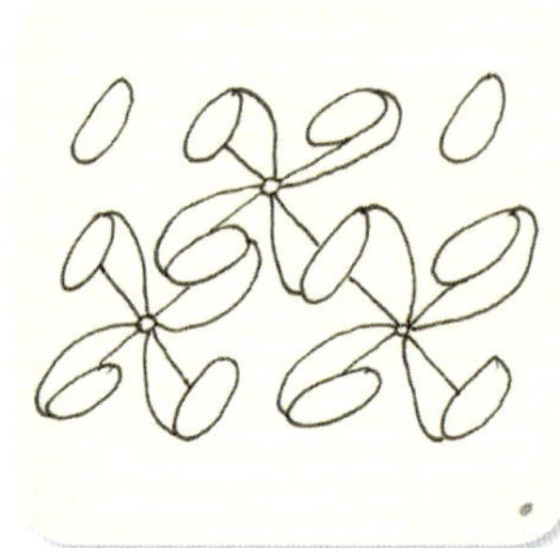

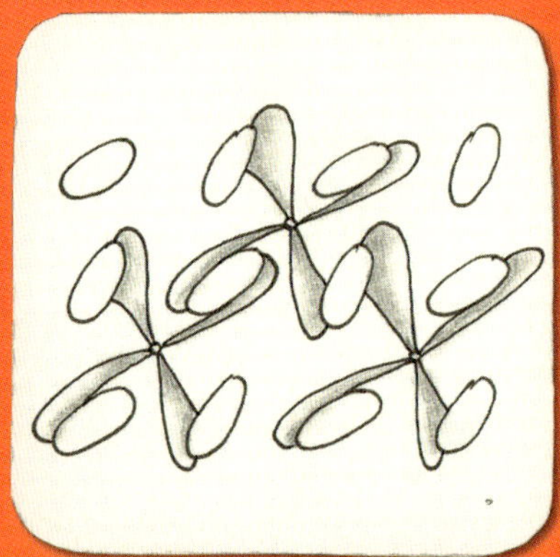

Ellen Gozeling, CZT, NL

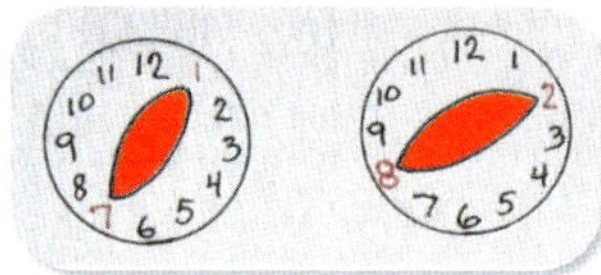

Allein schon der Name hat mich angesprochen. Das Muster ist schwerer, als es aussieht (bei den meisten ist es ja anders herum). Also einfach ausprobieren und freuen. (Beate)

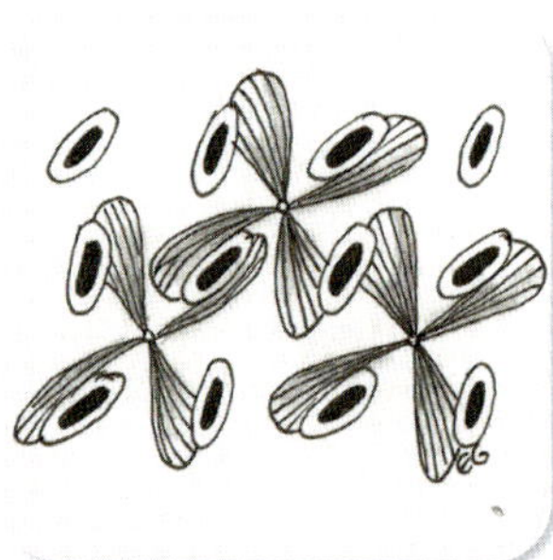

Variation: Ellen Gozeling, CZT, NL

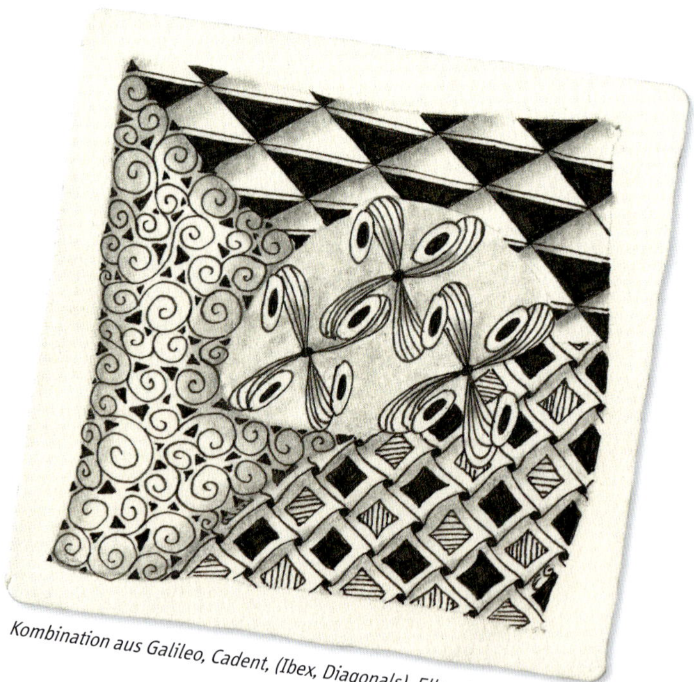

Kombination aus Galileo, Cadent, (Ibex, Diagonals). Ellen Gozeling, CZT, NL

Ich liebe das Tangle Galileo, weil es mich fokussiert hält und so viel Bewegung hat. (Ellen)

94 Muster Verdigogh

Designer: Maria Thomas, Zentangle HQ, USA/MA

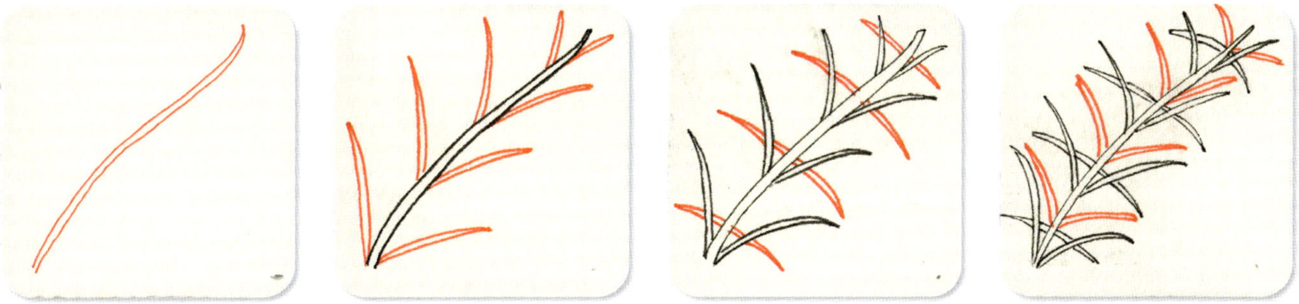

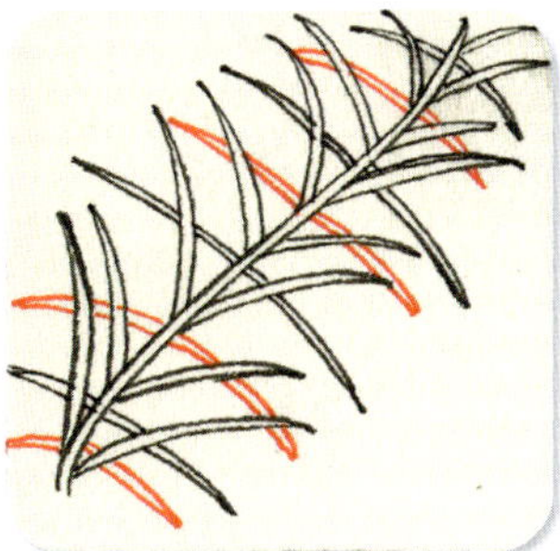

Ich mag Verdigogh, weil es mich an die Natur erinnert. (Marty)

Für Ungeduldige wie mich ist dieses Tangle eine Herausforderung. Doch wenn ich mich auf jede Linie einzeln einlasse, merke ich, wie Ruhe einkehrt. Und ich freue mich, wie einfach das wunderschöne Muster zum Leben erweckt wird. (Beate)

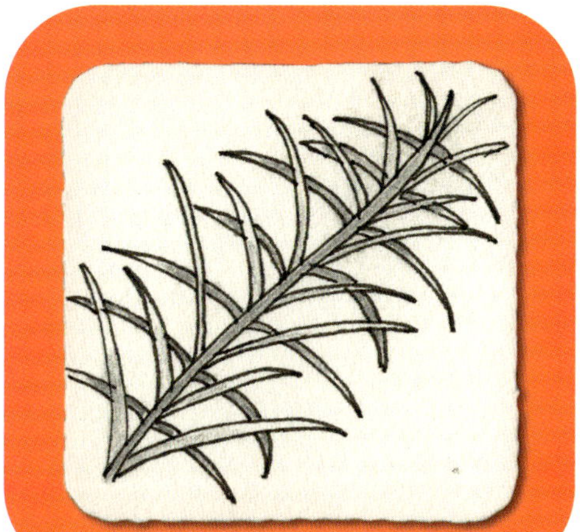

Marty Vredenburg, CZT, USA/MI

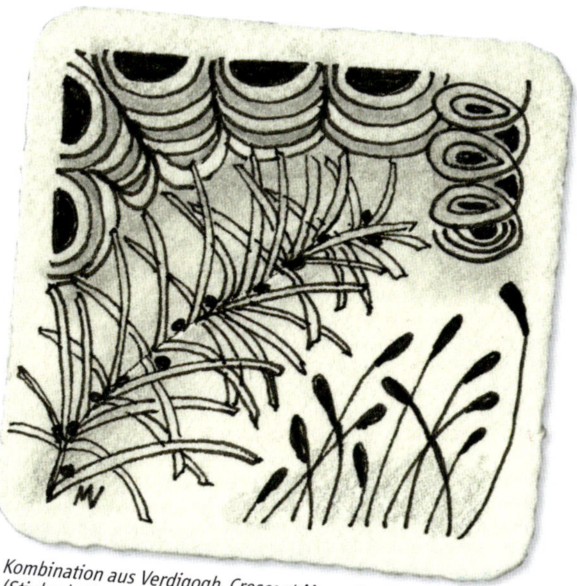

Kombination aus Verdigogh, Crescent Moon, Fescu, (Stinkey). Marty Vredenburg, CZT, USA/MI

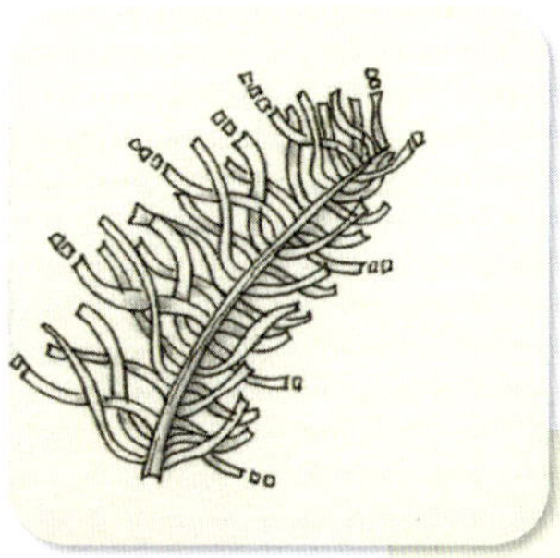

Variationen: Beate Winkler, CZT, D

Verdigogh mag auch gern mal für sich alleine sein als Monotangle.

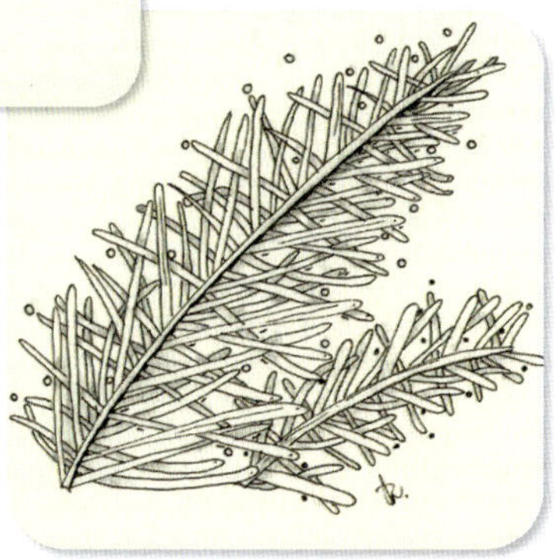

95 Unmögliches Dreieck

Muster

Designer: Oscar Reutersvärd/Roger Penrose; gezeichnet von: Beate Winkler, CZT, D

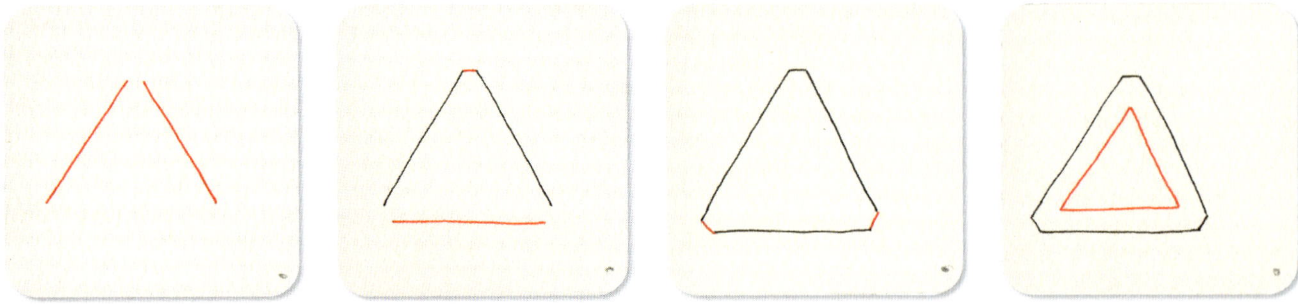

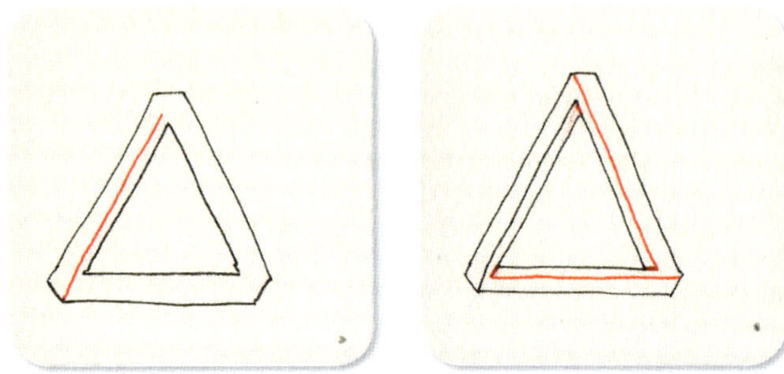

Beate Winkler, CZT, D

Das Penrose-Dreieck oder Tribar wurde 1934 von dem schwedischen Künstler Oscar Reutersvärd erfunden. Genau zwanzig Jahre später wurde es ein weiteres Mal von dem Mathematiker Roger Penrose entdeckt und benannt. Angeregt durch die Zeichnungen von M.C. Escher versuchte er sich darin, unmögliche Figuren zu entwerfen. Am deutlichsten gelang ihm das mit Tribar.

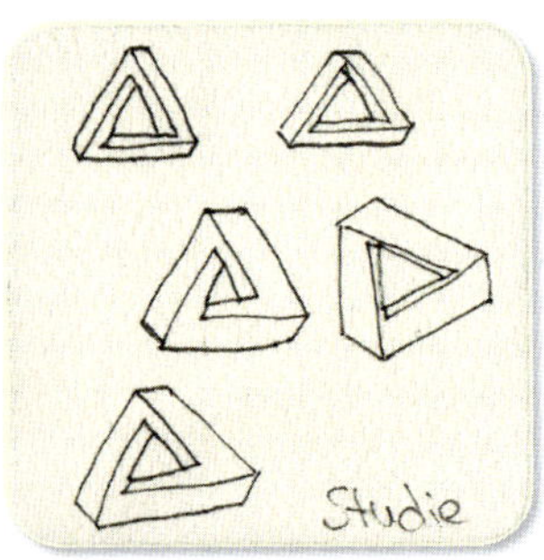

Studie: Beate Winkler, CZT, D

Ich habe mit fünf verschiedenen Anleitungen getüftelt und hoffe, dass Ihr mit diesem Stepout auch am ehesten zurechtkommt. (Beate)

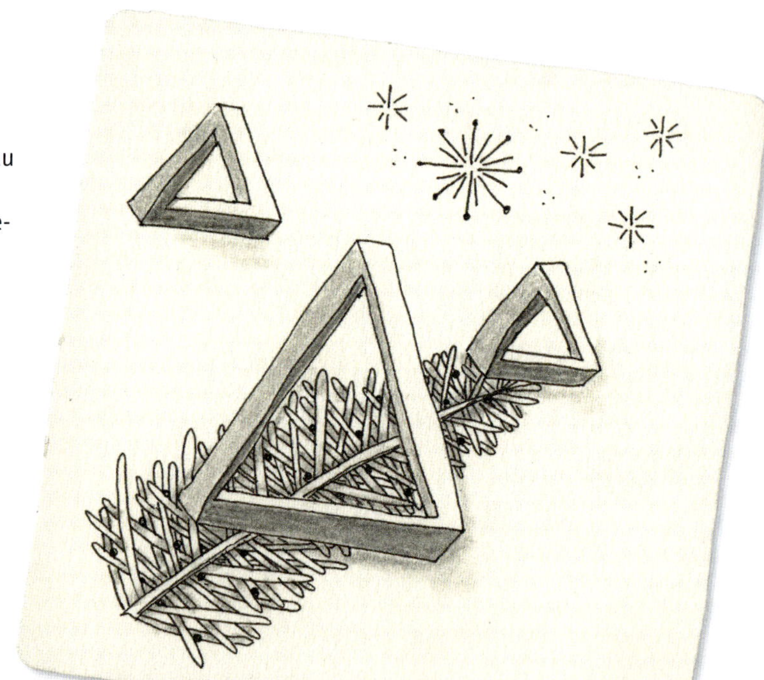

Kombination aus Unmögliches Dreieck, Verdigogh, Ahh. Beate Winkler, CZT, D

96 Muster

Puffle

Designer: Sandy Hunter, CZT, USA/TX

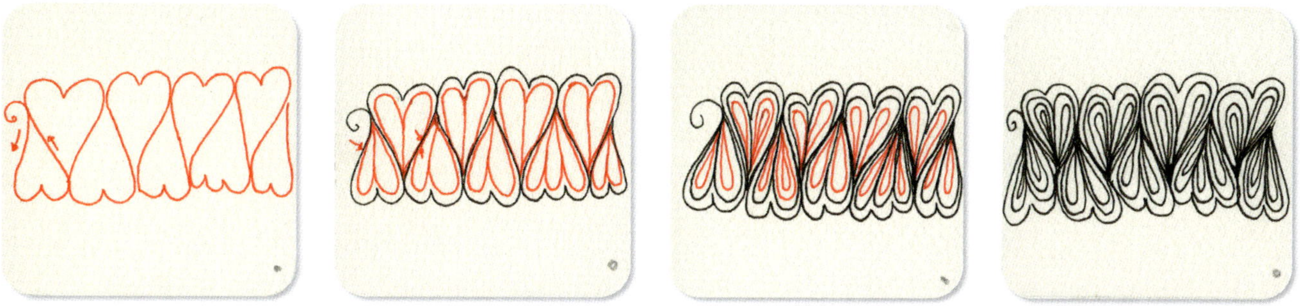

Puffle bedarf etwas Übung. Achte darauf, dass sich die Linien berühren. Beim Füllen immer aus der Mitte beginnen und die Ränder an den Rand schmiegen, es verliert sonst den dreidimensionalen Effekt. (Beate)

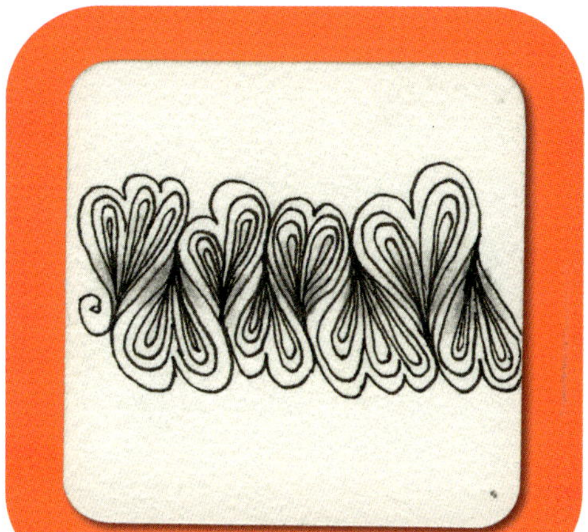

Beate Winkler, CZT, D

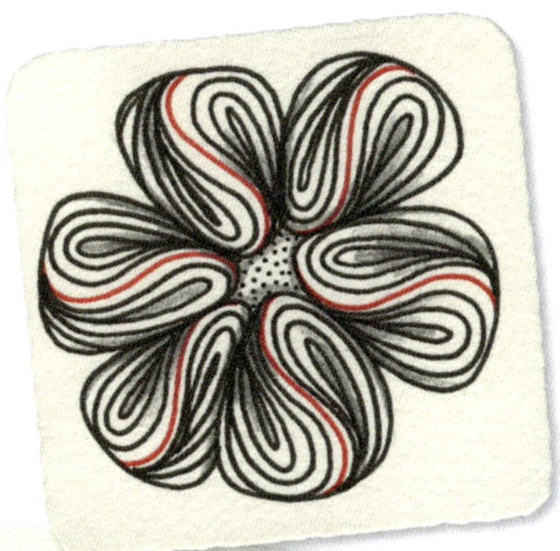

Variation: Sandy Hunter, CZT, USA/TX

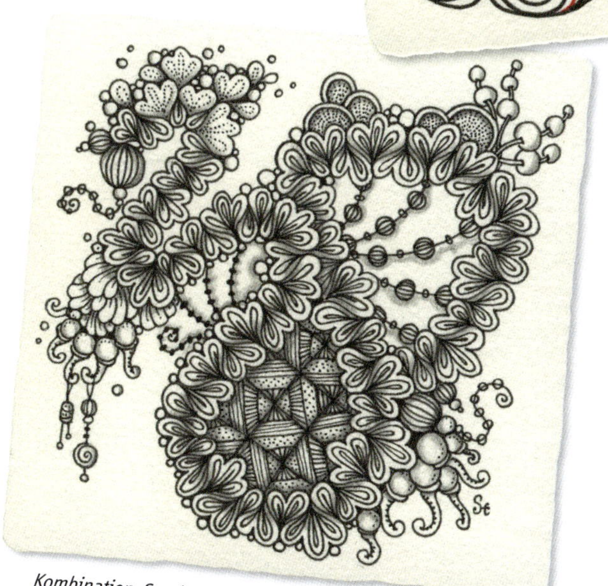

Kombination: Sandy Hunter, CZT, USA/TX

Das Muster sieht so locker und einfach aus, es bringt mich zum Staunen. Für das Stepout habe ich allerdings einige Anläufe gebraucht, also schaut bitte ganz genau hin, damit es leicht gelingt. (Beate)

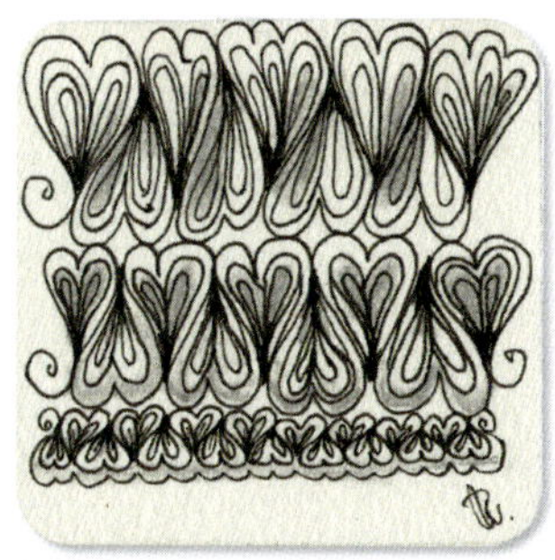

Variation: Beate Winkler, CZT, D

97 Crux

Muster

Designer: Henrike Bratz, D

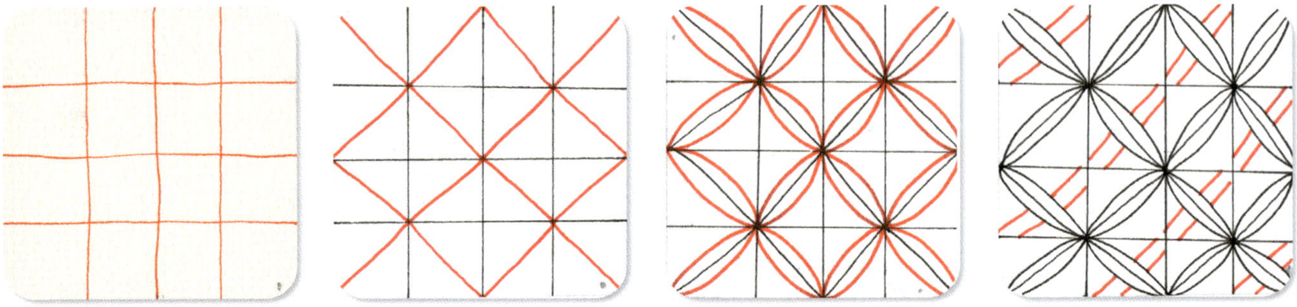

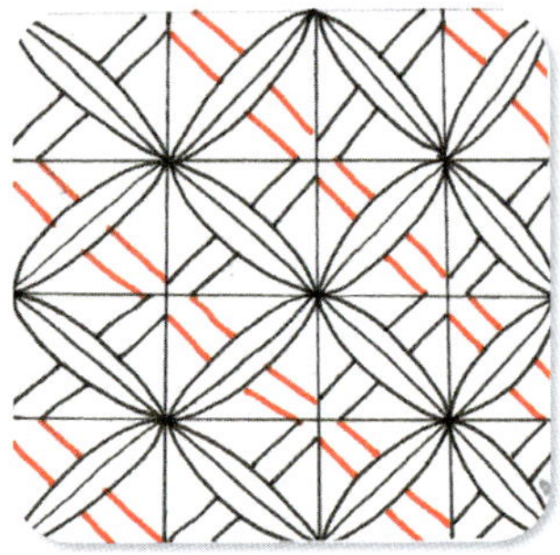

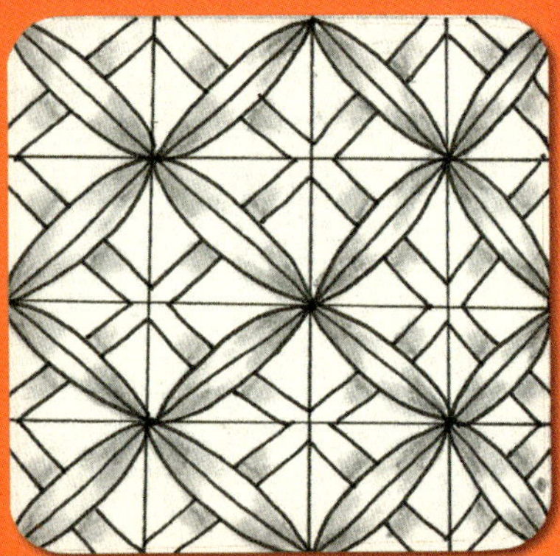

Lisa Lehman, CZT, USA/NY

Von Rick und Maria gibt es das Tangle Fife. Crux erinnert mich daran, der Weg dahin ist aber ein ganz anderer. Es zeigt sich wieder mal: Der Unterschied steckt im Detail. (Beate)

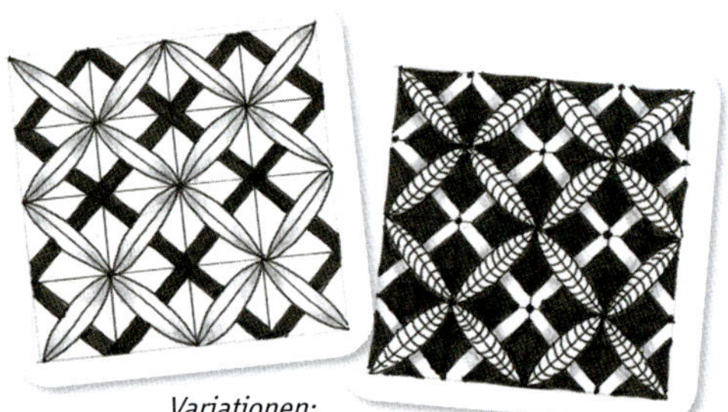

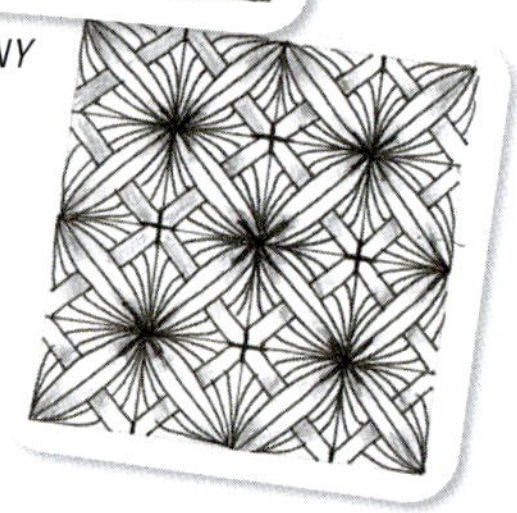

Variationen: Lisa Lehman, CZT, USA/NY

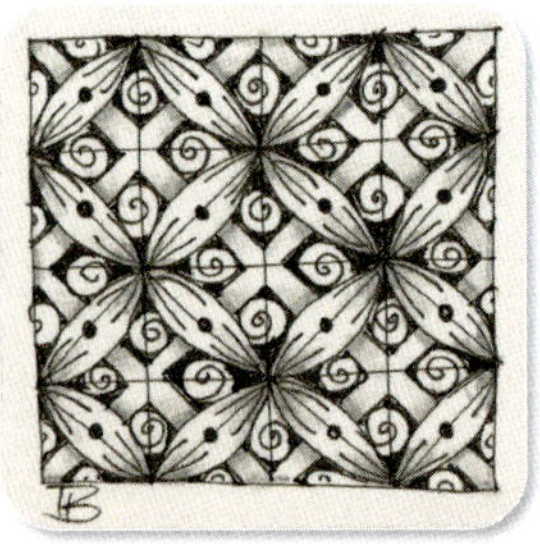

Variation: Henrike Bratz, D

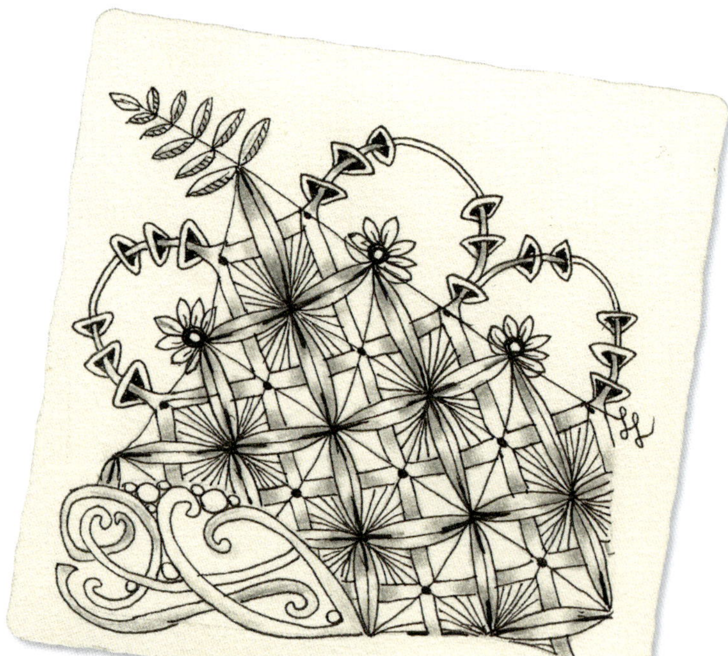

Kombination aus Crux, (Rixty), Mooka. Lisa Lehman, CZT, USA/NY

98 Muster

ING

Designer: Molly Hollibaugh, Zentangle HQ, USA/MA

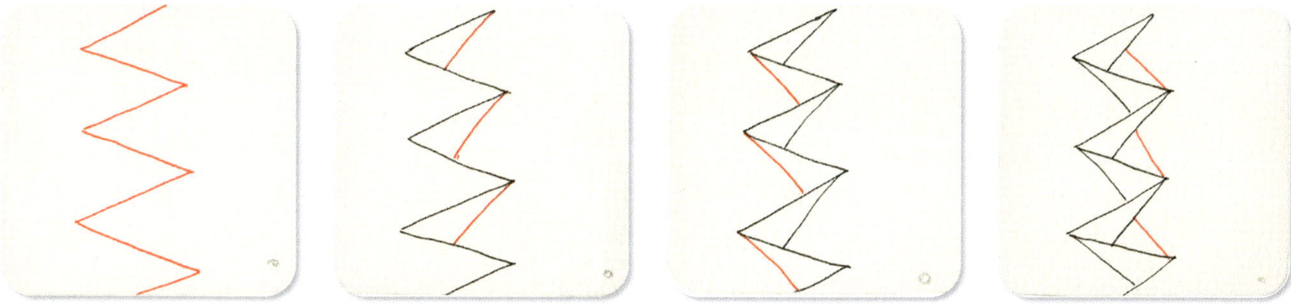

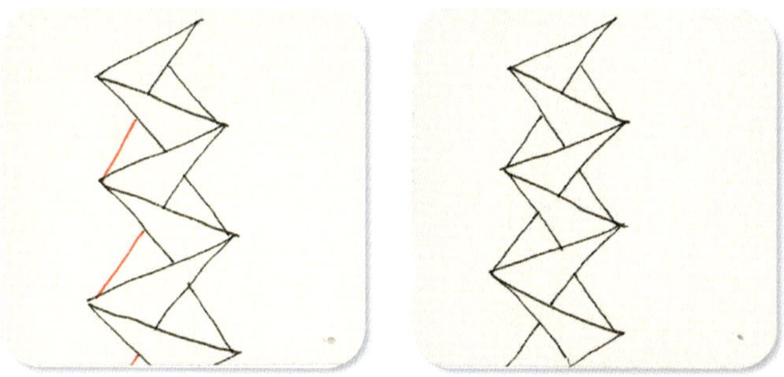

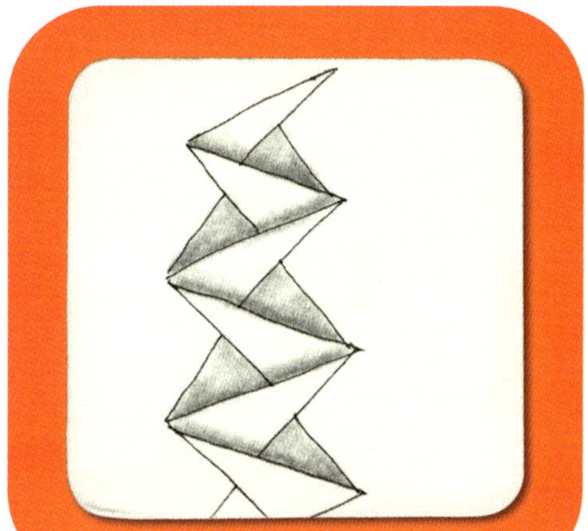

Beate Winkler, CZT, D

Ich liebe ING. Es wurde in meinem CZT-Seminar (Sommer 2014) vom Zentangle HQ (Headquarter) vorgestellt. Dank seiner großen Vielfalt hat es sofort viele Fans gefunden. Besonders gefällt mir die Origami-Anmutung. (Beate)

Kombination aus ING, Ahh, Fescu, Zinger, Printemps. Beate Winkler, CZT, D

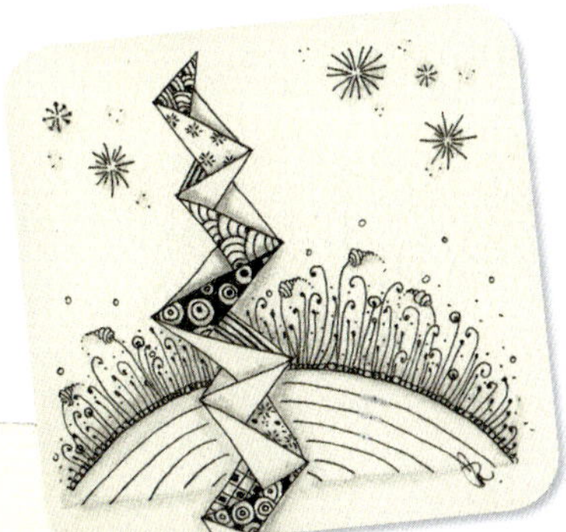

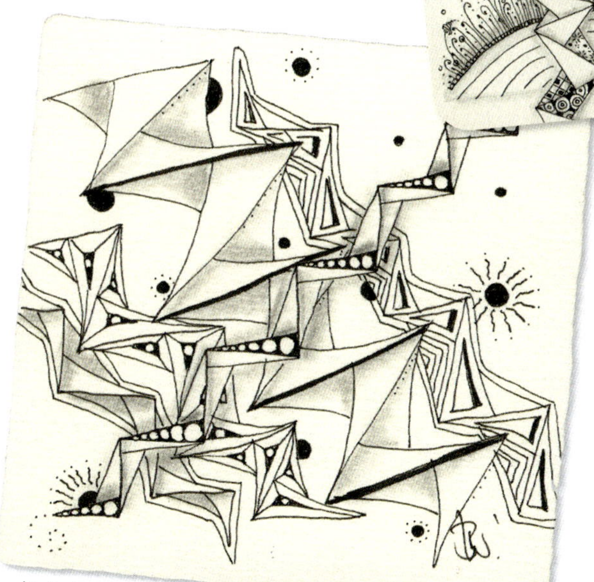

Variationen: Beate Winkler, CZT, D

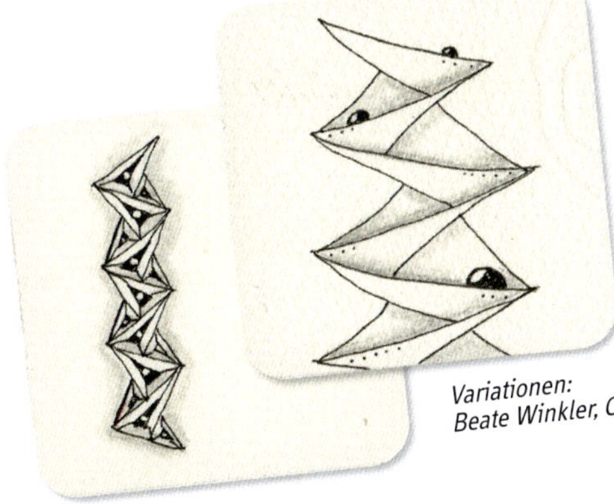

Variationen: Beate Winkler, CZT, D

99 Muster Zenplosion Folds

Designer: Daniele O'Brien, CZT, USA/MI

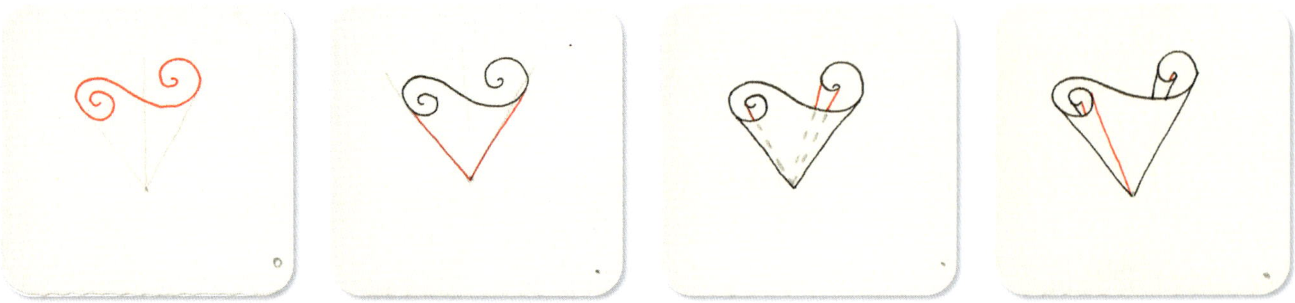

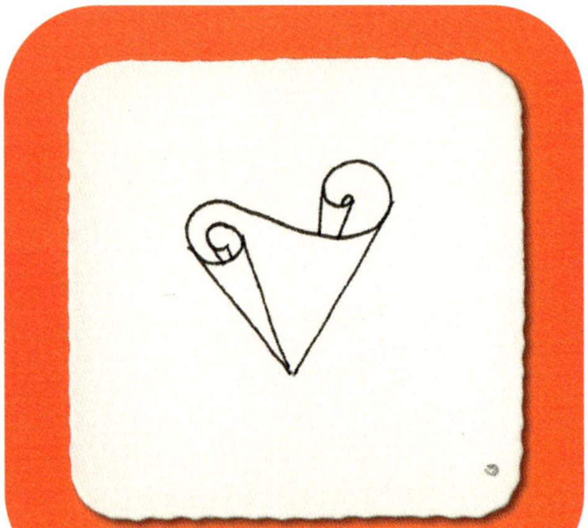

Beate Winkler, CZT, D

Wenn man die Linien im richtigen Winkel zusammenlaufen lässt, ist Zenplosion Folds sehr dynamisch und prominent auf dem Tile. Es gefällt mir ausgesprochen gut, zumal es super einfach und schnell gezeichnet ist. (Beate)

Variation Coneflor:
Susan Wade, CZT, CAN

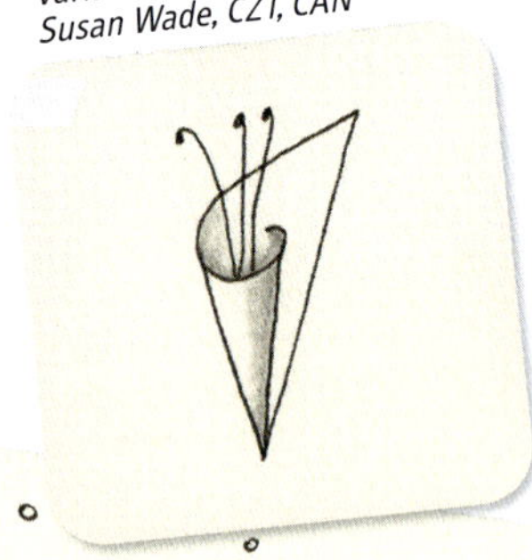

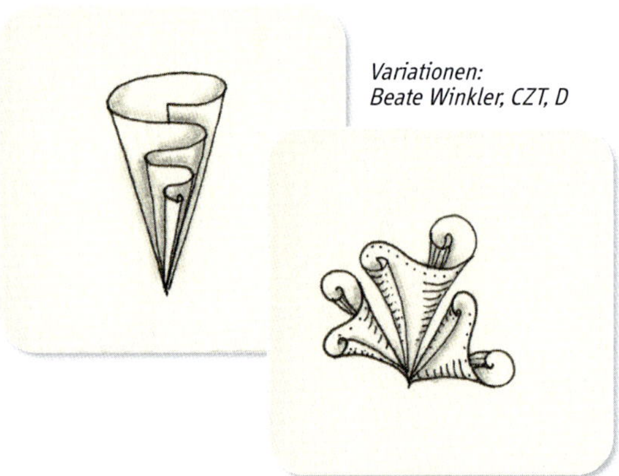

Variationen:
Beate Winkler, CZT, D

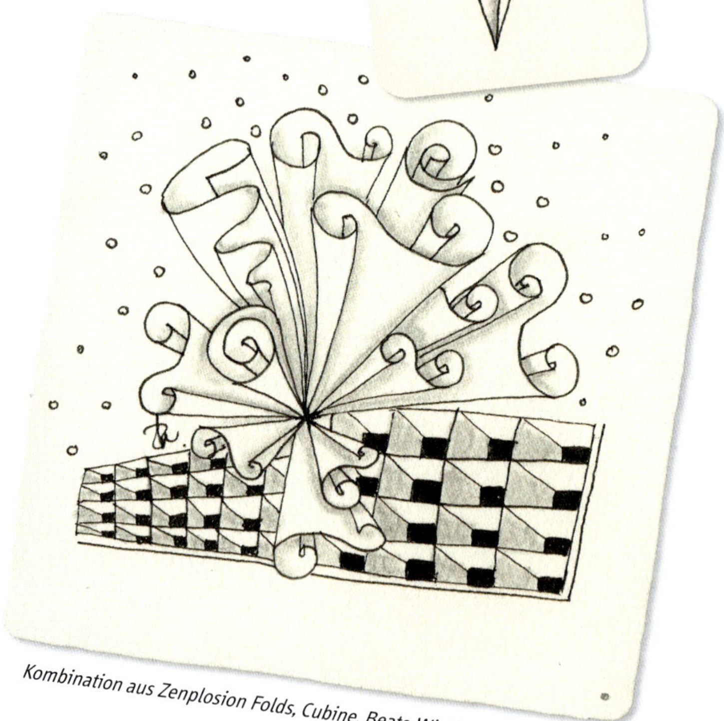

Kombination aus Zenplosion Folds, Cubine. Beate Winkler, CZT, D

Extra-Tipp: Drehe bei jedem Schritt für drei Mal das Tile, bis alle Schritte gut zu tanglen sind. (Beate)

100 Muster Crusade

Designer: Wayne Harlow, CZT, USA/CA

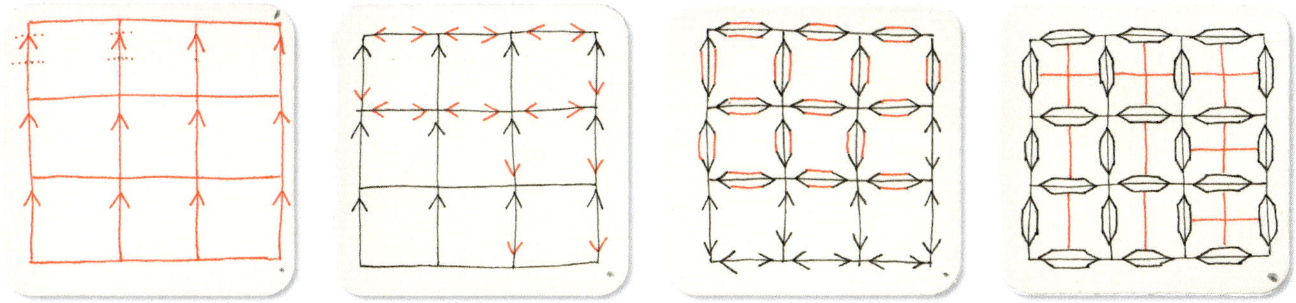

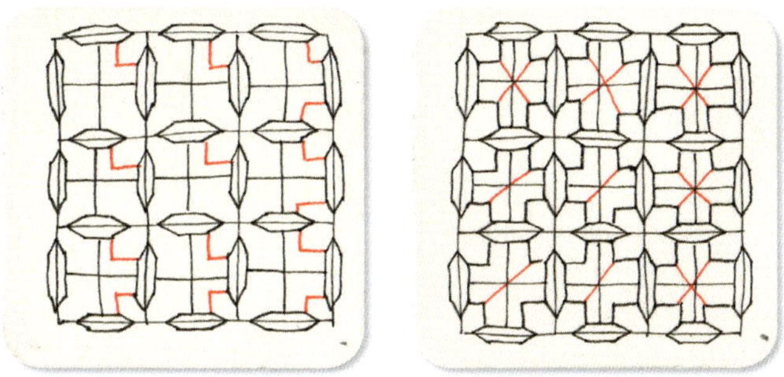

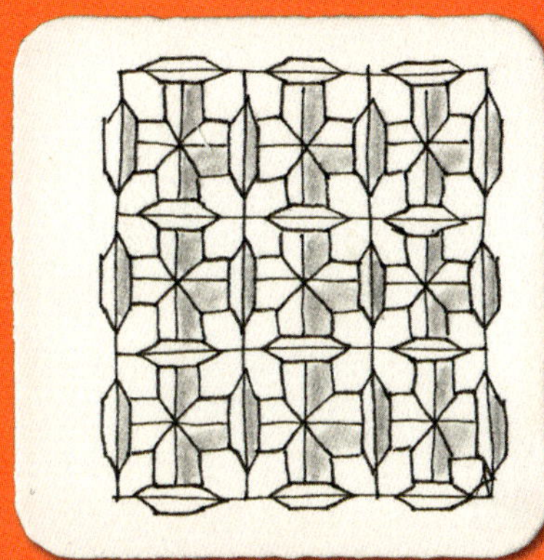

Beate Winkler, CZT, D

Crusade ist die bislang für mich größte Herausforderung gewesen. Als ich es sah, gefiel es mir auf Anhieb – und dann wollte ich es lernen und bin dabei viele Wege gegangen. (Beate)

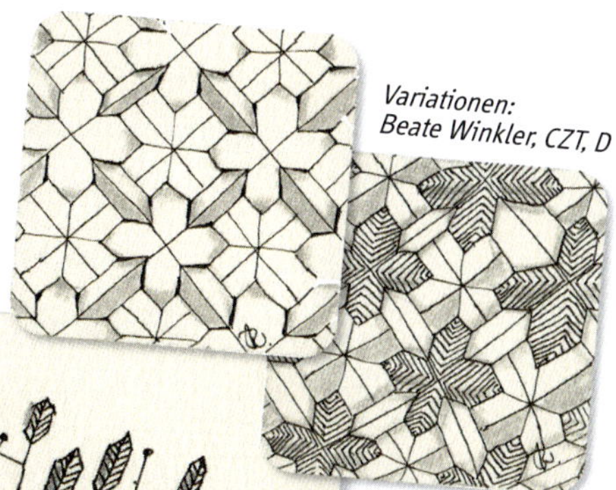

Variationen: Beate Winkler, CZT, D

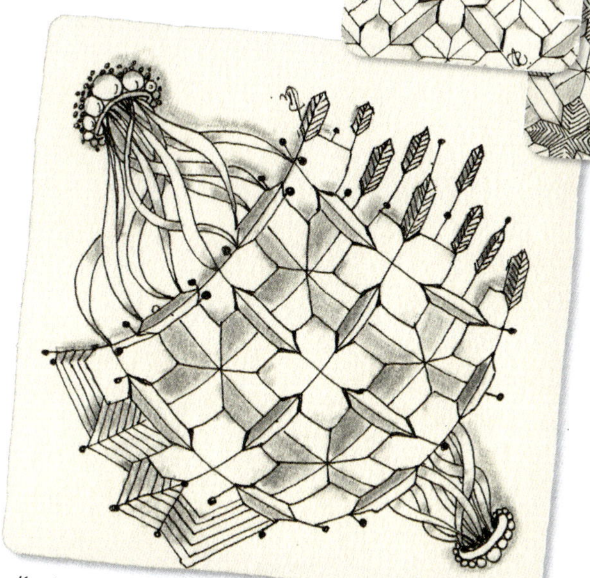

Kombination aus Crusade, Quib. Beate Winkler, CZT, D

Bei dem Original-Stepout waren deutlich weniger Schritte und ich hatte keine Idee, wie es weiter gehen sollte. Ich habe solange herumprobiert und verschiedene Stepouts gezeichnet, bis ich leichter zum Ergebnis kam als vorher. Tja, und nach zwei Wochen wollte ich einige Kombinationen tangeln, aber kam schon wieder nicht mit der Anleitung zurecht. Also musste ich das Tangle noch mal komplett von vorne dekonstruieren – und das ist das Ergebnis in simplen Einzelschritten. (Beate)

101 Muster

Special: Mooka (infurled)

Designer: Maria Thomas, Zentangle HQ, USA/MA

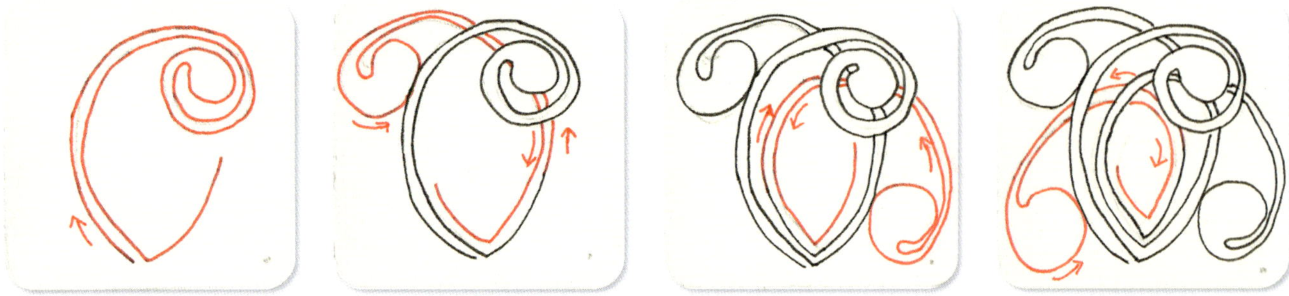

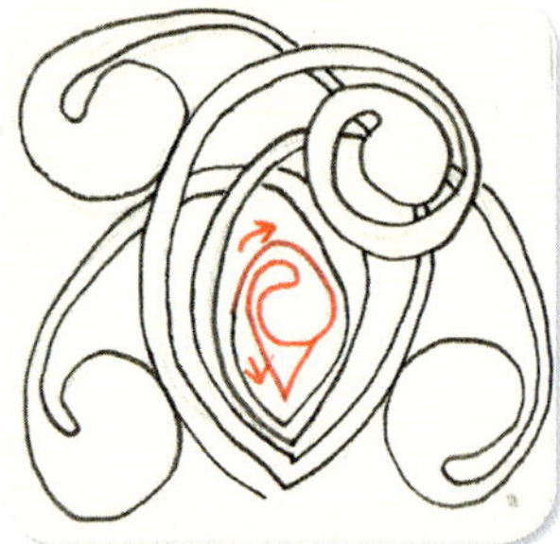

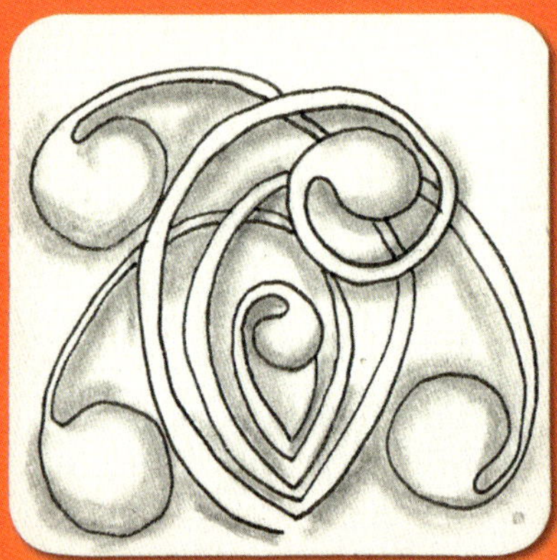

Dr. Lesley Roberts, CZT, UK

Hier sieht man schöne Beispiele für verschiedene Arten, die Schatten zu legen.

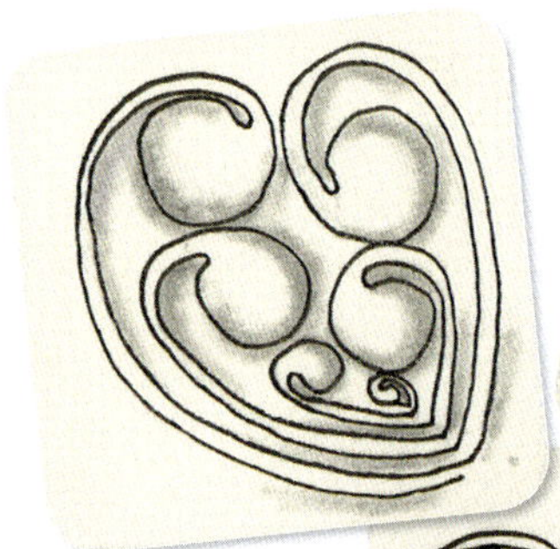

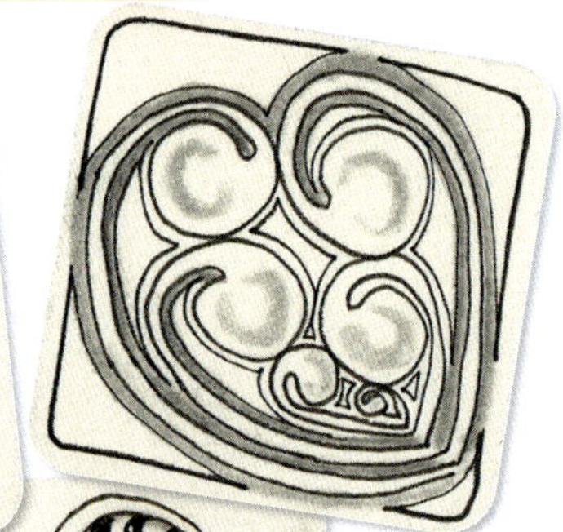

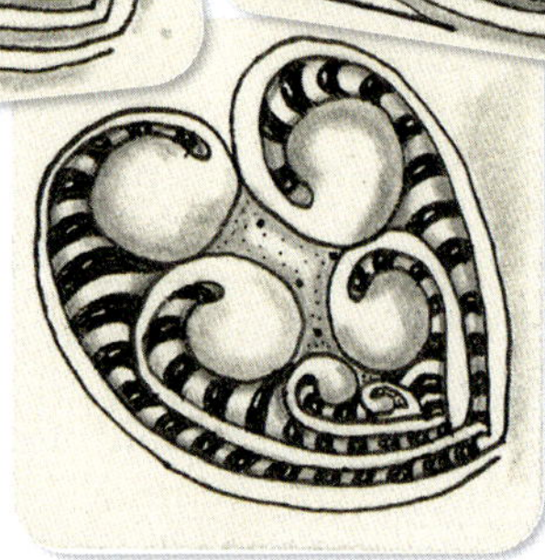

Variationen infurled (nach innen): Dr. Lesley Roberts, CZT, UK

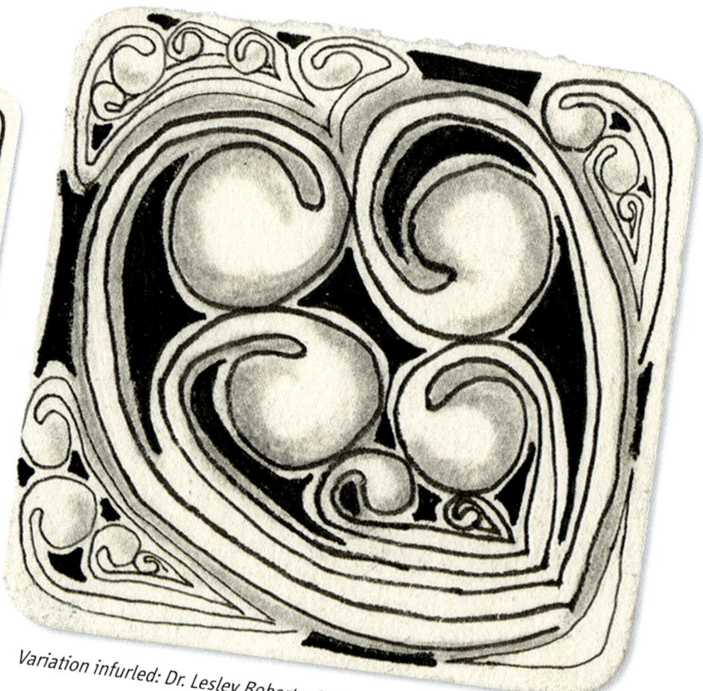

Variation infurled: Dr. Lesley Roberts, CZT, UK

1
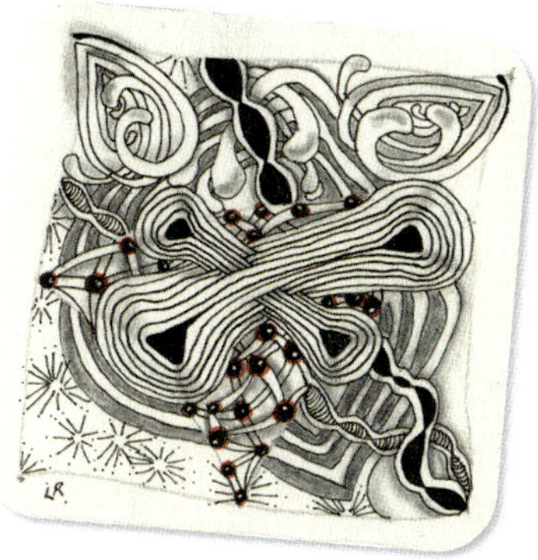

2
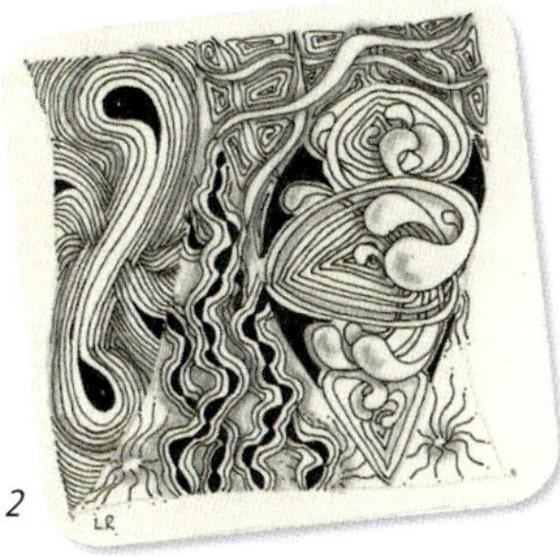

3
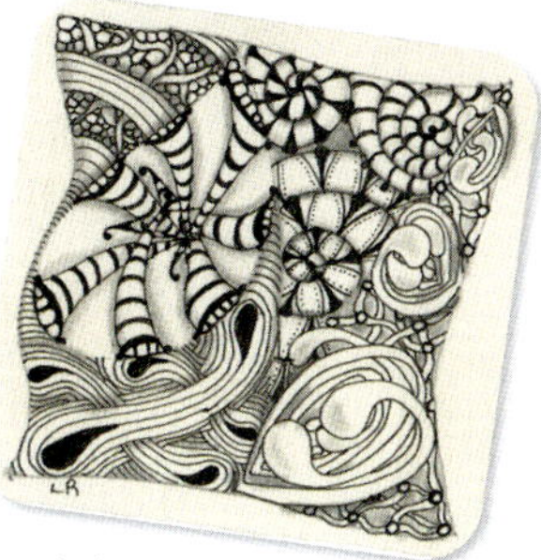

4
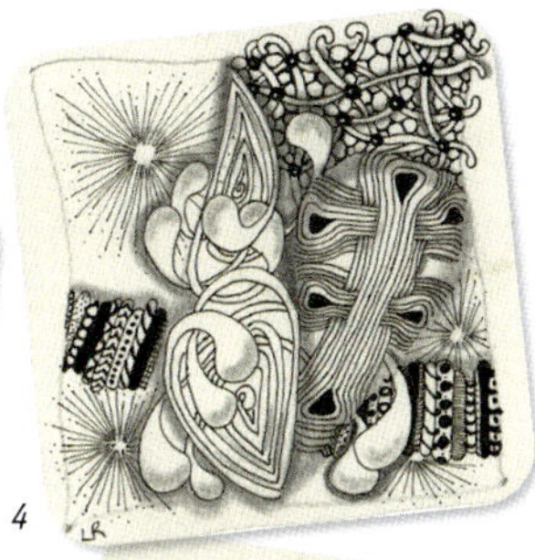

Für den Abschluss aller Tangles habe ich Dir Mooka aufbewahrt. Ein Tangle mit einer schönen Geschichte: Maria hatte sich zu Mooka von dem berühmten Art-Deko-Plakatmaler Alphonse Mucha (1860–1939) inspirieren lassen und es so gezeichnet, wie es auf dem ersten Tile zu sehen ist (1).

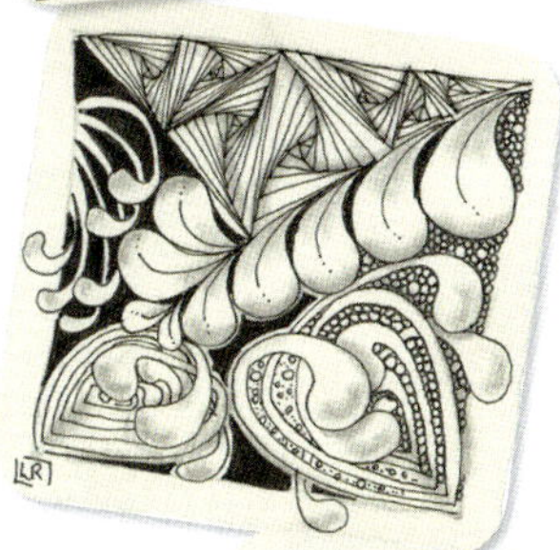
5

Das sah mir immer zu langweilig und müde aus. Als ich beim CZT-Europe-Meeting neben Lesley saß und sah, wie hübsch sie die „Blätter" malte und welche Kraft und Dynamik diese ausstrahlten, erklärte sie mir ausführlich ihre Geschichte vom „Kampf auf dem Weg zum Mooka". Seitdem nenne ich sie „The Mooka-Lady". Als das Buch anstand, hatte ich sie als Erstes gefragt, ob sie mitmachen möchte.

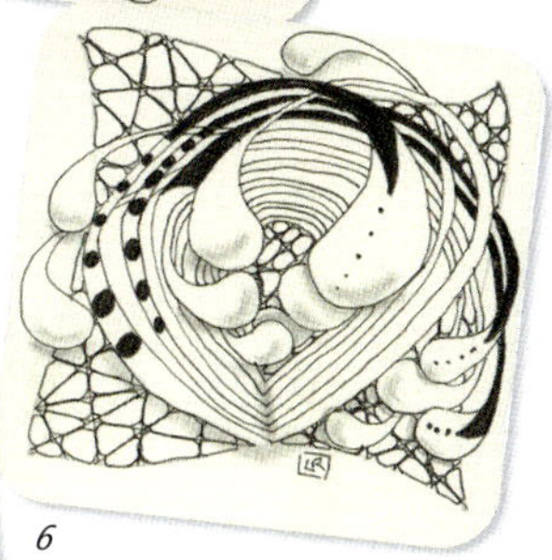
6

„Am Anfang hatte ich keinen Spaß an Mooka, es war eigensinnig und entwickelte sich nie in die Richtung, die ich wollte. Ich fand es hässlich und war einfach mit dem Aussehen nicht zufrieden – besonders nicht mit dem der „Blätter". Als ich dieses Tangle dann meinen Schülern beibrachte, war es Claire, die genauso frustriert war wie ich – aber sie beschloss, zu üben. Das inspirierte mich das Gleiche zu tun! Als ich anfing zu üben, immer einen Strich nach dem anderen, entwickelte ich langsam die Technik, um Mooka zu zeichnen, und fand es schon erheblich schöner. Claire erging es genauso und heute ist sie glücklich über ihre wunderschönen Mooka-Tangles. Mittlerweile habe ich einen Punkt erreicht, an dem ich es wirklich genieße, Mookas zu zeichnen. Ich zeichne sie überall hin: in meinen Tageskalender, auf Kiesel am Strand von Griechenland, auf meine Visitenkarten und Flyer, auf Tiles in Schwarz und Weiß und auch in Farbe. Ich hoffe sehr, dass diese Geschichte Dich inspiriert, Mooka zu üben, denn Übung braucht es, wenn Du es gut zeichnen möchtest." (Lesley)

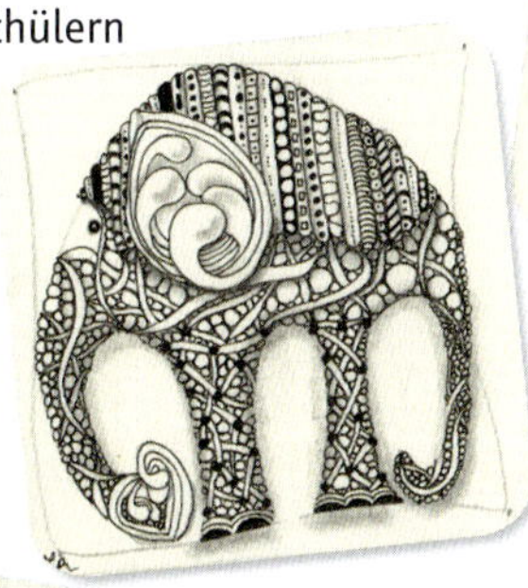
7

8
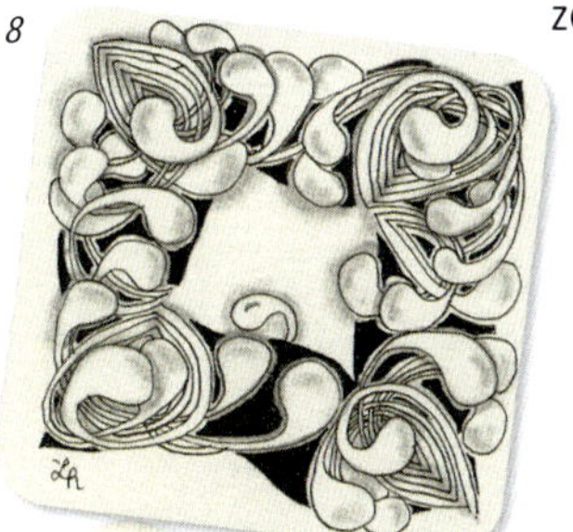

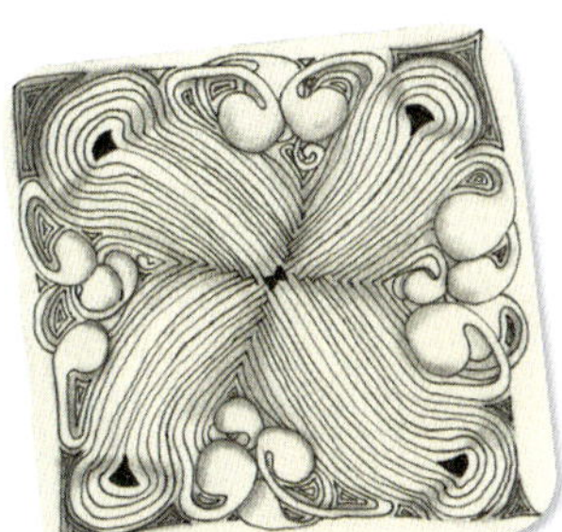
10

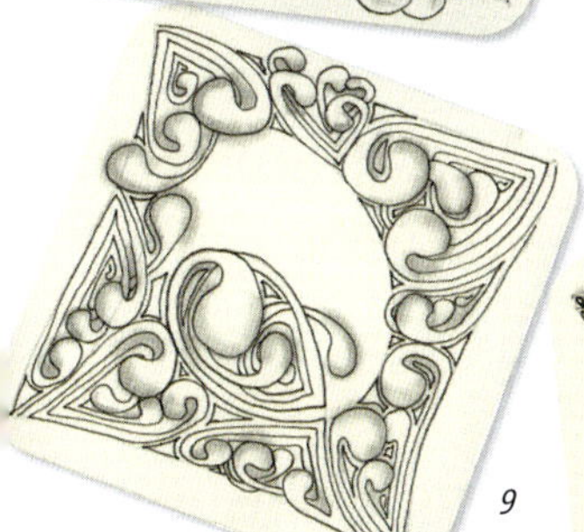
9

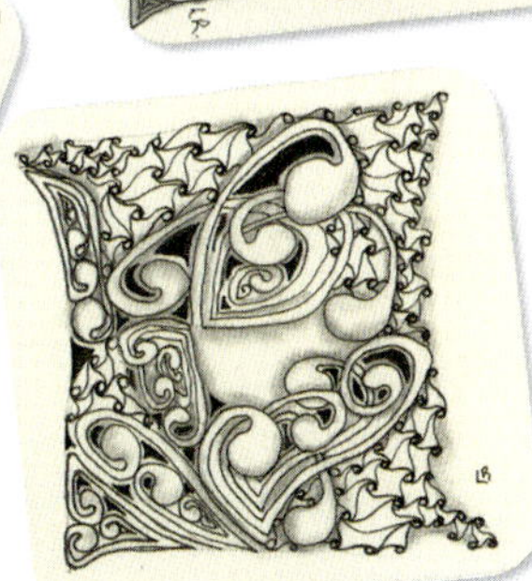
11

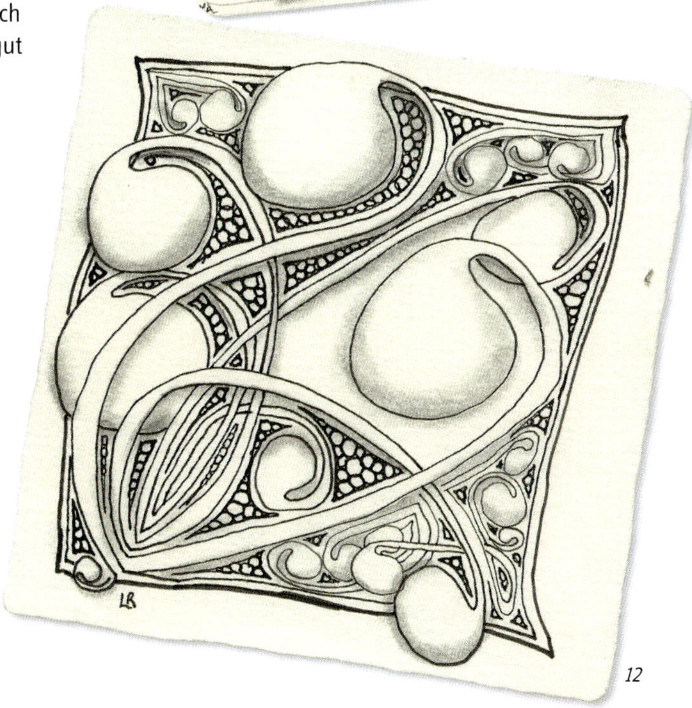
12

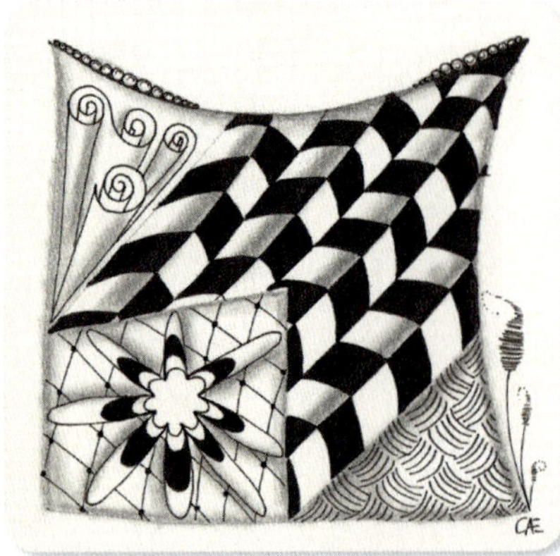

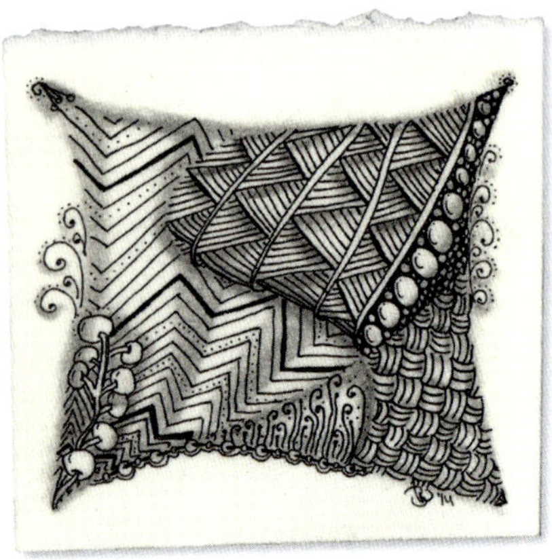

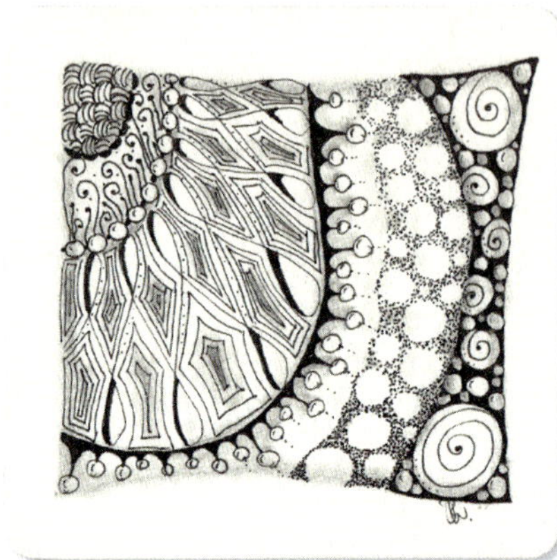

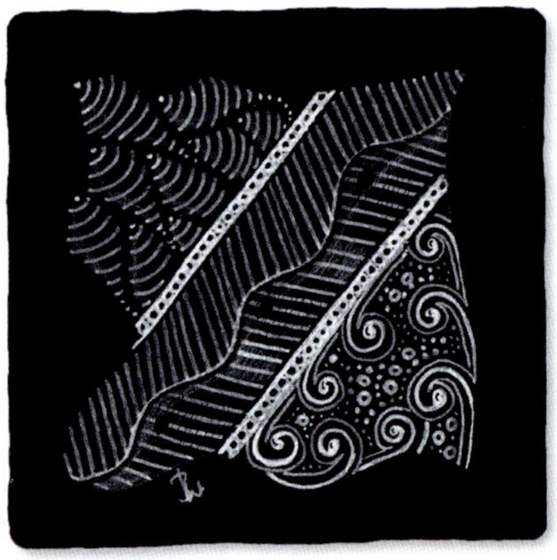

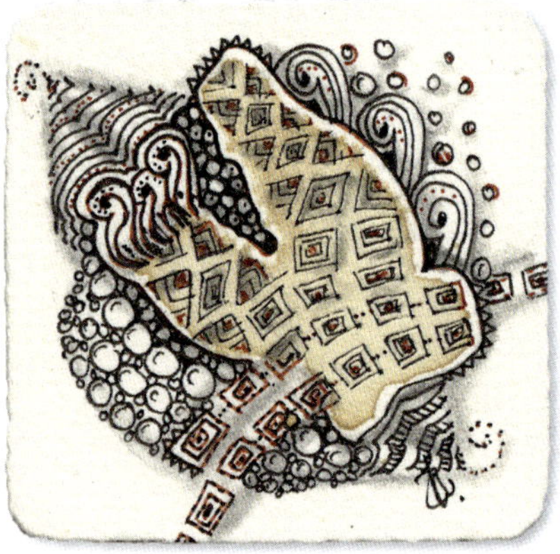

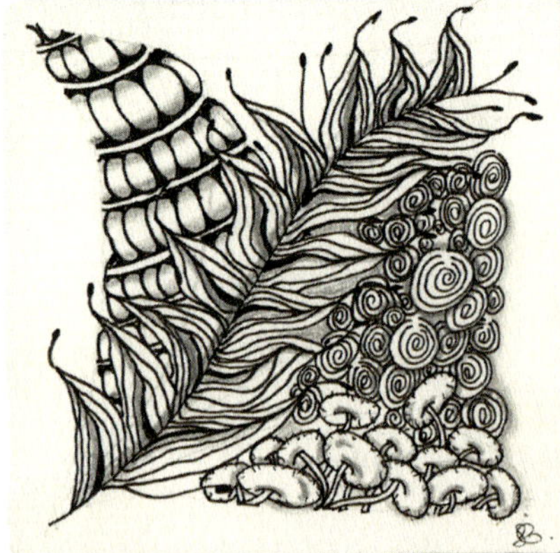

Gut zu wissen

In diesem Kapitel erhaltet Ihr einen tieferen Ein- und Ausblick rund um das Thema Zentangle. Fragen werden beantwortet, es gibt Tipps für alle, die weitertanglen und sich an neue Materialien wagen wollen. Fachbegriffe werden erklärt, außerdem findest Du auf den Seiten 140–143 noch einmal alle Tangles von A–Z.

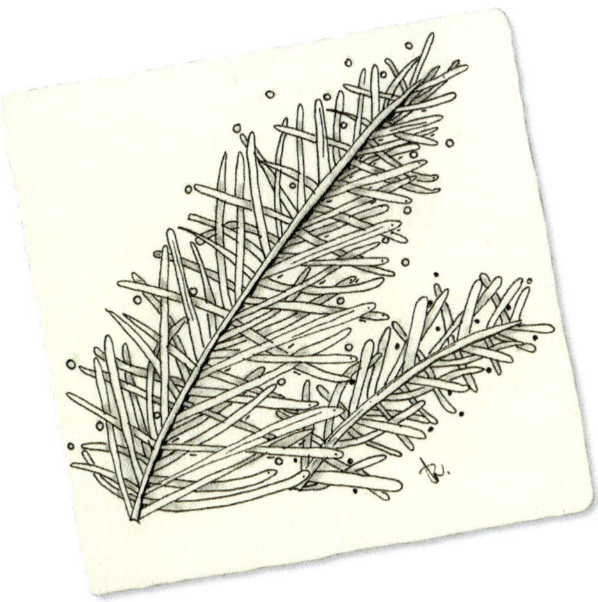

Fragen & Antworten

„Oh, das ist aber schwierig.“
„Ich kann nicht malen.“

Zentangle ist einfach! Versprochen. Du musst überhaupt nicht malen oder zeichnen können, wenn Du anfängst.

Du brauchst kein künstlerisches Wissen oder spezielles Zeichen-Talent. Und solltest Du es haben: Herzlich Willkommen, Zentangle ist auch für Künstler hochinteressant.

Es heißt, die meisten Menschen sind beim Zeichnen als 9-Jährige stehen geblieben. Danach haben sie sich meist entschieden, nicht weiter zu zeichnen und lieber etwas anderes zu tun. Deswegen sehen viele Bilder kindlich aus, wenn wir uns Jahre später wieder einmal am Zeichnen versuchen. Dabei brauchst Du einfach nur etwas Praxis, wie für das Rollschuhlaufen oder Häkeln. Daher: Keine Panik – jeder kann diese schönen Muster zeichnen. Einfach das selbstkritische Hirn ausschalten, tief durchatmen, Augen auf, ganz genau die Schritt-für-Schritt-Anleitung ansehen und loslegen!

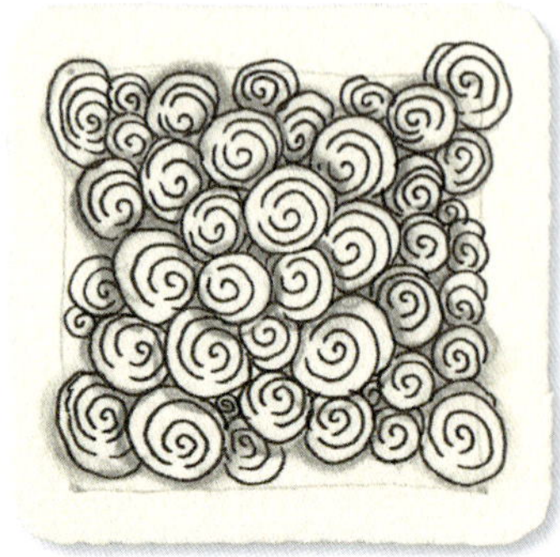

Printemps. Hanny Waldburger, CZT, CH

„Aber die Ergebnisse sehen wertvoll und grafisch komplex aus.“

Genau. Und wenn Du es Dir näher ansiehst, merkst Du, dass die Tangles aus wenigen, sehr einfachen, wiederholten Einzellinien bestehen.

Jeder kann sie zeichnen, der einen Stift halten kann. Es ist so einfach, wie Strichmännchen zu malen. Gönne Dir etwas Zeit. Spiel mit den Mustern.

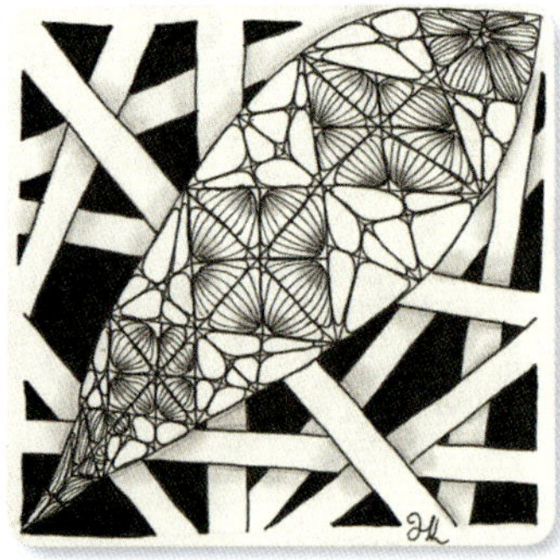

Hollibaugh, 'Nzeppel, Hannah Geddes, CZT, UK

„Ach, das sind ja die Telefon-Kritzeleien.“

Der Vergleich liegt nahe, denn Zentangle ist tatsächlich so einfach wie die Telefon- und Mathe-Heft-Kritzeleien, die allerdings nebenbei vielleicht aus Langeweile und unbewusst gemacht werden.

Zentangle ist das genaue Gegenteil davon: Es ist eine sehr bewusste, achtsame und fokussierte Aktivität. Das ist der Grund, warum Zentangle so entspannt.

Es ist wie beim Kochen: Entweder man erwärmt eben mal eine Dose Ravioli und ist nach dem Essen eventuell nicht glücklicher oder man zelebriert die Kochkunst mit frischen Zutaten vom Markt als Ritual – und kann dann das Schlemmen genießen. Im Vergleich brauchen wir bei Zentangle aber weniger Zeit und Material als beim Kochen und erhalten sogar ein bleibendes Ergebnis – völlig kalorienfrei.

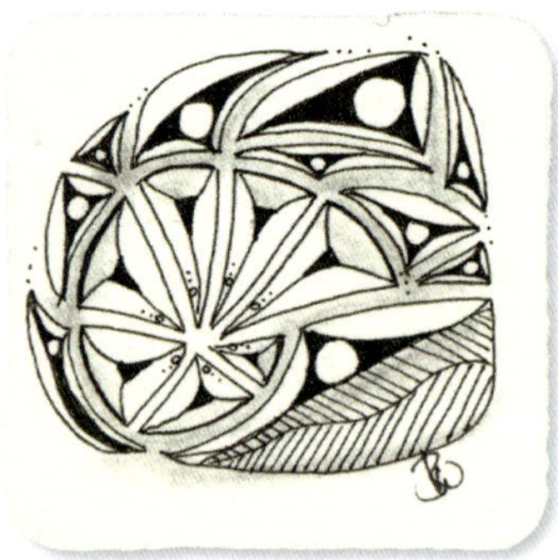

Tripoli, (Meer). Beate Winkler, CZT, D

„Ah, die Figur erinnert mich an …“

Die Tangles sollen eigentlich abstrakt sein. Sie sollen strukturierte Muster haben, die nichts Figürliches darstellen, „just No-Thing“. Wir müssen beim Tanglen nicht nachdenken oder angespannt etwas Reales nachzeichnen. So kann es auch keine Fehler geben!

Natürlich ist die Verführung da, aus etwas Bekanntem zu schöpfen, einen Andockpunkt an ein Bild aus der realen Welt zu suchen. Assoziation verschafft Überblick. Wir beziehen uns gerne auf unsere Erfahrungen, das gibt uns Sicherheit. Deswegen gehen Kinder so unbedarft an alle neuen Sachen heran. Sie probieren einfach aus, weil ihnen logischerweise meist die Erfahrung fehlt, die sie ausbremsen könnte. Vertraue und lasse Dich auf den Prozess ein: einmal tief einatmen und Strich für Strich für Strich zeichnen. Entspannen. Mit dem guten Gefühl zu wissen: Egal, was dabei herauskommt, es wird ganz sicher ein Tangle sein.

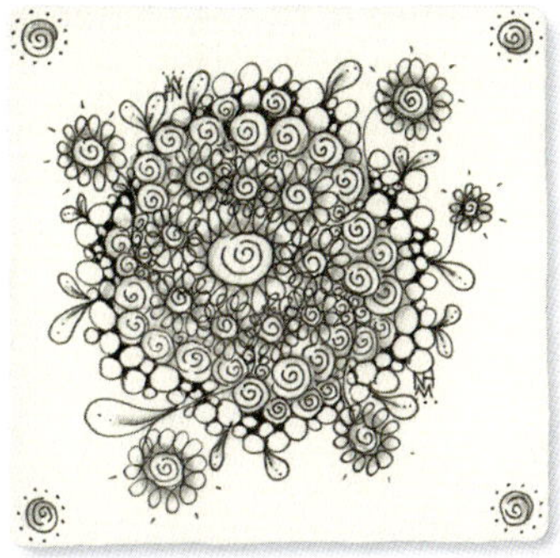

Purrlyz, Flux. Hanny Waldburger, CZT, CH

Die Tangle-Namen sollten eigentlich ebenfalls abstrakt sein, Fantasie-Gebilde. Aber auch hier schleicht sich natürlich wieder das auf Erfahrung zurückgreifende Hirn ein, wenn ich z. B. an das Tangle „Aquafleur“ denke. Es ist okay und auch gut so. Es hilft uns, die Muster zu erinnern. Vertrautheit beruhigt. Und wenn es Lieblingsmuster sind sowieso.

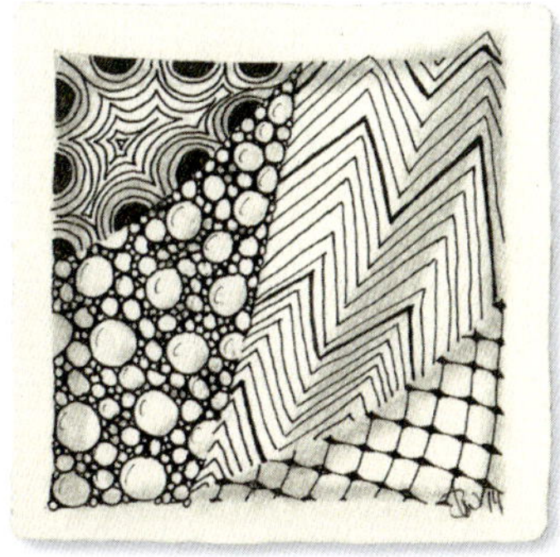

Cresecent Moon, Florz, Static, (Tipple). Beate Winkler, CZT, D

„Ich kann noch nicht mal eine gerade Linie zeichnen“

Für mich ist es schon eine Herausforderung, wenn es an eine lange gerade Linie geht. Ebenso geht es mir mit Kreisen. Oft wird es eher ein Ei, wenn ich in einem Stück zeichne. Maria Thomas gibt den Tipp: „Zeichnet den schönsten, rundesten Kreis, den Ihr Euch in diesem Moment vorstellen könnt.“ – und dann kommt vielleicht gleich daneben der nächste rundeste Kreis, den ich im Moment zeichnen kann.

Das Angenehme bei Zentangle ist: Es darf und soll handgezeichnet aussehen, das ist schön organisch, natürlich, lebendig. Bitte ohne Lineal oder Kreisvorlage. Atme tief ein und zeichne entspannt darauf los, alle Ergebnisse sind gut! Es ist Dein Werk, Du hast es gerade eben erschaffen. Und morgen vielleicht das nächste.

„Wieso kann ich dabei entspannen?“

Häufig hören wir: „Mach Dir keine Gedanken.“ und „Vergiss‘ mal Deine Sorgen.“ Aber wie denn? Denke nicht an den weißen Elefanten! – Diese Aufforderung ist unmöglich: Wenn wir uns vornehmen, gerade nicht an etwas zu denken, steht es gedanklich vor unserer Nase.

Wenn Du hingegen Deine ganze Aufmerksamkeit auf das einfache Prinzip „Linie für Linie für Linie“ fokussierst, gibst Du Dir eine Auszeit vom Grübeln. Du gewinnst Abstand und entspannst Dich. Das ist Zentangle.

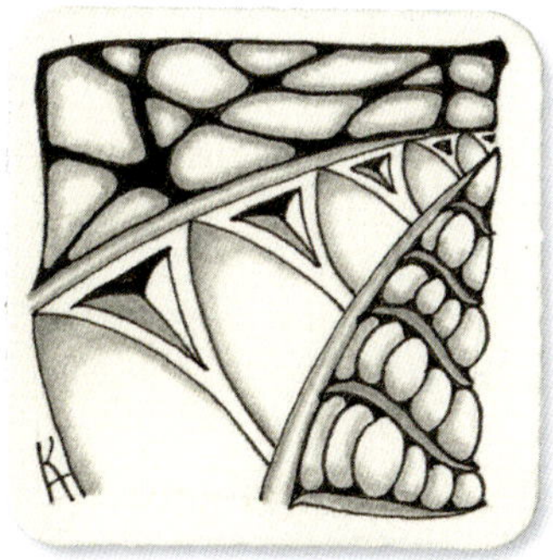

Tropicana, 'Nzeppel-Random, Purk. Kate Ahrens, CZT, USA/MN

» Der moderne Mensch hat ein neues Laster gefunden: die Schnelligkeit. «

Aldous Huxley (1894-1963)

Gute Gründe für Zentangle

Viele Menschen können damit:

- entspannen
- eine Auszeit nehmen
- kreativ abtauchen
- Stress abbauen
- den Gedankenlärm beruhigen
- die Hand-Augen-Koordination verbessern
- ein Gefühl von innerer Ruhe und Frieden entwickeln
- Achtsamkeit lernen und Fokussierung intensivieren
- das persönliche Wohlbefinden und das Selbstbewusstsein steigern
- ein Gefühl von Leistungsfähigkeit, Zufriedenheit und Vertrauen entwickeln
- die Konzentration steigern
- sich eine Oase schaffen, die Seele basteln lassen
- die Herzfrequenz beruhigen
- den Blutdruck senken
- besser einschlafen und erfrischter aufwachen
- den Blick schärfen, die Umgebung im Detail wahrnehmen
- sich kreativer fühlen
- sich am künstlerischen Tun erfreuen

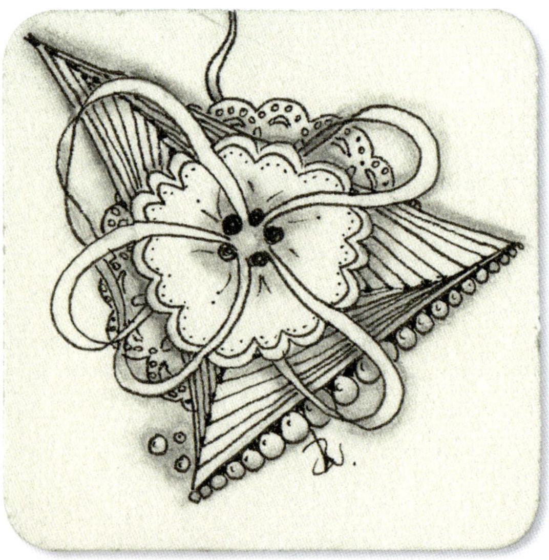

Paradox, Blooming Butter. Beate Winkler, CZT, D

Was Zentangle bewirken kann

- Die Zentangle-Studie von Meredith Yuhas, PhD, USA, kommt zu dem Ergebnis, dass Zentangle Stress und Ängste nimmt, Schmerzen lindert, Kreativität fördert, Ruhe und Fokussierung bringt. ww2.usj.edu/PDF/zentangle-survey-results.pdf
- Nach Csikszentmihalyi (1996) tritt im kreativen Schaffensprozess oft ein besonderer Bewusstseinszustand – eine Art Trance – auf, der als Flow (wörtlich „fließen") bezeichnet wird und meist mit einem vorübergehenden Vergessen der Zeit einhergeht. Dieser Zustand ist zugleich konzentriert und entspannt.
- Für einige kreative Tätigkeiten (z. B. filigrane Perlen-Fädel-Arbeit) muss ich Geduld mitbringen. Bei Zentangle sind die Zeitspanne, der Ort und mein Gefühlszustand egal. Es bereichert mich, es schenkt mir Geduld (wenn ich z. B. im Wartezimmer länger sitzen muss). Es schafft Ruhe und entspannt mich.
- Kritzelst Du noch oder tanglest Du schon? Ein netter Artikel von Jessica Peterka-Bonetta über Zentangle: www.today-is-a-good-day.de/zentangle

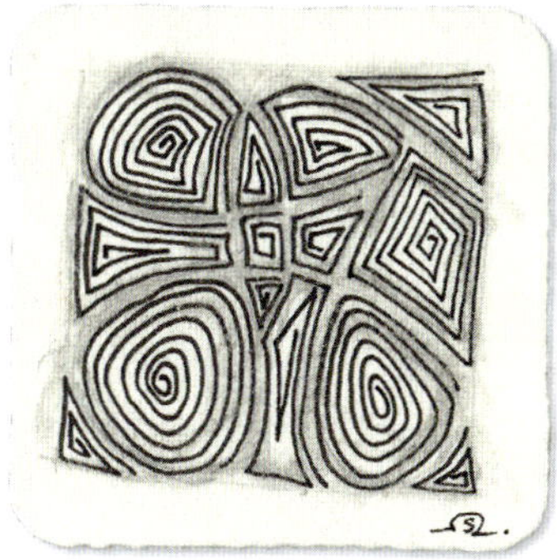

(Courant). Stephan Chan, CZT, HKG

„Unsere Kreativität fördern, warum ist das so wichtig?"

- „Es ist gar nicht die Frage, ob wir oder ob wir nicht kreativ sind: Alle Menschen sind kreativ." (Joy Paul Guilford) Wir haben die Anlage dazu in die Wiege gelegt bekommen. Es ist nur die Frage, ob wir es schon mal ausprobieren konnten und durften und wann und wie wir uns die Zeit und den Raum dafür nehmen.
- Kreativität entsteht – vereinfach gesagt – vor allem in unserer rechten, kreativen Gehirnhälfte. In unserer Gesellschaft wird allerdings vor allem die linke, rationale Gehirnhälfte gefördert, die z. B. für logisches Denken, Zahlen und verbale Sprache zuständig ist. So kommt es, dass wir viel zu selten kreativ sind. Weil wir unsere Kreativität also nicht ausprobieren und trainieren, denken wir, dass wir nicht kreativ sein können. Damit beginnt ein Teufelskreis, denn weil wir uns nicht für kreativ halten, versuchen wir es erst gar nicht. www.zeitzuleben.de
- Zentangle wird erfolgreich sowohl in Schulen als auch in der Rehabilitation und in Krankenhäusern eingesetzt und kann auch bei ADS/ADSH oder gegen Schmerzen hilfreich sein.

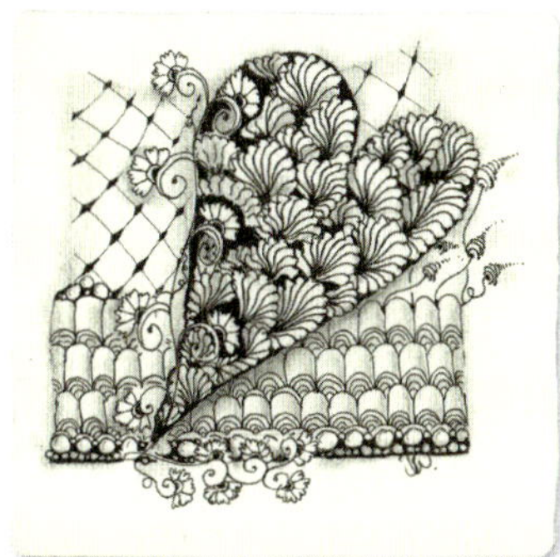

Sanibelle, Logjam, Henna Drum, Florz, Zinger. Beate Winkler, CZT, D

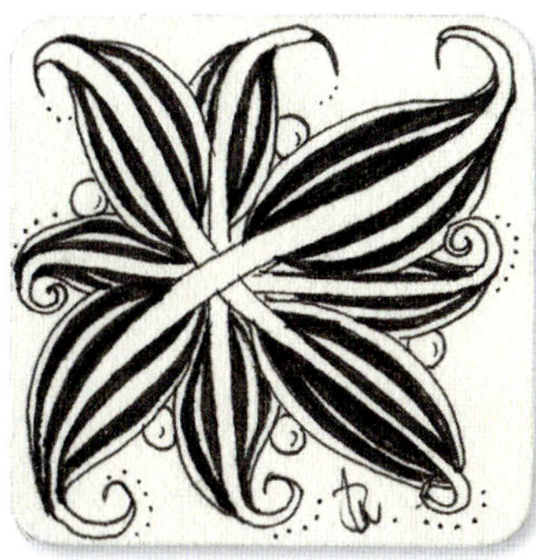

(Squill). Beate Winkler, CZT, D

Fachbegriffe

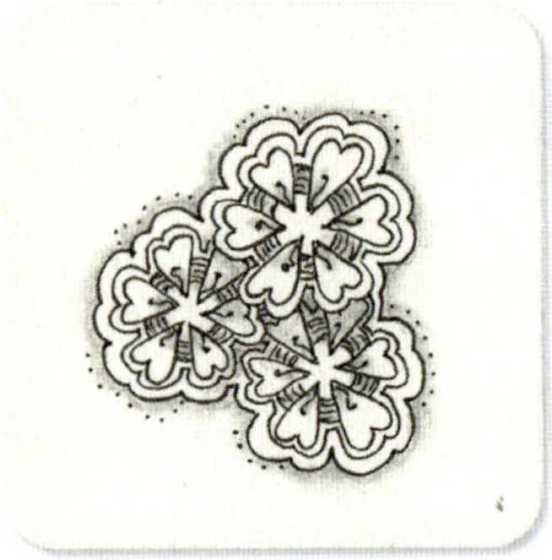

Herzlbee: Aufwertung (Enhancement) durch Aura, Perf, Shading

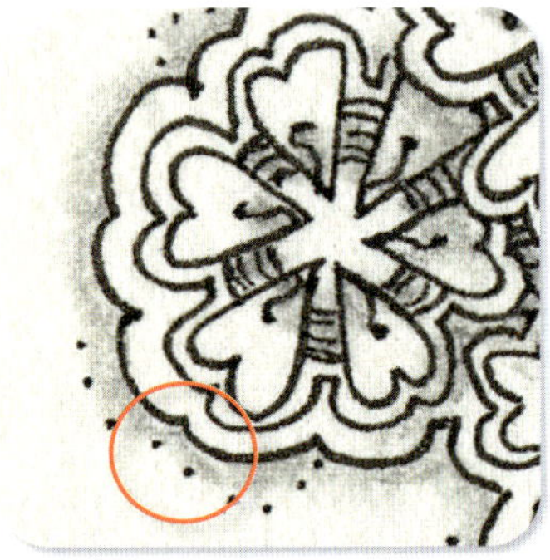

Perf

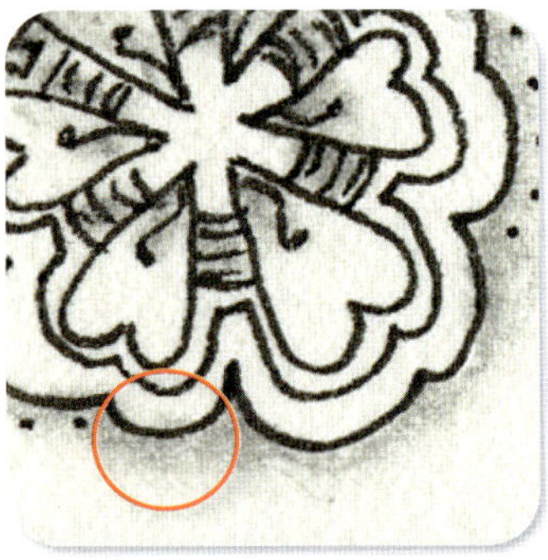

Aura

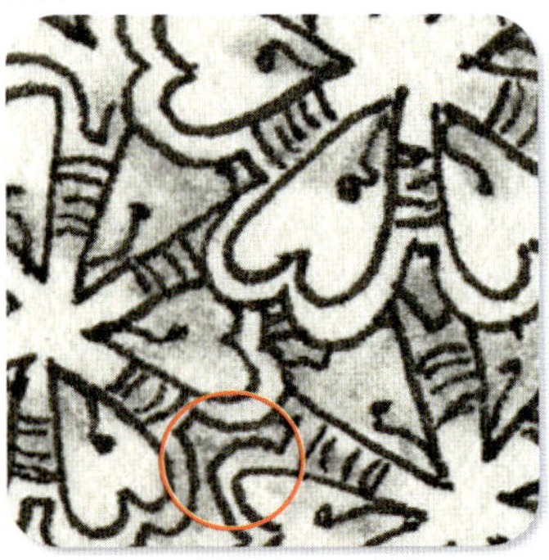

Shading

Fachwort	Bedeutung
2“	2 inch, also 5,1 cm x 5,1 cm, die Maße der Bijou-Tiles
3.5“	3,5 inch, also 8,9 cm x 8,9 cm, die Maße der offiziellen Tiles
Aura	Eine einfache der 6 möglichen Tangle-Verzierungen: Eine oder mehrere Linien werden eng um das Muster gezogen, dadurch bekommt es Halt und Glanz. „Winkbee“ z. B. würde ohne Aura fade aussehen.
Bijou	Das neue, zweite offizielle Tile-Format ist niedlich klein mit 2“ (5,1 cm x 5,1 cm).
Blender	Oder Blending Stump = Papierwischer
Border	Rahmen, Rand, Borte, Bordüre
Certified Zentangle Teacher (CZT)	Ein Trainer, der die Ausbildung bei Rick & Maria erfolgreich absolviert hat und damit qualifiziert ist, nach der Zentangle-Methode zu lehren.
CZT	Abkürzung für Certified Zentangle Teacher – zertifizierter Zentangle-Trainer
Deconstructing	Ein Muster wird dekonstruiert, d. h. in einzelne Schritte und Strichfolgen zerlegt, um daraus ein Tangle zu bauen.
Dewdrop	Eine der 6 Tangle-Aufwertungen für Fortgeschrittene: auf das Tile wird ein Kreis gezeichnet, dann ein Muster, z. B. „Knightsbridge“, komplett getangelt. Zum Schluss wird wie bei einem Wassertropfen das Muster im Kreis vergrößert hervorgehoben und mit Schatten umrandet.
Doodle	einfache (Telefon-)Kritzeleien
Dot	Punkt
Enhance	Aufwerten oder verstärken. Bedeutet bei Zentangle die 6 Tangle-Verzierungen.
Kachel	Kachel wäre die wörtliche Übersetzung für „Tile“. Klingt kalt und erinnert eher an Badezimmer. Deswegen nennen wir es lieber „Kärtchen“.
Kärtchen	Übersetzung für „Tile“, die edlen Papier-Quadrate im 3,5“ und 2“ Format
Kontrast	Starker Unterschied zwischen nebeneinander liegenden Mustern
Mandala	Aus dem Sanskrit: Kreis. Bunte Mandala-Muster malen wird seit langem zur Meditation genutzt. Zentangle hat ebenfalls die entspannende Wirkung, ist aber vielfältiger.
Mindfulness	Achtsamkeit: Bewusst, aktiv und offen im Hier und Jetzt sein
Monotangle	Ein Tangle designen, das aus einem einzigen Muster besteht.
Mosaic	Mehrere Kärtchen werden zusammengefügt, um ein größeres Kunstwerk zu erschaffen.
OMG	Oft im Internet zu lesen: steht für „oh, wie toll“ (kommt von „Oh my god“).
Papierwischer	Ein Stift aus gerollter Pappe, zum gezielten Verwischen von Bleistiftstrichen für Schatteneffekte (engl. Blender, Tortillon).
Pattern	Ein anderes Wort für Muster. Im Zentangle-Bereich sprechen wir allerdings von „Tangle“.
Pearl	Eine Kugel so schattieren, dass sie dreidimensional wie eine Perle wirkt.
Perfs	Eine der 6 Aufwertungen eines Musters, bestehend aus winzigen Perlen-Kreisen, die um das Muster getangelt werden. Das Tangle „Quipple“ besteht z. B. nur aus solchen Perlchen-Kreisen.

Fachwort	Bedeutung
Rounding	Eine der 6 Tangle-Aufwertungen: Wenn Linien zusammenlaufen oder bei Ecken, die Übergänge noch einmal mit dem Fineliner nachzeichnen. „Paradox" und „Sanibelle" sind schöne Beispiele dafür.
Shade	Schatten
Shading	Schattierung. Mit dem Bleistift dem fertigen Tangle Schatten hinzufügen, um es zum Leben zu erwecken und Dreidimensionalität zu erlangen.
Sparkle	Eine der 6 Tangle-Aufwertungen, bei der man in einer Linie, einem Bogen oder Kreis eine Lücke lässt, also pausiert und mit etwas Abstand die Linie wieder weiter zeichnet, um Glanzlichter zu erzeugen. „Printemps" und „Shattuck" sind gute Beispiele dafür.
Step by step	Anderes Wort für Stepout (Schritt-für-Schritt-Anleitung)
Stepout	Einzelne Arbeitsschritte werden Schritt für Schritt gezeigt, um den Aufbau eines Tangles zu erklären.
String	Schwungvoll und jedes Mal anders gezeichnete Linie zur Grundaufteilung des Kärtchens.
Stroke	Linie
Swap	Tauschforum für Tangles
Tangleation	Kunstwort aus „Tangle" und „Variation"
Tangle	Ein Muster mit eigenem Namen, das sich aus einfachen, sich wiederholenden Strichen zusammensetzt.
tanglen	Das Zeichnen, „tanglen" von Mustern
Tangle-Enhancer	Die 6 Grundtechniken, um das Tangle aufzuwerten: Aura, Dewdrop, Perfs, Rounding, Shading, Sparkle.
Tangler	Jemand, der Tangles zeichnet.
Tango	In der Zentangle-Welt: Zwei oder mehrere Muster, die miteinander so verwoben sind, dass es aussieht, als würden sie miteinander tanzen (z. B. beim Stepout von „Cadent" mit „MI2").
Tile	ein 3,5" Papier-Kärtchen (8,9 cm x 8,9 cm) – die offizielle Größe, um in einigen Minuten ein Tangle zu zeichnen. Im Juni 2014 ist das kleinere 2" Format Bijou (5,1 cm x 5,1 cm) als zweites offizielles Tile dazugekommen.
Tortillon	Begriff für Papierwischer
Zendala	4,5 inch rund. Offizielles Zentangle-Tile. Angelehnt an Mandala
Zendoodle	Zweidimensionale (Telefon-)Kritzeleien, mit einem Hauch von Meditation
Zentangle	Durch das Zeichnen von strukturierten Mustern entstehen grafisch schöne, dreidimensionale Bilder mit viel räumlicher Tiefe. Die Zentangle-Methode ist leicht zu erlernen und entspannend.
Zentangle Inc.	Das von den Zentangle-Erfindern Maria Thomas und Rick Roberts gegründete Unternehmen, Inhaber der Rechte an der Zentangle-Lehrmethode und Ausbildung zum CZT
Zentangle Inspired Art (ZIA)	Alle Werke, die außerhalb eines Tiles getangelt werden, d. h. jede Kunstform und unterschiedliche Größe, die Zentangle-Muster beinhaltet, auch alle Gegenstände wie Faltboxen, Turnschuhe, Schablonen für Kinder oder Mischtechniken wie Art Journaling.
ZIA	Abkürzung für Zentangle Inspired Art

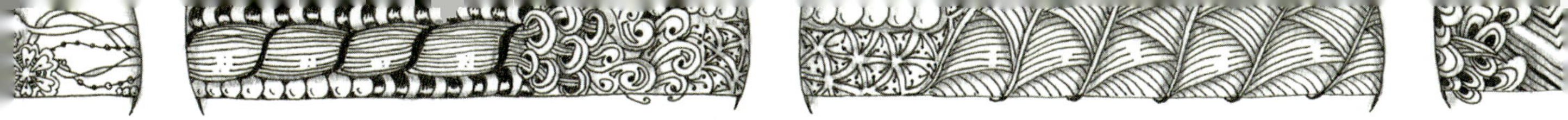

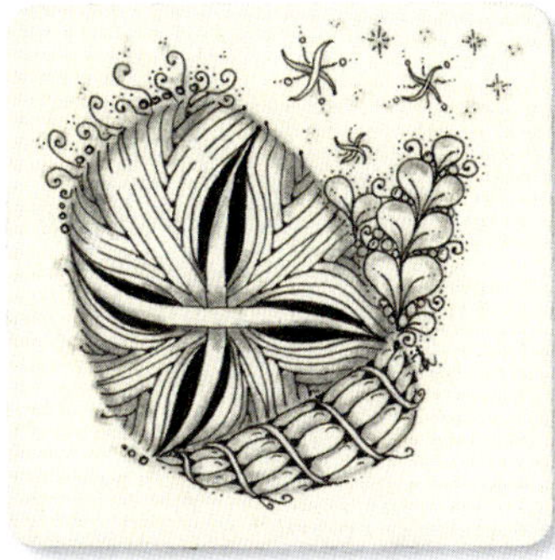

Enhancement durch Shading, Rounding, Sparkle

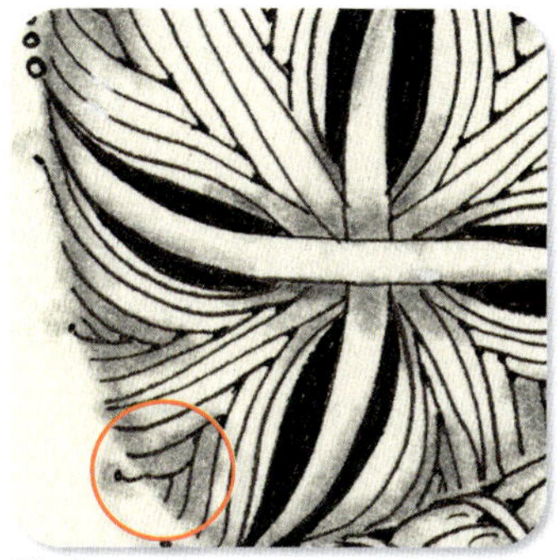

Shading

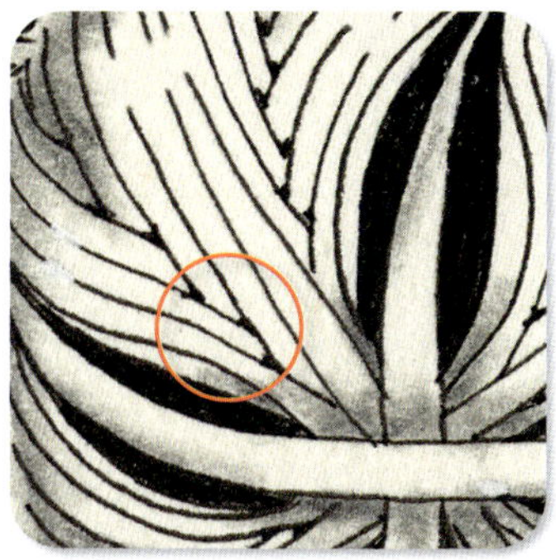

Rounding

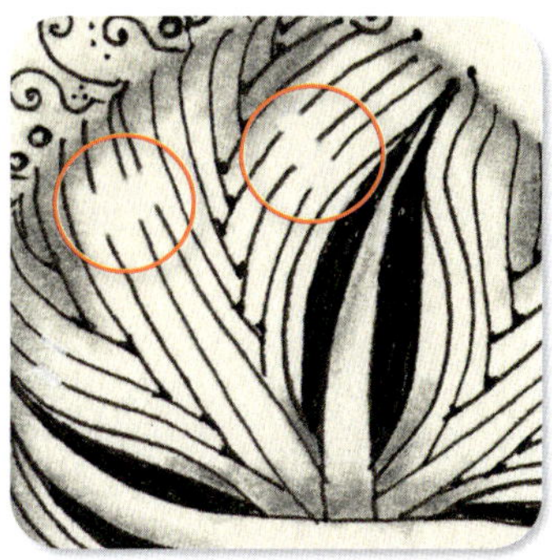

Sparkle

Ausblick für Weitertangler

ZIA - Zentangle Inspired Art

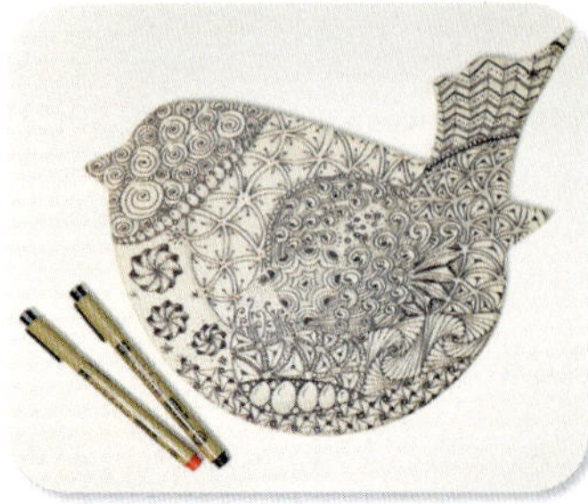

Es gibt viele Möglichkeiten und Zentangle-Anwendungen.

Sobald wir das Tile-Format verlassen, sprechen wir von „Zentangle Inspirierter Kunst".

Zentangle kann man zum Beispiel auch auf Verpackungen wie kleinen Kartons, Bilderrahmen oder auch Turnschuhen und Textilien anwenden. Es ist sicherlich eine Herausforderung, die Tangles auf ein anderes Material, ein dreidimensionales Objekt oder eine größere Fläche zu zeichnen, aber die mit Zentangle verzierten Gegenstände sehen einfach bezaubernd aus!

Mehr Zentangle-Materialien

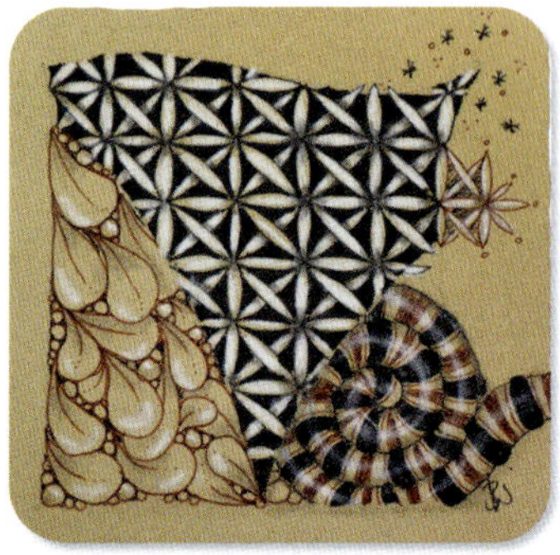

Das puristische Zentangle kommt prima mit schwarzem Stift auf weißem Papier aus.

Für die Fortgeschrittenen, die sich gern auch mal an anderen Materialien austoben möchten, hat Zentangle einige weitere Materialien entwickelt und zusammengestellt:

- braune Tiles (Renaissance), dazu braune und rote Stifte (Sakura Pigma Micron® Pen) und Zentangle-Chalk (weiße Kreide, Pastellstift)
- schwarze Tiles, dazu weiß-glänzender Stift mit 3D-Effekt (Sakura Gelly Roll® Pen), weiß-matte Kreide (Zentangle-Chalk), weiß-hauchiger Zenstone (Speckstein, mit Sandpapier zu verreiben), Sakura IDenti® Pen (hält überall), Fabrico Dual Pen (grau, eigentlich für Textil, bringt auf Chalk-Weiß leichte Schatten)
- Sakura Pigma Micron® Pen in anderen Strichstärken: 0,05 – 0,2 – 0,3 – 0,5 dazu 1,0 (Graphic Brush)
- Für Bunte-Welt-Gucker: Aquarellfarbstifte (mit Pinsel oder Wasserfüller zu verteilen) und der PITT Artist Pen von Faber-Castell funktionieren gut – und ab dann ist es grenzenlos: Acryl, Gesso, Stempelfarbe, Gouache, einfach alles, was Dir gefällt.

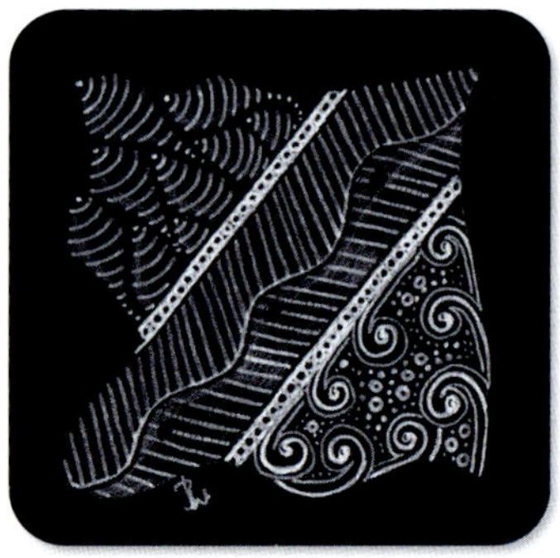

Dazu gibt es auch von mir einige neue Produkte:

- ZenStamps (Stempel mit Zentangle-Muster) für Umschläge und Geschenkpapier
- StampCover (der Innovationspreisgewinner für passgenaue Stempel-Abdeckungen)
- ZenStencils (Schablonen mit 3D-Zentangle-Muster) für Mixed Media oder zum einfachen Tanglen.

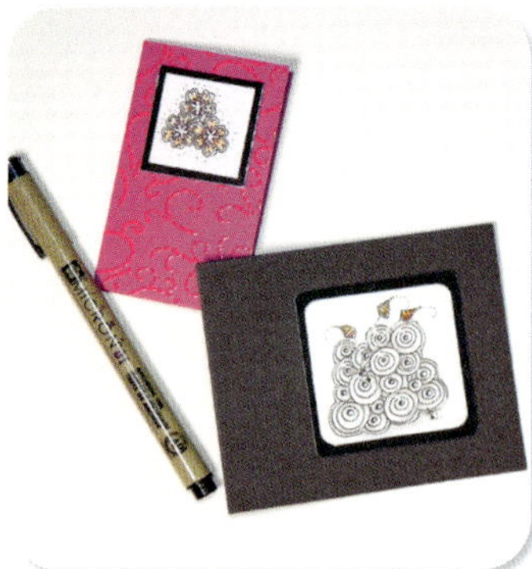

» „Hat es denn einen Nutzen?"
fragt der Verstand.
„Nein. Aber ich fühlte mich
wohl." antwortet das Herz.
„Aber hat es denn zumindest
einen Sinn?" fragt der Kopf.
„Oh ja! Es tut uns so gut!"
antworten alle Sinne. «

(Beate Winkler)

Wann singt Dein Herz?

Für die Mehrwissenwoller und Weitermachtangler habe ich online einiges mehr zusammengestellt:

www.beabea.de
mail@beabea.de

Mehr Tangles

Klar sind 101 Tangles schon eine ganz schöne Menge und genau genommen kommen wir bereits mit 10 Mustern eine ganze Weile aus. Dennoch: Es gibt inzwischen so viele, so schöne Muster, dass es mir schwerfiel, mich für dieses Buch auf 101 Tangles zu beschränken.

Mehr Tangles – mit Stepouts und Variationen – findet Ihr in meinen weiteren Büchern dazu oder auf meinem Blog. www.beabea.de und www.musterquelle.de

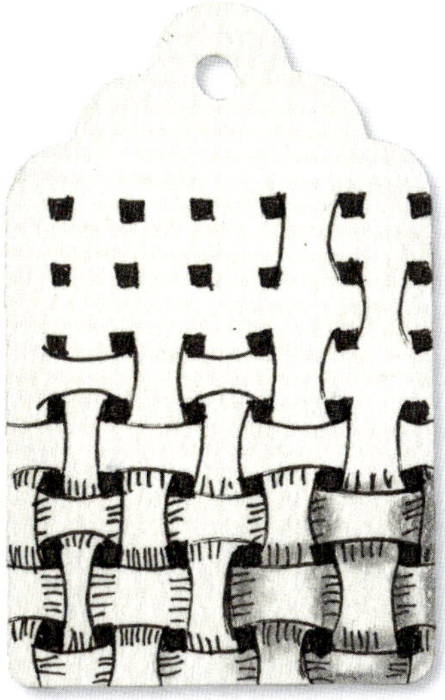

Huggins-W2-Kombination.

Tangle-Sammlung

Damit Ihr Eure Lieblingsmuster jederzeit zur Hand habt, bietet es sich an, die Muster mit Stepout auf einem größeren Anhänger (Tag) zu tanglen und auf einem Schlüsselring zu sammeln.

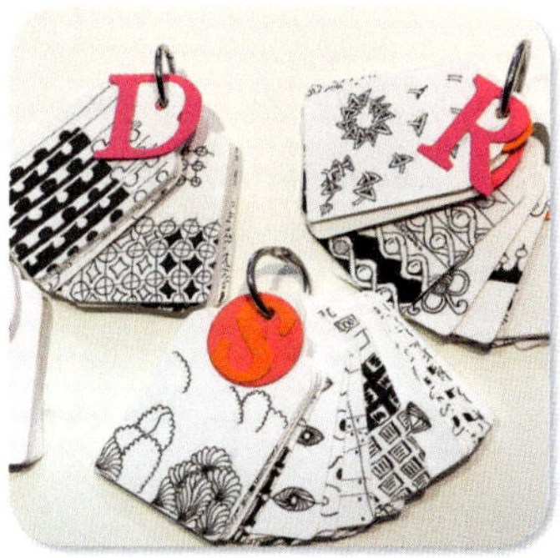

Zentangle-Videos

Ihr könnt mir gern einmal über die Schulter schauen. Ich zeige Euch zum Beispiel: Step-by-Step die Entstehung einiger Tangles, das Legen von Schatten, wie man schicke Zentangle-Verpackungen herstellt und sogar ganze Wände betangelt.

Zentangle-Kurse

Wenn Ihr Zentangle lernen wollt, hier meine herzliche Einladung! Ihr könnt einen Kurs bei mir buchen oder Einzelunterricht nehmen, inkl. Skype Anbindung für Interessierte von außerhalb. (Ich signiere es gerne, wenn Ihr dieses Buch mitbringt).

Materialien Shop

Wenn Ihr Zentangle- und Bastel-Materialien braucht, schickt Eure Anfragen bitte an **mail@beabea.de** oder kommt nach Absprache in mein Atelier in Hamburg Fuhlsbüttel.

Wenn nun die Muster entstehen, die Ruhe einkehrt und Dir Deine Tangles gefallen, sind dann vielleicht – Schritt für Schritt – auch andere Sachen möglich, die Du Dir nie zugetraut hättest?

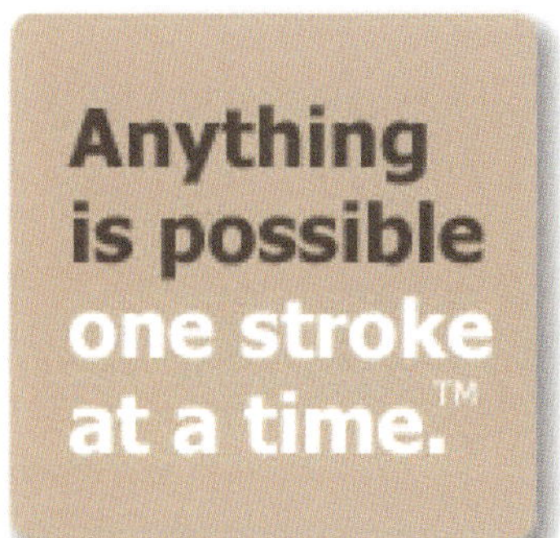

Rick Roberts & Maria Thomas

Links

www.zentangle.com
Zentangle Inc.

Alles über die Firma, die Philosophie und News, inkl. Trainingsangebote zum CZT:
www.zentangle.com/index.php?option=com_content&view=article&id=82&Itemid=174

www.TanglePatterns.com
Von Linda Farmer, CZT, USA/CA

Enthält die Liste der von Zentangle Inc. veröffentlichten Tangles.

www.tanglepatterns.com/zentangles/list-of-official-tangle-patterns

Liste der offiziellen Tangles

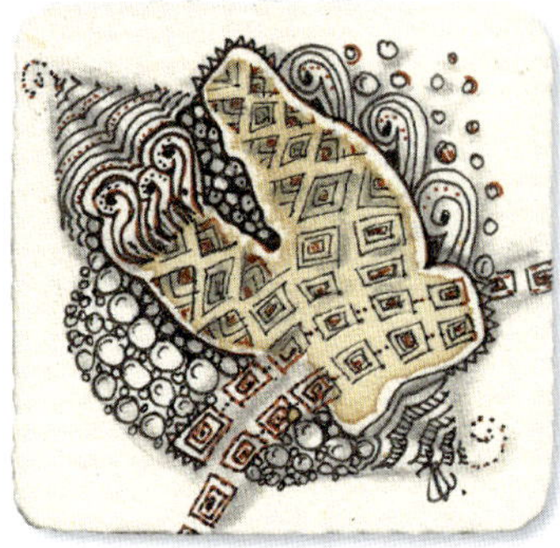

www.musterquelle.de;
www.elatorium.de
Von Ela Rieger, CZT, D

Eine große Datenbank mit vielen Tangels

IamTheDivaCZT.blogspot.de
Von Laura Harms, CZT, CAN

Blog und beliebte wöchentliche Challenge. Mal ein Muster oder auch Mal etwas ganz Anderes: Arbeite z. B. einen Getränke-Fleck als String aus (bei mir war‘s Café au lait).

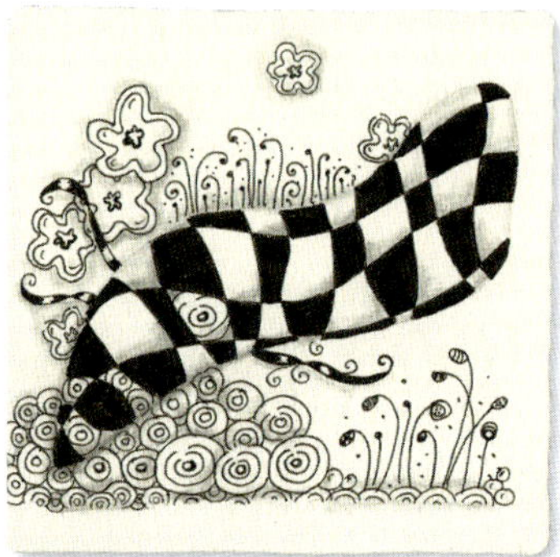

www.facebook.com/groups/squareonepurelyzentangle/
Von Chris Titur, CZT, US/NY

Square one: Purely Zentangle (offene Facebook-Gruppe)
Wöchentlich wechselndes Tangle-Leitthema, zu dem Künstler ihre Ausarbeitungen zeigen, ganz puristisch: 3,5“ Tile, Bleistift, schwarzer Fineliner.

www.mootepoints.com/ebooks.html
Von Cherryl Moote, CZT, CAN

Hier könnt Ihr eine passende Verpackung für das neue Bijou Tile-Format netterweise kostenlos downloaden.

Sind alle Tangles von der Firma Zentangle?

Nein, darüber gibt es viel Verwirrung: Zentangle Inc. (d. h. Maria Thomas, Rick Roberts und Marias Tochter Molly Hollibaugh) hat ungefähr 160 Tangles veröffentlicht. Viele Designer haben auf der Zentangle-Grundlage eigene Muster kreiert. Zur Klarheit habe ich in diesem Buch die originalen Tangle-Namen mit ihren jeweiligen Designern aufgeführt. Auf diese Namen könnt Ihr Euch beziehen, sie in Kommentaren erwähnen und im Internet Tiles damit zeigen.

Wer sind die friends?

Das sind sie: Die 56 CZTs und Zentangle-Freunde

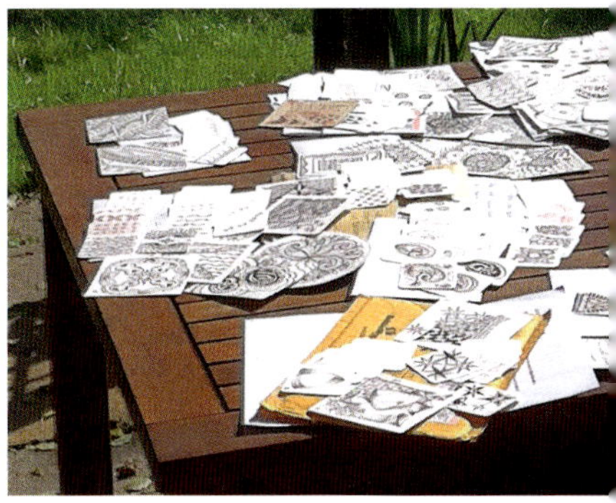

56 Freunde, die dieses Buch zu dem haben werden lassen, was es jetzt ist: 101 meisterhafte Tangles.

Obwohl Fachleute gesagt haben, dass ich das nicht brauche, wollte ich es dennoch: Von allen Tangle-Designern habe ich die Genehmigung zum Zeigen des Designs erfragt.

Und wie schön: Die Designer fühlten sich geehrt und einige waren sogar so begeistert, dass sie selbst bei diesem Buch mitmachen wollten. So hältst Du Werke aus Hongkong, USA, Großbritannien, Australien, Schweiz und Deutschland in den Händen. Welch eine Vielfalt, welch schön unterschiedliche Stile. Diese Extra-Arbeit hat sich gelohnt. Sollte uns in dem Daten-Wust dennoch etwas durchgerutscht sein, bitten wir vielmals um Entschuldigung.

Über die regen Beteiligungen von so vielen Künstlern bin ich sehr gerührt und fühle mich total geehrt. Jedes Mal, wenn ein Brief ankam, schien bemerkenswerterweise die Sonne und es war für mich wie Weihnachten und Geburtstag in einem. Freude, dass es wieder mal geklappt hat, in der kurzen Projekt-Zeit Zusendungen aus der ganzen Welt zu bekommen. Verheißungsvolle Umschläge, Herzbubbern, Freude und Staunen über die wundervollen Werke, die wohlbehütet verpackt heil den langen Weg nach Hamburg überstanden haben. Darüber bin ich sehr beglückt. Herzlichen Dank an alle, die dazu beigetragen haben.

Artist Contributors

Thank you so much, CZT and Zentangle-friends around the world for joining this special book-project. You are the ones, who made this book a real treasure. I'm so honored and grateful for your collaboration and your fine art-work.

Arja de Lange-Huisman, CZT, NL
elefantangle.blogspot.com
Designer: 106
Stepout: 43, 66, 106
Variationen: 43, 66, 106
Kombi: 43

Beth Snoderly, USA/WV
beth.snoderly@yahoo.com
Designer: 51, 92

Carla Du Preez, ZAF
cadp@mweb.co.za
Designer: 33

Carolyn Bruner Russell, CZT, USA/FL
CarolynRussellArt.blogspot.com
Stepout: 83

Catrin-Anja Eichinger, D
post@festimbild.de
Kombis: 6, 122

Conny Holsappel , NL
Designer: 111

Daniele O´Brien, CZT, USA/MI
dobriendesign@comcast.net
Designer: 118

Deborah Pacé, CZT, USA/CA
dpavcreations.blogspot.com
Designer: 95
Stepout: 44
Variationen: 32, 85
Kombis: 64, 95

Diana Schreur, CZT, NL
www.dischdisch.blogspot.nl
Designer: 60
Stepout: 60
Variationen: 60, 104
Kombis: 44, 60, 70, 104, 136

Ellen Gozeling, CZT, NL
www.kunstkamer.info
Stepout: 56, 63, 84, 112
Variationen: 56, 63, 112
Kombis: 56, 63, 84, 112

Frances Banks, CZT, USA/PA
Designer: 30

Genevieve Crabe, CZT, CAN
www.amarylliscreations.com
Designer: 62

Hannah Geddes, CZT, UK
Facebook: Han Made Designs CZT
Designer: 68, 93
Stepout: 24, 28, 51, 68, 85, 93, 107, 110
Kombis: 24, 28, 51, 68, 85, 93, 107, 110

Hanny Waldburger, CZT, CH
www.zenjoy.ch
Designer: 39, 99
Stepout: 38, 39, 67, 82, 99
Variationen: 38, 39, 82, 99
Kombis: 39, 67, 96, 101, 102, 137

Wer sind die Friends?

Helen Wiliams, AUS
alittletime.blogspot.com
Designer: 79

Henrike Bratz, D
strohsterne-bratz.de
Designer: 116
Variationen: 43, 116

Jana Rogers, CZT, USA/ID
jana.pharmhouse@gmail.com
Designer: 67

Jane Marbaix, CZT, UK
janemarbaix@me.com
Stepout: 36, 37
Kombis: 36, 37

Jane MacKugler, CZT, USA/VT
dicksallyjane.blogspot.com
Designer: 49, 71, 97
Stepout: 49, 71, 97
Variation: 49
Kombis: 49, 71, 97

Joyce Block, CZT, USA/WI
mindfulnessinpenandink.blogspot.com
Designer: 105

Judith R. Shamp, CZT, USA/TX
idoso@swbell.net
Designer: 50

Kate Ahrens, CZT, USA/MN
Katetangles.blogspot.com
Designer: 27, 102
Stepout: 27, 102
Variation: 102
Kombis: 27, 102, 136

Katie Crommettt, CZT, USA/MA
www.katieczt.com
Designer: 26
Stepout: 26, 30, 34
Variationen: 34, 90
Kombis: 26, 30, 90

Katy Abbott, CZT, USA/OH
Katy.abbott@icloud.com
Designer: 78

Dr. Lesley Roberts, CZT, UK
www.theartsoflife.co.uk
Stepout: 120
Variation: 120
Kombis: 121

Lisa Lehman, CZT, USA/NY
www.tanglejourney.com
Stepout: 53, 54, 111, 116
Variation: 116
Kombis: 53, 54, 111, 116

Maiko Y.W. Wong, CZT, HKG
Maiko.Wong@gmail.com
Designer: 57, 91
Stepout: 57, 91
Kombis: 57

Margaret Bremner, CZT, CAN
enthusiasticartist.blogspot.com
Designer: 65, 83
Variation: 73

Margitta Lippmann-Süllau, D
info@wosue.de

Maria Thomas, Zentangle® HQ, USA/MA
www.zentangle.com
Designer: 16, 20, 21, 25, 38, 44, 52, 53, 66, 85, 87, 88, 113, 114, 120

Maria Vennekens, CZT, NL
www.zentangle.eu
Designer: 98
Stepout: 65, 98
Variation: 65
Kombis: 65, 90, 98

Mariët Lustenhouwer, NL
www.studio-ML.blogspot.nl
Designer: 70, 104
Stepout: 70, 104
Variation: 70

Marizaan van Beek, CZT, ZAF
marizaanvb@gmail.com
Designer: 42, 61
Stepout: 61
Variation: 61
Kombis: 42

Marty Vredenburg, CZT, USA/MI
martyv41@yahoo.com
Stepout: 46, 113
Variation: 46
Kombis: 16, 46, 113, 136

Mary Kissel, CZT, USA/IL
Tanglegami.blogspot.com
Designer: 46, 77

Mary Elizabeth Martin, CZT, USA/CA
marypinetreestudios@gmail.com
Designer: 39

MaryAnn Scheblein-Dawson, CZT, USA, NY
tangled@paperplay-origami.com
Designer: 58
Stepout: 58
Variation: 58
Kombis: 58, 136

Mary-Jane Holcroft, CZT, UK
mjholcroft@hotmail.co.uk
Stepout: 64, 79
Kombis: 64, 79

Michele Beauchamp, CZT, AUS/TAS
www.shellybeauch.blogspot.com
Designer: 47, 48, 81
Stepout: 47, 48, 81
Kombis: 47, 48, 81

Mimi Lempart, CZT, USA/MA
mimi.lempart@gmail.com
Designer: 54, 82

Molly Hollibaugh,
Zentangle Inc.,CZT, USA/MA
www.zentangle.com
Designer: 17, 29, 73, 117

Norma Burnell, CZT, USA/RI
www.fairy-tangles.com
Designer: 56, 64

Rick Roberts & Maria Thomas,
Zentangle® HQ, USA/MA
www.zentangle.com
Designer: 18, 19, 22, 28, 31, 32, 34, 35, 36, 74, 84, 90, 96, 101, 107, 110

Sandra Strait, USA/OR
lifeimitatesdoodles@gmail.com
Designer: 43

Sandy Hunter, CZT, USA/TX
tanglebucket@gmail.com
Designer: 37, 115
Variationen: 37, 115
Kombis: 25, 37, 115

Sharon Caforio, CZT, USA/IL
Designer: 24

Sheena Cable, CZT, UK
ccablefam@aol.com
Stepout: 87, 88
Kombis: 38, 87, 88, 122

Sophia Tsai, CZT, Taiwan
sophiacathytsai@gmail.com
Variation: 136

Stella Peters-Hessels, CZT, NL
www.startangle.blogspot.nl
Designer: 103
Stepout: 18, 31, 103
Variationen: 18, 103
Kombis: 18, 21, 31, 103

Stephen Chan, CZT, HKG
stephenxstephen@gmail.com
Designer: 75, 101
Stepout: 75
Kombis: 75, 127

Sue Clark, CZT, USA/CO
www.tangledinkart.blogspot.com
Designer: 55, 100
Stepout: 55, 100
Variation: 55
Kombis: 55, 100

Sue Jacobs, CZT, USA/IL
suejacobs.blogspot.com
Designer: 59, 63, 86, 112

Susan Wade, CZT, CAN
mrsdressups@gmail.com
Variationen: 86, 118

Tina-Akua Hunziker, CZT, CH
hunziker.tina@yahoo.com
Kombis: 28, 87

Tricia Faraone, CZT, USA/RI
Designer: 94

Wayne Harlow, CZT, USA/CA
wdharlow@sbcglobal.net
Designer: 80, 119

und ich:
Beate Winkler, CZT, D
Designer: 23, 45, 69, 72, 76, 89
und die restlichen Stepouts, Variationen und Kombinationen.
www.beabea.de
mail@beabea.de

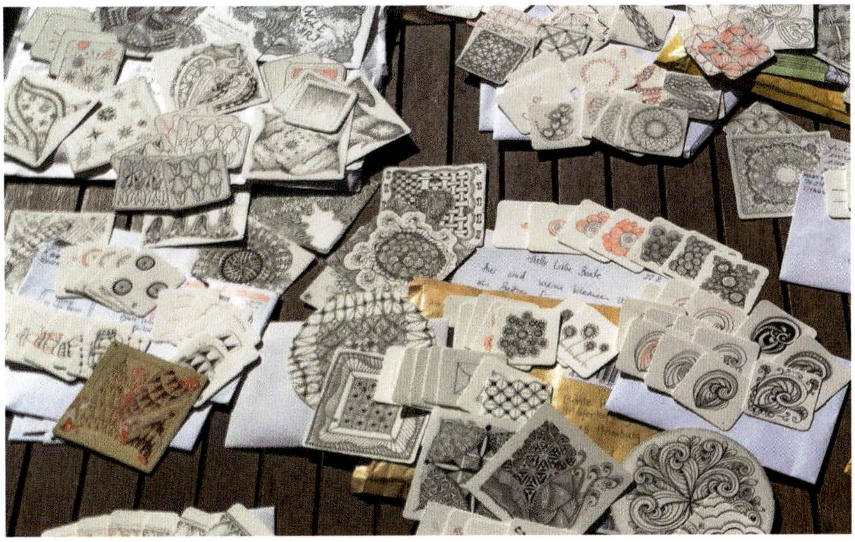

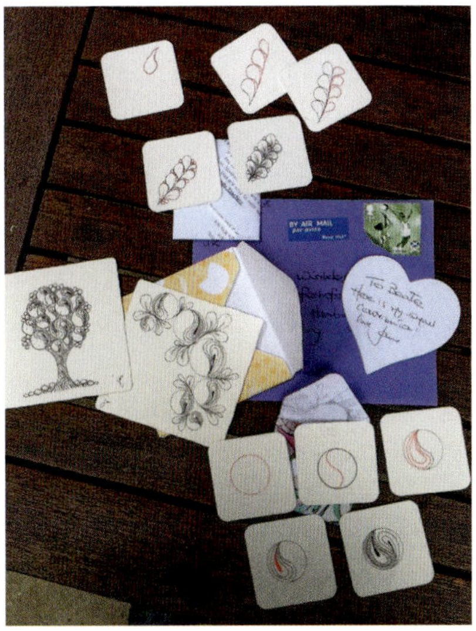

Galerie

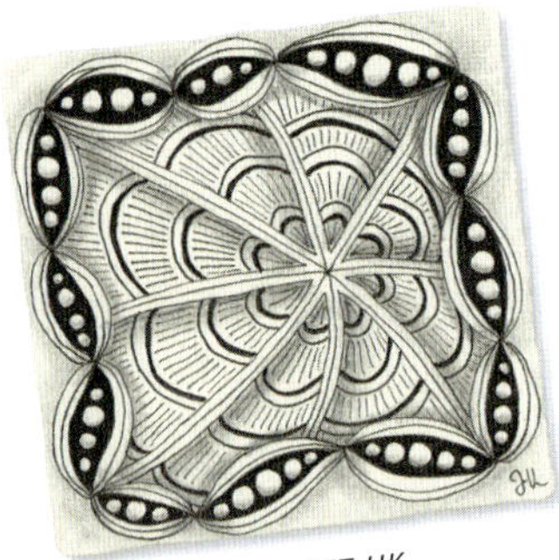

Hannah Geddes, CZT, UK

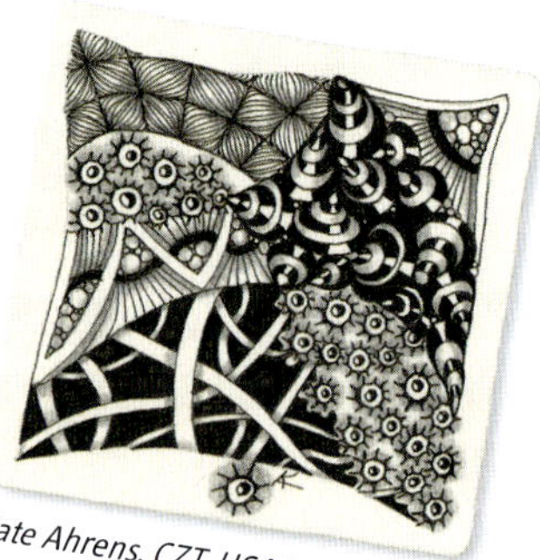

Kate Ahrens, CZT, USA/MN

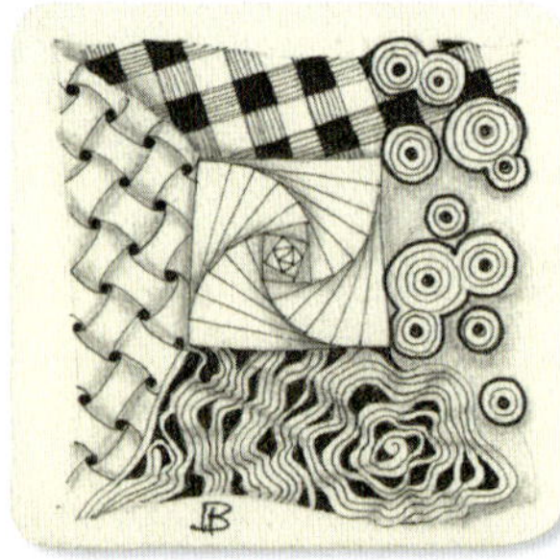

Henrike Bratz, D

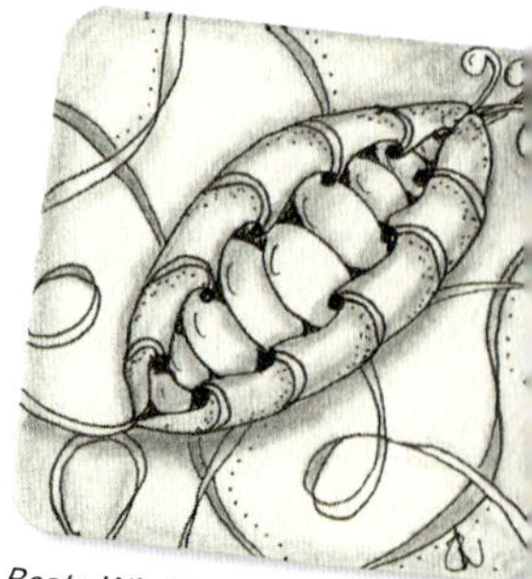

Beate Winkler, CZT, D

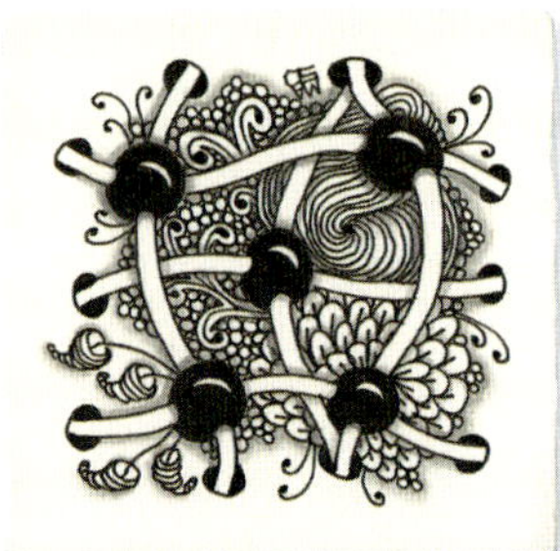

MaryAnn Scheblein-Dawson, CZT, USA/NY

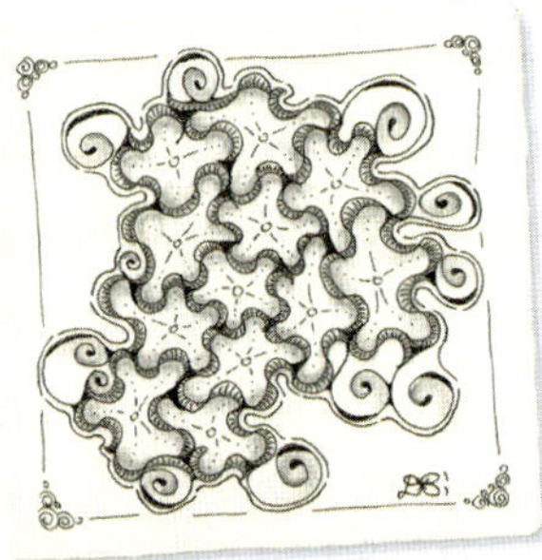

Diana Schreur, CZT, NL

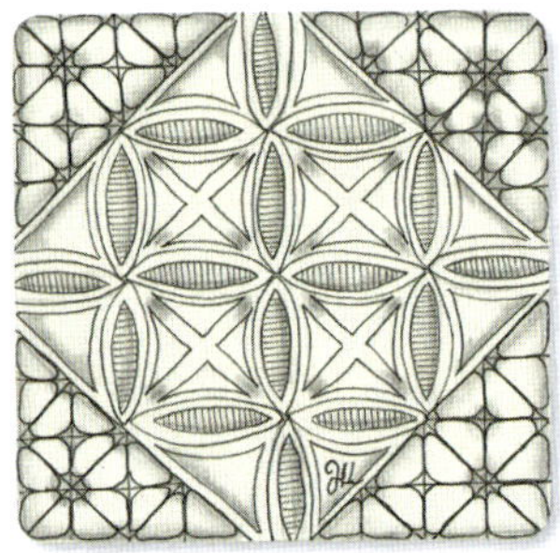

Hannah Geddes, CZT, UK

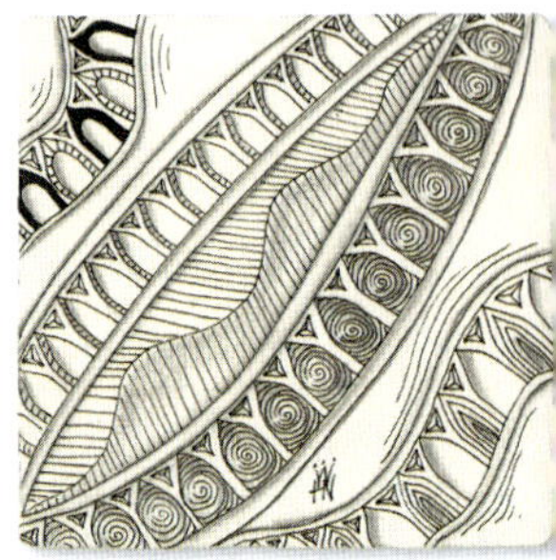

Hanny Waldburger, CZT, CH

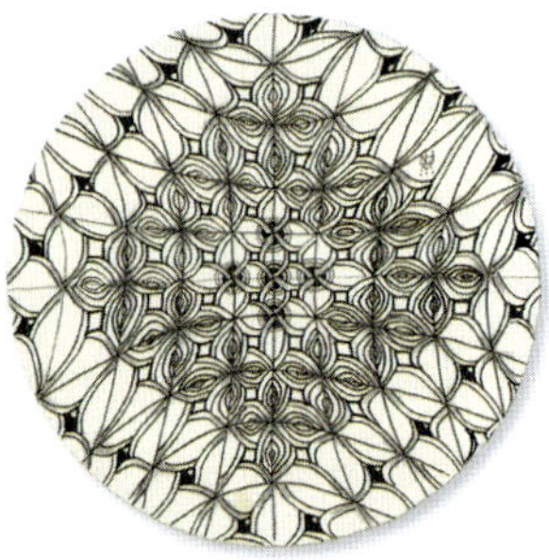

Hanny Waldburger, CZT, CH

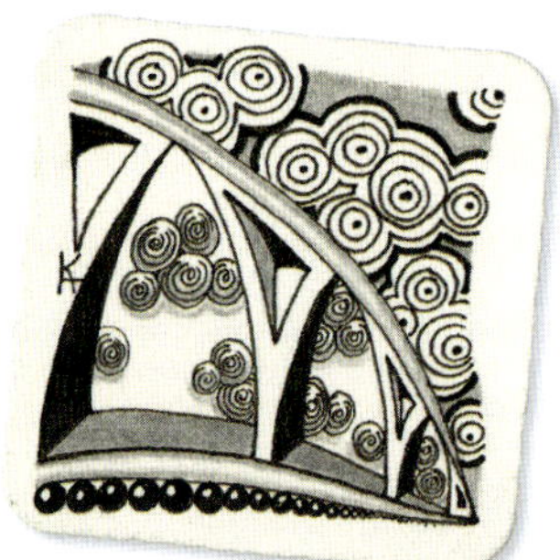

Kate Ahrens, USA/MN

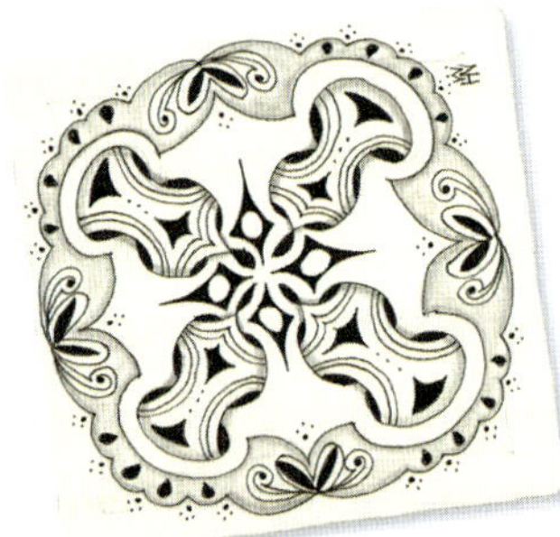

Hanny Waldburger, CZT, CH

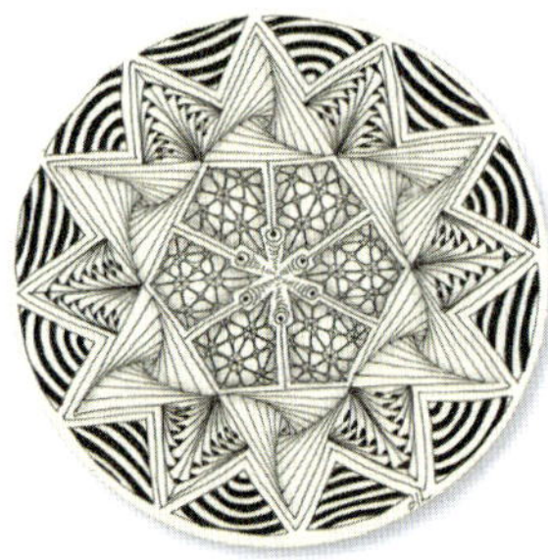

Hannah Geddes, CZT, UK

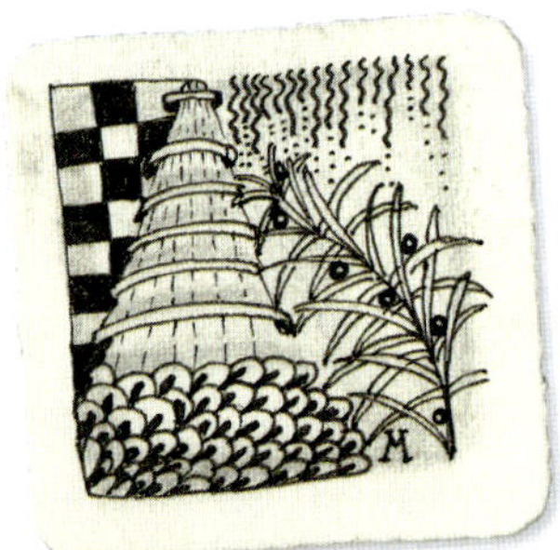

Marty Vredenburg, CZT, USA/MI

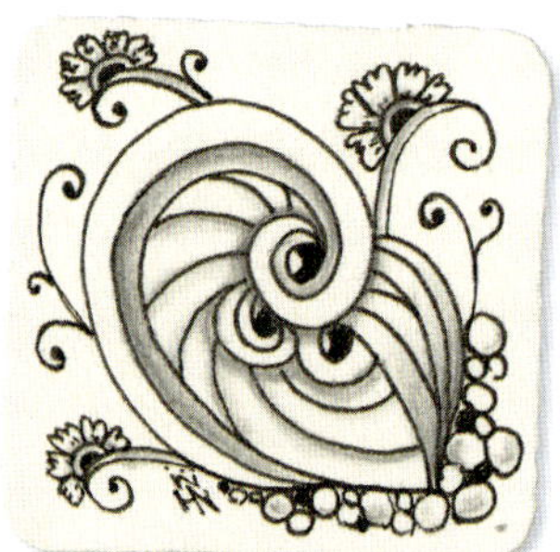

Hanny Waldburger, CZT, CH

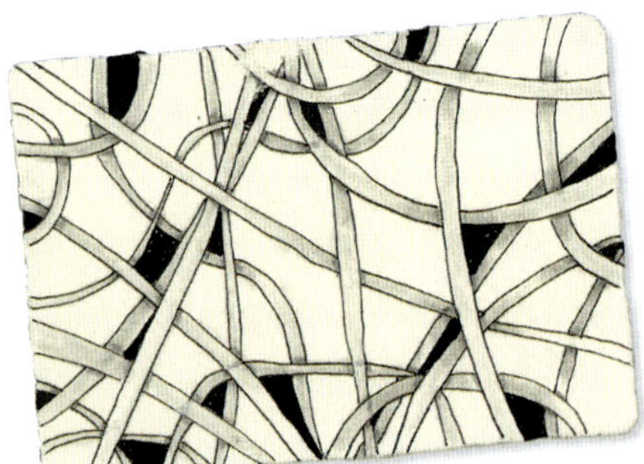

Sophia Tsai, CZT, Taiwan

Und es geht immer weiter, hier einige Beispiele:

ZenGem
Design von Kae Yoshino, J/CHI
Beate Winkler, CZT, D

ZenButton
Design von Marguerite Samama, CZT, NL
Beate Winkler, CZT, D

Dingbatz
Design von Zentangle HQ, USA
Beate Winkler, CZT, D

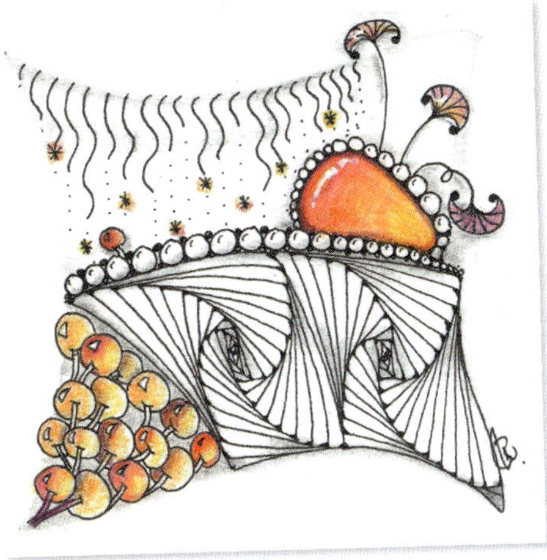

ZenGem

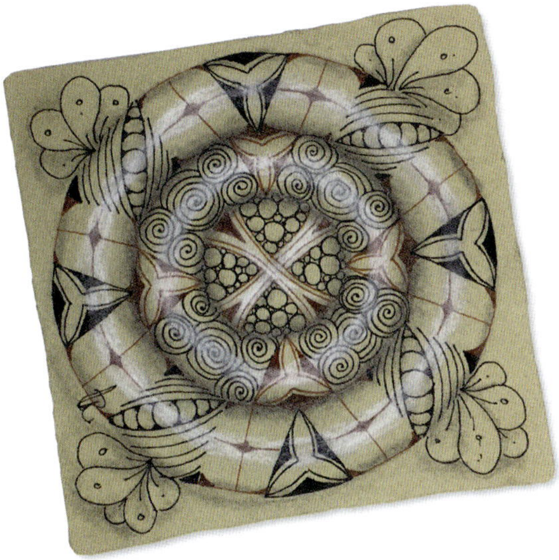

ZenButton

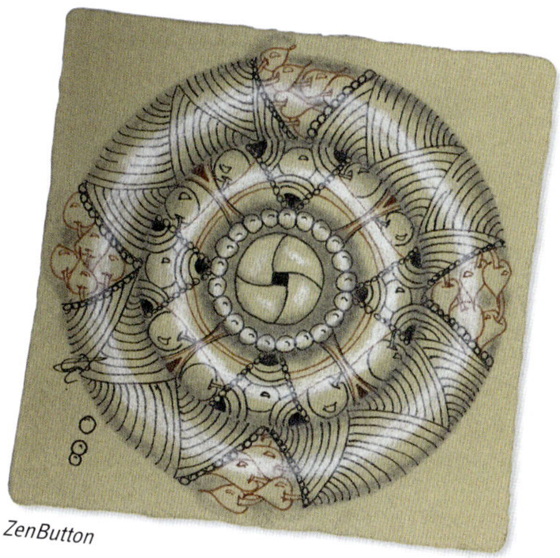

ZenButton

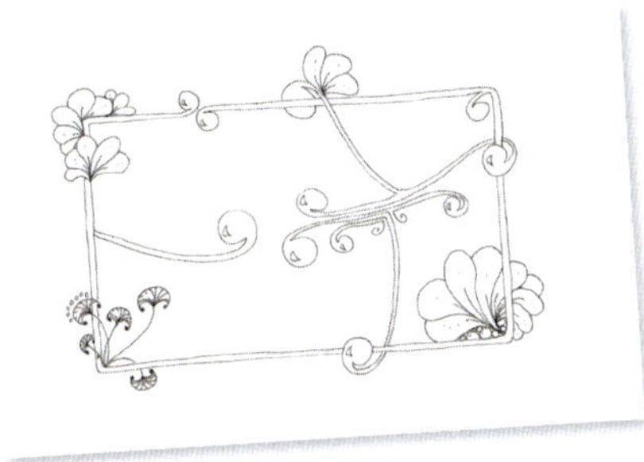

Dingbatz

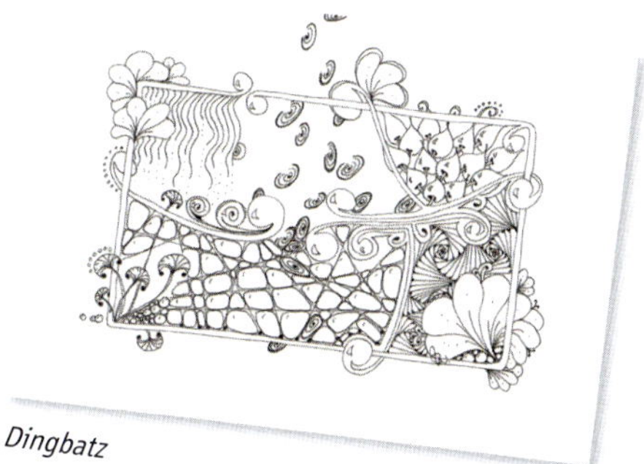

Dingbatz

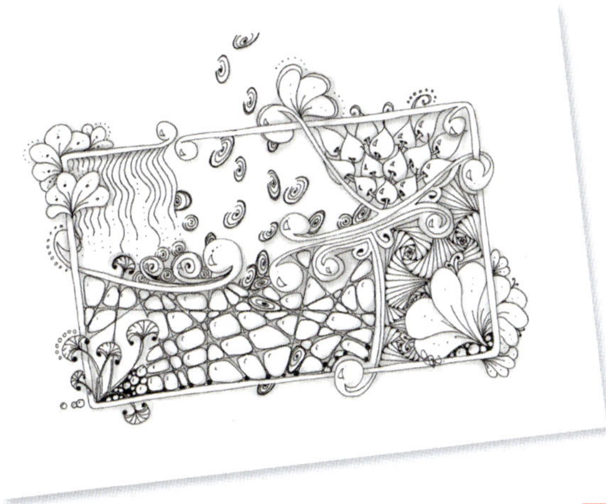

Dingbatz

Danksagung

Noch einen besonderen Dank an ein paar besondere Menschen, die dieses Buch zu einem Schatz haben werden lassen:

Danke an **Maria & Rick**, die mit so viel Engagement und in feinfühligen Schritten ihr Lebenswerk Zentangle® in die Welt tragen. So herzlich und so viel gebend. Die jeden einzelnen CZT mit „Welcome aboard" begrüßen und Kontakt halten.

Thank you so much for your wonderful life-work. This is my way to pay back!

Wenn Du dieses Buch in den Händen hältst, kannst Du Dir vielleicht vorstellen, dass es viele Stunden liebevolle Kleinarbeit bedeutete. Zusätzlich zu den Künstlern aus aller Welt, die an diesem Buch aktiv mitwirkten und auf der vorigen Seite einzeln genannt sind, und dem Verlag, der es in Form gegossen hat, waren auch weitere gute Geister im Hintergrund am Werk:

All meine lieben Freunde, die verstanden haben, dass ich für ein paar Wochen abgetaucht bin und die, die mich unterstützt haben. **Hannah Geddes, UK** (my roommate and great co-worker) und **Hanny Waldburger, CH** (Danke für die großartige Mitarbeit und das Proof-Reading). Meine liebe **Andrea W.**, Freundin, die mir eine Autoren-Entspannungs-Wundertüte an die Tür hängt, und meine liebe **Margitta-Freundin**, die ebenfalls Proof-Reader war und dazu von Beginn an auf Zuruf tief in jede Excel-Liste einstieg und stundenlang stringent für Fokus auf die aktuelle Aufgabe sorgte, während ihr Mann meinen Hund bespaßte und danach für unser leibliches Wohl sorgte. Dazu die herzliche Star-Fotografin **Catrin-Anja Eichinger**, die mit Engelsgeduld, Ablenkungstaktiken und Turnübungen stundenlang versuchte, mir ein portraitfähiges Foto zu entlocken. Ganz herzlichen Dank, Ihr Lieben!

Mein größter Dank geht an **Hajo**. Nicht nur, dass er mir Raum und Zeit für dieses Projekt gab, sondern auch Verständnis hatte und großartig unterstützte (sei es Technik, Visionieren, Texten und Fotografieren) und Halt gab, wenn es mir mal in den intensiven Wochen zu viel wurde. Dafür bin ich meinem geliebten Ehemann dankbar – bis zum Mond und zurück.

Und mein besonderer Dank gilt **Barbara Sher**. Ihre Bücher und das Seminar „Ich könnte alles tun, wenn ich nur wüsste, was ich will" haben mich sehr inspiriert. Als ich jammernd sagte: „Ich kann doch nicht dauernd neue Themen toll finden und 'reinspringen!" lächelte sie und sagte: „Sure, honey, you can. You're a scanner" und erklärte mir, was das bedeutet. Danke! Thanks! You have changed my life and you will always be in my heart, dearest Barbara.

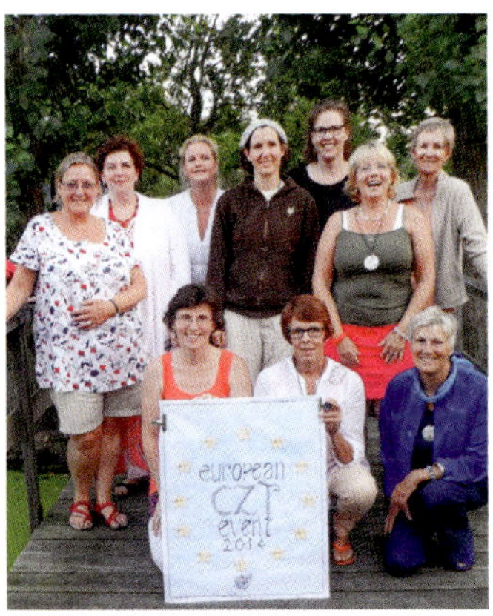

CZT Europe Meeting 2014

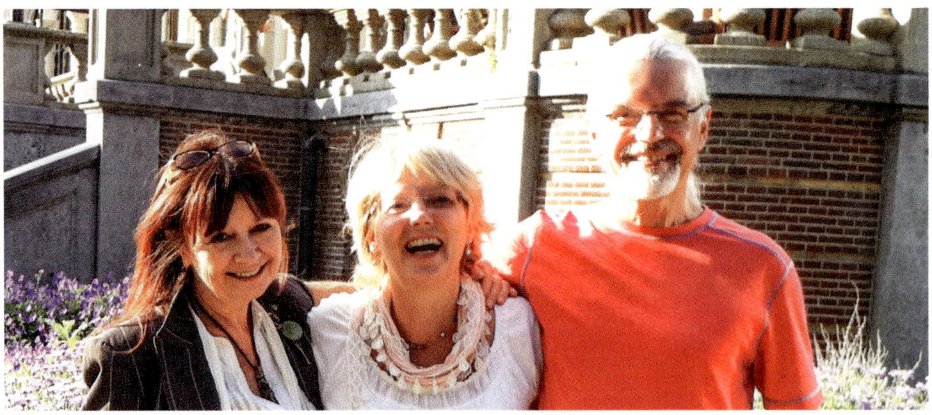

Maria, Beate, Rick

Die Autorin

Beate Winkler (geb. Wiebe)

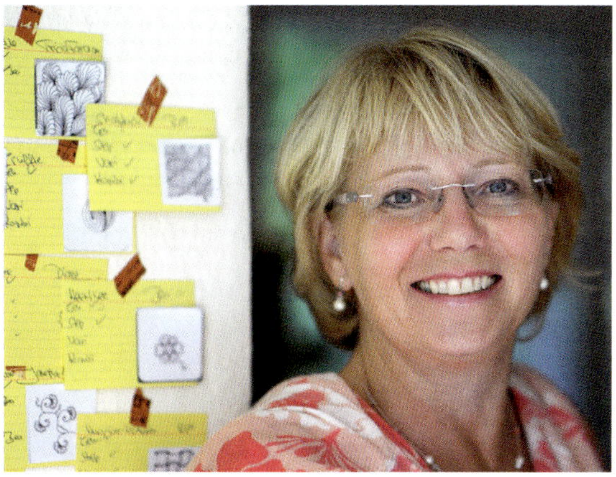

Wenn ich auf meine Kindheit zurückblicke, habe ich viel Zeit mit Basteln, beim Kleben und Schneiden verbracht. Nach dem Abi bin ich für zwei Jahre nach Holland gezogen, erwachsen geworden und in verschiedene Jobs eingetaucht. Es blieb kaum Zeit für Kreativität.

1997 habe ich mich im Bereich Training und Coaching selbstständig gemacht. Nach Jahren merkte ich, ich hatte zwar Erfolg (inzwischen 7 Angestellte), aber mir fehlte etwas. Also habe ich meine Firma geschlossen und ein halbes Jahr Auszeit genommen. Am Ende der Zeit wusste ich: Ich gebe gerne Seminare, möchte aber auch wieder etwas mit den Händen tun. Drei Monate später hatte ich den Plan umgesetzt und mein erstes Bastelseminar gegeben. Seit über 10 Jahren bin ich nun hauptberuflich Künstlerin, designe Produkte und vermittle in Kursen Kreativität für Erwachsene und Kinder. Im Laufe der Jahre habe ich über 12.000 Teilnehmer begrüßen dürfen.

Nachdem ich das Buch „Craft to heal" gelesen hatte, fand ich genau die Begründung, warum ich so gerne Kreativ-Seminare gebe und erschuf „Die Seele basteln lassen". Als Künstlerin liebe ich neue Trends. Dafür besuche ich Fachmessen wie die CHA in USA und die Creativworld in Frankfurt. Mein Lieblingsthema ist und bleibt Papier (Scrapbooking, Mixed Media, Art Journaling) und andere natürliche Materialien.
Mein Lebensziel, die Kreativität in Deutschland um 1% zu erhöhen, ist erreicht (sicher nicht nur durch mein Zutun). Yeah! Und nu?

Der Herzenswunsch Weltreise steht an, „Planet Zentangle, Fieldtrip around the world", um CZT-Mitwirkende zu besuchen und vor Ort Workshops für Kids zu geben. Ich bin eh eine Weltenbummlerin und habe öfter im Ausland gelebt (Niederlande, Thailand, Spanien und USA).

Wie kam Zentangle in mein Leben? Bei der Recherche sind mir die wunderschönen grafischen Muster aufgefallen und haben mich fasziniert. Im Handumdrehen hatte ich einen Fineliner in der Hand, um es auszuprobieren und war sofort süchtig. Jeder, der in mein Atelier kam, hat das Thema Zentangle kennengelernt und ist meist als Fan wieder gegangen. Ich hoffe, es geht Dir auch so!

Wie wurde ich ein Certified Zentangle Teacher (CZT)?

Ich liebe alles Neue und habe das neugierige Näschen immer an den frischen Trends, aber erstaunlicherweise blieb Zentangle weit über einem Jahr bei mir ganz oben auf der Top-10-Liste. Das fiel selbst meinem Mann auf und er war es, der mir Mut machte, wirklich zu Rick & Maria in die Staaten zu fliegen, um CZT zu werden. Ich war lange auf der Warteliste, dann kam plötzlich die Meldung, ich könnte in wenigen Wochen teilnehmen. Also habe ich alle anderen Termine abgesagt, Flüge und Hotel gebucht und los ging es nach Providence.
I had the time of my life!

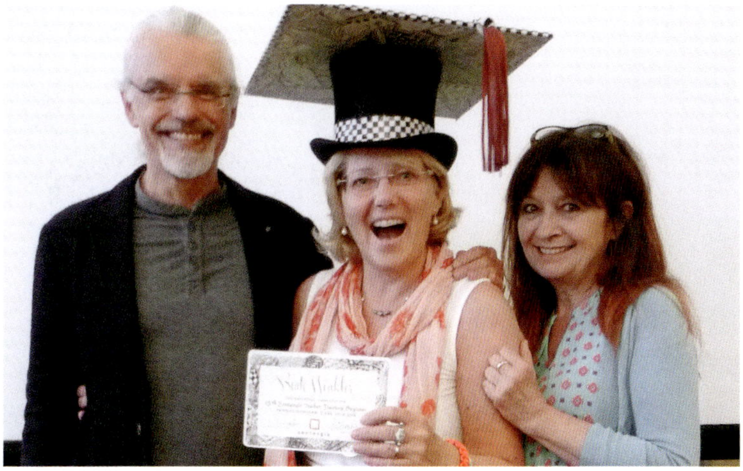

I am proud to be a CZT

Alle Tangles von A–Z

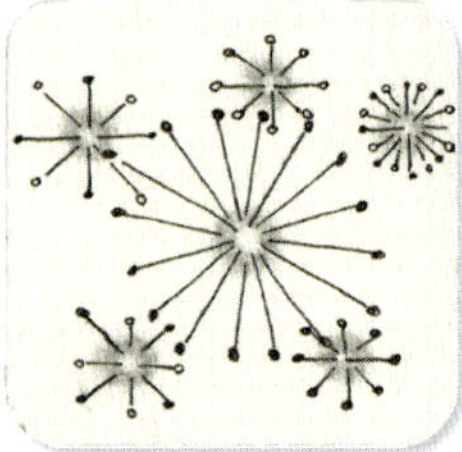
Ahh (S. 18)

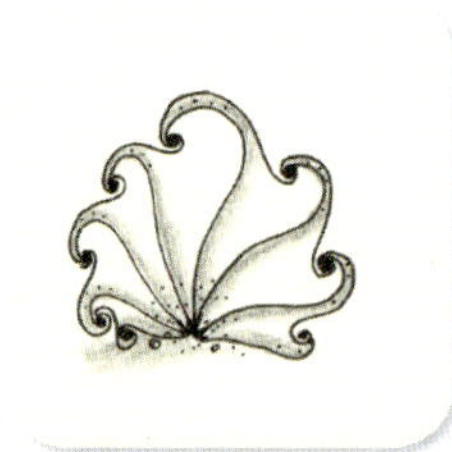
Angle Fish (S. 42)

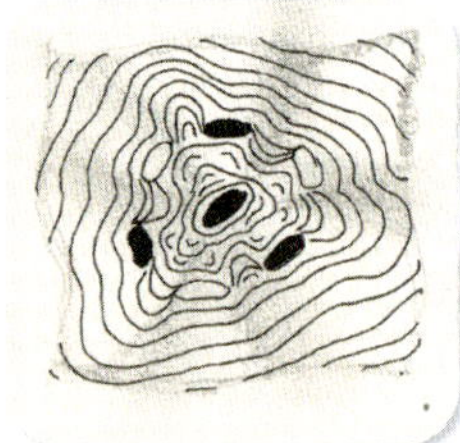
Appearance (S. 43)

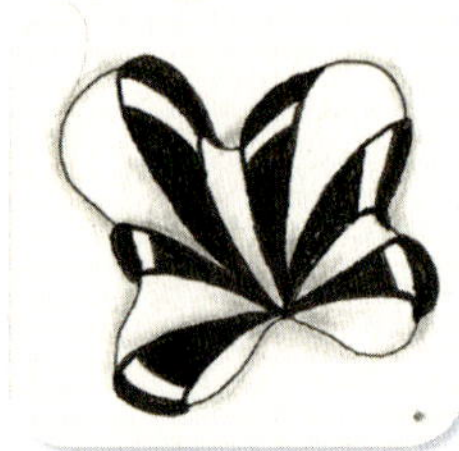
Aquafleur (S. 44)

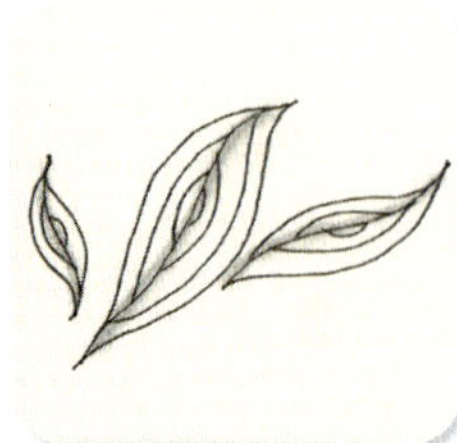
Aura-Leah (S. 33)

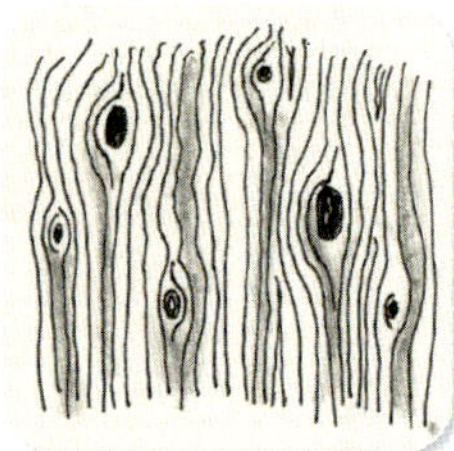
B-horn (S. 45)

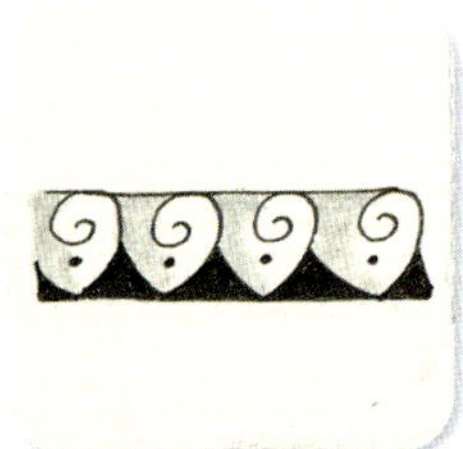
Birds on the Wire (S. 46)

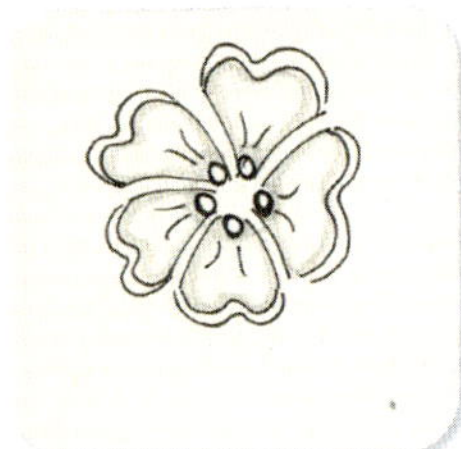
Blooming Butter (S. 47)

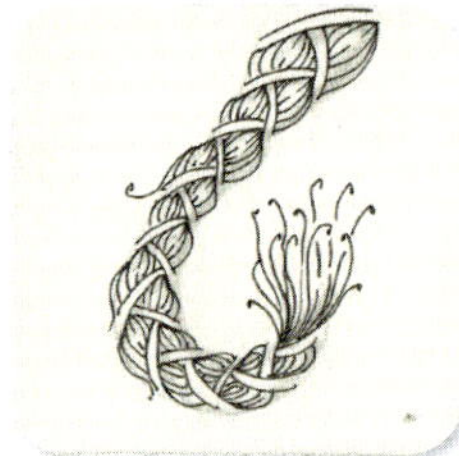
Brayd (S. 48)

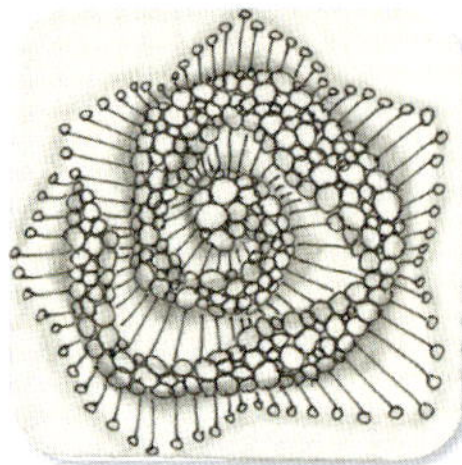
Bubble Bobble Bloop (S. 49)

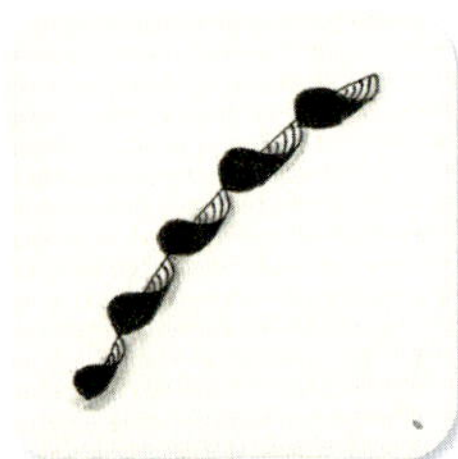
Bumpety Bump (S. 50)

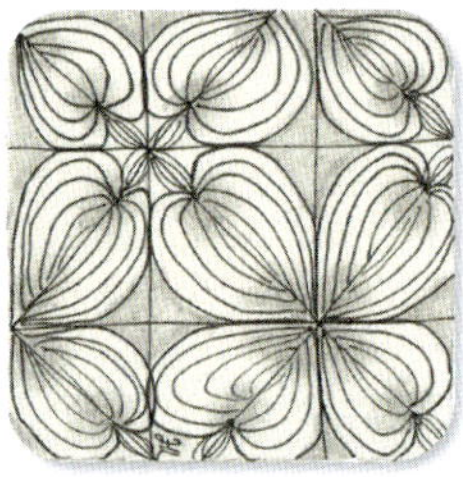
Bumpkenz (S. 51)

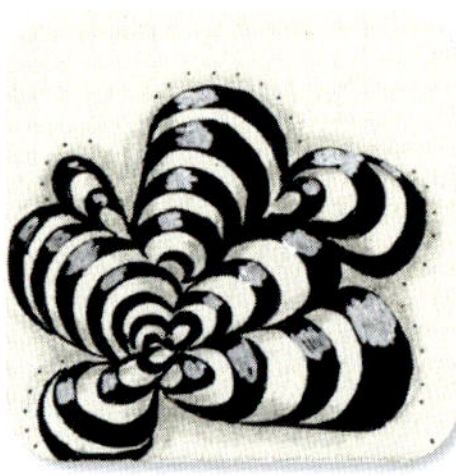
Bunzo (S. 52)

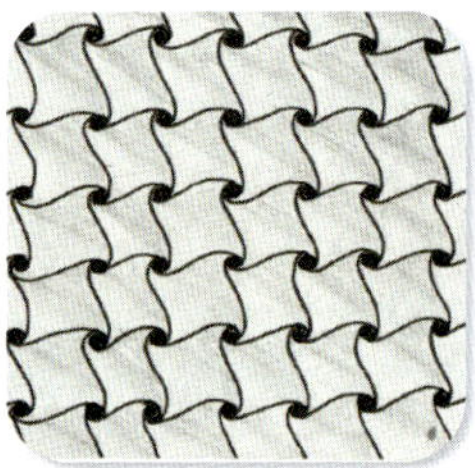
Cadent (S. 53)

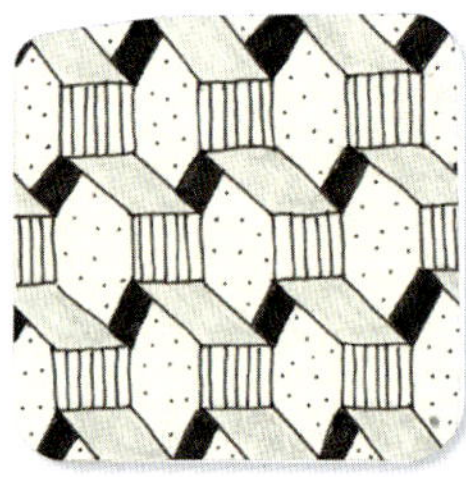
Casella (S. 111)

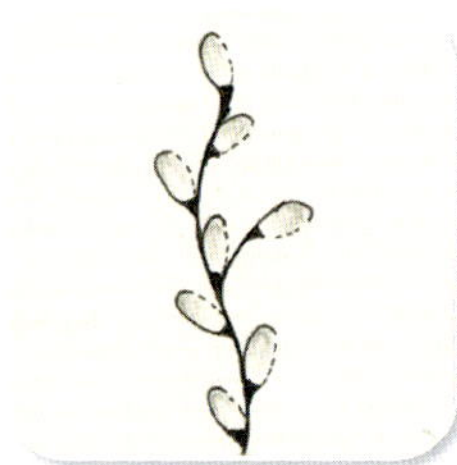
Cat-kin (S. 54)

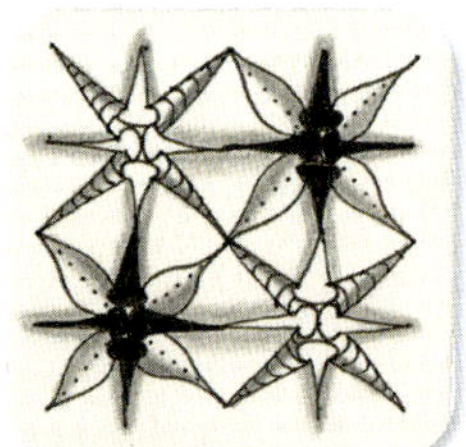
Ceebee (S. 55)

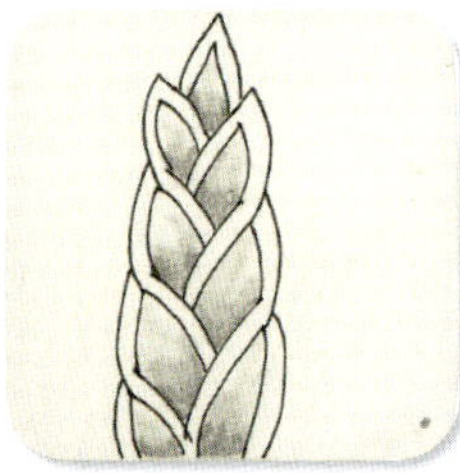
Chainlea (S. 56)

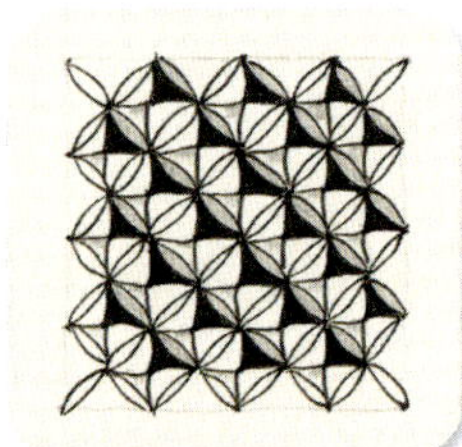
Checkers (S. 57)

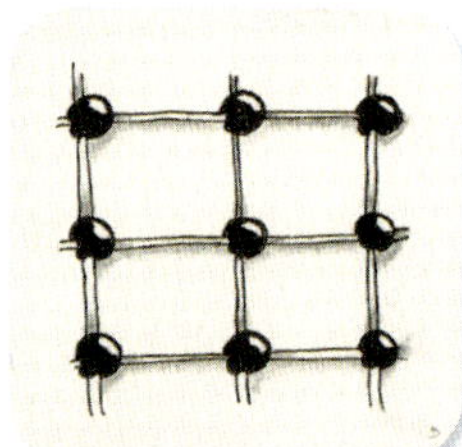
Chemystery (S. 58)

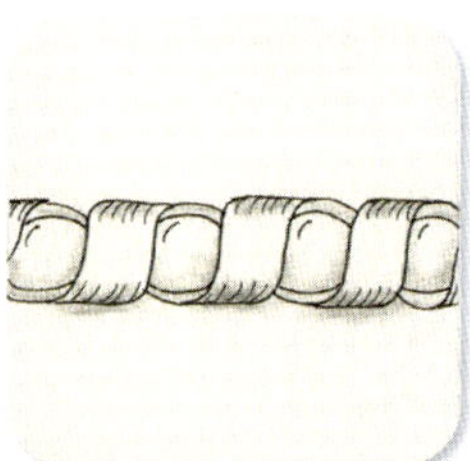
Coil (S. 59)

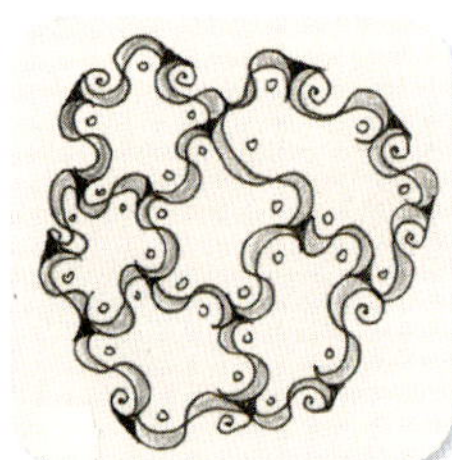
Connessess (S. 60)

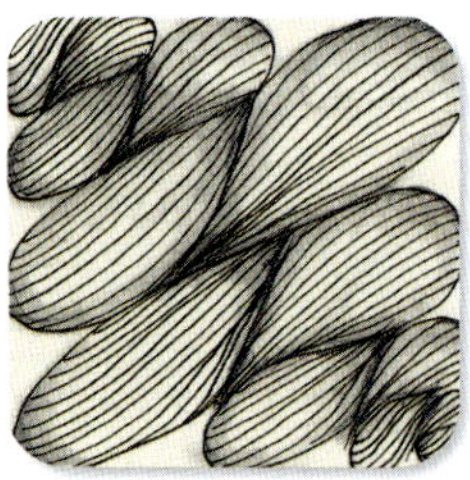
Cool 'Sista (S. 61)

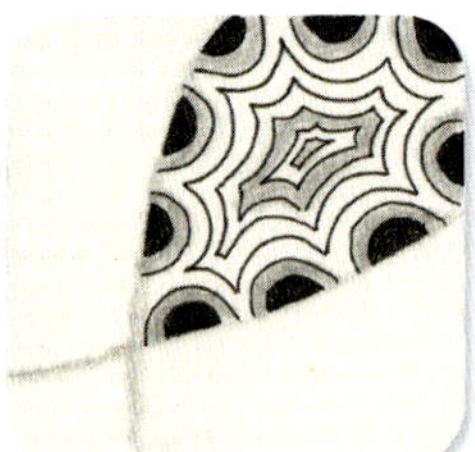
Crescent Moon (S. 20)

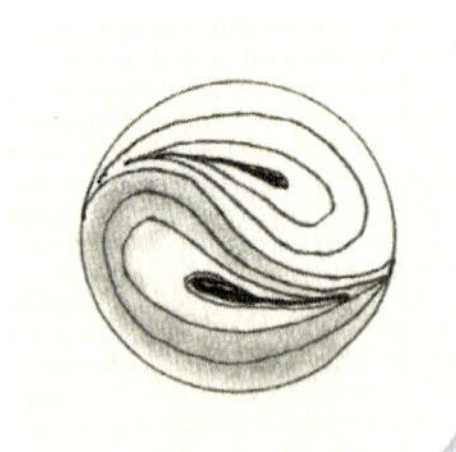
Cruffle (S. 37)

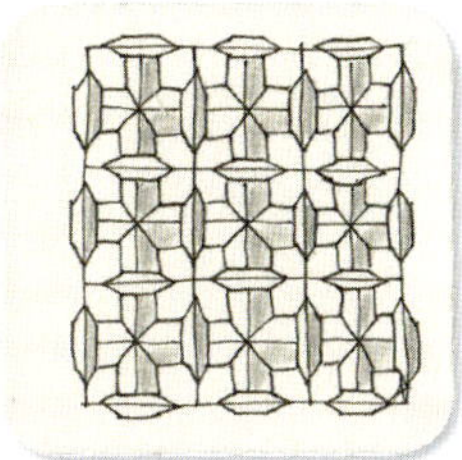

Crusade (S. 119)

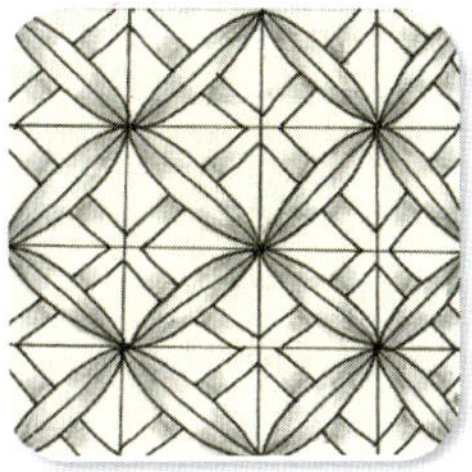

Crux (S. 116)

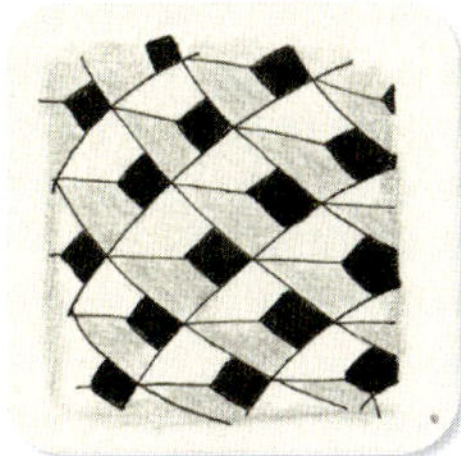

Cubine (S. 25)

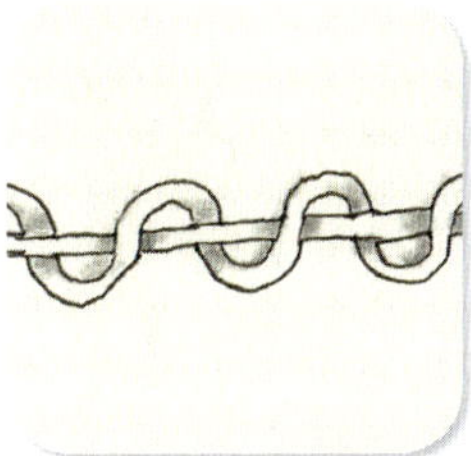

Dessus-Dessous (S. 62)

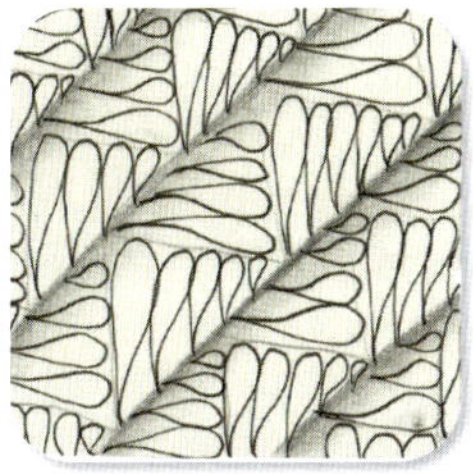

Ditto (S. 63)

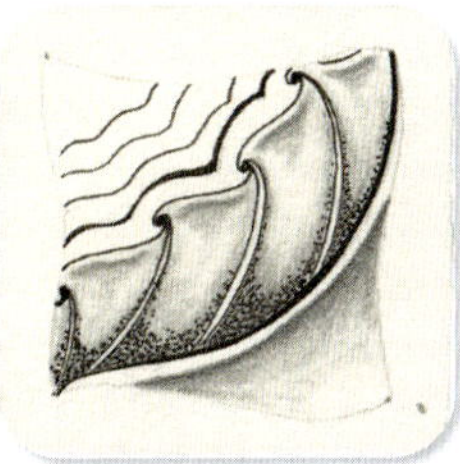

Dragonair (S. 64)

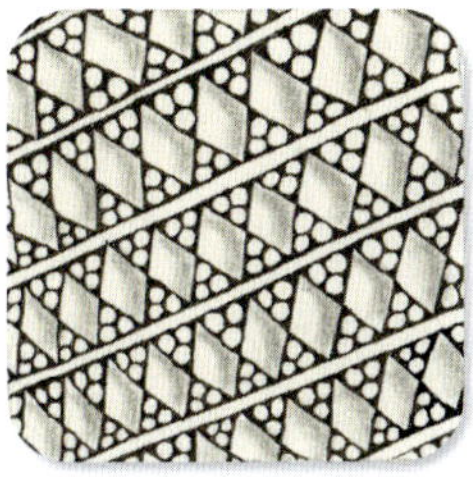

Dutch Hourglass (S. 65)

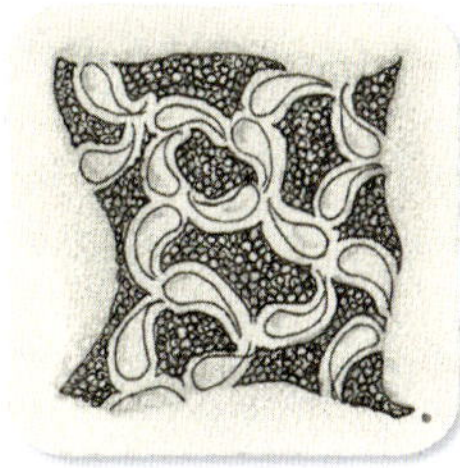

Ennies (S. 66)

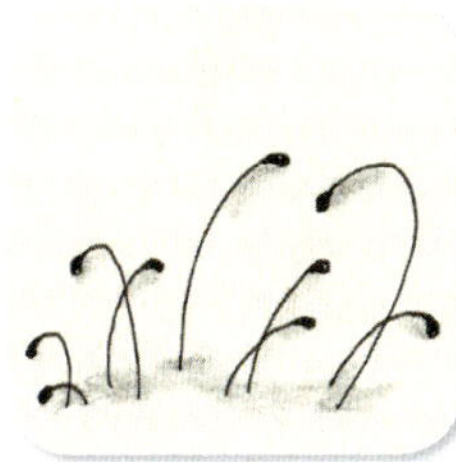

Fescu (S. 34)

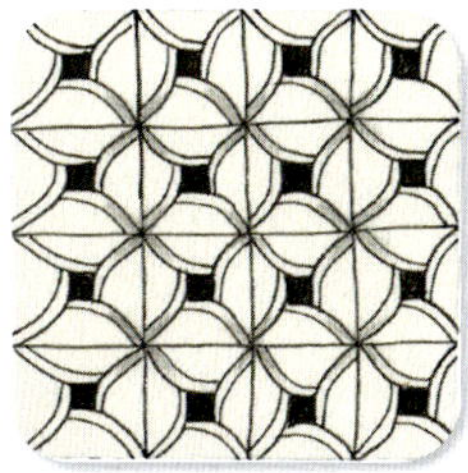

Fiore (S. 67)

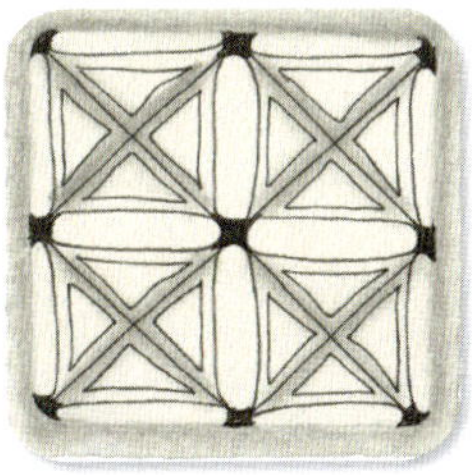

Fjura (S. 68)

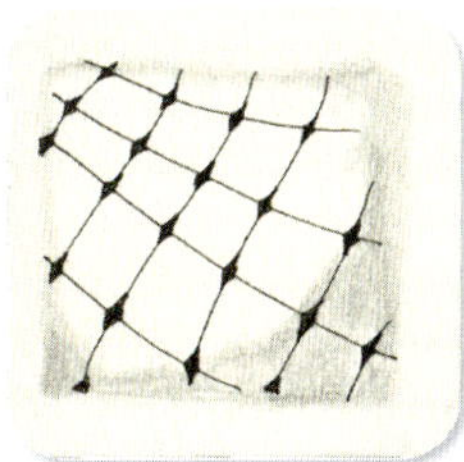

Florz (S. 32)

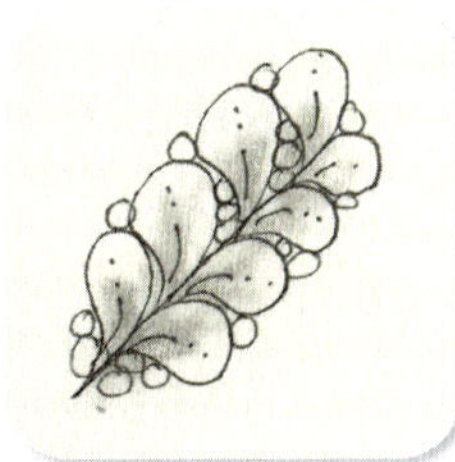

Flux (S. 36)

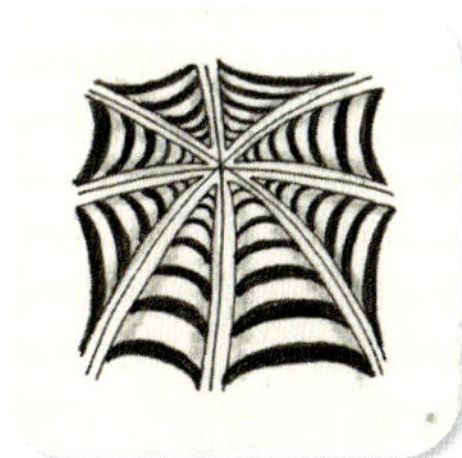

Fracas (S. 35)

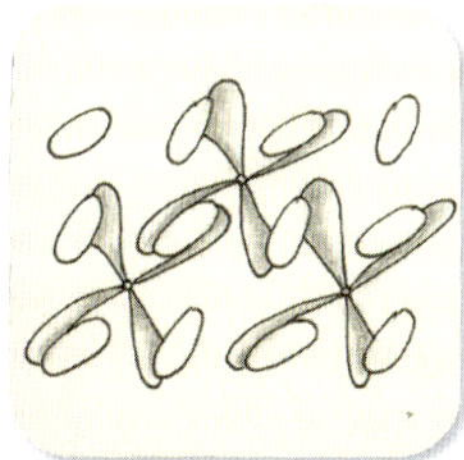

Galileo (S. 112)

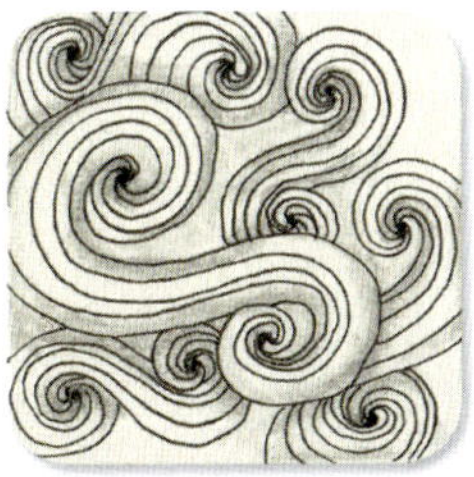

Goldilocks (S. 69)

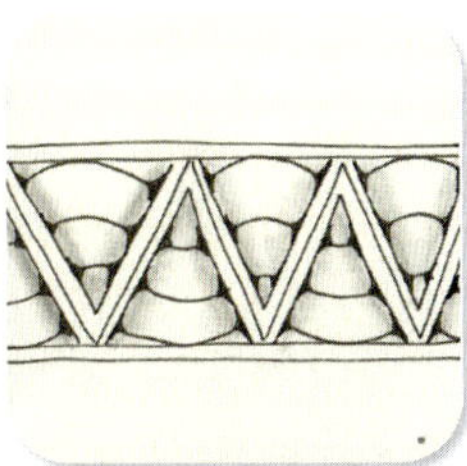

Golven (S. 70)

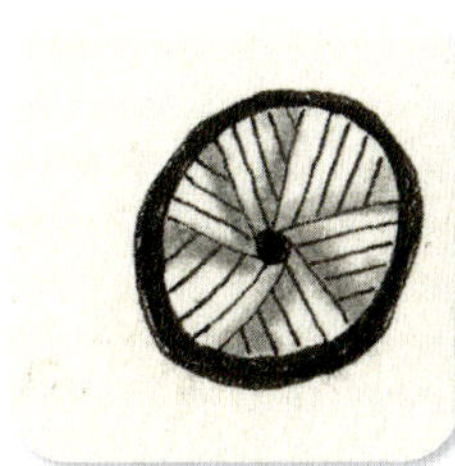

Gryst (S. 30)

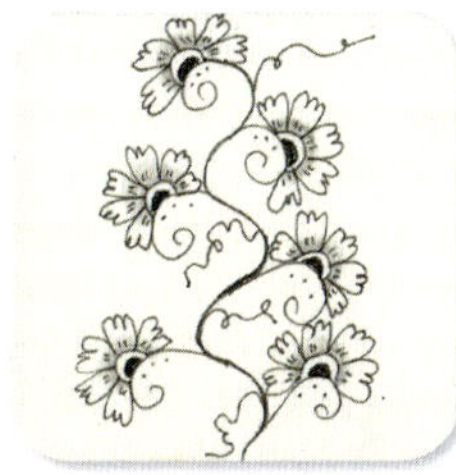

Henna Drum (S. 71)

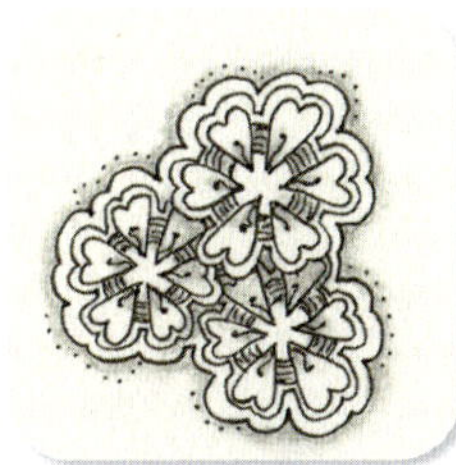

Herzlbee (S. 72)

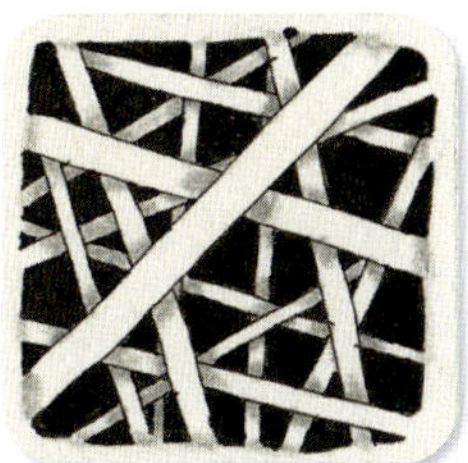

Hollibaugh (S. 73)

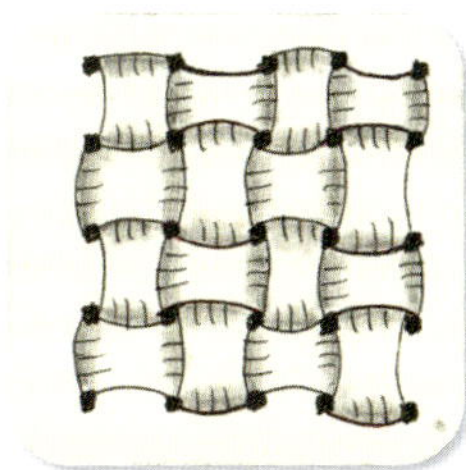

Huggins-W2 (S. 74)

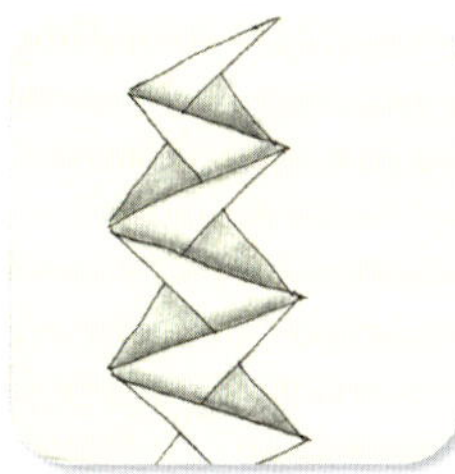

ING (S. 117)

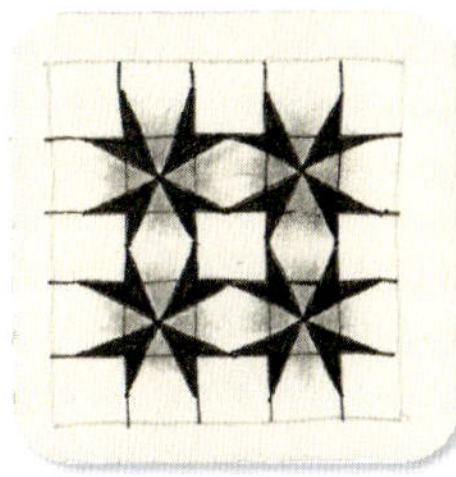

Kaleido (S. 75)

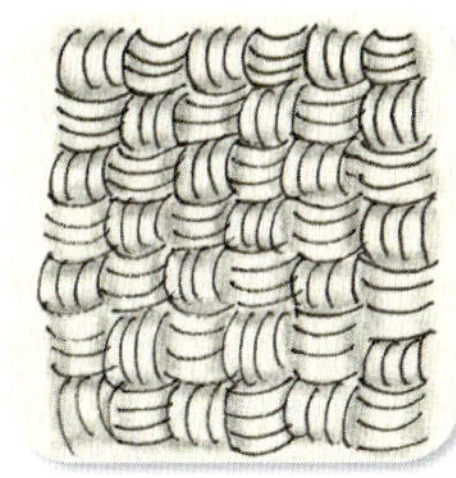

Keeko (S. 19)

Alle Tangles von A–Z

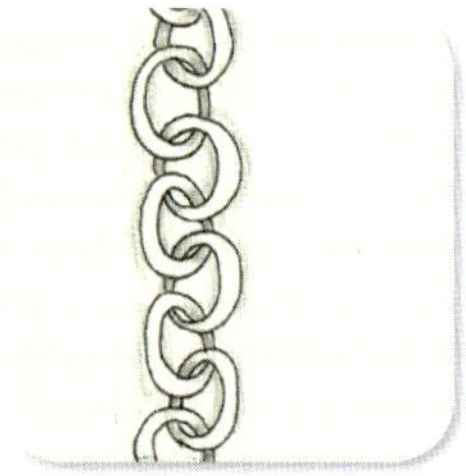

Kettelbee (S. 76)

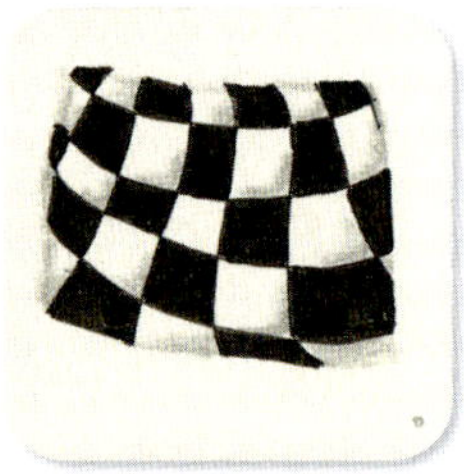

Knightsbridge (S. 22)

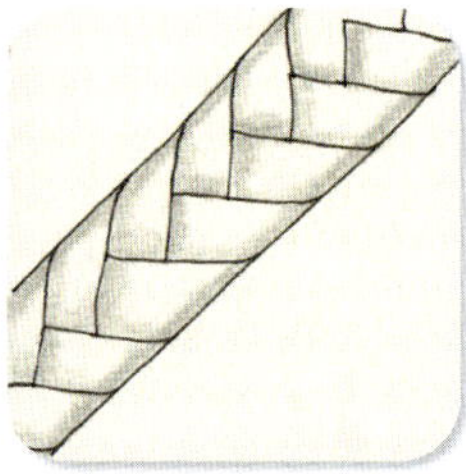

Ko'oke'o (S. 77)

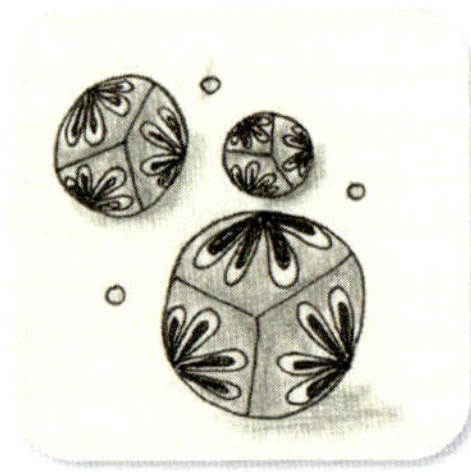

Kuke (S. 78)

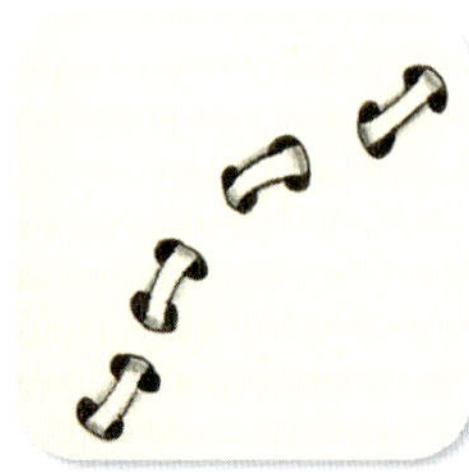

Laced (S. 39)

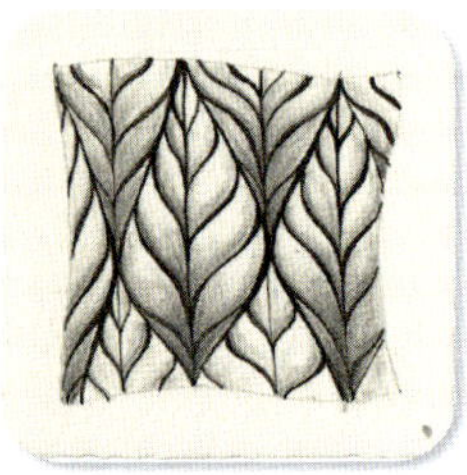

Leaflet (S. 79)

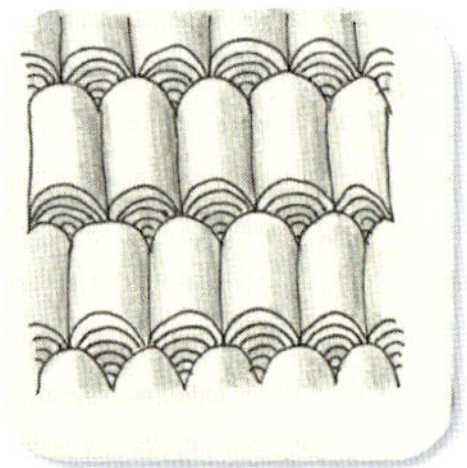

Logjam (S. 80)

Luv-A (S. 24)

Mak-rah-mee (S. 81)

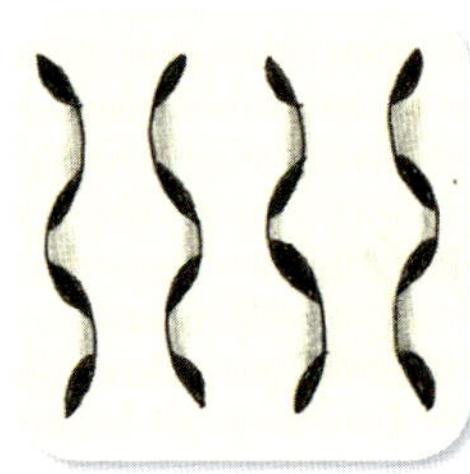

MI2 Version I (S. 82)

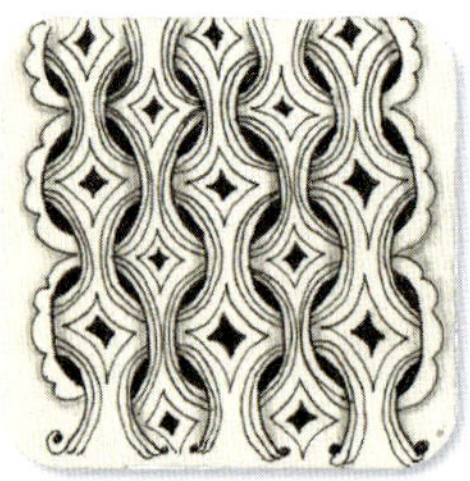

MI2 Version II (S. 82)

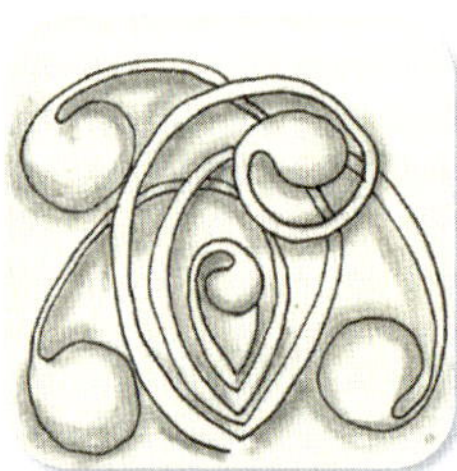

Mooka (S. 120/121)

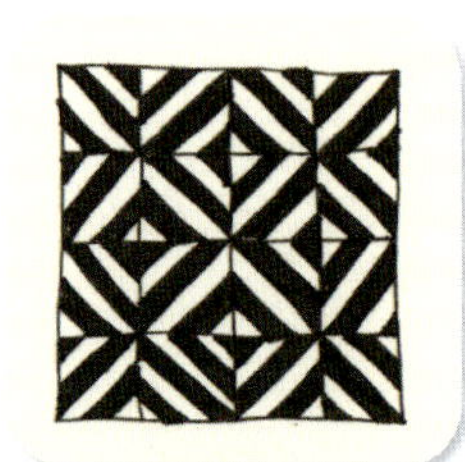

Moving Day (S. 83)

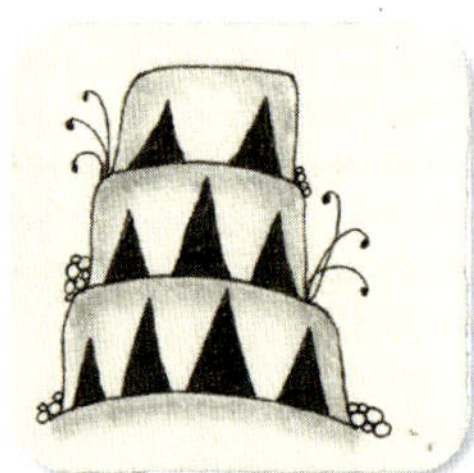

M'Spire (S. 26)

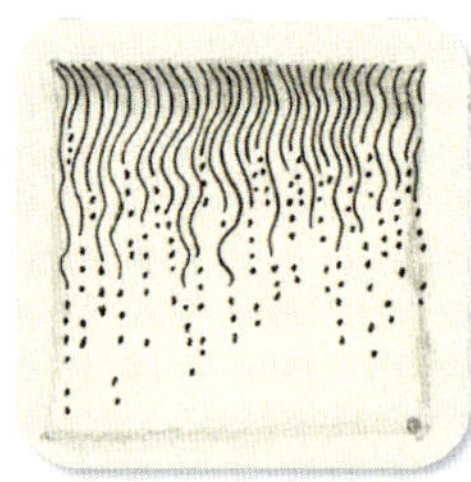

Msst (S. 31)

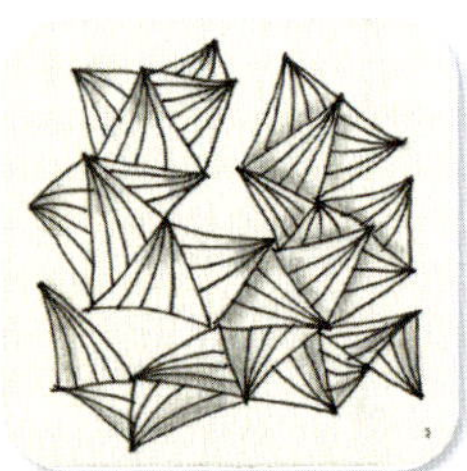

Munchin (S. 29)

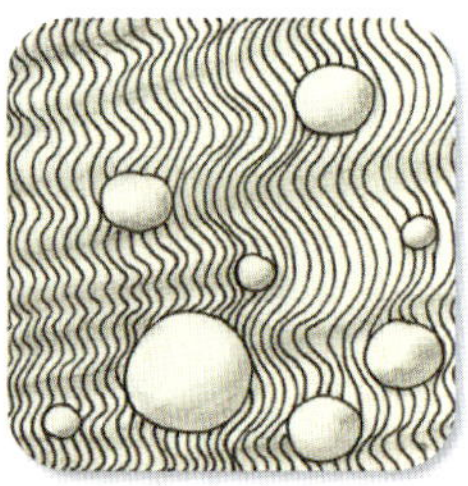

Nipa (S. 84)

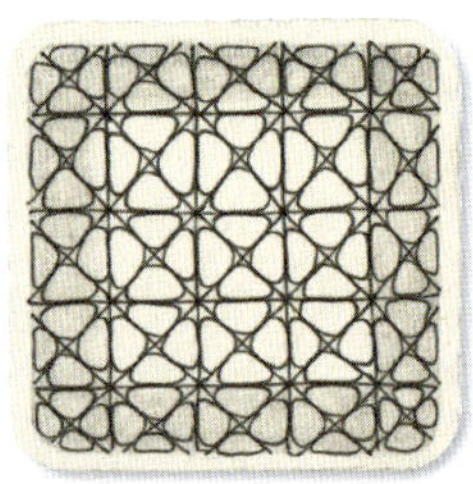

'Nzeppel (S. 85)

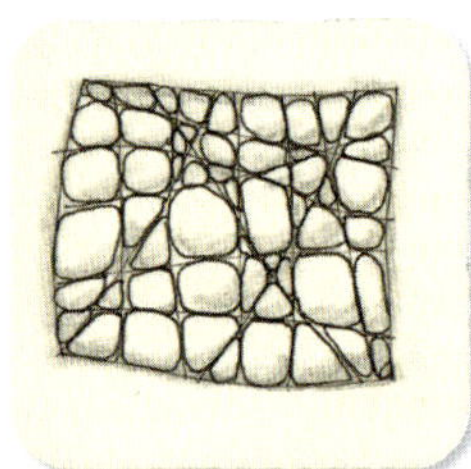

'Nzeppel Random (S. 85)

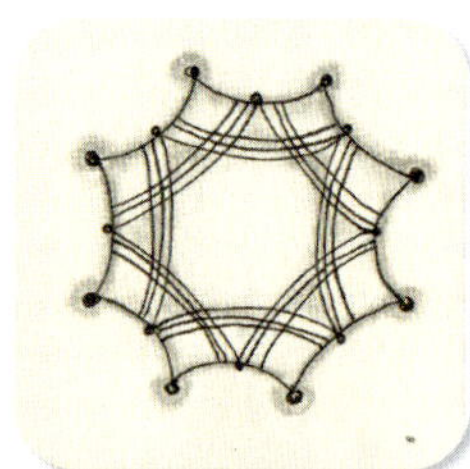

Octonet (S. 86)

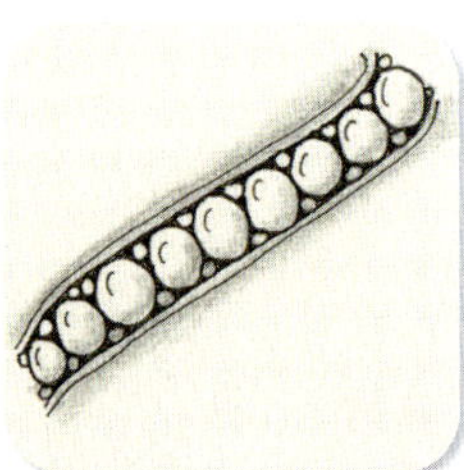

Onamato (S. 21)

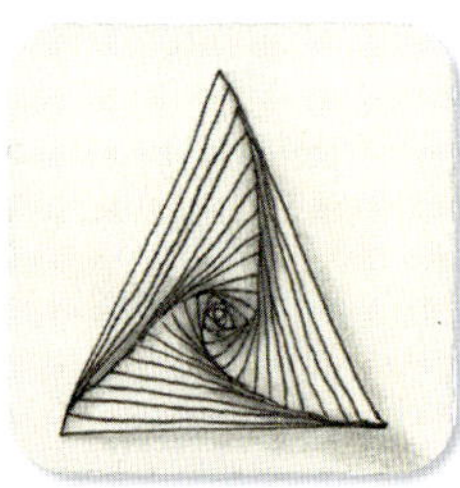

Paradox (S. 87)

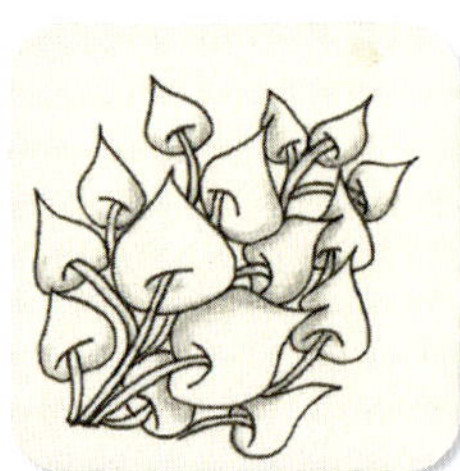

Poke Leaf (S. 88)

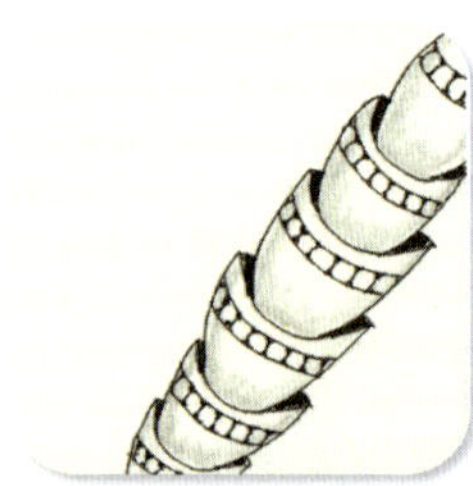

Potterbee (S. 89)

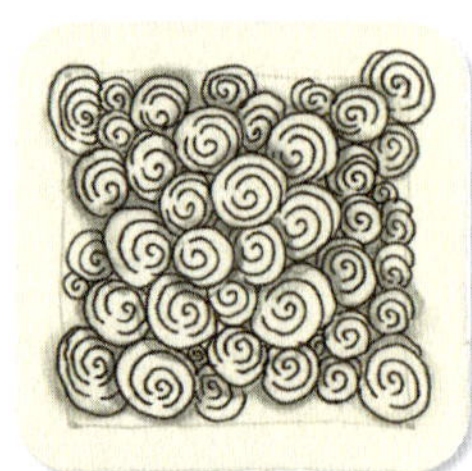

Printemps (S. 38)

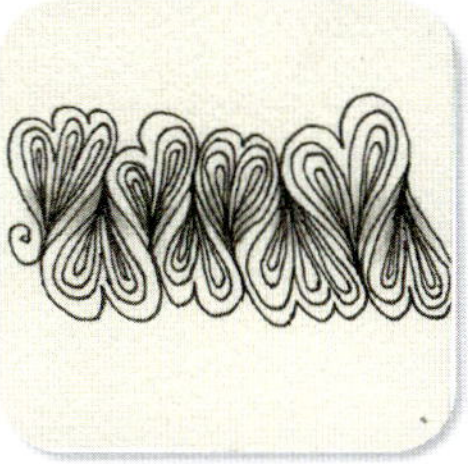

Puffle (S. 115)

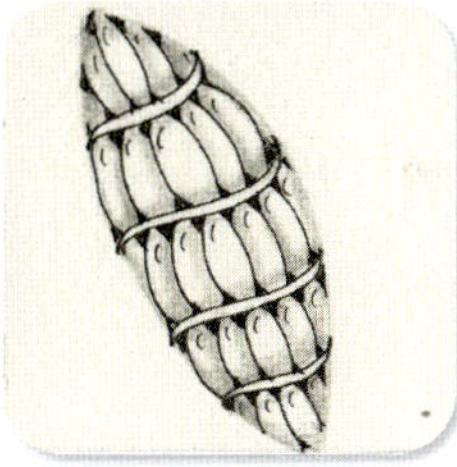

Purk (S. 90)

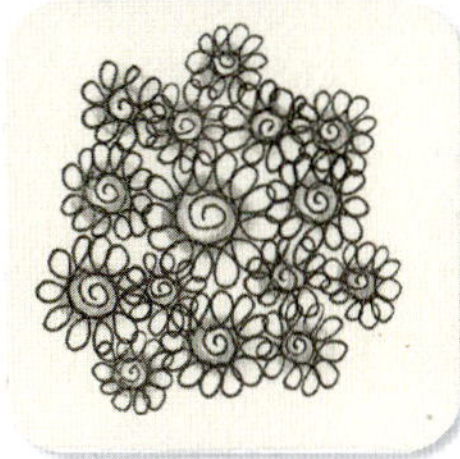

Purrlyz (S. 39)

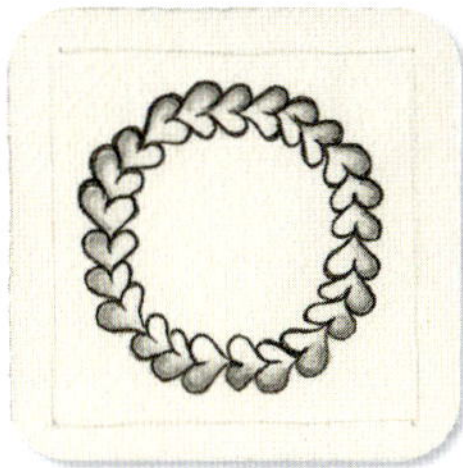

Qoo (S. 91)

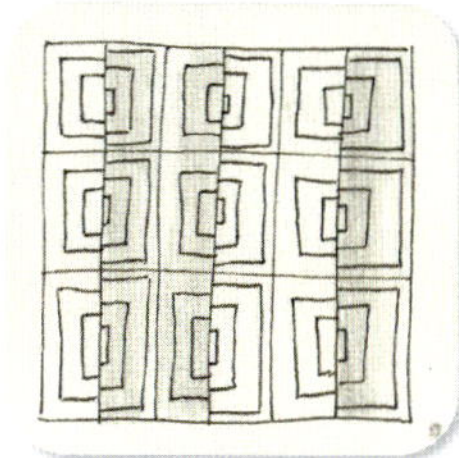

Quare (S. 92)

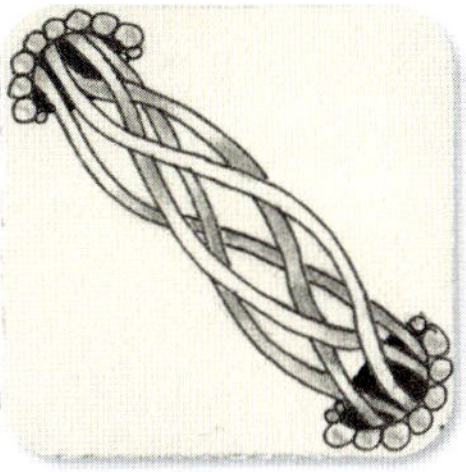

Quib (S.110)

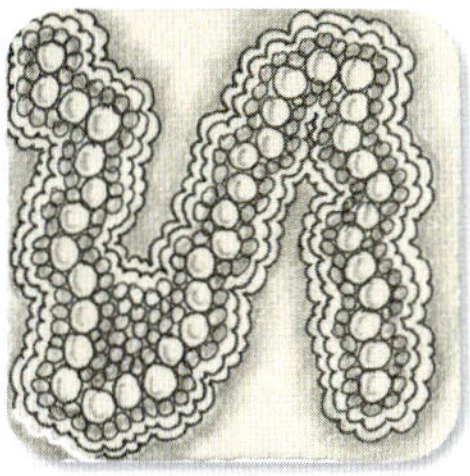

Quipple (S. 28)

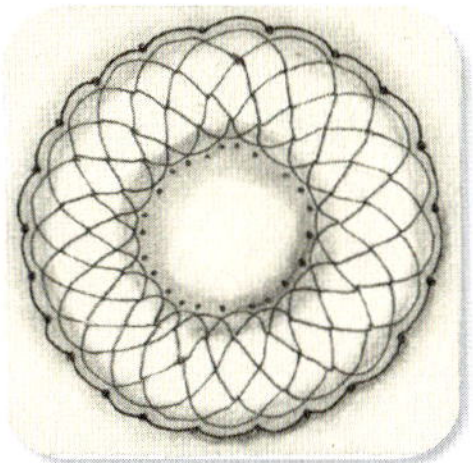

Rubenesque (S. 93)

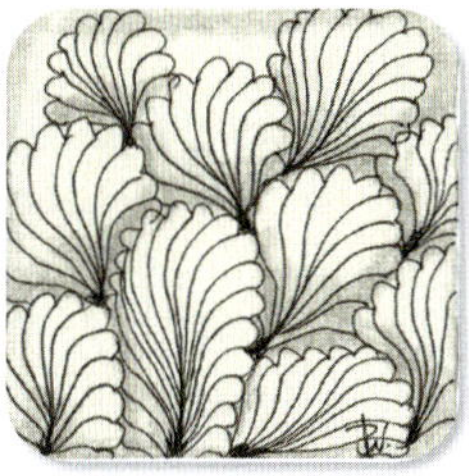

Sanibelle (S. 94)

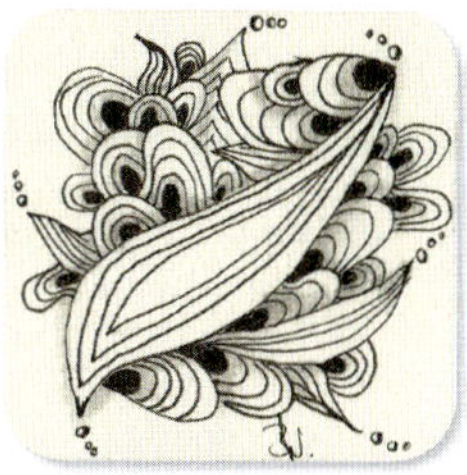

Sharalarelli (S. 95)

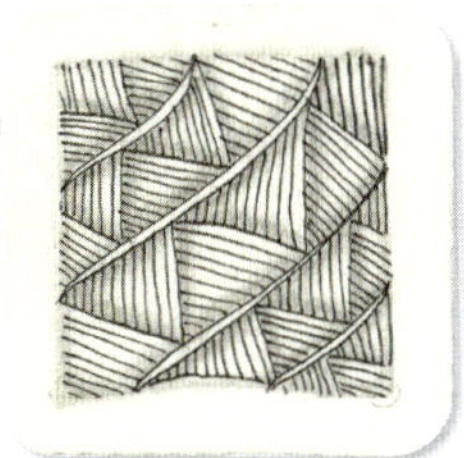

Shattuck (S. 96)

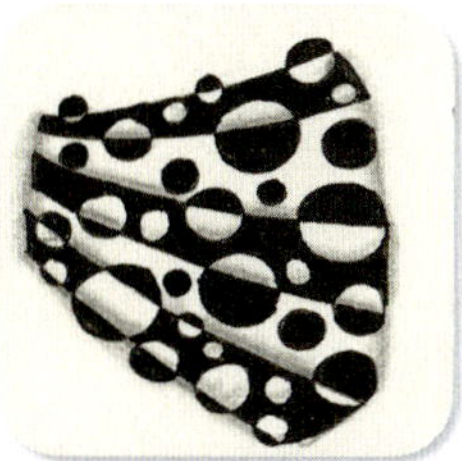

Strircles (S. 17)

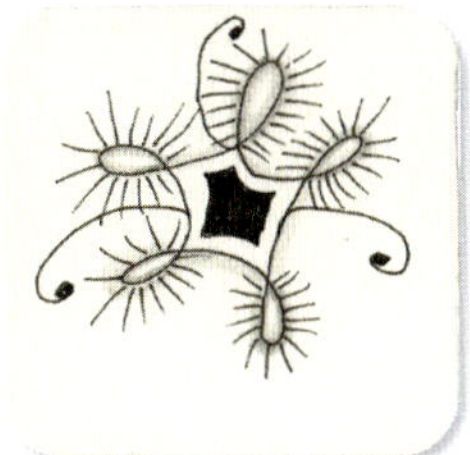

Sundoo (S. 97)

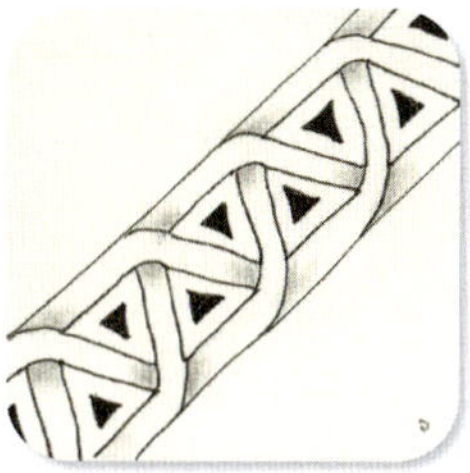

Sweda (S. 98)

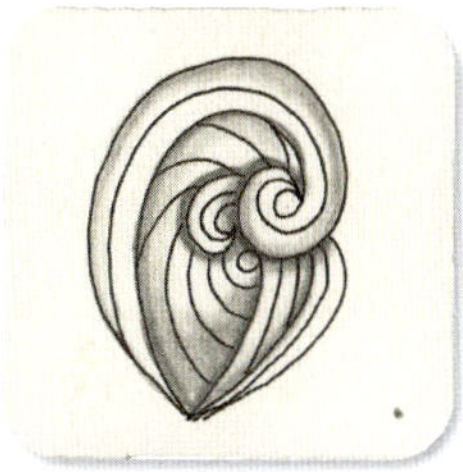

Trio (S. 99)

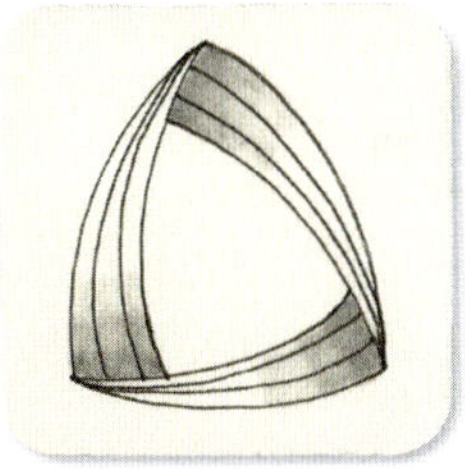

Tri-Po (S. 100)

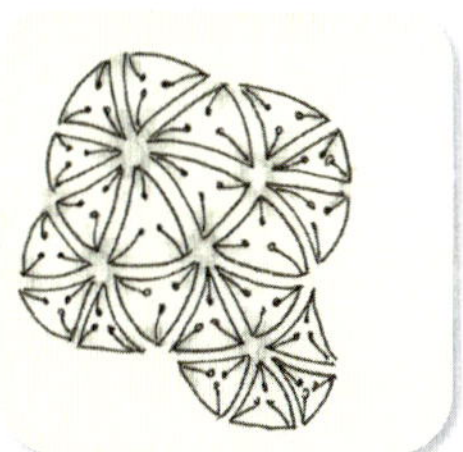

Tripoli (S. 101)

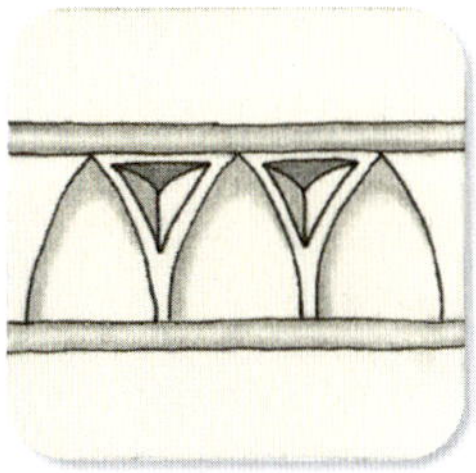

Tropicana (S. 102)

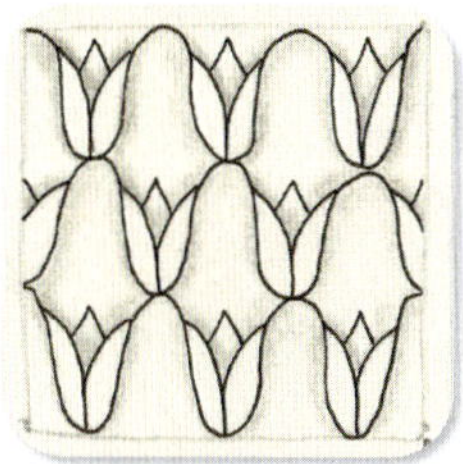

Tulipe (S. 103)

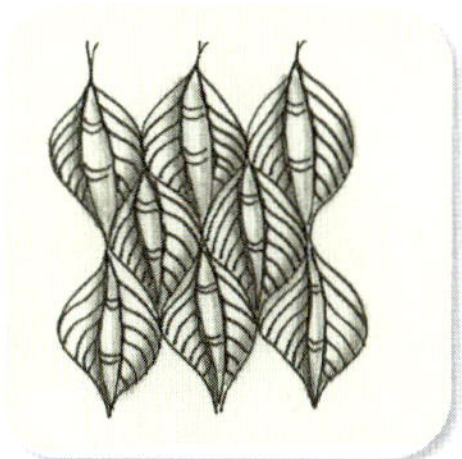

Twenty-One (S. 104)

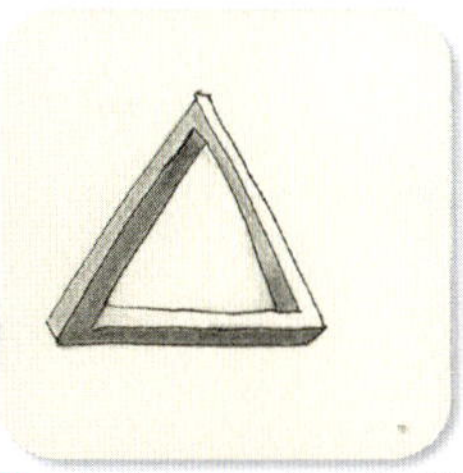

Unmögliches Dreieck (S. 114)

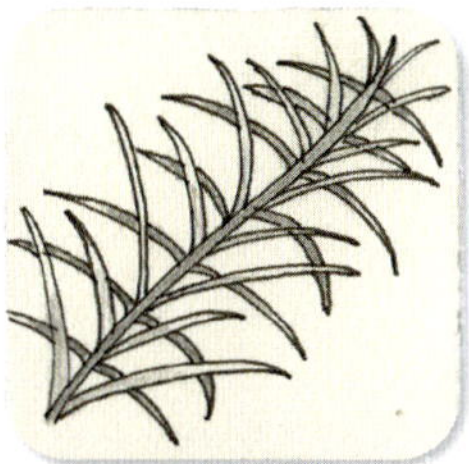

Verdigogh (S. 113)

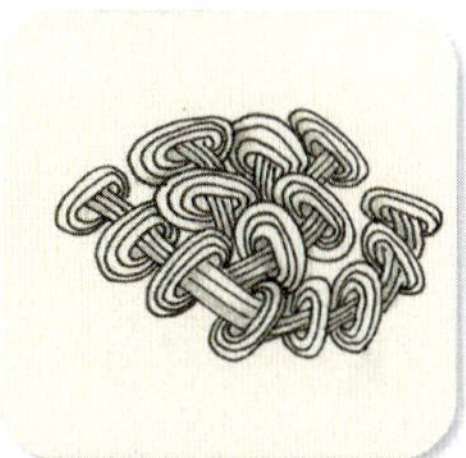

Wheelz (S. 105)

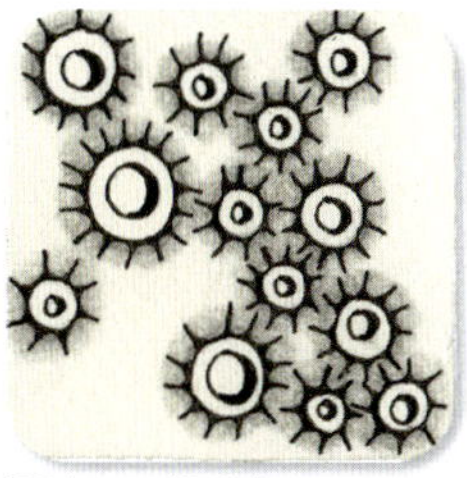

Widgets (S. 27)

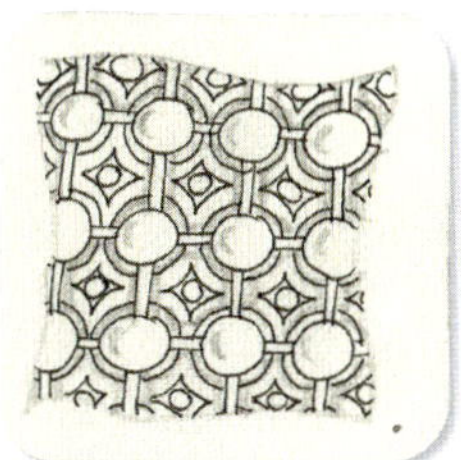

Wiking (S. 106)

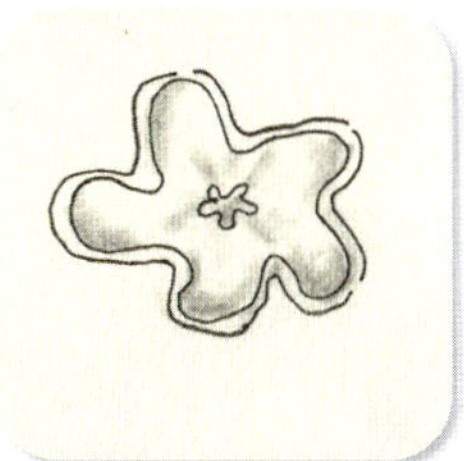

Winkbee (S. 23)

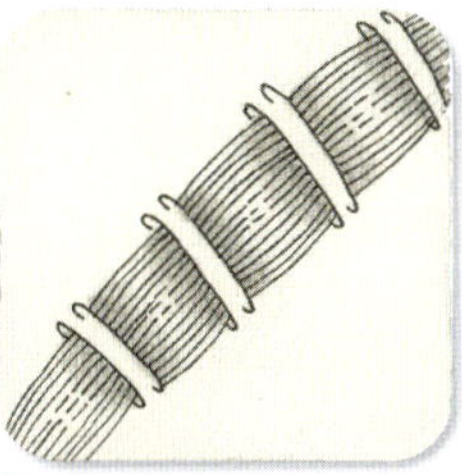

Zander (S. 107)

Zenplosion Folds (S. 118)

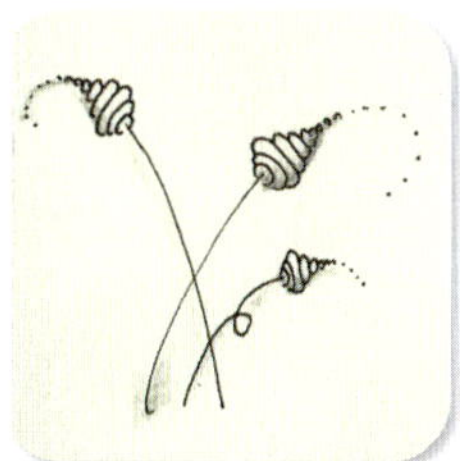

Zinger (S. 16)

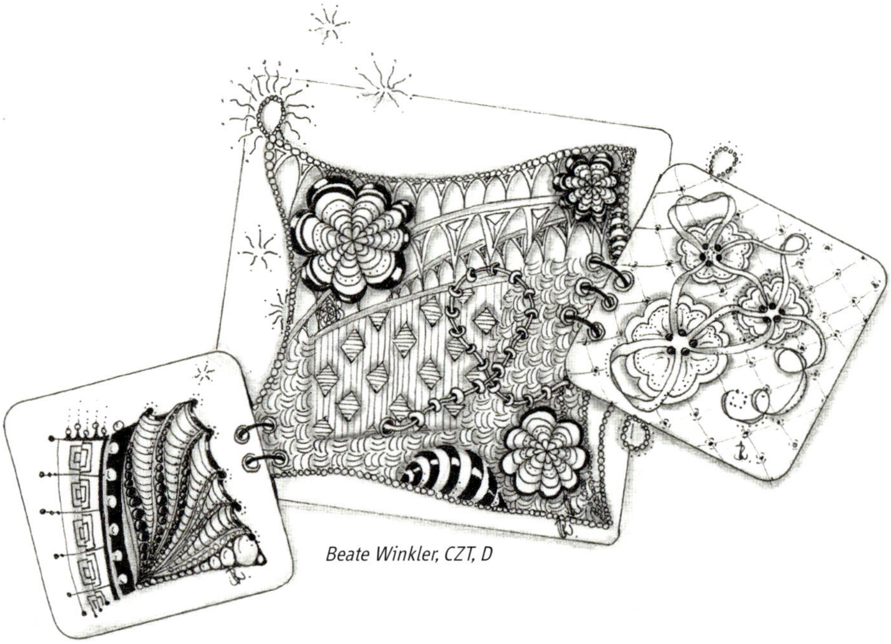

Beate Winkler, CZT, D

Mit Dank für die freundliche Unterstützung von Faber-Castell

Impressum

PRODUKTMANAGEMENT: Josefine Loimeier, Hannelore Irmer-Romeo
LEKTORAT: Josefine Loimeier, Melanie Schölzke, Stuttgart
FOTOS: Hajo Winkler, Hamburg, Catrin-Anja Eichinger, Hamburg (S. 139)
ILLUSTRATION UMSCHLAG: Silvana Arndt
LAYOUTGESTALTUNG UND SATZ: Katrin Röhlig, Atelier Schwab, Haselund
DRUCK: Neografia, Slowakei

8. Auflage 2026

Überarbeitete Neuauflage von Best.Nr. 6229

ISBN: 978-3-7724-8371-4 • Best.-Nr. 8371